LA BENDICIÓN
del SEÑOR
enriquece y no añade
tristeza con ella.

PROVERBIOS 10:22

❧

Kenneth Copeland

JESÚS ES EL SEÑOR

MINISTERIOS
KENNETH COPELAND

LA BENDICIÓN del SEÑOR enriquece y no añade tristeza con ella. Proverbios 10:22

THE BLESSING of The LORD Makes Rich and He Adds No Sorrow With It Proverbs 10:22

ISBN 978-1-60463-154-8   30-0072S

18 17 16 15 14 13   8 7 6 5 4 3

Traducido y editado por KCM Guatemala

© 2011 Kenneth Copeland

© 2011 Kenneth Copeland

Publicaciones Kenneth Copeland

Fort Worth, TX 76192-0001

Para obtener más información acerca de los Ministerios Kenneth Copeland, visita es.kcm.org, o llama al 1-800-600-7395 (EE.UU.) ó al +1-817-852-6000 (Internacional). Nuestros ministros de habla hispana están esperando tu llamada.

Prefacio

Cuando el SEÑOR me reveló la magnitud de LA BENDICIÓN, me ordenó que escribiera en mayúscula la palabra BENDICIÓN cada vez que la utilizara en un medio impreso. Por esa razón, la escribí así en este libro. Creo que causará en usted el mismo efecto que ha causado en mí, y le ayudará a renovar su mente para comprender a plenitud todo el poder y el alcance que posee LA BENDICIÓN.

Índice

Prólogo

Alguien me preguntó: "¿Por qué tituló este libro: LA BENDICIÓN del Señor enriquece?".

Lo hice porque todo el libro se trata de LA BENDICIÓN que inició en los primeros dos capítulos de Génesis. La última obra de Dios en la Creación fue bendecir a la humanidad.

LA BENDICIÓN es la mismísima fuerza creadora de Dios, y ésta creó todo lo que vemos. Sin embargo, hemos devaluado el poder que esta conlleva. Pues la palabra *bendición* significa: "Otorgar poder". Por tanto, cuando Dios nos bendice, nos otorga Su poder; el mismo poder que estableció el universo. Él depositó ese poder creador y esa unción sobre Adán y su esposa —es decir, la humanidad—, quienes fueron creados a Su imagen; luego les ordenó que llenaran la Tierra, que fueran fructíferos y que la dominaran con amor.

Dios descansó al séptimo día, después de finalizar Su obra en la Creación. Su última obra no fue crear a la humanidad, sino proveerles LA BENDICIÓN. Luego, Él descansó. Este libro se refiere a la restauración de LA BENDICIÓN sobre la humanidad. La cual se llevó a cabo, a través de Su pacto de sangre con Abraham, Isaac y Jacob; y ésta se transmitió a toda su descendencia hasta llegar al momento en que Jesús nació de ese pacto.

Incluso cuando el pecado sobreabundó y la Tierra fue destruida en el diluvio, Dios continuó estableciendo LA BENDICIÓN a través de un pacto con Noé: «Y bendijo Dios a Noé y a sus hijos...» (Génesis 9:1). Dios le dio nuevo inicio un a todo. ¿Cómo lo hizo? Lo primero que Él les *dijo* después del diluvio fue: «...Fructificad y multiplicaos...»; y fue exactamente lo mismo que Él le ordenó a Adán.

Siglos después, cuando Jesús fue crucificado y se hizo maldición por nosotros (Gálatas 3:13), Dios creó una forma para que LA BENDICIÓN de Abraham se transmitiera, no sólo a sus descendientes naturales; sino también a los gentiles. Debido a la obra redentora de Jesús en la Cruz, *nosotros* también podemos vivir conforme a LA BENDICIÓN. Después de declararle esas palabras a Noé, LA BENDICIÓN fue restaurada sobre sus hijos: Sem, Cam y Jafet. Pero los dos últimos, Cam y Jafet, siguieron el liderazgo de Adán; y esto, dio como resultado la creación del sistema babilónico —en este sistema, la humanidad trata de suplir sus necesidades sin LA BENDICIÓN de Dios—. Ahora bien, como Abraham fue descendiente de Sem, y Jesús fue descendiente de Abraham; hoy, a través de Cristo Jesús, quienes alguna vez fuimos conocidos como *gentiles,* —este término significa: "fuera del pacto de Dios"— somos injertados (Romanos 11:17). Él, una vez más, nos proveyó ¡una Fuente!

Si quiere ver LA BENDICIÓN en acción, préstele atención a la vida de Job. Observe qué tenía tan molesto a Satanás, él le dijo a Dios: "¿Te sirve [Job] en vano? Lo has BENDECIDO en todo lo que posee, y has creado un muro de protección a su alrededor. ¡Y mira cuán rico es ahora!" (Job 1:9-10, paráfrasis de las versiones *Reina Valera* y *Nueva Traducción Viviente*).

Pues bien, ¿acaso no leemos en Proverbios 10:22 que: «La bendición de Jehová es la que enriquece, y no añade tristeza con ella»? La palabra *tristeza* se podría traducir como: "trabajo duro". LA BENDICIÓN anula el trabajo duro para vivir. Usted no debe trabajar duro para lograr obtener LA BENDICIÓN de Dios. Él no le puso precio a ésta. Entonces no importa si es un trabajador que recibe un salario mínimo o que Dios lo haya llamado a administrar un banco, usted es un ciudadano del reino de Dios; y en la Biblia, en la constitución de Su reino, se nos asegura que LA BENDICIÓN obrará a su favor.

Observe que la parte importante de Proverbios 10:22 es: «LA BENDICIÓN del SEÑOR *es la que…*». El mundo trata de suplir sus propias necesidades sin LA BENDICIÓN. Ellos afirman: "Tenemos que ganarnos la vida", "hacemos negocios", "concertamos citas". No obstante, en la constitución del Señor, en la PALABRA de Dios, se afirma: «*LA BENDICIÓN* es la que…».

Cuando buscamos y vivimos en LA BENDICIÓN por medio de la fe en la PALABRA de Dios, *esta* hará que todas las cosas se nos añadan. Por ejemplo, si Dios le ha asignado trabajar como conserje en una iglesia, como apóstol, como un vendedor de autos, o a realizar cualquier otro empleo es porque Él lo necesita ahí. Todo obrero es digno de su salario (Lucas 10:7), pero usted no está limitado a ese salario, pues se encuentra bajo LA BENDICIÓN. El empleador quizá sea un medio que Dios use, sin embargo, él no es su fuente. Sólo Dios, a través de LA BENDICIÓN de Abraham, la cual se nos transfirió por medio de Jesucristo, es nuestra Fuente.

Cuando enfoque su mirada en esa Fuente, se convertirá en un copropietario del reino de Dios. Cuando el Señor le diga: "Quiero que vayas a ese lugar"; no vaya con la expectativa de que las personas le paguen, pues es Dios quien le pagará. ¿Recuerda las instrucciones que Él le dio a Sus discípulos? "No lleven dinero ni ropa". Él no les estaba diciendo que fueran pobres. Más bien, les estaba afirmando: "No lleven sus cosas. Pues trabajan para mí. Yo cuidaré de ustedes".

Ése es un mensaje oportuno para un mundo herido. LA BENDICIÓN es la respuesta.

Quiero compartirle algo que el SEÑOR me dijo en octubre de 2008. Todo el caos financiero era sólo el principio de su propia caída. El sistema babilónico había estado atacando, en particular a los Estados Unidos, durante los últimos 110 ó 115 años. A la vez, éste atacaba a todo el mundo, y afloró en la Revolución Bolchevique en Europa oriental en 1917. Aunque el sistema babilónico ya había estado obrando desde la torre de Babel, hubo un tiempo en que se le comenzó a llamar: "socialismo, comunismo y nazismo"; y todos los "ismos" que los gobiernos acuñaron en su intento de suplir sin Dios, las necesidades de la humanidad. Esos sistemas siempre han fallado, pues sólo el Señor da el incremento. Sin embargo, la humanidad constantemente quiere crear sistemas con reglas para mantener a Dios al margen, pues desean tomar el control. Su señor, el diablo, es quien está detrás de sus intenciones. El enemigo intenta robar esa BENDICIÓN de cualquier manera posible. Jesús afirmó: «El ladrón no viene sino para hurtar y matar y destruir...» (Juan 10:10).

La PALABRA de Dios es la *fuente* de LA BENDICIÓN, pues ésta es la fuente de la fe (Romanos 10:17). Y «De modo que los de la *fe* son bendecidos con el creyente Abraham» (Gálatas 3:9). La Palabra aún es la conexión para recibir LA BENDICIÓN en nuestra vida hoy, y para traer la manifestación física de las cosas que se encuentran en el ámbito espiritual: bienes materiales, sanidad y cualquier cosa que necesitemos que cambie en el mundo natural. LA BENDICIÓN también destruye la maldición, pues la unción forma parte de ésta; y el poder de la unción quita la maldición. Quita las cargas y destruye el yugo (Isaías 10:27).

El SEÑOR me dijo ese día de octubre de 2008:

No presten atención a los medios de comunicación, tampoco hagan planes basados en sus declaraciones o en las palabras de los políticos. Permanezcan firmes en lo que Mi Palabra manifiesta en Juan 16. Pónganme atención a Mí. Yo [el Espíritu Santo] *obedeceré* los versículos del 13 al 15. Les mostraré las cosas que han de venir. Los dirigiré durante los tiempos difíciles. Ya tengo EL plan para sus vidas, y es muy bueno. Síganlo. Éste no sólo los guiará en medio de la dificultad, sino que también los colocará en un lugar más alto —un lugar de abundancia—, un lugar de victoria.

Medite en las palabras del SEÑOR. Estamos en este mundo, pero no pertenecemos a éste; puesto que somos ciudadanos del reino de Dios. Jesús expresó que si usted busca primero Su Reino, es decir, indaga acerca de Dios y de Su reino en relación a cada palabra, acción y plan; todas las cosas que usted necesite serán añadidas. Dichas cosas provendrán del Reino, no del gobierno ni de su trabajo.

Dios tiene un plan. Él será quien lo guíe, y cuando le obedezca y lo siga, no le preste atención a las circunstancias que rodeen ese plan. Continúe su camino y lleve a cabo lo que Él le indique. La provisión que usted necesita también es parte de ese plan. No le preste atención a nada de lo que el mundo pueda o no ofrecerle. Permita que el Señor se encargue de ello.

Dice el SEÑOR:

Tendrán que disciplinarse a sí mismos y ser diligentes para escucharme. Pues *Todas* las otras voces tendrán un plan...

Durante las elecciones escuchamos tantos planes políticos, pues es cuando los políticos presentan sus planes. Pero casi todos esos planes tienen limitadas probabilidades de éxito, ya que el sistema babilónico es limitado; y nadie tiene el valor de decir lo que Dios ya estableció en *Su* plan.

Por tanto, escuche lo siguiente:

...[Todos ellos tienen] una palabra, una idea para su futuro y su seguridad. Pero no escuchen al sistema babilónico, pues éste se ha derrumbado...

Observe que Estados Unidos de América no es lo que se está desmoronando, sino el sistema babilónico que hemos permitido que entre y estropee las cosas durante más de 100 años.

...Mi sistema es más fuerte que nunca. Mi Reino es próspero y LA BENDICIÓN es el lugar donde deben estar...

En este libro deseo enseñarle cómo entrar al lugar de LA BENDICIÓN. ¿Cómo puede llegar al lugar de LA BENDICIÓN? ¿Cómo puede salirse del reino de las tinieblas y entrar al Reino de Dios? Desde el momento que usted nació de nuevo, entró a LA BENDICIÓN. En Colosenses 1:13, se nos afirma de manera clara que Él **ya** lo liberó de la autoridad de las tinieblas —es decir, del sistema babilónico—, y lo trasladó al Reino de Su amado Hijo. Por tanto, usted no puede vivir como un ciudadano del Reino de Dios, e intentar vivir gobernado por las reglas del reino de las tinieblas. Dichas reglas producen temor, y el temor es un factor serio, dañino y contaminante para la fe y ésta es el poder del Reino de LA BENDICIÓN. ¡El lugar donde se debe estar es en LA BENDICIÓN!

Enfoquen su mirada en Mi PALABRA. Escúchenla. Ésta los guiará y Yo la cumpliré. Ámenme. Amen a Mi pueblo como Yo los he amado. Vivan en amor, pues éste *nunca* falla, tampoco Mi plan.

Esa palabra ha cambiado tanto mi vida como la de Gloria. Desde hace muchos años, hemos vivido conforme a esa palabra y hemos aprendido acerca de LA BENDICIÓN desde que era estudiante en *Oral Roberts University* en Tulsa, Oklahoma. Mientras asistí a ese lugar, escuché las enseñanzas del hermano Kenneth E. Hagin donde explicó que hemos sido redimidos de la maldición, y que LA BENDICIÓN de Abraham está sobre nosotros. En ese entonces, la palabra "BENDICIÓN" no significaba mucho para mí, simplemente era una frase de cortesía.

Entonces cuando Kenneth E. Hagin nos lo enseñó, pensé: *Sería bueno investigar qué es LA BENDICIÓN de Abraham.* Por tanto, comencé a leer cómo Dios lo bendijo: «Y haré de ti una nación grande, y te bendeciré, y engrandeceré tu nombre, y serás bendición. Bendeciré a los que te bendijeren, y a los que te maldijeren maldeciré; y serán benditas en ti todas las familias de la tierra... Y Abram era riquísimo...» (Génesis 12:2-3, 13:2).

Eso me dejó atónito. Ya había aprendido que Dios anhelaba que fuéramos prósperos, pero jamás había escuchado la palabra *riquísimo:* «...en ganado, en plata y en oro». Seguí indagando y encontré: «...la bendición de Abraham alcanzase a los gentiles...» (Gálatas 3:14). Y eso se refiere a la simiente de Abraham.

Seguí leyendo Gálatas 3:29, donde se nos expresa: «Y si vosotros sois de Cristo, ciertamente linaje de Abraham sois, y herederos según la promesa». Empecé a profundizar acerca de esa promesa, y me di cuenta que se encontraba descrita en todo el Nuevo Testamento.

A medida que estudiaba la promesa año tras año, ésta siguió

creciendo en mi interior. Comencé a ver que LA BENDICIÓN también se encontraba desde el principio de los tiempos cuando BENDIJO a Adán.

Descubrí que LA BENDICIÓN se describe en toda la Biblia.

La razon más importante por la cual el Espíritu de Dios me indicó que escribra este libro fue que las personas peudon comprender el mensaje que es encuentra en Isaías 51:1. Sin embargo, es necesario comprender ese pasaje bíblico basándose en Gálatas 3:7-9:

> Sabed, por tanto, que los que son de fe, éstos son hijos de Abraham. Y la Escritura, previendo que Dios había de justificar por la fe a los gentiles, dio de antemano la buena nueva a Abraham, diciendo: En ti serán BENDITAS todas las naciones. De modo que los de la fe son BENDECIDOS con el creyente Abraham.

Por consiguiente, LA BENDICIÓN es el evangelio: ¡las buenas nuevas!

Ahora, lea los versículos 13-14:

> Cristo nos redimió de la maldición de la ley, hecho por nosotros maldición (porque está escrito: Maldito todo el que es colgado en un madero), para que en Cristo Jesús la bendición de Abraham alcanzase a los gentiles, a fin de que por la fe recibiésemos la promesa del Espíritu.

Lea también los versículos 26, 29:

> Pues todos sois hijos de Dios por la fe en Cristo Jesús… Y si vosotros sois de Cristo, ciertamente linaje de Abraham sois, y herederos según la promesa.

Ahora, leamos Isaías 51:1-2:

> Oídme, los que seguís la justicia, los que buscáis a Jehová.

Mirad a la piedra de donde fuisteis cortados, y al hueco de la cantera de donde fuisteis arrancados. Mirad a Abraham vuestro padre, y a Sara que os dio a luz; [En otras palabras, vean a Abraham su padre, y a Jesús quien les dio el nuevo nacimiento] porque cuando no era más que uno solo lo llamé, y lo bendije y lo multipliqué.

¡Nosotros somos la simiente de esa BENDICIÓN! La promesa se encuentra en nosotros. En el versículo 3, se nos declara: «Ciertamente consolará Jehová a Sion; consolará todas sus soledades, y cambiará su desierto en paraíso, y su soledad en huerto de Jehová; se hallará en ella alegría y gozo, alabanza y voces de canto».

En Hebreos 12:18-24, le llama al Cuerpo de Cristo: "Monte Sion", sin embargo, estos versículos no son una prueba para "reemplazar la teología de que Israel es el pueblo de Dios". El Cuerpo de Cristo, no reemplaza al Israel como Sion, pues no estamos quitándole el lugar a Israel. Nosotros somos en Cristo Jesús, la continuación de la promesa que Dios le dio a Abraham.

En Isaías 51:3, se habla acerca del Pacto del Edén. Éste fue el pacto entre Dios y Adán *antes* que Adán pecara. Dios quiere que Su huerto vuelva a nosotros. Él ha intentado que éste se expanda por todo el planeta, hasta que la Tierra se convierta en el huerto del universo.

El lugar donde usted se encuentra, se puede convertir en el huerto de su universo. Ése fue el plan de Dios, y Él nunca cambia. Él creó a la humanidad para que viviera en un huerto. Pero comparado con el gran plan que Dios todavía quería llevar a cabo, vivir en el huerto no habría sido el mejor entorno que la humanidad hubiera tenido; pues en 1 Corintios 2:9, leemos: «…Cosas que ojo no vio, ni oído oyó, ni han subido en corazón de hombre, son las que Dios ha preparado para los que le aman». El huerto de Edén sólo era el punto de inicio. Adán y Eva, y sus descendientes debían expandir cada vez más y más el huerto. Y mientras eso ocurría, Dios sólo iba a observar cómo trabajaban Sus hijos; pues Él ya les había otorgado *el poder* y la autoridad para continuar creando ese huerto por toda la Tierra.

Estoy convencido que el plan de Dios era que nosotros finalizáramos la expansión de dicho huerto sobre la Tierra, y que luego nos encargáramos de los otros planetas; y así sucesivamente. Ése sigue siendo Su plan, pero Él tuvo que empezar de nuevo porque el pecado entró al universo hasta llegar al cielo. Éste no entró en el cielo, pero los vasos del ministerio tuvieron que ser consagrados de nuevo por medio de la sangre de Jesús (Hebreos 9:21-23).

Por tanto, LA BENDICIÓN es la clave principal para crear el huerto de Edén en su vida y para influenciar el mundo que lo rodea. Ésta también fue la clave en el ministerio terrenal de Jesús. Los fariseos y la gente religiosa de esa época estaban muy molestos con Él porque estaba predicando acerca de LA BENDICIÓN de Abraham. Ellos nunca habían escuchado de ésta, pues sólo habían oído de la ley y su maldición. Las personas estaban tan emocionadas que expresaban: "¿Estás diciendo que somos BENDECIDOS?". LA BENDICIÓN estaba sanando enfermos y resucitando muertos. Ése era el poder que tenía el BENDITO, Jesús, el Hijo BENDITO de Dios. ¡Y LA BENDICIÓN hará lo mismo en su vida!

La Biblia es un libro referente a LA BENDICIÓN. El libro que usted está leyendo es simplemente una guía de ayuda para que descubra el verdadero libro de LA BENDICIÓN, a fin de que las bendiciones que se encuentran ahí se hagan realidad en su vida.

La PALABRA de Dios hará que ya no viva más *fuera* de LA BENDICIÓN —donde las tormentas, los desastres y los tiempos difíciles destrozan y destruyen las cosas—. Viva bajo la cobertura de LA BENDICIÓN y llene la Tierra con ésta.

En poco tiempo, la Palabra le enseñará cómo usar el poder y la autoridad que Dios le ha dado para desatar LA BENDICIÓN en su vida.

Padre, oro por mis colaboradores y por aquellos que leerán este libro. De acuerdo con Efesios 1:16-23, abre los ojos de su entendimiento. Lo primero que escribiste en Efesios 1:3 fue la palabra *BENDITO:* «BENDITO… con toda bendición espiritual en los lugares celestiales». TODAS LAS BENDICIONES nos pertenecen por la eternidad y desde antes de la fundación del mundo. Señor, ayúdanos a entender a profundidad todo lo que hiciste por nosotros en la Cruz, por medio de Jesús y del poder que nos otorgó a través de la Resurrección. Gracias, SEÑOR. En el nombre de Jesús. Amén.

LA BENDICIÓN DEL SEÑOR

ENRIQUECE Y NO AÑADE TRISTEZA CON ELLA

PROVERBIOS 10:22

Capítulo uno

LA BENDICIÓN: El regalo supremo del amor

Prepárese para volar

En 1967, comprendí por primera vez el poder de LA BENDICIÓN. La primera revelación que recibí acerca de ésta, representaba sólo una parte de lo que ahora sé. Sin embargo, me impactó tanto que transformó mi manera de pensar y cambió mi vida, casi de la noche a la mañana.

Yo en realidad estaba desesperado por cambiar.

No tenía muchos años de haber nacido de nuevo cuando cambié por completo mi antigua manera de vivir. La cual era tan pecaminosa que todo lo que disfrutaba, antes de ser salvo, era ilegal, inmoral y carnal. Debido a que no sabía casi nada de lo que se afirma en la Biblia acerca de cómo vivir en victoria, aun después de recibir a Jesús como el SEÑOR de mi vida, continué cayendo de un fracaso a otro.

En muchos sentidos, mi vida era un desastre. Un fracaso en un negocio me había dejado en la quiebra y desempleado. Una vida de préstamos económicos me puso bajo una montaña de deudas, y no tenía forma de pagarlas (Gloria está convencida que incluso de niño pedí dinero prestado para comprar mi triciclo). Yo sabía que Dios me había llamado a predicar, y también era consciente que el SEÑOR me había indicado que asistiera a *Oral Robert University;* pero no obedecía, debido a que no comprendía cómo la pagaría. Además me preguntaba: ¿Cómo asistiré a la universidad a tiempo completo si tengo esposa y una familia que mantener? Y si lo hago, ¿de dónde obtendré el dinero para inscribirme?

Pero a pesar de todos mis cuestionamientos, Gloria, estaba a favor de obedecer a Dios sin importar el costo. Ella deseaba empacar lo poco que teníamos, subir a los niños al automóvil y conducir hasta Tulsa, a fin de que yo asistiera a la universidad.

—Si lo hacemos, moriremos de hambre —le refuté.

—Kenneth, ya estamos pasando hambre —respondió—. Si estamos pasando hambre fuera de la voluntad de Dios, también podríamos soportarlo dentro de Su voluntad.

Ella tenía razón, y yo lo sabía. Así que en 1966, nos mudamos a Tulsa. Por primera vez en mi vida, estaba bajo la perfecta voluntad de Dios, y me encontraba muy emocionado por ello. No obstante, no tenía idea de cómo salir adelante en lo financiero, pues sólo era un estudiante de 30 años, con un ingreso de tiempo parcial. Sólo estaba seguro de que *si había una salida, la encontraría en la PALABRA de Dios*. Así que me sumergí en ella de día y de noche.

Además de leer y estudiar mi Biblia, llevaba conmigo una casetera adondequiera que iba. La colocaba junto a mi cama durante la noche, a fin de que pudiera dormir escuchando la palabra de fe. Me levantaba por la mañana, encendía de nuevo la casetera, y escuchaba las cintas otra vez. Me afeitaba, comía y conducía escuchando la PALABRA todo el tiempo.

Y de esa manera, fue como comprendí con claridad lo que Dios había realizado por nosotros a través del plan de redención. A medida que escuchaba el mensaje del Nuevo Pacto y estudiaba escrituras como Gálatas 3:9 —en las cuales se afirma que por medio de la fe, somos bendecidos con el creyente Abraham—; recibí mi primera revelación de LA BENDICIÓN, y ésta envió impactantes olas por todo mi espíritu. Por primera vez, comprendí que verdaderamente:

Cristo nos redimió de la maldición de la ley, hecho por nosotros maldición (porque está escrito: Maldito todo el que es colgado en un madero), para que en Cristo Jesús la bendición de Abraham alcanzase a los gentiles, a fin de que por la fe recibiésemos la promesa del Espíritu... Y si vosotros sois de Cristo, ciertamente linaje de Abraham sois, y herederos según la promesa.

—versículos 13-14, 29.

El día que en realidad comprendí lo que estos versículos afirman, me emocioné más de lo imaginable: *¡Yo soy la simiente de Abraham! Soy el fruto de un juramento de sangre, de un pacto entre Dios y Su primogénito. ¡El SEÑOR Jesucristo es mi hermano de sangre!*

Gracias a mis orígenes indoamericanos, tenía cierto conocimiento acerca de los pactos de sangre. Sabía qué tan reales y serios son, por consiguiente, no me tomó mucho tiempo percatarme de que por ser heredero del pacto de sangre de Abraham, todo lo que Dios le prometió a él, me pertenecía a mí también. No sabía con exactitud todo lo que este pacto incluía, sin embargo, sabía muy bien que él y su familia prosperaban adondequiera que iban. No existía ninguna persona pobre entre ellos, pues todos eran ricos.

Incluso mi mente, la cual piensa a la velocidad de un rayo, no podía comprender en su totalidad lo que este pacto representaba. Sólo sabía en mi corazón que *ya no sería pobre nunca más. ¡Alabado sea Dios!*

Dormí creyendo que era un hombre adinerado. No me importaba estar aún con deudas. No me preocupó que en el exterior mis circunstancias aún no cambiaran. Pues en realidad lo que importaba era el cambio que se había producido en mi interior. Por fin, después de años de pensar como un hombre pobre, el espíritu de adopción clamó en mi interior: *¡Tengo un pacto de sangre con el Dios todopoderoso! Tengo un Padre celestial y Él es rico, poderoso y me respalda; así como respaldó a Abraham —¡y al mismo Jesús!—. Ya no estoy bajo maldición financiera. Soy BENDECIDO con toda bendición espiritual en los lugares celestiales. Gracias a que soy la justicia de Dios en Cristo, ¡LA BENDICIÓN de Abraham es mía!*

Ya no tenía la mentalidad de un hombre pobre. En cuestión de días, esa mentalidad desapareció. Pues comprendí que *¡soy* BENDECIDO!

Once meses después, la montaña de deudas que una vez se formó ante nosotros, fue derribada. Pagamos cada centavo de la deuda, y Gloria y yo le prometimos al SEÑOR que nunca volveríamos a pedir dinero prestado. No siempre fue fácil cumplir esa promesa. Unos años más tarde, el SEÑOR me indicó que iniciara un programa radial. En los siguientes 12 meses, transmitimos nuestro programa en 700 estaciones en el territorio de los Estados Unidos. El presupuesto radial de nuestro ministerio ascendió de US$300,000 del año anterior a US$400,000 *por mes,* ¡LA BENDICIÓN estaba obrando!

Para entonces, el SEÑOR me había dejado claro que además de no endeudarme, jamás debía pedirle dinero a nadie. Recibirás ofrendas conforme se indica en las Escrituras —dijo Él—. Nunca manipules al pueblo para que te dé; busca la provisión en Mi Palabra. Aférrate a LA BENDICIÓN de Abraham, la cual es tuya en Cristo; y ésta te brindará lo que necesites.

En esa época, yo todavía no sabía mucho acerca del tema; no obstante, puse en práctica lo que sí entendía. Pagábamos las cuentas y el ministerio continuaba creciendo. Como resultado, por más de 40 años, hemos predicado la PALABRA no adulterada como Dios nos lo indicó: Por cada medio disponible, desde la cima más alta hasta el valle más bajo, y en todos los confines del mundo. Llevarlo a cabo ha costado más de mil millones de dólares, y LA BENDICIÓN de Dios ha provisto cada centavo.

Sólo el comienzo

No me da pena predicar acerca de la prosperidad que está incluida en LA BENDICIÓN. En 1967, quedé maravillado cuando descubrí que como creyente soy libre de la escasez. Y hoy día, aún me siento eufórico por esa revelación. No obstante, también descubrí que LA BENDICIÓN, incluye mucho más que sólo tener dinero. La prosperidad financiera es sólo una pequeña parte de LA BENDICIÓN. La prosperidad fue lo primero que Dios me reveló, sin embargo, no fue lo único. De hecho, desde hace décadas, el Señor ha incrementado mi entendimiento de lo que significa ser BENDECIDO.

En todo este tiempo, Él me enseñó más acerca de los diferentes elementos que incluye Su BENDICIÓN. Dios me reveló más conocimiento con respecto al nuevo nacimiento, a la salvación, a la sanidad, a la paz que sobrepasa todo entendimiento y al fruto del Espíritu. Me mostró cómo Su BENDICIÓN puede influir o beneficiar, no sólo nuestra vida, nuestra familia y la Iglesia; sino también nuestro gobierno y nuestra nación.

Me explicó parte por parte.

Por tanto, cuando Él nos lleva por ese proceso aprendemos y crecemos, un paso a la vez. Nadie nunca ha aprendido algo de nivel avanzado o complicado en un sólo momento, pues todo conlleva un proceso. En lo espiritual, al igual que en lo natural, debemos desarrollar una revelación tras otra. Si deseamos profundizar en nuestro entendimiento, debemos avanzar paso a paso.

Si esta teoría aún no le convence, lea la historia de la Iglesia. Desde la Época del Oscurantismo —cuando el diablo despojó a la Iglesia de su poder e impidió que recibieran la revelación, al convencer a los líderes impíos de mantener la PALABRA escondida en monasterios, alejándola del pueblo de Dios— el Señor ha revelado poco a poco verdades que no conocíamos. Y en los días de Martín Lutero, inició revelándonos la verdad fundamental del nuevo nacimiento: «…Mas el justo por la fe vivirá» (Romanos 1:17). Esa verdad impactó mucho a las personas del año 1500. Los líderes religiosos se enfurecieron por ese descubrimiento. Las multitudes se confundieron, no sabían si creerlo o no. Sin embargo, hoy día, toda la iglesia evangélica ha aceptado esa revelación. Ya no es más un tema de discusión. Sabemos que somos salvos, no por nuestras propias obras, sino por nuestra fe en Jesús.

Luego de restaurar esa revelación, Dios comenzó a añadir otras. Por ejemplo, en el movimiento Pentecostal, el cual emergió a principios del año 1900, después de revelar las verdades del nuevo nacimiento, nos reintrodujo en la verdad bíblica acerca del Bautismo en el Espíritu Santo (Mateo 3:11). Cuarenta años más tarde, durante el gran avivamiento de sanidad, restauró la revelación de la sanidad divina (1 Pedro 2:24). Durante el movimiento carismático en 1960, agregó la revelación acerca de los dones del Espíritu (1 Corintios 12:4-10). Al final de esa década, Él nos enseñó acerca del poder e integridad de Su Palabra escrita; y también nos explicó cómo actuar por fe basados en la Palabra (Hebreos 4:12; Marcos 11:23-24).

Es importante que comprendamos que Dios no le reveló todo a la Iglesia en un solo momento. Las revelaciones siempre estuvieron allí, sin embargo, Él las restauró una por una. Ésa es la forma en que el Señor actúa con Su Cuerpo, ya sea como un todo o de manera individual. Dios nos hace crecer paso a paso. De acuerdo con la Biblia, Él nos lleva de fe en fe y de gloria en gloria (Romanos 1:17; 2 Corintios 3:18).

Jamás olvidemos que Él nos lleva de gloria en gloria. Aunque valoremos lo que Dios ya nos reveló de Su PALABRA, siempre debemos recordar que hay cosas en la Biblia que aún no hemos comprendido. Existen verdades espirituales que todavía no hemos aprendido y revelaciones bíblicas que aún no hemos recibido.

Dios todavía tiene mucho que enseñarnos.

Cuando olvidamos que aún necesitamos aprender más, dejamos de crecer. Comenzamos a pensar que nuestro grupo (o denominación) ya lo sabe todo. Nos conformamos con las últimas revelaciones que recibimos, y nos rehusamos a avanzar. Los creyentes han actuado así una y otra vez. Por ejemplo, años atrás, algunos grupos descubrieron la verdad acerca del nuevo nacimiento, y bendijeron a multitudes al enseñarles cómo ser salvos por fe. Sin embargo, cuando alguien trató de enseñarles acerca del bautismo del Espíritu Santo y de hablar en lenguas, le cerraron las puertas a esa revelación, argumentando: "¡No, no aceptamos esas nuevas enseñanzas aquí! Ya aprendimos muy bien todo acerca del nuevo nacimiento, y eso es todo lo que necesitamos".

Y el mismo error cometieron los creyentes que recibieron el bautismo del Espíritu Santo. Cuando Dios envió personas a enseñarles acerca de cómo recibir sanidad y provisión financiera por fe, no quisieron saber nada al respecto. Cerraron su mente a esas verdades bíblicas, y dijeron: "Esté o no en la Biblia, eso no es lo que el abuelo nos enseñó; por tanto, no vamos a creerlo".

No me malinterprete, no estoy señalando a esos grupos de creyentes. Los amo, y creo que todos tenemos una deuda de gratitud con ellos por las verdades que ayudaron a restaurar en el Cuerpo de Cristo. Sin embargo, también soy consciente de que debemos aprender de los errores de los demás. Necesitamos reconocer y vencer nuestra tendencia carnal de resistirnos a aceptar nuevas revelaciones. Es importante que comprendamos que no debemos conformarnos sólo con lo que hemos aprendido, sino utilizar esa información como fundamento para avanzar o crecer. Es necesario que entendamos que todo se aprende paso a paso si deseamos seguir creciendo y madurando: «...a la medida de la estatura de la plenitud de Cristo» (Efesios 4:13).

Beba de la manguera contra incendios

Cada vez que Dios me muestra algo nuevo acerca de LA BENDICIÓN, recuerdo que estoy aprendiendo poco a poco. Al leer algo nuevo acerca de ésta en la PALABRA, pienso: *Esto era lo que necesitaba saber, ahora lo comprendo todo.* Y cuando me enseña algo más, declaro: *¡Qué impresionante, jamás había visto esto!*

Este proceso es muy similar al entrenamiento que recibí como piloto. Cuando empecé a pilotear aviones, el instructor no me dijo todo de una vez. Durante años, invertí miles de horas aprendiendo diferentes aspectos de cómo volar. Comencé aprendiendo las técnicas básicas, una a la vez, y practicándolas con un instructor en un pequeño Cessna de un motor, el cual era para dos tripulantes.

Jamás olvidaré la primera vez que finalmente piloteé un avión solo. Estaba tan emocionado que apenas podía contener tanta felicidad. Pensé que sabía todo lo que necesitaba saber, y estaba listo para partir. Sin embargo, no había considerado que todos mis vuelos de entrenamiento los había realizado temprano por las mañanas. A esa hora, había poco tráfico aéreo, y aterrizar era sencillo. Sólo llamaba por radio a la torre de control, y ellos me autorizaban aterrizar de inmediato.

No obstante, mi primer vuelo solo, lo realicé a las cuatro de la tarde, la hora más congestionada del día. Entonces, cuando estuve listo para aterrizar y llamar a la torre de control, a fin de recibir autorización, no obtuve la respuesta que esperaba: "Entendido *Cessna 55 X-ray*. Está autorizado para aterrizar, hágalo en la pista 17".

Al contrario, me indicaron lo siguiente: «Usted es el número ocho, debe seguir al DC-3 justo afuera de la marca exterior. Llame cuando lo tenga a la vista».

¿Qué? ¿Número ocho? ¿Marca exterior? ¿Qué es una marca exterior?

No tenía idea alguna de qué significaban esos términos. Entonces le respondí: *Señor, éste es mi primer vuelo solo...*

«Comprendido 55 X-ray —me contestaron—. No hay problema. Sólo mantenga su altitud y su rumbo. Yo le diré cuando sea su turno».

Escuchar eso me gustó más que el tema de la marca exterior. Me mantuve firme, y después de un momento la torre de control me indicó: «Muy bien, *55 X-ray*, ¿ve usted el *DC-3* que está a su izquierda? Ése es el tráfico que debe seguir. Y cuando éste pase bajo su ala izquierda, gire a la izquierda».

¡Ésa fue una revelación para mí! Pues en ese momento, aprendí que debía esperar para girar hasta que el avión, al cual estaba siguiendo, pasara bajo mi ala izquierda; a fin de asegurarme de no chocar contra él. ¡Y eso me pareció genial!, y con ese conocimiento realicé mi aterrizaje a salvo, y tan feliz como si fuera un cerdito en el barro.

Muchos años han transcurrido desde entonces, y en la actualidad, ya no piloteo un *Cessna* de un motor. Sino un *Citation X*, el cual vuela a 960 kilometros por hora, y es mucho más complicado de pilotear. He tenido que aprender mucha información adicional, paso a paso, a fin de volar ese avión. Sin embargo, aún sigo aplicando la revelación que obtuve en mi primer vuelo solo. Sin importar cuán rápido esté volando, si continúo permitiendo que otro avión pase debajo de mi ala izquierda antes que yo gire, no chocaré contra éste.

Le di este ejemplo, a fin de explicarle lo siguiente: Este libro no es un bosquejo de las primeras revelaciones que recibí a principios de mi ministerio. Pues aunque son maravillosas y transformaron mi vida de una manera tan extraordinaria —y continúan haciéndolo—, esas primeras revelaciones de LA BENDICIÓN de Abraham, fueron sólo el comienzo. Podría decirse que fueron las lecciones iniciales que aprendí en la escuela de vuelo de la PALABRA. Y aún cuando sigo aplicando esos principios, ahora sólo son el fundamento de nuevos niveles de revelación.

Conforme voy alcanzando estos nuevos niveles, y comienzo a ver la plenitud de LA BENDICIÓN, me siento como cuando comencé a entrenar para pilotear el *Citation X* —como si estuviera aprendiendo a volar de nuevo—. Un piloto que recibió clases conmigo dijo que absorber las montañas de información nueva con la que nos bombardeaban, era como intentar beber de una manguera contra incendios. Tuvimos que aprender cómo hacer todo de nuevo. En ocasiones, nuestros cerebros se saturaban intentando retener toda la información; sin embargo, la primera vez que despegué el *Citation X,* supe que el esfuerzo había valido la pena. Al unirse todos los elementos que estudié en las clases y todo lo que practiqué en el simulador de vuelo, empujar el acelerador y elevarme al cielo en ese avión… ¡fue toda una experiencia!

No hay forma de describirlo. Todo lo que puedo decir es que cada célula de mi cuerpo sintió el poder, y supe que estaba a punto de volar más lejos y más rápido que antes.

Cuidado con la aguja

De la misma manera nos sentiremos en lo espiritual, al recibir el entrenamiento y despegar en la revelación de LA BENDICIÓN. Sin embargo, le advierto que aprender a actuar conforme a esa revelación, podría parecerle algo nuevo y diferente. Usted puede estar tan sorprendido como lo estuve yo al principio, cuando descubrí que todas las bendiciones que hemos encontrado en la PALABRA —las cuales hemos estudiado, hemos creído y hemos visto manifestarse en nuestra vida por muchos años— no sólo son expresiones al azar y sin relación alguna con la bondad de Dios. No son únicamente dones individuales que Él nos da, a fin de suplir nuestras necesidades a medida que éstas surgen.

Esas bendiciones forman parte de un todo. Son piezas de algo más grande y más poderoso de lo que alguna vez hayamos imaginado. Como las partes de un reloj que trabajan juntas, cada una de éstas —desde el nuevo nacimiento, la sanidad, la prosperidad hasta los dones del Espíritu Santo— forman parte de una declaración que Dios realizó hace 6000 años.

Son el resultado de una BENDICIÓN: ¡LA BENDICIÓN!

La BENDICIÓN que Dios declaró sobre Adán y Eva en el huerto de Edén, la cual establece la voluntad de Dios para toda la humanidad, de todos los tiempos: «Fructificad y multiplicaos; llenad la tierra, y sojuzgadla, y señoread...». (Génesis 1:28).

Con esa BENDICIÓN, Dios le confirió a los seres humanos todo lo necesario para que cumplieran el propósito para el cual los creó; y para que realizaran la obra que estaban destinados a llevar a cabo. Él liberó la única BENDICIÓN que cualquiera de nosotros pudiera necesitar. En los siguientes capítulos, comprenderá cómo la primera BENDICIÓN, con el tiempo, llegó a ser LA BENDICIÓN de Abraham. También verá, a través de las generaciones, las cosas asombrosas que les sucedieron a quienes la recibieron. Obtendrá un entendimiento más claro de cómo LA BENDICIÓN invistió de poder a la verdadera simiente de Abraham, y cómo el SEÑOR Jesucristo, llegó a ser el Salvador del mundo. Y, comprenderá, como nunca antes, a qué se refiere la Biblia cuando leemos que a través de Jesús, LA BENDICIÓN nos ha sido entregada.

Las revelaciones que el SEÑOR me ha mostrado acerca de LA BENDICIÓN en los años anteriores han vuelto a enviar olas que han impactado mi espíritu. Me han cambiado tanto como la primera revelación que recibí acerca de LA BENDICIÓN de Abraham, en 1967.

En las siguientes páginas, le mostraré —basado en las Escrituras literalmente desde Génesis hasta Apocalipsis— lo que Dios me ha enseñado acerca del significado de LA BENDICIÓN, y cómo funciona. Usted, al igual que yo, verá, que la verdad de LA BENDICIÓN, se encuentra en toda la Biblia.

Algunas de las cosas que leerá, *revolucionarán* su forma de pensar. Incluso podrían molestarle al inicio. A menudo, recibir una nueva revelación puede molestarle. Al principio, se sentirá incómodo, y en ocasiones hasta pueden enfurecerlo por un momento; pues las nuevas revelaciones contradicen nuestras tradiciones religiosas.

El simple hecho de que yo escriba un libro completo acerca de ser BENDECIDO, puede irritar a algunas personas. Algunos podrían argumentar: "Pienso que se ha predicado mucho acerca de ser cristianos BENDECIDOS y nos hemos centrado demasiado en nosotros mismos. El cristianismo se trata de Jesús, no de nosotros".

Esas personas tienen razón en algo. Desde nuestra perspectiva como creyentes, la vida *gira* en torno a Jesús: amarlo, agradarlo, expandir Su Reino y darle la gloria.

Sin embargo, desde la perspectiva de Jesús, todo es acerca de nosotros. No murió en la Cruz para salvarse a Sí mismo. No vino a la Tierra a cumplir el plan de redención para que *Él* pudiera tener vida en abundancia. Jesús vino para que *nosotros* pudiéramos disfrutar esa vida. Se convirtió en la simiente de Abraham, no para que Él pudiera heredar la promesa de Dios, sino para que nosotros la heredáramos. Jesús lo hizo, a fin de que LA BENDICIÓN viniera sobre nosotros, y para que a través de nosotros todas las naciones de la Tierra puedan ser BENDECIDAS.

Soy consciente de que tales declaraciones irritan a las personas que piensan que es piadoso ser pobre y estar derrotado. Sin embargo, eso a mí no me molesta, pues estoy acostumbrado. Por años, mis enseñanzas han irritado a muchas personas. Créalo o no, es parte de mi llamado en Dios. Hace años, cuando comencé en el ministerio, el SEÑOR me habló acerca del bautismo del Espíritu Santo sobre la iglesia:

—*Tengo un gigante dormido en la Tierra, y voy a despertarlo...*

¡Me pareció grandioso! Yo estaba muy de acuerdo hasta que terminó la oración.

—*...y tú eres la aguja.*

—Señor, ¿por qué yo? —le pregunté.

—*¿Por qué no? —replicó Él.*

—Está bien, ¡hagámoslo! —le respondí.

Desde entonces, he tenido que hacerlo más veces de las que puedo contar. A veces estoy predicando, cuando de pronto, la aguja de la unción viene sobre mí, y declaro algo que despierta a las personas. En ocasiones, se enfadan tanto que desean golpearme, y otras veces, se alegran. A veces, los predicadores se acercan a decirme: "Me hizo enojar tanto que decidí marcharme a casa y estudiar mi Biblia para demostrar que usted estaba equivocado. Sin embargo, entre más la leía, más me daba cuenta de que usted estaba en lo correcto. ¡Pues esa verdad ha estado escrita en la Palabra todo el tiempo!". Ahora bien, permítame aclararle que no era yo quien tenía la razón, sino la PALABRA.

Todos esos predicadores son buenas personas que aman a Dios. La mayoría de ellos cuentan con una preparación bíblica más formal que yo; no obstante, han permanecido tan ciegos a causa de su mentalidad religiosa que no han podido ver las verdades claras de la PALABRA. Sus tradiciones ocasionaron que la PALABRA de Dios perdiera su efecto[1] en su vida. El SEÑOR sólo me usó para provocar que ellos leyeran su Biblia desde una nueva perspectiva. Al hacerlo, vieron la verdad, y la verdad los hizo libres.

Recuerde lo siguiente al leer este libro: Si alguna de las cosas que digo le molestan, no se limite a rechazarlas; escudriñe la PALABRA de Dios por sí mismo para comprobar si son verdad. Si la PALABRA no se las confirma, deséchelas. Si las confirma, permítales que lo

---

1 Marcos 7:13

liberen. Permita que la realidad de LA BENDICIÓN revolucione su forma de pensar, que aumente su fe y que lo eleve hacia las nuevas alturas de la voluntad de Dios para su vida.

Ahora… encendamos los motores, y volemos.

Capítulo dos

Lo único que el pecado no pudo cambiar

«Porque yo Jehová no cambio...» (Malaquías 3:6).

«Jesucristo es el mismo ayer, y hoy, y por los siglos» (Hebreos 13:8).

Existe mucha confusión acerca de la voluntad de Dios en estos días. Si usted visita una iglesia es posible que escuche que la voluntad de Dios es BENDECIR a Su pueblo —sanándolos, prosperándolos y derramando de Su bondad sobre ellos en cada área de su vida—. Y al ir a otra, puede oír exactamente lo opuesto —que Dios le envía enfermedad y pobreza a Su pueblo para enseñarles lecciones, y que Él permite que pasen por situaciones de maldad y opresión; por razones que sólo el Señor puede comprender—.

Por supuesto, las personas poseen sus propias filosofías y porciones de las Escrituras para respaldar lo que creen. Cada grupo se encuentra convencido de que está en lo correcto. Por esa razón, continúan discutiendo por defender sus propios puntos de vista. Y la confusión permanece... sin razón aparente.

Lo peor de esta situación es la confusión que se crea. Y ese conflicto es innecesario, pues en la Biblia, este asunto ya se resolvió desde hace mucho tiempo. En el primer capítulo de la Biblia se describe con detalle y con una claridad inconfundible, la voluntad de Dios para toda la humanidad. *En el principio,* Dios reveló Su plan. Lo más impresionante es cómo, por tanto tiempo, no nos habíamos dado cuenta.

Es muy obvio que el Creador de la humanidad deseaba que se enteraran de Sus planes, pues fue lo primero que agendó. Y cualquier persona que haya leído Génesis 1, puede comprobarlo. Dios fue muy claro en Sus declaraciones acerca de la identidad de la humanidad, y de su misión en la Tierra. Él especificó Su voluntad con respecto a cuál sería el entorno para los seres humanos. Dios lo creó para que fuera bueno en todos los aspectos.

Alguien podría argumentar: "Sí, pero todo cambió cuando el pecado entró en escena".

Sin lugar a duda, el pecado hizo cambiar algunas cosas. No obstante, éste no pudo cambiar a Dios. Uno de los fundamentos básicos de la naturaleza de Dios es que es el mismo ayer, hoy y siempre. En Santiago 1:17, se le llama: «…Padre de las luces, en el cual no hay mudanza, ni sombra de variación».

El SEÑOR declara en Malaquías 3:6: «Porque yo JEHOVÁ no cambio…».

En el Oeste de Texas lo decimos de la siguiente manera: "Él ni siquiera piensa en cambiar". Lo que Dios expresó en Génesis acerca de Su voluntad y de Su propósito para la humanidad, lo dijo en serio. Punto. Ni las maquinaciones del diablo ni la rebelión y la caída de Adán pudieron alterarlo en lo más mínimo. Cuando Dios toma una decisión y declara Su PALABRA; se cumple y punto.

Cuando era niño, mi padre actuaba de esa forma. Cada vez que él tomaba una decisión con respecto a algo, el problema quedaba resuelto para él. A veces yo cuestionaba su decisión, otras veces intentaba hacerlo cambiar de opinión. Le decía: *Pero papi...* Y luego comenzaba a explicarle todas las razones por las cuales él debía hacer las cosas a mi manera.

—¿Escuchaste lo que dije la primera vez? —me preguntaba él.

—Sí, papá, pero…

—Lo que dije la primera vez sigue en pie. Se hará de esa manera. ¿Entendiste?

—Sí, señor —le respondía; y así terminaba la discusión. Yo era consciente de que sin importar cuánto intentara presionarlo, cuando mi papá sabía que estaba en lo correcto y tomaba una decisión; ésta nunca cambiaba. Cualquier otra cosa que me dijera en cuanto al asunto, sólo servía para reafirmar su posición original.

Si mi padre natural podía ser tan firme en sus decisiones, imagínese ¿cuán firme es nuestro Padre celestial? Después de todo, Él es perfecto en todos Sus caminos. Cada decisión que toma es la correcta. Cada plan que diseña es el mejor que pueda existir. Es imposible que cambie de parecer. Todo lo que Él es y hace, es perfecto desde el principio.

Leer lo primero que Dios declaró acerca de la humanidad, es la mejor manera de entender Su voluntad para los seres humanos. Entonces el método más seguro para encontrar el plan que Él tiene para nosotros es retroceder en el tiempo y ver Su plan original. Una cosa es segura: La voluntad de Dios para la humanidad hoy en día, es exactamente la misma de siempre. Ésta no ha cambiado desde el día en que Adán fue creado. Dios mantiene en vigencia lo que expresó en los primeros versículos de la Biblia.

Más que cuatro letras religiosas

En el principio creó Dios los cielos y la tierra. Y la tierra estaba desordenada y vacía, y las tinieblas estaban sobre la faz del abismo, y el Espíritu de Dios se movía sobre la faz de las aguas. Y dijo Dios: Sea la luz; y fue la luz.

—Génesis 1:1-3

Estos conocidos versículos representan más que una lección bíblica. Pues son la base de todo lo que nosotros, como creyentes, necesitamos saber. Nos dan la primera perspectiva del propósito de Dios y de Su plan para nuestra vida. Si los estudiamos a la luz de la verdad bíblica, no sólo nos revelarán los detalles básicos de quién creó el universo y cómo lo hizo, sino también nos indicarán "el verdadero motivo" de la Creación.

Sólo con explicar que Dios es el Creador del universo, y que Él lo inició creando la luz por medio de Su Palabra, en esos tres versículos se nos revela mucho más de lo que sabíamos acerca del verdadero propósito de la creación. Nos hemos perdido gran parte de esa revelación, incluso ha pasado desapercibida; pues en nuestros días la palabra: *Dios,* no representa lo que en realidad significa. Para muchos sólo es un nombre común de cuatro letras, el cual utilizan todas las religiones, refiriéndose a cualquier deidad que una persona pueda elegir. Lo utilizan para mencionar a Alá o a Buda, así como también para referirse al Dios todopoderoso de Abraham, de Isaac y de Jacob.

Ahora bien, nosotros como cristianos, sí sabemos que el verdadero Dios es el Dios que se menciona en la Biblia. El Dios de Génesis 1:1, es el Único, Eterno, Dios trino —el Dios y Padre de nuestro Señor Jesucristo (Efesios 1:3)—.

Pero incluso esos títulos, aunque son correctos, no identifican a Dios en su totalidad. Éstos nos dan una pequeña introspectiva de Su naturaleza y de Su carácter, pero no nos revelan quién es Él en realidad. Sin embargo, en la Biblia sí se explica, pues lo describe a profundidad y en detalle desde Génesis hasta Apocalipsis; y lo resume en tres impresionantes palabras en el Nuevo Testamento:

«*...Dios es amor*» (1 Juan 4:8).

En el Antiguo Testamento está escrita la misma declaración. Ahí se nos enseña que Dios está: «...lleno de compasión» (Salmos 78:38, 111:4). Y también que Él es: «Lento para la ira, y grande en misericordia y verdad» (Salmos 86:15). «Clemente y misericordioso es Jehová, lento para la ira, y grande en misericordia. Bueno es Jehová para con todos, y sus misericordias sobre todas sus obras» (Salmos 145:8-9).

Un día meditando en la frase "lleno de compasión", su significado me emocionó. Pues si la capacidad de Dios es infinita, quiere decir que se requiere de una cantidad infinita de compasión para llenarlo. ¡Se necesita de toda la compasión que existe! Entonces la compasión no es un sentimiento o una cosa, es Dios mismo.

La magnitud del amor de Dios es asombrosa. Su amor no es una clase de amor inestable como el que los seres humanos pueden ofrecer. No es el tipo de amor que algunas veces lo lastima. En Salmos 145:9, queda claro que: «El SEÑOR es [siempre y para siempre] bueno...» *(NVI)*. De hecho, la palabra SEÑOR se colocó en mayúscula en este versículo, pues se refiere al nombre personal de Dios. Es el nombre que Él le reveló a Moisés cuando le dijo que sacara a los israelitas de Egipto (Éxodo 3:13-14). Es el nombre que Dios utilizó cuando contestó al clamor de Moisés para ver Su gloria:

> ...Yo haré pasar todo mi bien delante de tu rostro, y proclamaré el nombre de Jehová delante de ti; y tendré misericordia del que tendré misericordia, y seré clemente para con el que seré clemente.
>
> —Éxodo 33:19

La verdadera pronunciación del nombre de Jehová se perdió hace miles de años, debido a que los judíos lo consideraban tan sagrado que se rehusaban a decirlo en voz alta. En un intento vano de interpretarla, se tradujo como *Jehová*, e incluso lo sustituyeron por la palabra SEÑOR. Sin embargo, ya sea que lo hayan traducido bien o no, debemos comprender lo siguiente: El nombre de Dios es Bueno porque Él es el Dios Bueno. Él es todo lo bueno que existe. El SEÑOR es 100% bueno. No hay ningún indicio de maldad en Él.

Hace algunos años, estaba estudiando acerca del clima y me encontré con el término: "cero absoluto". Es el término que se utiliza para describir las condiciones donde no hay nada de calor. Cuando estamos en un cero absoluto, frío es todo lo que hay. El ambiente se encuentra tan frío como sólo el frío puede ser. Nada puede ser más frío, pues estar en cero absoluto es 100% frío.

Si pudiera medirse con un termómetro, sería más de 273.15 grados centígrados bajo cero. Cuando fui a las Montañas Rocosas estuve a 10 grados centígrados bajo cero. Esa temperatura para mí era realmente fría, pero aunque yo no lo sintiera había algo de aire caliente en el ambiente.

Cuando leí acerca del cero absoluto, se me ocurrió que Dios es bueno "absoluto". Él es tan bueno como sólo lo bueno puede ser. El Señor es bueno absoluto, amor absoluto, misericordia, compasión, bondad y paciencia absolutas. Es tanta Su bondad que la maldad no puede existir en Su presencia. Por esa razón, tuvo que esconder a Moisés detrás de la hendidura de una peña cuando permitió que Su bondad pasara delante de él. A pesar de ser un gran profeta, Moisés aún era un hombre caído y contaminado con el pecado (como todos, desde la caída de Adán). Y si Dios hubiera pasado Su bondad delante de Moisés sin protegerlo, la bondad absoluta de Dios habría quemado la maldad que se encontraba en él; y esto, hubiera ocasionado que Moisés se fuera de esta Tierra antes de tiempo.

No obstante, Dios no permitió que eso sucediera. Él hizo todo lo necesario para proteger a Moisés, mientras se revelaba a Sí mismo. Y Su bondad encontró la manera de cuidarlo.

Hay buenas nuevas en el primer versículo de la Biblia

Leamos de nuevo Génesis 1:1: «En el principio creó Dios los cielos y la tierra». Considerando lo que acabamos de aprender acerca de quién es Dios, también podemos leer el versículo de las siguientes formas: "En el principio, el Amor creó los cielos y la Tierra". "En el principio, la Compasión creó los cielos y la Tierra". "En el principio, la Bondad creó los cielos y la Tierra". Para crear un máximo impacto en nuestro pensamiento, podemos unir todas estas palabras en el mismo versículo: "En el principio Dios, quien es Amor absoluto, Compasión y Bondad absolutas, creó los cielos y la Tierra".

Ni siquiera hemos terminado de leer el primer versículo de la Biblia, y ¡ya estamos leyendo buenas noticias! Ya aprendimos que la Compasión creó el universo, y no hace falta ser un genio para darnos cuenta que si la Compasión está detrás de la Creación; entonces la Compasión es la *razón* de la Creación. En un instante, no sólo aprendimos que Dios creó todas las cosas, sino también *por qué*.

Dios lo hizo porque necesitaba a alguien a quien amar.

Si usted en realidad sabe qué es compasión, comprenderá que ésa fue la verdadera razón. La Compasión no se conforma con procurar su propio bien. Ésta necesita a alguien más con quien tener comunión, a quien darle y a quien bendecir. La Compasión necesita a alguien en quien pueda derramar Su bondad. La Compasión necesita una familia.

Lo anterior nos permite ver Génesis 1:1 desde una nueva perspectiva, pues con esa explicación comprendemos que el Dios de amor estaba a punto de crear algo, a causa del amor. Él no sólo estaba creando un universo, sino también planeando crear una familia en la cual pudiera derramar Su bondad; y además, estaba preparando un lugar para que esa familia pudiera habitar. Dios no diseñó el universo sólo para que Él pudiera disfrutarlo, pues Él ya poseía un cómodo lugar de habitación, llamado cielo. El SEÑOR anhelaba construir un lugar para Sus hijos que fuera tan maravilloso y glorioso como el Suyo. Dios quería un lugar donde pudiera visitarlos, y con el tiempo, también pudiera ir y habitar con ellos. Así que decidió construir uno.

¿Por dónde empezó? En el versículo 3, encontramos la respuesta: «Y dijo Dios: Sea la luz; y fue la luz». Dios activó las cosas por medio de Su Palabra. En el Nuevo Testamento, se plantea de esta manera:

> En el principio la PALABRA ya existía. La PALABRA estaba con Dios, y la PALABRA era Dios. El que es la PALABRA existía en el principio con Dios. Dios creó todas las cosas por medio de él, y nada fue creado sin él.
>
> —Juan 1:1-3, *NTV*

Vuelva a leer estos versículos, realizando las mismas sustituciones que antes, y verá en ellos, al igual que en Génesis 1:1, emocionantes pruebas de lo que Dios tenía en mente para la Creación:

> En el principio la PALABRA ya existía. La PALABRA estaba

con la Compasión, y la PALABRA era la Compasión...; todas las cosas fueron creadas por la Compasión, y nada fue creado sin la Compasión. Y la Compasión dijo... el Amor dijo... la Bondad dijo...: ¡Sea la luz!

Ahora bien, medite lo siguiente: ¡La Palabra del Amor creó el universo! El amor creó la Tierra, los cielos y todo lo que hay en ella, con amor y a causa del amor. (Esta revelación elimina una gran cantidad de las mentiras que la religión nos ha vendido). Literalmente, Dios le construyó un hogar a Su familia, lo cual nació de Su propio amor. Él, de Su misma esencia y gloria, construyó un lugar que reflejara Su gran deseo de BENDECIR a esa familia y de rodearlos con Su bondad.

Y lo creó, al declarar: «*¡Sea la luz!*».

La traducción de esta frase en algunas versiones bíblicas en español es la siguiente: «¡Que haya luz!». Sin embargo, la traducción no es tan fiel al texto original. Pues la frase: «¡Que haya luz!», puede dar la impresión de que Dios sólo estaba haciendo planes en voz alta. Como si estuviera diciendo: "¡Mmm...! Sería bueno tener un poco de luz".

Sin embargo, en el hebreo original, esta frase es más corta y más contundente. Nos revela que el universo surgió al escuchar la orden directa de Dios: «... *Sea la luz; y fue la luz*» (Génesis 1:3).

¿Por qué es tan importante que lo sepamos? ¿Por qué consideró Dios tan vital revelarnos Su método de Creación, plasmándolo en el tercer versículo de la Biblia? Porque estaba a punto de dar a luz una familia de "creadores" hechos a Su imagen; y este método divino de "llamar las cosas que no son como si fueran",[2] es una parte esencial de Su voluntad y de Su plan para la humanidad.

No es ninguna casualidad que en Génesis 1, se repitan una y otra vez las frases: «*Dios dijo... y fue así*». Al igual que todos los buenos maestros, Dios nos enseña por medio de la repetición. Entonces por el bien de Sus alumnos —los hijos y las hijas que un día seguirían Su ejemplo—, Él dejó todo bien claro. Dios se encargó de que este breve

---

2 Romanos 4:17

resumen de la creación, plasmado en este importante primer libro de la Biblia, nos recordara una y otra vez que:

- Para que hubiera expansión en medio de las aguas: *«Dios dijo... y fue así»* (versículo 6-7).

- Para que se juntaran las aguas y se descubriera lo seco: *«Dios dijo... y fue así»* (versículo 9).

- Para que la tierra produjera hierba verde: *«Dios dijo... y fue así»* (versículo 11).

- Para que la luz del sol, de la luna y de las estrellas alumbrara el firmamento: *«Dios dijo... y fue así»* (versículos 14-15).

- Para que se llenara el mar con criaturas vivientes: *«Dios dijo... y vio Dios que era bueno»* (versículos 20-21).

- Para que hubiera animales en la Tierra: *«Dios dijo... y fue así»* (versículo 24).

Es muy claro que el método que Dios utiliza para crear es *hablar*. Él creó y respaldó todas las cosas por medio de «...la palabra de Su poder...».[3] Dios no sólo habló sin sentido como muchas personas lo hacen a menudo. Él no expresó palabras a la ligera, al contrario se derramó a Sí mismo a través de Sus palabras, y las llenó con fe y con sustancia espiritual.

Cuando Dios dijo: *«Sea la luz...»,* no estaba simplemente pronunciando una frase, estaba activando un plan masivo. Con esas palabras, el Altísimo liberó suficiente poder para crear el universo.

Él libero el poder de la *Luz*.

---

3 Hebreos 1:3

¿Qué ocurrió cuando Dios encendió la Luz?

¿Qué tan importante era esa fuerza llamada Luz?

Significa más de lo que podamos imaginar.

La Luz que Dios liberó el primer día, no fue una iluminación visible. Ni tampoco un tipo de luz nocturna que iluminaba en la oscuridad, a fin de que Dios pudiera ver qué estaba haciendo. Tampoco era la luz del sol o de la luna. Pues en Génesis 1:14-19, leemos que Dios creó el sol y la luna al cuarto día.

Entonces ¿qué liberó Dios el primer día?

La Luz de Su propia gloria, la esencia de Dios mismo, de Su presencia y de Su sustancia.

Para su tranquilidad, la Biblia fue la fuente de donde obtuve toda esta información. En las Escrituras se nos enseña con claridad que *Dios es Luz.*[4] Y además, se nos muestra que Él es nuestra Luz y nuestra salvación.[5] La Luz es el mismo SEÑOR Jesucristo, quien es la perfecta expresión de la plenitud de Dios: «Aquella luz verdadera, que alumbra a todo hombre, venía a este mundo» (Juan 1:9).

Debido a que la Biblia es veraz, significa que la Luz no es tan sólo una cualidad de Dios. La Luz es Dios mismo, es decir, esta es Su misma naturaleza. Dios es tanto Amor como Luz. Tanto en el Antiguo como en el Nuevo Testamento, se nos confirma este hecho cuando describen la apariencia de Dios usando los siguientes términos: fuego, rayo u otra forma de luz.

- En el desierto, cuando Dios dirigió a los israelitas por medio de Su presencia, se le describe como: «...una columna de fuego para alumbrarles...» (Éxodo 13:21).

- Cuando Dios afirmó Su pacto con Abraham, Él se apareció

---

4 1 Juan 1:5: «Este es el mensaje que hemos oído de él, y os anunciamos: Dios es luz, y no hay ningunas tinieblas en él»

5 Salmos 27:1: «Jehová es mi luz y mi salvación; ¿de quién temeré? Jehová es la fortaleza de mi vida; ¿de quién he de atemorizarme?».

como: "una antorcha de fuego" que pasaba entre los animales del sacrificio (Génesis 15:17).

- Al salmista, Dios se le reveló como: «el que se cubre de luz como de vestidura...» (Salmos 104:2).

- En la visión de Ezequiel, Dios tenía la apariencia de hombre... «[con] fuego... en derredor... desde el aspecto de sus lomos para arriba, y desde sus lomos para abajo... parecía como fuego, y que tenía resplandor alrededor» (Ezequiel 1:26-27).

- Cuando el profeta Habacuc lo vio: «Su resplandor fue como la luz. Rayos brillantes [esplendor como relámpagos] salían de su mano; y allí está escondido su poder» (Habacuc 3:4).

- En el día de Pentecostés, Dios derramó de Su Espíritu en los primeros discípulos: «y se les aparecieron lenguas repartidas, como de fuego...» (Hechos 2:3).

- Cuando el apóstol Juan recibió la revelación del Apocalipsis, y observó a Dios en Su trono, él vio relámpagos y fuego alrededor de éste (Apocalipsis 4:5).

- En la visión de Juan de la Nueva Jerusalén: «La ciudad no tiene necesidad de sol ni de luna que brillen en ella; porque la gloria de Dios la ilumina, y el Cordero es su lumbrera» (Apocalipsis 21:23).

Desde Génesis hasta Apocalipsis, leemos que Dios es luz. Entonces al utilizar la Palabra para interpretar la misma, podría decirse que cuando Dios expresó en Génesis 1:3: «¡Sea la luz!»; Él en realidad liberó al vacío —es decir, al espacio— Su propia sustancia (la Luz). Se liberó a Sí mismo —Su gloriosa y creativa *gloria* llena de vida y compasión (gloria es una palabra bíblica que se utiliza para describir la Luz)—. Y esa misma gloria, se convirtió en la cobertura del universo. Ésta creó una especie de contenedor, en el cual todas las cosas materiales comenzaron a cobrar forma —los planetas, las estrellas, los océanos y todos los elementos naturales—.

En otras palabras, la luz de la gloria de Dios se convirtió en la base de toda la materia.

Alguien podría preguntar: "¿Qué sabe *usted* al respecto? Usted es un predicador, no un científico".

Sí, pero si le pregunta a los científicos que sean lo suficientemente valientes como para darle una respuesta sincera, le contestarían más o menos lo mismo; ya que la ciencia últimamente se ha estado relacionando con la Biblia. Investigadores y expertos en la física que tienen la integridad de admitirlo, ahora están reconociendo que el universo se inició como consecuencia de una explosión masiva de *radiación electromagnética* (por ejemplo, *la luz),*[6][7] y éste se ha expandido desde entonces. Esa energía radiante —la cual no sólo incluye las ondas de luz visible para el ojo humano, sino también aquellas que son invisibles—, se convirtió en la sustancia de todas las cosas materiales. En la actualidad, la ciencia reconoce que desde hace miles de años, en la Biblia se nos ha dicho la verdad: La Luz fue la fuerza original del universo, y sigue siendo el máximo poder de toda la Creación.

¿Comprende qué significa esto?

Quiere decir que Dios, quien es Luz —la Compasión misma—, utilizó Su propia gloria para crear este planeta. Significa también que, incluso: «...antes de la fundación del mundo...»,[8] Dios nos amó tanto que decidió construirnos una morada hecha de la misma sustancia de Su propia naturaleza, llena de Su amor y de Su Luz. Cuando Dios dijo: *«¡Sea la luz!»*, Él hizo algo más que sólo detonar "la gran explosión" que pondría en marcha al universo. Dios liberó la esencia de Sí mismo en la creación material, pues deseaba que la familia que estaba a punto de crear, estuviera por completo y eternamente rodeada de un *bueno absoluto.* Él quería que estuviéramos rodeados de Su propia gloria, y pudiéramos declarar con alegría: ¡«...en él

---

6 http://imagine.gsfc.nasa.gov/docs/dict_ei.html "electromagnetic waves (radiation)" (9/28/11)
7 http://imagine.gsfc.nasa.gov/docs/ask_astro/answers/070904a.html (9/28/11)
8 Efesios 1:4

vivimos, y nos movemos, y somos…»! (Hechos 17:28).

Mi estimado amigo, si esto no enciende su fuego espiritual, entonces "¡su leña esta mojada!"

Del polvo a la divinidad

En el sexto día de la Creación los cielos y la Tierra estaban listos, y todos los arreglos preliminares ya habían acabado; entonces Dios comenzó a crear el primer miembro de Su familia: el hombre.

Lo primero que hizo fue formar un cuerpo: «…del polvo de la tierra…»."[9] Algunas veces, las personas afirman que Dios creó al hombre del polvo. Sin embargo, eso es incorrecto. Pues el Señor moldeó el *cuerpo* del hombre del polvo, no al hombre en sí. Una vez que el cuerpo estuvo formado, Dios creó al hombre de la misma manera que creó todo lo demás:

> Entonces dijo Dios: Hagamos al hombre a nuestra imagen, conforme a nuestra semejanza; y señoree en los peces del mar, en las aves de los cielos, en las bestias, en toda la tierra, y en todo animal que se arrastra sobre la tierra. Y creó Dios al hombre a su imagen, a imagen de Dios lo creó; varón y hembra los creó.
>
> —Génesis 1:26-27

De nuevo, la traducción no es tan certera como la del hebreo original. Pues podría parecer que Dios sólo estaba haciendo planes en voz alta: "Tengo una idea. Hagamos un hombre a Nuestra imagen". Dios no creó nada al azar, sólo para ver en qué resultaban Sus ideas. Al contrario, planeaba hasta el más mínimo detalle, antes de comenzar a crear.

Cuando Dios formó los planetas y las estrellas, se basó en el plano que ya había establecido en Su interior. Cuando creó las criaturas del océano, las aves y los animales, hizo a cada uno de acuerdo con el patrón que ya había diseñado de antemano. Y al momento de crear al hombre, realizó lo mismo; pero con una asombrosa diferencia. En lugar

---

9 Génesis 2:7

de formarlo de un diseño original, Dios se utilizó a *Sí mismo* como patrón (Génesis 2:26-27). Cuando Dios creó al hombre, en realidad sacó una copia de Sí mismo.

Tampoco fue una decisión que tomó a última hora. Antes de la fundación del mundo, Él ya había decidido crear a la humanidad a Su imagen. En la Biblia, se nos enseña que incluso desde ese entonces, Dios ya había trazado y cumplido el plan de redención en Su propia mente. En la Palabra de Dios, se nos explica que nosotros, como creyentes:

> Sabiendo que fuisteis rescatados de vuestra vana manera de vivir, la cual recibisteis de vuestros padres, no con cosas corruptibles, como oro o plata, sino con la sangre preciosa de Cristo, como de un cordero sin mancha y sin contaminación, *ya destinado desde antes de la fundación del mundo,* pero manifestado en los postreros tiempos por amor de vosotros...
>
> —1 Pedro 1:18-20

¡Qué excelente Planificador! Mucho tiempo antes de que Dios expresara: «...hagamos al hombre a nuestra imagen...», Él ya había creado en Su corazón y en Su mente a cada ser humano que iba a existir. Y también ya había visto que el diablo tentaría a Adán y que la humanidad pecaría.10 Antes de que el universo fuera creado, Dios ya había propuesto en Su corazón restaurar todo lo que la rebeldía de Adán y Eva destruiría. Él y Jesús, ya habían acordado que Jesús iría a la Cruz y pagaría el precio por la redención de Su familia.

En aquel entonces, Dios ya conocía a todos aquellos que un día recibirían a Jesús como su Señor y Salvador. Nos vio en Su corazón antes de que existiéramos, y nos escogió: «...antes de la fundación del mundo, para que fuésemos santos y sin mancha delante de él» (Efesios 1:4). Como resultado, desde antes de la Creación, Dios miró conforme a Su imagen a cada creyente nacido de nuevo; y hoy en día, Él

---

10 La palabra hebrea traducida como *Adán* en el primer capítulo de Génesis se refiere a la humanidad, la cual incluye ambos géneros: hombre y mujer.

todavía nos ve de esa manera. Nunca aceptó la vieja imagen pecadora que el enemigo maquinó acerca de nosotros. Jamás nos ha visto como unos viejos y despreciables pecadores. A través de los siglos, Dios ha mantenido la misma imagen interna que ha tenido de nosotros en Su corazón desde el principio.

Por tanto, queda claro que a Dios no sólo se le estaba ocurriendo una buena idea cuando declaró: «Hagamos al hombre...». Él estaba dando la orden que produciría lo que ya había planificado. Estaba liberando Su poder a través de Su PALABRA, y dándole vida a Su familia.

Dios utilizó el mismo método que en Génesis 1:3, expresó: *«Sea la luz...»;* y para crear al hombre dijo: *«Hagamos al hombre a nuestra imagen, conforme a nuestra semejanza; y señoree...»* (Génesis 1:26).

Como seres humanos, podemos repetir esas palabras en cuestión de segundos; sin embargo, es posible que a Dios le haya tomado todo el día, pues Él mismo se estaba derramando en esas palabras. Dios las llenó con la plenitud de Su vida, Su Espíritu y Su fe. Inyectó en ellas lo que podríamos llamar *Su ADN* divino; y con esas palabras: «...sopló en su nariz aliento de vida, y fue el hombre un ser viviente».[11]

En la Biblia no se nos revelan todos los detalles en torno a este evento, pero creo con certeza que en ese momento, toda la Creación quedó en silencio. Ni siquiera se escuchaba el canto de un ave, ni el zumbido de una abeja, tampoco el soplo del viento que se agita entre los árboles. El universo quedó en un profundo silencio, paralizado por lo que estaba a punto de suceder.

Toda la creación esperaba asombrada a que el Dios todopoderoso, el Creador Maestro del universo, le diera vida a la familia que había planeado y elegido antes de la fundación del mundo. Ningún ser creado en el cielo ni en la Tierra había sido testigo de tal escena, y quizá les parecía inconcebible a todos los espectadores: "¿Será posible que Dios se duplicara a Sí mismo en esta criatura llamada hombre?".

Multitudes de multitudes de ángeles se reunieron para presenciar el evento. ¿Por qué no habrían de hacerlo? Después de todo, habían sido

---

11 Génesis 2:7

creados para servirle a la familia que Dios estaba a punto de crear.[12] Ellos deseaban conocer a quiénes iban a ayudar. Querían ver por sí mismos esta divina raza, cuya futura existencia, ya había provocado una guerra celestial devastadora.

Esta guerra inició antes que el hombre fuera creado, cuando Lucifer —el músico principal, el ángel más hermoso, el arcángel encargado de la música y la adoración— decidió que no quería ministrar como siervo a la humanidad. Y tampoco deseaba utilizar la unción y el talento que Dios le había dado para entregarles belleza, paz y gozo a la familia que estaba a punto de crearse a la imagen de Dios.

En lugar de servir, Lucifer quería que le sirvieran. Entonces se rebeló contra su Creador, convenció a la tercera parte de las huestes celestiales para que se unieran a él, y trató de imitar a Dios.13 Empleando el método creativo de Dios, él intentó utilizar sus palabras para crear una nueva realidad: «… Subiré al cielo; en lo alto, junto a las estrellas de Dios, levantaré mi trono, y en el monte del testimonio me sentaré, a los lados del norte; sobre las alturas de las nubes subiré, y seré semejante al Altísimo» (Isaías 14:13-14).

Ahora bien, a diferencia del hombre que Dios estaba planeando crear, Lucifer no había sido creado a imagen de Dios. No tenía derecho de elegir sus propias palabras ni de llamar las cosas que no son como si fueran. Su declaración era ilegal, entonces en lugar de elevarlo a otro nivel, lo hizo descender. La misma unción que Dios había puesto en él, se volvió en su contra y lo destituyó de su cargo. Cuando eso sucedió, Lucifer (ahora conocido como Satanás) reunió a los ángeles que se habían unido a su rebelión, y atacaron los cielos.

Ése fue el peor error que cometieron. El enemigo y los ángeles que lo siguieron fueron expulsados del cielo y enviados a la nada. Perdieron todos sus derechos. Desde ese día, hasta hoy, no poseen nada. Con el tiempo, le robaron la autoridad a la humanidad, invadieron este planeta;

---

12 Hebreos 1:13-14: «Pues, ¿a cuál de los ángeles dijo Dios jamás: Siéntate a mi diestra, hasta que ponga a tus enemigos por estrado de tus pies? ¿No son todos espíritus ministradores, enviados para servicio a favor de los que serán herederos de la salvación?».
13 Apocalipsis 12:4

y se convirtieron en lo que hoy conocemos como: los principados, las potestades y los gobernadores de las tinieblas de este mundo.14 Pero lo cierto es que ellos son la forma de vida espiritual de menor rango en este planeta.

Me estoy adelantando un poco, mas no puedo dejar pasar la oportunidad de afirmarle que esos repugnantes espíritus caídos, no tienen nada que hacer en un cuerpo humano. Ellos no deben inmiscuirse en la mente humana. No pertenecen a esta Tierra, y su tiempo aquí se está agotando rápido. Y cuando éste se acabe, no volverán nunca más. Mientras tanto, no permita que se salgan con la suya en ninguna área de su vida. Y la próxima vez que alguien le pregunte si cree que hay extraterrestres en la Tierra, conteste: "Sí, se llaman demonios y potestades, y ¡los echo fuera todos los días!".

Los ángeles vieron doble

Con una guerra celestial librándose detrás de ellos, y Dios en el centro del escenario del universo, soplando el aliento (o "infundiendo Su espíritu")[15] de Su Palabra de vida en ese hombre —en quien se centró el conflicto—; con toda certeza, los ángeles en el cielo se aglomeraron alrededor, presenciando este evento con asombro. Cuando Dios dijo: «El hombre sea a Nuestra imagen, y tenga dominio...»; quizá cada ángel que se encontraba cerca, se formuló las mismas preguntas planteadas en Salmos 8:3-6:

Cuando veo tus cielos, obra de tus dedos, la luna y las estrellas que tú formaste, digo: ¿Qué es el hombre, para que tengas de él memoria, y el hijo del hombre, para que lo visites? Le has hecho poco menor que los *ángeles* [o *Elojím,* el cual literalmente significa *Dios],* y lo coronaste de gloria y de honra. Le hiciste señorear sobre las obras de tus manos; todo lo pusiste debajo de sus pies.

---

14 Efesios 6:12: «Porque no tenemos lucha contra sangre y carne, sino contra principados, contra potestades, contra los gobernadores de las tinieblas de este siglo, contra huestes espirituales de maldad en las regiones celestes»

15 Vea el *Chumash, ed. Scherman Rabí Natán, Artscroll* serie, edición de Piedra, Tamaño de bolsillo (Brooklyn: Publicaciones Mesorah, 1998), p. 11, versículo 7, comentario.

Cierto día, el SEÑOR me permitió ver, durante un tiempo de oración, qué sucedió cuando creó al hombre. No he tenido muchas visiones que sean tan dramáticas y detalladas como ésta; por consiguiente, marcó mi pensamiento para siempre. En mi espíritu, vi a Dios parado, sosteniendo el cuerpo de Adán frente a Él. Lo primero que noté fue que eran de la misma estatura. La forma humana de Adán era igual a la de Dios, excepto que tenía una apariencia grisácea y débil; no tenía mucho color.

Cuando Dios le habló a Adán, lo hizo frente a frente. Él no sopló en su boca para darle vida, sólo se paró cara a cara frente a él. La nariz de Dios estaba justo frente a la de Adán. Su boca estaba al mismo nivel que la de Adán. Sus ojos —los ojos de la Compasión misma— frente a los ojos de Adán, parecían estar vertiendo en él todo lo que Dios es. Él derramó todo Su amor, Su luz, Su vida, Su bondad y Su misericordia en aquel hombre. Dios estaba fusionando en Adán, ¡Su mismo ser!

Adán no escuchó las primeras palabras que Dios le expresó, pues todavía no estaba vivo. Sin embargo, una vez que éstas entraron en él, activaron su poder creativo. Y como se confirma en la Biblia: «...fue el hombre un ser viviente».[16] Los comentarios hebreos, lo describen de esta forma: «Él se convirtió en un espíritu viviente que podía hablar al igual que Dios».[17]

Siendo un espíritu viviente que podía hablar al igual que Dios, el hombre tenía el mismo poder que Dios poseía para crear. Estaba lleno de Su fe y tenía la autoridad para expresar palabras creativas y compasivas; y también para ejercer dominio con éstas. Nacido de la PALABRA de Dios y creado a Su semejanza, el hombre era amor al igual que Dios es Amor. Era luz, así como Dios es luz. Estaba lleno de compasión, al igual que Dios está lleno de compasión. Era vida, así como Dios es Vida. La única distinción entre el hombre y Dios era la siguiente: A diferencia de Dios, quien es eternamente soberano e

---

16 Génesis 2:7
17 *The Chumash*, ed. Rabbi Nosson Scherman, Artscroll Series, Stone Edition, (Brooklyn: Mesorah Publications, 1998) Vol. 1, Bereishis/Genesis, p. 11, verso 7, commentary

independiente, el hombre era dependiente del Señor.

En todo lo demás, Dios y el hombre eran iguales, al punto que cuando los ángeles los vieron juntos por primera vez, quizá pensaron que estaban viendo doble. ¡Qué impactante debió ser ver al Eterno, Dios todopoderoso en toda Su radiante Luz y Gloria; parado frente a frente con alguien idéntico a Él! Alguien que tenía el mismo resplandor y la misma presencia de fuego.[18] Alguien que era, como lo decimos en donde yo vivo, la "viva imagen" de Dios.

Aunque es una expresión coloquial, en este caso es muy exacta. Una teoría nos enseña que ésta se originó de la frase "espíritu e imagen", y eso es exactamente lo que Adán era. Él era el espíritu y la imagen de Dios mismo. No sólo se parecía un *poco* a Dios, sino que era *exactamente* como Él. No contenía sólo una parte de Dios, sino todo lo que Dios es. El hombre estaba lleno del Señor.

Ese hecho por sí solo, debió asombrar a los ángeles que estaban observando. Sin embargo, incluso antes de que tuvieran tiempo de gritar asombrados por lo que estaban viendo; Dios realizó algo más — algo que desataría una batalla, no en el reino de los cielos; sino en el planeta Tierra—. Dios coronó a la familia humana que había creado con gloria y honor. Los creó para que tuvieran dominio sobre las obras de Sus manos. Puso todas las cosas bajo sus pies.*19*

> Y los bendijo Dios, y les dijo: Fructificad y multiplicaos; llenad la tierra, y sojuzgadla, y señoread en los peces del mar, en las aves de los cielos, y en todas las bestias que se mueven sobre la tierra
>
> —Génesis 1:28

Aquellas palabras de BENDICIÓN marcaron la coronación de la humanidad.

Éstas fueron las primeras palabras que escuchó Adán.

---

18 Vea el *The Chumash*, Vol. 1, Bereishis/Genesis, p 13, verses 18-25, comentary
19 Salmos 8:5-6

Fueron las palabras más importantes que Dios le ha declarado a la humanidad en todos los tiempos, pues llevan dentro de sí el inalterable plan y el propósito de Dios para Su familia.

Esas palabras establecen, de una vez por todas, la verdad eterna de que la voluntad de Dios para la humanidad es LA BENDICIÓN.

Capítulo tres

El proyecto Edén:
Llenar la Tierra con la gloria de Dios

«LA bendición del SEÑOR es la que enriquece,
y El no añade tristeza con ella»
(Proverbios 10:22, *LBLA*).

El significado de la palabra *bendición* ha sido tan devaluado que la mayoría de personas no la toman con la importancia que ésta se merece. A pesar de que ésta representa el concepto más importante en la Biblia, y revela la voluntad de Dios para toda la humanidad, se ha trivializado tanto que incluso la utilizan como una frase de simple cortesía.

"¡Dios lo bendiga!". La gente lo expresa todo el tiempo, sin saber lo que están diciendo.

Incluso los creyentes, quienes le dan mayor importancia por su naturaleza bíblica, no tienen un concepto claro de su significado. Por un lado, escuchan que la enfermedad, la pobreza y la calamidad son "bendiciones disfrazadas"; y por otro lado, oyen que la salud, la prosperidad y la protección también son bendiciones. Por esa razón, en la práctica, la verdadera definición de la palabra *bendecir* se ha perdido. Los religiosos que hablan de manera ambigua, la han alterado para que sea un término que se ajuste a las circunstancias. Por tanto, su significado no queda claro.

Sin embargo, la palabra *bendición* en realidad tiene una identidad definida y clara. Su primer significado bíblico se refiere a expresar algo bueno. En Hebreos, una *bendición* es exactamente lo opuesto a una *maldición;* pues el significado de la palabra maldición se refiere a declarar algo malo.

Los judíos, quienes fueron los primeros en leer la Biblia, comprendieron muy bien el significado de cada una de esas palabras. No tuvieron el problema que muchos cristianos tienen hoy en día. Ellos nunca confundieron las bendiciones con las maldiciones, ni viceversa. Sabían muy bien que si algo era bueno, provenía de la *bendición.* Y si algo era malo, provenía de la *maldición.* Usted jamás hubiera convencido a un judío, conocedor del Antiguo Testamento, que la pobreza y la enfermedad eran bendiciones. Si usted le hubiera dicho: "Estará enfermo y en la quiebra por el resto de su vida, y Dios usará esa enfermedad y la pobreza para enseñarle algo"; él no hubiera pensado que usted lo estaba bendiciendo, sino maldiciéndolo.

En la actualidad, a muchos cristianos les robaron la revelación de ese concepto. Su mente se ha confundido con doctrinas absurdas que si las hubieran oído fuera de la iglesia, jamás las habrían creído. En lugar de lavar su mente con el agua de la PALABRA, la tradición influyó en ellos para que creyeran que Dios envía lo malo a sus vidas para bendecirlos.

Por ejemplo, algunas personas expresan: "Perdí mi trabajo y estoy en la quiebra. Esto sucedió cuando el Espíritu Santo me enseñó a darle a Dios el primer lugar en mi vida. Eso demuestra que en ocasiones la pobreza puede ser una bendición del SEÑOR".

Tal declaración puede escucharse espiritual, sin embargo, es errónea. Estar en la quiebra nunca es una bendición, sino una maldición.

Desde luego que es grandioso aprender lecciones de Dios. Es emocionante descubrir que si uno busca primero el reino de Dios y Su justicia, todas las cosas vendrán por añadidura (Mateo 6:33). La pobreza no nos enseña esa verdad. Si lo hiciera, cada persona pobre en el mundo, sería un gigante espiritual. Sólo, las buenas cosas a las que Dios se refiere en Su Palabra (en especial en versículos como Mateo 6:33) son las que nos enseñan a darle a Dios el primer lugar. Cuando leemos y obedecemos estos versículos, podemos aprender esa lección sin perder un solo centavo —a *eso* en la Biblia se le llama bendición—.

La definición hebrea del término *bueno,* nos brinda una prueba más clara de que una bendición en realidad es algo positivo: "Acertado, agradable, agradar, alegrar, alegre, alegría, amigablemente, benéfica, beneficio, benevolencia, benigno, bien, bienestar."[20] Debido a que en esta lista no se incluye ninguna palabra negativa, podemos dejar atrás la idea de que algo lamentable, desagradable y amargo pueda ser una bendición. Eso es completamente antibíblico.

Esa verdad nos hará libres. Ahora bien, cuando Dios se involucra, la palabra bendición, adquiere una definición aun más emocionante. Cuando es el SEÑOR quien habla, una bendición no se define sólo como una buena declaración sobre alguien, sino como *una declaración que otorga el derecho a prosperar.* Gracias a que las palabras de Dios conllevan un poder creativo (como se lee en todo el capítulo uno de Génesis), Su BENDICIÓN no sólo expresa un sentimiento positivo; sino también libera el poder para que LA BENDICIÓN se manifieste.

Por esa razón, LA BENDICIÓN que Dios declaró sobre la humanidad en Génesis 1:28, es muy importante. Pues con esa declaración *invistió de poder* a las personas para prosperar. Y desató los recursos divinos que harían de LA BENDICIÓN, no sólo una realidad espiritual; sino también, una realidad material. Esa BENDICIÓN le otorgó a la familia de Dios, sobre toda la Tierra, todo el poder que pudieran necesitar para:

Fructificad y multiplicaos; llenad la tierra, y sojuzgadla, y señoread en los peces del mar, en las aves de los cielos, y en todas las bestias que se mueven sobre la tierra.

---

20 James Strong, *La nueva concordancia exhaustiva de la Biblia Strong* (Nashville: Thomas Nelson Publishers, 1984) H2896

"¡Vayan y terminen lo que Yo empecé!"

Cuando Dios declaró esas palabras de BENDICIÓN, no sólo les estaba ordenando a Adán y a su esposa que tuvieran hijos para llenar la Tierra. Pues en Hebreos, la frase *fructificad* y *multiplicad* significa: "Llevar fruto e incrementar en cualquier área".[21] *Llenad la Tierra significa: "Llenarla, abastecerla, armarla, colmarla.*[22] Cuando Dios expresó esas palabras, le confirió a la humanidad el poder divino para crecer y sobresalir en todo lo bueno. Les otorgó la autoridad para llenar la Tierra con Su bondad.

A través de LA BENDICIÓN, Él manifestó: "¡Prosperen y llenen el planeta con Mi gloria! Terminen lo que Yo empecé. Llenen este lugar de Mí. Llénenlo con compasión, con amor y vida, con fe y santidad, y ¡con todo lo bueno!".

Quizá usted diga: "Aguarde un minuto. Pensé que la creación de la Tierra se terminó cuando Adán y Eva fueron creados. Creí que Dios ya había realizado todo lo que se debía hacer".

Yo pensaba lo mismo, hasta que descubrí en la Biblia lo que se dice al respecto. Al igual que muchos creyentes, por años supuse que el Señor ya había completado cada detalle del planeta; y que Adán y Eva sólo debían cortar las frutas maduras de los árboles y divertirse. Creía que si el huerto de Edén era un lugar perfecto, entonces no tenían mucho para hacer.

Eso habría sido verdad si el huerto hubiera ocupado toda la Tierra. Sin embargo, no era así. Aunque era una propiedad muy grande, de acuerdo con la descripción que encontramos en Génesis, casi era la extensión y la ubicación de lo que hoy día es Irak. En la Biblia, leemos que Dios mismo lo plantó:

Y Jehová Dios plantó un huerto en Edén, al oriente; y puso allí al hombre que había formado. Y Jehová Dios hizo nacer de la tierra todo árbol delicioso a la vista, y bueno para comer; también el

---

21 ver término en la concordancia H6509, H7235
22 ver término en la concordancia H4390

árbol de vida en medio del huerto, y el árbol de la ciencia del bien y del mal. Y salía de Edén un río para regar el huerto, y de allí se repartía en cuatro brazos. El nombre del uno era Pisón; éste es el que rodea toda la tierra de Havila, donde hay oro; y el oro de aquella tierra es bueno; hay allí también bedelio y ónice. El nombre del segundo río es Gihón; éste es el que rodea toda la tierra de Cus. Y el nombre del tercer río es Hidekel; éste es el que va al oriente de Asiria. Y el cuarto río es el Eufrates. Tomó, pues, Jehová Dios al hombre, y lo puso en el huerto de Edén, para que lo labrara y lo guardase.

—Génesis 2:8-15

El huerto de Edén era un sitio enorme y, sin duda, un agradable lugar para vivir. Lleno de preciosos árboles que proveían comida como para un rey, tenía un río que lo atravesaba manteniéndolo exuberante y verde, poseía abundancia de oro (como se indica en la Biblia) y otras piedras preciosas. De hecho, era un lugar BENDECIDO —lleno de todo lo bueno, y no había nada malo ahí—.

Pero, el resto del planeta no se encontraba en la misma condición, pues aún no había sido cultivado. Éste debía desarrollarse y alinearse con la perfecta voluntad de Dios. Por esa razón, Él incluyó en LA BENDICIÓN, el poder para *sojuzgar* la Tierra y *tener dominio* sobre ella. El indómito planeta necesitaba supervisión y dirección porque aún no estaba terminado.

Dios pudo haber completado el trabajo por Sí mismo. Pudo haber convertido el planeta entero en un huerto de Edén en una hora; no obstante, tenía algo más en mente. Él deseaba que fuera un proyecto familiar —ver a Sus hijos e hijas convertirse en Sus co-creadores, y así terminar el planeta—. Por tanto, les otorgó el huerto de Edén como un proyecto piloto para comenzar. El plan de Dios para ellos consistía en expandir ese huerto hasta que la Tierra llegara a ser el huerto modelo del universo. Una vez terminado el trabajo en la Tierra, podían ir a trabajar a los demás planetas.

Estoy convencido de que ésa es la razón por la cual existen

demasiados planetas estériles y vacíos allá afuera. Dios los creó para que Su familia los desarrollara en el futuro. Por esa razón, los seres humanos ¡sueñan con explorar la galaxia! Y no es de sorprenderse que hayamos descubierto la forma de ir a la luna y enviar naves espaciales a Marte. Pues fuimos creados para ejercer dominio sobre el universo y llenar cada centímetro cuadrado con la gloria de Dios.

No somos sólo jardineros

Debido a que Dios creó a la humanidad a Su imagen, a través de Su Palabra de dominio; Adán sintió, dentro de sí mismo, el deseo de dominar desde el momento que dio su primer respiro. Desde el principio, reinar y gobernar era parte de su ADN. Él no era sólo "un jardinero en el huerto de Edén" (En una ocasión, alguien me dijo esas palabras, se refirió a Adán como: "¡el jardinero de Dios!". Me contuve bastante para no decirle que ésa era la declaración de alguien que no conocía la Palabra). En primer lugar, no existía maleza en el huerto de Edén. Si hubiese existido, Dios mismo la habría extraído antes de poner a Adán allí. En segundo lugar —y este punto es el más importante—, el Señor no creó a Adán para ser un sirviente de la Tierra, sino para ser el señor de ésta.

Comprendo que esa idea pone nerviosos a los religiosos, pero es la verdad. La misma idea también incomodó a la gente en los tiempos de Jesús. Los religiosos deseaban matarlo por hablar y actuar como si tuviera dominio sobre la Tierra. Cuando dijo que Dios era Su Padre, y actuó conforme a LA BENDICIÓN utilizando la misma autoridad que el primer Adán tuvo antes de la Caída, los fariseos se enfadaron. Sin embargo, Jesús no actuó de otra manera con tal de agradarles. En lugar de ello, declaró:

> ... ¿No está escrito en vuestra ley: Yo dije, dioses sois? Si llamó dioses a aquellos a quienes vino la palabra de Dios (y la Escritura no puede ser quebrantada), ¿al que el Padre santificó y envió al mundo, vosotros decís: Tú blasfemas, porque dije: Hijo de Dios soy?
>
> —Juan 10:34-36

Jesús plasmó de manera clara la autoridad que tiene la humanidad sobre la Tierra. Él afirmó que cuando Dios depositó en nosotros el poder para expresar Sus palabras de dominio, Él nos hizo "dioses" (con "d" minúscula) sobre todo lo que había creado. Nos entregó autoridad sobre todos los seres que vuelan, caminan, se arrastran y nadan (en especial, me siento agradecido de que los protozoarios estén incluidos en la lista, pues los virus de la gripe y los gérmenes de la gripe se encuentran en esta categoría. Por tanto, cuando éstos intentan atacarme, puedo utilizar la autoridad que Dios me dio para ¡echarlos fuera!).

Quizá alguien diga: "Hermano Copeland, no estoy convencido de poder actuar con esa clase de autoridad, pues la mayor parte del tiempo me siento más como un jardinero que como un señor".

Si usted en realidad fuera un jardinero, le aseguro que aun cortando la maleza, tendría el deseo de ejercer autoridad. Lo sé porque cada ser humano sobre la Tierra tiene ese deseo. El anhelo de gobernar se encuentra dentro de nuestra propia naturaleza. Dios sopló ese deseo en nuestro espíritu desde el primer día que nos creó. Por esa razón, las personas siempre intentan ejercer dominio sobre algo; los niños inventan juegos como "el rey de la montaña", y desde muy pequeños poseen el deseo innato de reinar.

Recuerdo cuando Alex, una de mis nietas, descubrió ese deseo. En esa época, ella era una niña. Mi hijo, John (su padre), le pidió que realizara algo, y cuando fue evidente que ella no iba a seguir sus instrucciones, le dijo: "Alex, debes obedecerme".

—¿Por qué debo hacerlo? —preguntó ella.

—Porque yo soy el jefe —le respondió.

Alex lo observó por un momento, y analizó la situación.

—Entonces, quiero ser la jefa —contestó.

Alex, como todo ser humano, deseaba estar al mando. Todos los seres humanos tenemos ese sentir; pues fuimos creados para ser *jefes* en este planeta. Fuimos diseñados de forma divina para reinar. Sin embargo, al igual que Alex, quien con el tiempo lo descubrió, debemos comprender que una cosa es tener un deseo por reinar, y otra, tener la preparación para llevarlo a cabo. El deseo sin la preparación, trae frustración. Por más dominio que deseemos ejercer, si no contamos con el poder y los recursos para realizar el trabajo; nuestros esfuerzos fracasarán.

A fin de ver la importancia de tener la preparación para gobernar, consideremos cuánta autoridad le otorgó Jesús a Sus discípulos después de Su muerte y de Su resurrección. Él realizó este proceso en dos partes. Primero, les encomendó la Gran Comisión:

> Toda potestad me es dada en el cielo y en la tierra. Por tanto, id, y haced discípulos a todas las naciones, bautizándolos en el nombre del Padre, y del Hijo, y del Espíritu Santo; enseñándoles que guarden todas las cosas que os he mandado; y he aquí yo estoy con vosotros todos los días, hasta el fin del mundo. Amén.
>
> —Mateo 28:18-20

Esa comisión les otorgó autoridad a los discípulos para predicar el evangelio por todo el mundo, e infundió en ellos el deseo de realizarlo. Sin embargo, eso no era suficiente; también necesitaban recibir el poder o ser equipados para vivir conforme a esa autoridad. Por tanto, Jesús les ordenó que esperaran en Jerusalén para la segunda parte: *la promesa del Padre.* «Pero recibiréis poder, cuando haya venido sobre vosotros el Espíritu Santo, y me seréis testigos en Jerusalén, en toda Judea, en Samaria, y hasta lo último de la tierra» (Hechos 1:8).

El poder que descendió sobre los discípulos en el Día de Pentecostés —el derramamiento de poder, al cual llamamos bautismo del Espíritu Santo—; los equipó para cumplir la misión que Jesús les había encomendado; brindándoles el poder para ir a todo el mundo, actuar con autoridad sobre todas las obras del diablo y extender el reino de Dios. Les dio también el mismo poder que Adán recibió cuando Dios declaró sobre él las palabras que encontramos en Génesis 1:28. Esas palabras desataron LA BENDICIÓN sobre ellos.

Nuestro mandato divino

Quizás usted piense: "¿Qué relación tiene el bautismo del Espíritu Santo con LA BENDICIÓN que Adán recibió en el huerto de Edén?".

Tienen mucha, más adelante verá la conexión. Pero por ahora, enfoquemos nuestra atención en el huerto de Edén. Visualicemos de nuevo a Adán en su primer instante de vida, parado frente a frente con Dios en el centro del escenario del mundo, a punto de recibir el mandato que Él le dio.

La palabra mandato en el ámbito político se utiliza para referirse a lo que se le encomienda realizar a un funcionario del gobierno. Un presidente quien obtiene del pueblo el mandato, es autorizado e investido de poder por ese mandato. El cual no sólo le da responsabilidad de la defensa nacional; sino también coloca los recursos militares del país, bajo sus órdenes.

LA BENDICIÓN era el mandato divino de Adán. Ésta le concedió tanto la responsabilidad como los recursos para llenar la Tierra con la bondad de Dios. Le entregó una comisión divina y lo coronó con todo el poder divino que necesitaba para llevarlo a cabo. En Salmos 8:5, leemos que cuando Dios declaró LA BENDICIÓN sobre Adán, Él lo coronó de gloria y de honra.

Normalmente cuando pensamos en una corona, imaginamos un aro de oro sobre la cabeza de una persona. Pero en el caso de Adán, en la PALABRA leemos que Dios lo coronó colocándole Su propia gloria. No colocó un pequeño círculo de ésta sobre él como una especie de aureola; pues en el hebreo original se afirma que Dios *rodeó* o *envolvió* a Adán con esa gloria.

Quizás los tímpanos de Adán aún estaban vibrando con el primer sonido que escuchó en su vida —el sonido del Dios todopoderoso diciendo: "Fructifica, multiplícate, llena la Tierra, sojúzgala y ejerce dominio…"—, cuando de pronto, la abrasadora luz de la gloria divina lo envolvió y el fuego de Dios lo iluminó a plenitud. Ese fuego envolvió por completo a Adán.

Por esa razón, Adán no necesitaba ropa. Aunque ambos estaban desnudos, el hombre y su esposa,[23] no se avergonzaban; pues no estaban desnudos de la forma en que nosotros lo entendemos. Ellos no se encontraban expuestos, estaban vestidos con la radiante gloria de Dios. Era imposible que pudieran ver el cuerpo físico el uno del otro. Cuando se veían entre sí, veían el glorioso fuego de Dios; el cual brillaba ¡con todos los colores que existen!

Esa gloria no sólo los vistió con la luz y la belleza de Dios, sino también los llenó por completo de Su misma esencia. Además los envolvió con Su presencia, con Su poder, con Su sabiduría y con Su amor. LA BENDICIÓN coronó a Adán y a su esposa con el mismo poder divino que Dios utilizó para crear la Tierra. Es decir, Él les confirió el poder divino que creó el universo. El planeta y todo lo que en él existe fue diseñado para someterse a ese poder. Cada árbol, cada hoja de pasto, todo ser viviente sobre la Tierra y debajo del mar, reconoce LA BENDICIÓN y se rinde ante ella, pues es la fuerza principal que les dio vida.

En el momento en que Adán y su esposa recibieron esa BENDICIÓN, toda la creación estuvo bajo sus órdenes. Fueron completamente equipados para llevar a cabo la misión que Dios les encomendó. Recibieron la autoridad y el poder para ejercer dominio sobre la Tierra. Al ser coronados con la manifestación de Su gloria, única en este universo, tenían todo el derecho de utilizar ese poder al igual que Dios. Ellos tuvieron la misma habilidad divina de Dios para llenar la Tierra, al igual que Él la tuvo cuando la creó.

Al recibir LA BENDICIÓN, obtuvieron todo lo que necesitaban para llevar el dominio de la Compasión (el reino de Dios) a cada rincón del planeta. Estaban llenos de poder para reinar sobre toda la Tierra y sobre cada criatura viviente que la habitara, gracias al poder del amor.

La idea de reinar por medio del amor, es algo novedoso. El diablo ha confundido la mente de la mayoría de personas, a fin de que piensen que dominio es lo mismo que control. Y como resultado, la mayoría piensa

---

23 Génesis 2:25

que la única forma de reinar es con un puño de acero. Sin embargo, Dios jamás ha querido que la humanidad domine Su creación de esa manera. Y mucho menos que la domine con la fuerza bruta. Él planeó que amaran este planeta sometiéndolo a la brillante luz de la compasión divina; al declarar palabras de bondad, amabilidad y benignidad sobre éste, hasta que todo el lugar floreciera a la perfección.

Háblele a los árboles con amor

Las personas incrédulas aseguran que tal cosa jamás funcionará. Pero sí funciona. Lo he visto en varias ocasiones, no sólo en mi vida; sino en la vida de otros. Por ejemplo, hace muchos años, mi papá se aferró a esta verdad y la puso en práctica con gran éxito. Él no contaba con una revelación completa de LA BENDICIÓN, sin embargo, conocía y creía en las palabras de Deuteronomio 28. Comprendió que su tierra y todo lo que en ella hubiera era BENDITO; por consiguiente, ésta debía prosperar.

Por tanto, cuando unos parásitos infestaron la arboleda de robles en su patio y comenzaron a matarlos, él permaneció firme. Se rehusó a dar por perdidos esos árboles, aun cuando los expertos le aseguraban: "Sr. Copeland, no existe solución para este problema. Tendrá que resignarse a perderlos".

Él respondió: «No, no morirán». Luego entró a la casa, tomó su Biblia y caminó por todo el patio leyéndoles Deuteronomio 28 a todos esos árboles. Se dirigió a cada uno de ellos, y les declaró: «No morirás. Tú estás en mi propiedad, por consiguiente, eres bendito. Vivirás y florecerás en el nombre de Jesús».

Y en efecto, cada árbol en ese patio, no sólo sobrevivió; sino también floreció.

Algunos podrían pensar: "¡Fue pura coincidencia!".

No, no lo fue. Yo obtuve el mismo resultado cuando le hablé a un árbol que se encontraba en peores condiciones que los de mi papá. Gloria y yo lo habíamos plantado porque vivíamos en una pequeña casa, en un área donde no se veía ningún árbol. Deseábamos embellecer un poco el lugar, así que compramos uno que tan sólo medía unos cuantos centímetros de altura; y lo plantamos justo en medio de nuestro jardín de enfrente.

El problema era que casi no estábamos en casa, y no podíamos cuidarlo bien. De lo contrario, le regábamos agua y lo cuidábamos bastante; pero, aún así, comenzó a morir. Un par de meses después de haberlo plantado, regresamos a casa de una reunión, y todas sus hojas se habían caído. Parecía un palo de escoba sembrado en la tierra.

Comencé a halarlo para desecharlo, pero por alguna razón, pensé: *No puedo creer que esté a punto de arrancar mi árbol. No permitiré que el diablo mate el único árbol que tengo. Creo que pondré en práctica lo que he aprendido acerca de LA BENDICIÓN.* Cuando le comenté a Gloria al respecto, ella se unió a la causa. Entonces le dije: *¿Por qué no comienzas a orar en lenguas por el árbol?*

"Muy bien", respondió ella y comenzó a hacerlo. Gloria sabe muy bien cómo orar en lenguas, lo ha hecho una hora diaria por más de 20 años.

Después de que Gloria terminó, entré a la casa, tomé mi Biblia y me senté frente al árbol, y con la Biblia sobre mis piernas, le dije: *Árbol, escúchame, no vas a morir. Yo no voy a dejarte morir, hablo vida sobre ti. Declaro LA BENDICIÓN de Dios sobre ti. Confieso el amor y el poder de Dios sobre ti...* Después de hablarle por un momento, mi mente comenzó a razonar: *Mis vecinos creían que estaba loco. Ahora, tienen la prueba absoluta. Están viéndome a través de sus ventanas, y están diciendo: "¡Ese tonto le habla a los árboles!".*

Sin embargo, no permití que eso me impidiera continuar. Y me dije: *Le hablaré a quien sea o a lo que sea que me plazca. Éste es mi árbol, y le predicaré todo un sermón si así lo deseo.* Luego seguí hablándole y rociándole agua con la manguera.

Los días trascurrieron, y el árbol no parecía mejorar. Gloria y yo salíamos de la ciudad y volvíamos, y ese árbol continuaba con su mismo aspecto lamentable; y apenas se aferraba a la vida. Estuve tentado a rendirme, incluso pensé: *Quizá este árbol se encuentra en malas condiciones porque no puede escucharme.* Pero decidí no darme por vencido. Aunque en ese entonces no sabía mucho acerca de LA BENDICIÓN como ahora, seguía esperando que ésta obrara. Y continué hablándole una y otra vez.

Después de un tiempo, Dios nos bendijo con una casa más bonita, y nos mudamos. Los años transcurrieron sin que pensara más en ese pequeño árbol. Pero un día, el SEÑOR me lo recordó, y decidí darle un vistazo. ¡Ese árbol creció tanto que cubría la mitad de nuestro patio y una tercera parte del patio de los vecinos. Había florecido mucho.

Esa experiencia me enseñó que para actuar conforme a LA BENDICIÓN, usted sólo debe confesar la PALABRA; hablarle a las cosas lo que Dios declara con respecto a éstas. Luego continúe con su vida y manténgase a la expectativa de que tales cosas se cumplirán.

Adán y su esposa debían actuar de esa manera. Dios deseaba que ejercieran dominio sobre la Tierra: declarando Su Palabra con amor. Les habría ido bien, a pesar de no tener una Biblia, ni distinguían entre lo bueno y lo malo. Si hubieran decidido apegarse al programa original de Dios, LA BENDICIÓN misma les habría enseñado qué decir; y además, les hubiera revelado todo lo que debían saber para ejercer dominio.

Debido a que LA BENDICIÓN no sólo incluye la gloria y el poder de Dios, sino también al Espíritu Santo y Su sabiduría; ésta hubiera guiado al primer hombre y a la primera mujer hacia toda verdad.[24] No debían pelear solos y aprender cometiendo errores. No tenían que pecar para conocer la maldad. Sólo tenían que permitir que la unción de Dios les enseñara acerca de lo malo.

Así vivió Jesús en este mundo. Él escudriñó la sabiduría de Dios hasta que comprendió todo lo que debía saber acerca del bien y del mal, y nunca desobedeció las órdenes del Padre. Adán pudo haber hecho lo mismo. Si hubiera obedecido a Dios y hubiera permanecido conectado a LA BENDICIÓN, habría tenido acceso continuo a la sabiduría del

---

24 Juan 14:26: «Mas el Consolador, el Espíritu Santo, a quien el Padre enviará en mi nombre, él os enseñará todas las cosas, y os recordará todo lo que yo os he dicho»

Padre; y con esa sabiduría, hubiera reinado sobre la Tierra como un rey compasivo, hasta que todo el planeta floreciera bajo su cuidado.

Adán logró hacerlo durante un tiempo muy corto. Por ejemplo, en su primer día de trabajo, utilizó el poder de LA BENDICIÓN para guiar por rumbo correcto a todo el reino animal. Dios llevó ante él todas las especies: «...para que viese cómo las había de llamar; y todo lo que Adán llamó a los animales vivientes, ese es su nombre. Y puso Adán nombre a toda bestia y ave de los cielos y a todo ganado del campo; mas para Adán no se halló ayuda idónea para él» (Génesis 2:19-20).

Para comprender mejor la importancia de esos versículos, debe recordar que para Dios un nombre lo es todo. En lo que a Él respecta, de la forma en que llamamos algo, eso llegará a ser. Debido a que los animales no tenían nombre, no poseían un propósito en la vida, ni contaban con una función única y específica; los llevó ante Adán y le pidió que realizara su mejor esfuerzo en darles amor, vida y un propósito. Él dejó que Adán determinara el carácter y el patrón de comportamiento de cada ave, de cada insecto y de todo animal que se arrastra y de los que nadan.

¡Qué trabajo tan arduo! Sólo imagínese a Adán parado junto a Dios, estudiando a una criatura de aspecto grande y desconcertante; y apoyándose en la sabiduría del Creador para determinar el nombre. Visualice a Adán diciendo: "*¡Serás* un elefante!", y al animal respondiendo a esa declaración: "Muchas gracias, señor"; mientras se iba de ese lugar siendo un elefante con vida y con una personalidad y un propósito.

"Hermano Copeland ¿cree en realidad que los animales hablaban?".

No lo sé. En la Biblia no se especifíca. Sin embargo, es posible que hayan hablado antes de que el pecado surgiera y lo estropeara todo (es interesante notar que cuando la serpiente habló con Eva en el huerto, ella no se sorprendió para nada; pues conversó con ella como si fuera algo normal). Sin embargo, ya fuera que los animales hablaran o no, una cosa sí es clara: Todos obtuvieron su propósito y su carácter de lo que Adán declaró sobre ellos.

¿Cómo supo él qué decir en esa situación? ¿Cómo tomó la responsabilidad de darle un propósito a cada criatura sobre la Tierra, sin contar con la experiencia o una capacitación previa?

Lo hizo gracias a LA BENDICIÓN, a la energía divina, a la sabiduría y al amor que lo coronaban. A lo largo de todo el proceso, Adán fue perfeccionado en las habilidades del Padre, a través de la fe. La creatividad y la compasión de Dios fluyeron en él, y después, de él hacia la Creación. El amor fue la inspiración de cada nombre. Cuando cada uno de los animales se acercaba a Adán, él sentía amor por ellos, y los bendecía; así como Dios lo bendijo a él.

En ese momento, Adán se encontraba en la perfecta voluntad de Dios. Mantenía una unidad absoluta y una estupenda comunión con su Padre celestial. Adán tenía una vida llena de la bondad de Dios, de provisión abundante, sin pecado, y libre de enfermedades. Es más, tenía una visión del tamaño del mundo, y contaba con el poder para llevarla a cabo. Poseía un ministerio internacional y un llamado divino para multiplicarse, fructificar y llenar la Tierra con la misma vida en abundancia que Dios le había otorgado. A él se le encomendó edificar a la familia de Dios y extender el huerto de Edén hasta que cubriera la Tierra. En otras palabras, a Adán se le ordenó llenar el mundo con la gloriosa BENDICIÓN de Dios. ¡Tenía una conexión divina!

La vida no podía ser mejor para él.

El día en que Dios se retiró

Y vio Dios todo lo que había hecho, y he aquí que era bueno en gran manera. Y fue la tarde y la mañana el día sexto. Fueron, pues, acabados los cielos y la tierra, y todo el ejército de ellos. Y acabó Dios en el día séptimo la obra que hizo; y reposó el día séptimo de toda la obra que hizo. Y bendijo Dios al día séptimo, y lo santificó, porque en él reposó de toda la obra que había hecho en la creación.

—Génesis 1:31, 2:1-3

Cuando Dios derramó LA BENDICIÓN sobre Adán, se retiró y descansó —no porque estuviera cansado, sino porque ya había terminado su trabajo—. Él había completado Su obra en el universo, se derramó a Sí mismo sobre la humanidad, la coronó con Su poder creativo y le entregó la autoridad total sobre la Tierra. Dios terminó todo lo que debía hacer. Habiéndole entregado todo a Su familia de co-creadores, Dios quería descansar, tener comunión con Sus hijos e hijas y disfrutar de la emoción de observarlos convertir el planeta en el huerto más maravilloso que se haya visto. Cuando ellos terminaran, tenía planeado trasladar las oficinas centrales del cielo a la Tierra y hacer de ésta Su hogar; a fin de poder habitar allí con Su familia para siempre.25

Cuando usted medita en el hecho de que Dios descansó en el séptimo día —Él en realidad terminó Su obra y se retiró— es algo asombroso. Pues muy bien sabemos que Adán y su esposa eran principiantes en todo aspecto. No tenían experiencia para dominar, nunca antes habían sojuzgado un planeta. Sin embargo, Dios confiaba tanto en que podrían realizar el trabajo que se reclinó, acomodó Sus pies y dijo: "Familia, terminé. Ahora, es su turno de construirme un hogar".

¿Por qué Dios confió tanto en ellos? Porque Él confiaba en la conexión divina que los unía. Les había entregado LA BENDICIÓN, y esa BENDICIÓN había sido diseñada de forma divina para crear las condiciones del huerto de Edén. Dios la diseñó con el propósito de proveerle a la humanidad todo lo que necesiten para llenar la Tierra con Su gloria. Siempre que se libera LA BENDICIÓN, ésta alinea las cosas con Su amor y lleva a cabo todo lo bueno.

¿Cómo lo logra? LA BENDICIÓN puede hacerlo porque Dios la programó de esa manera, al igual que programó la tierra para que las cosas crezcan. Se lo explicaré, la tierra trata todo como a una semilla; entonces si usted coloca un poste de madera en la tierra, verá cómo la suciedad trabaja en su descomposición. Ésta comenzará a corroer el poste como si fuera la cáscara de una bellota. Pudrirá por completo la base del poste tratando de abrirlo para que algo pueda brotar en éste.

---

25 lea Apocalipsis 21:2-3.

Entierre un zapato viejo, y la tierra le hará lo mismo; pues Dios la programó para eso.

Usted puede observar el mismo patrón en toda la creación. Las semillas de manzana producen árboles de manzana, pues llevan en su interior la imagen genética de árboles de manzana. Las semillas de sandía producen sembradíos de sandía, ya que están diseñadas por Dios para cumplir esa función. Incluso los animales se reproducen de acuerdo con el ADN que recibieron de sus padres. Por ejemplo, el cachorro *Golden Retriever* que Gloria y yo le compramos a nuestro hijo cuando era niño, fue un *Retriever* desde el principio. Nadie tuvo que enseñarle a perseguir cosas. Cuando tenía tan sólo unas semanas, le lanzábamos cosas por el patio y él las perseguía. Cuando le lanzábamos varas en el lago, él saltaba y comenzaba a nadar. No podía evitarlo, ser un *Retriever* era su esencia.

Lo mismo sucede con LA BENDICIÓN. Ésta conlleva los planos del huerto de Edén. Los cuales Dios diseñó para reproducir ese huerto, dándole el poder a su familia para que sean fructíferos, prosperos y dominen la Tierra. Cuando activamos la BENDICIÓN por medio de la fe cumple su objetivo, todo el tiempo. Por tanto, una vez que Su familia comenzó a administrar esa BENDICIÓN, Dios descansó.

Él no descansó sólo un tiempo para volver a trabajar cuando Adán pecara. Hasta el día de hoy, Él aún descansa. Eso no significa que se encuentre inactivo, pues no ha cambiado Su forma de pensar ni ha alterado Su plan. Prometió que Su familia sería BENDECIDA y que Él estaría descansando, seguro de que el poder de esa BENDICIÓN haría que Su Palabra se cumpliera, a pesar de todo lo que el infierno intente realizar.

Una vez que comprenda este hecho, entenderá con más claridad, todo lo que en la Biblia se afirma. Se percatará de la relación que existe entre todo lo que el Señor ha declarado para la humanidad —desde Génesis hasta Apocalipsis—, y las primeras palabras que le manifestó a Adán hace 6,000 años. Todo lo que Él realizó ha sido con el propósito de llevar LA BENDICIÓN a la vida de quienes deban administrarla.

Capítulo cuatro

El día que la luz se apagó

(Pues si por la transgresión de uno solo reinó la muerte, mucho más reinarán en vida por uno solo, Jesucristo, los que reciben la abundancia de la gracia y del don de la justicia)… para que así como el pecado reinó para muerte, así también la gracia reine por la justicia para vida eterna mediante Jesucristo, Señor nuestro.

—Romanos 5:17, 21

Si no hubiera sido por el diablo, y por la ayuda que el ser humano le dio; la Biblia habría sido un libro muy corto. Hubiera terminado en Génesis 2. Cualquier registro bíblico después de ese capítulo, habría sido sólo de historias acerca de la relación de Dios con Su familia: riéndose, amándose unos a otros y creando juntos cosas nuevas por toda la eternidad —se hubieran contado relatos de cómo todos (excepto Satanás y sus demonios) vivieron felices por siempre—.

Si no hubiera sido por el diablo, no habríamos conocido el lado serio de Dios.

Durante años, pensé que el Señor era serio al 100%. Había visto tanta religiosidad, y había estado rodeado de personas que lloraban y gritaban porque creían que si la gente no lloraba ni se sentían emocionalmente angustiados, no obtendrían nada de parte de Dios. Por consiguiente, supuse que Él tenía un temperamento firme. Sabía que Él era lo suficientemente gentil como para soportarnos cuando estábamos alegres y nos estábamos divirtiendo, sin embargo, creía que Él no era una persona divertida.

Pero una mañana, me di cuenta de que estaba equivocado. Mientras oraba, me sumergí en un espíritu de alabanza y comencé a disfrutar la presencia de Dios, a tal punto que me olvidé de mí mismo y me sentí mareado. Empecé a reírme, a carcajearme, a gritar y a saltar… y justo en medio de mi alabanza; el diablo irrumpió, expresando: "¿Te das cuenta de lo tonto que te ves en este momento?".

Debo admitir que no me veía muy recatado o religioso, y por un segundo, estuve tentado a sentir vergüenza. Luego recordé la historia de David, cuando él estaba adorando al SEÑOR; saltando, danzando e incluso se quitó la túnica justo en medio de la calle. Avergonzó tanto a su esposa que ella lo acusó de ser vulgar. Sin embargo, a David no le importó. Él le respondió: «Estoy dispuesto a actuar como un tonto con la finalidad de mostrar mi gozo por el SEÑOR. ¡Así es, y estoy dispuesto a quedar en ridículo e incluso a ser humillado…»[26]. Eso significaba: "Mujer, ¡aún no has visto nada!".

Siguiendo el ejemplo de David, ignoré lo que el diablo me había dicho. Sólo grité más fuerte, y seguí regocijándome. Cuando lo hice, el SEÑOR me habló con una voz fuerte y dulce, la cual era audible en mi interior, y me expresó: *Kenneth, si no hubiera sido por el pecado, nunca habría tenido un pensamiento serio.*

Esa afirmación me impactó, pues contradecía tanto el concepto tradicional que tenía de Dios, al punto que no estaba seguro si debía creerlo. Pero mientras más pensaba al respecto, más sentido cobraba. Me di cuenta que de acuerdo con lo escrito en la Biblia, el cielo es el lugar en donde la voluntad de Dios se lleva a cabo. Y ahí, no hay nada por lo que se deba estar serio. En el cielo no hay amargura, ni dolor, ni peligro ni muerte. En un lugar como ése, usted puede divertirse todo el tiempo.

---

26 2 Samuel 6: 21-22, *NTV*

Quizá usted diga: "Pero, hermano Copeland, ¡estamos en la Tierra! Hay muchas cosas aquí que debemos tomar con seriedad".

Lo sé. Pero eso no cambia la naturaleza de Dios, ni lo convierte en un Padre menos alegre y menos amoroso; y tampoco cambia Su voluntad. Él desea que Su voluntad se cumpla en la Tierra así como en el cielo (Mateo 6:10). Por ello, en la Biblia se nos expresa, una y otra vez, que ¡nos regocijemos! Con razón, en el Antiguo Pacto, Dios estableció días de fiesta y le ordenó a Su pueblo que los disfrutaran, ¡alabándolo y teniendo un buen tiempo! Ésa es la naturaleza de Dios. Su plan original no era establecer una triste y afligida religión, sino que deseaba divertirse con Su familia para siempre.

Si Adán y su esposa hubieran obedecido a Dios, habrían disfrutado la eternidad, gozando de un buen tiempo. Pero no lo hicieron, ellos desobedecieron las órdenes de Dios; y los resultados fueron catastróficos. En el huerto de Edén, al igual que en la actualidad, todo dependía de la obediencia a la Palabra de Dios. Entonces cuando le dieron la espalda a la PALABRA e intentaron actuar de manera independiente, arruinaron el plan de Dios y las cosas se tornaron difíciles de inmediato.

Observe que mencioné que ellos *intentaron* actuar de manera independiente. Sin embargo, no tuvieron éxito porque, aun siendo tan gloriosos, la soberanía del hombre y de la mujer no provenía de sí mismos. No fueron creados para ser independientes, pues fueron diseñados para obrar bajo la autoridad de una Cabeza espiritual —para obtener su vida de Dios, estar conectados a Él y someterse con gozo a Su amorosa autoridad—.

Dios estableció esa clase de relación con ellos, y la única condición para mantenerla, era que no debían comer del fruto de un árbol del huerto. Él dejó bajo el señorío de ellos todo lo que había en la Tierra. Todo lo relacionado con la creación les pertenecía, por tanto, podían disfrutar y tener dominio sobre ello. Pero ese árbol —el del conocimiento del bien y del mal— le pertenecía a Dios, y Él les ordenó que no comieran de su fruto: «...porque el día que de él comieres, ciertamente morirás» (Génesis 2:17).

El mandamiento de Dios era tan sencillo que usted difícilmente pensaría que alguien podría malinterpretarlo, pero de alguna manera, la mujer no comprendió. No importa cómo haya sucedido, la cuestión es que ella entendió que no debían ni siquiera tocar el árbol. Pero eso no era verdad, ellos *podían* tocar el árbol. Dios les había ordenado que lo cuidaran y lo guardaran como al resto de los árboles en el huerto.[27] En lugar de mantenerse alejados del árbol, deberían prestarle más atención. Se hubieran comprometido de manera especial a cuidarlo, pues le pertenecía al SEÑOR. Éste representaba la paternidad y la supremacía de Dios sobre la humanidad. Por esa razón, Dios lo colocó en el centro del huerto: pues se suponía que la relación con Él debía ser el centro de sus vidas.

Adán arruinó las cosas, antes de que Dios tuviera la oportunidad de enseñarle cuál era el propósito del árbol. La intención del Señor era que Su árbol fuera un lugar donde Él y Su familia pudieran convivir entre sí. Él deseaba que Adán y su esposa, y con el tiempo, sus hijos y sus nietos, cosecharan el fruto de éste y se lo ofrecieran como un acto de obediencia y una confirmación de su amor hacia Él. Dios quería que disfrutaran devolviéndole el fruto de Su árbol, y que celebraran el hecho de que Él era en esa época, y también lo es ahora, la Fuente de LA BENDICIÓN que estaba sobre ellos.

Si se pregunta cómo lo sé, lo descubrí leyendo el resto del Libro, y estudiando lo que afirma la Biblia acerca del diezmo. Es decir, la práctica de llevarle a Dios las primicias que le corresponden a Él. A través de la historia bíblica, el pueblo de Dios se ha acercado a Él y se ha conectado con Su pacto de BENDICIÓN, por medio del diezmo.

Contrario a lo que algunos han enseñado, el concepto del diezmo no se originó con la ley de Moisés; sino en el huerto de Edén. Por ese motivo, en Génesis 4 leemos que Abel le entregó a Dios el primogénito de su rebaño. Aunque Abel vivió miles de años antes que se diera la ley, aprendió a diezmar. ¿Quién le enseñó? Sólo existe una posible respuesta: su padre, Adán. Al parecer, Adán deseaba que sus

---

27 Génesis 2:15: «Tomó, pues, Jehová Dios al hombre, y lo puso en el huerto de Edén, para que lo labrara y lo guardase».

hijos evitaran las consecuencias del pecado que él había cometido —el cual trajo sufrimiento y destrucción a su vida—; entonces educó a sus hijos para que le dieran a Dios las primicias y la mejor porción de su prosperidad.

Abel lo entendió y puso en práctica lo que Adán le enseñó. Sin embargo, su hermano, Caín, no lo hizo. Lo que sucedió entre ellos, nos revela cuán importante es poner en práctica el principio de diezmar. Esto demuestra que no se trata sólo de dividir el 10% de un salario y depositarlo en un cesto de ofrendas, ni de cumplir de manera legalista una ley del Antiguo Testamento. Diezmar es un pacto interactivo entre Dios y la humanidad. Representa una realidad espiritual poderosa, al punto que el diablo hará todo lo posible para detenerla. Por ese motivo, el primer asesinato en la historia de la humanidad se cometió a causa del diezmo.

Es probable que recuerde el relato. Cuando Caín y Abel llevaron su diezmo, Dios aceptó el de Abel, y rechazó el de Caín. Eso enfureció tanto a Caín que mató a su hermano. ¿Por qué era tan importante para Caín que Dios aceptara su diezmo? Porque diezmar es un acto de fe que confirma LA BENDICIÓN —y Caín deseaba esa BENDICIÓN—. Él sabía que era lo más poderoso sobre la Tierra.

A través de los años, han surgido muchas teorías para explicar por qué el diezmo de Caín fue rechazado. Algunos han sugerido que su ofrenda era inaceptable porque no ofreció un animal. Pero ése no era el problema, pues Caín labraba la tierra; entonces es obvio que su diezmo debía provenir de la primicia de su campo. No obstante, él no le entregó a Dios la primicia. Las escrituras hebreas indican que él presentó la tercera cosecha.[28] ¡Lo que Caín le dio a Dios no tenía valor! Cualquiera que haya vivido en una granja sabe el valor de la tercera cosecha o cosechas tardías. No son buenas mas que para comida de vacas. Son las sobras marchitas, y son duras como el cuero.

A ese tipo de ofrenda, Dios le llamó: *pecado*. Pero, aún así, Él no condenó a Caín de inmediato. Él le brindó otra oportunidad, y le dijo:

---

28 *The Chumash*, ed. Rabbi Nosson Scherman, Art Scroll Series, Stone Edition Travel Size (Brooklyn: Mesorah Publications, 1998) p. 21

«Si hicieras lo bueno, ¿no serías enaltecido?; pero si no lo haces, el pecado está a la puerta, acechando. Con todo, tú lo dominarás».[29] En ese momento, Caín pudo arrepentirse y comenzar de nuevo, pero no lo hizo. En lugar de eso, se ofendió. Permitió que el diablo alimentara su enojo al punto de asesinar a su hermano.

Es una historia triste, pero deja un punto claro: El diezmo es valioso para Dios y poderoso para la humanidad —y el diablo detesta esa verdad—. Lo odia porque representa LA BENDICIÓN que él nunca podrá tener. Lo detesta porque establece a Dios como la cabeza espiritual de Su familia. Éste confirma al pueblo de Dios como los gobernantes a quienes se les ha dado autoridad sobre la Tierra.

Aunque al diablo le gustaría que pensáramos así, Dios nunca tuvo la intención de que el diezmo fuera una atadura religiosa o una regla legalista. Su propósito era que éste representara un acto de BENDICIÓN y de gozo. Si Adán y su esposa hubieran compartido lo suficiente con Dios, lo habrían descubierto. Hubiera disfrutado su tiempo cuidando el árbol de Dios. Habrían dicho: "¡Éste le pertenece a nuestro Padre! Bendigámoslo más, prestémosle más atención que a cualquier otro árbol; a fin de que cuando le presentemos el fruto, ¡sea el mejor del huerto!".

Si hubieran adoptado esa actitud, Dios les habría enseñado todo lo que necesitaban saber acerca del bien y del mal. Él les habría dedicado mucho tiempo a ellos, enseñándoles cómo obrar conforme LA BENDICIÓN. Él les hubiera explicado todo acerca del universo, y de todos los ángeles maravillosos que Él había creado; a fin de ayudarlos a ejercer su dominio sobre éste. Dios no deseaba que Adán ignorara todas esas cosas. Él planeaba instruirlo acerca de Sí mismo de la manera correcta y en el tiempo exacto.

Sin embargo, no le dieron la oportunidad de hacerlo. ¡Ellos le robaron! Tomaron y comieron algo que no les pertenecía (Malaquías 3:8). De acuerdo con los sabios hebreos, lo realizaron el primer día.[30] Ellos permitieron que el diablo los convenciera de que Dios les ocultaba

---

29 Génesis 4:7, *RVR95*
30 *The Chumash,* ed. Rabbi Nosson Scherman, Art Scroll Series, Stone Editon Travel Size (Broklyn: Mesorah Publications, 1998) p. 15

algo, y que si alguna vez deseaban aprender la verdad acerca del bien y del mal, debían aprenderla de él. Ahora nosotros sabemos que todo eso era absurdo. El diablo no puede enseñarle a nadie la verdad acerca de nada porque: «...no hay verdad en él...pues es mentiroso y padre de mentira».[31] Sin embargo, convenció a la esposa de Adán para que creyera lo contrario; a continuación, veremos cómo lo hizo...

El gran engaño

Pero la serpiente era astuta, más que todos los animales del campo que Jehová Dios había hecho; la cual dijo a la mujer: ¿Conque Dios os ha dicho: No comáis de todo árbol del huerto? Y la mujer respondió a la serpiente: Del fruto de los árboles del huerto podemos comer; pero del fruto del árbol que está en medio del huerto dijo Dios: No comeréis de él, ni le tocaréis, para que no muráis. Entonces la serpiente dijo a la mujer: No moriréis; sino que sabe Dios que el día que comáis de él, serán abiertos vuestros ojos, y seréis como Dios, sabiendo el bien y el mal. Y vio la mujer que el árbol era bueno para comer, y que era agradable a los ojos, y árbol codiciable para alcanzar la sabiduría; y tomó de su fruto, y comió; y dio también a su marido, el cual comió así como ella. Entonces fueron abiertos los ojos de ambos, y conocieron que estaban desnudos...

—Génesis 3:1-7

Para comprender lo que el diablo tenía en mente cuando ideó su plan, usted necesita recordar que cuando Dios declaró LA BENDICIÓN sobre Adán, el día que fue creado, todo y todos en el universo fueron testigos del evento. No sólo Adán y los ángeles ministradores escucharon LA BENDICIÓN, sino también el diablo. Cuando la escuchó, él se enfureció. No podía soportar que el poder semejante al de Dios, que desesperadamente deseaba para sí mismo, se le hubiera otorgado al ser humano. El diablo se rehusó a mantenerse al margen de todo y sólo

---

31 Juan 8:44

observar mientras la corona de gloria, de autoridad y de poder que una vez deseó usar —la corona por la cual había luchado y perdido todo—, brillaba en todo su esplendor divino sobre una criatura llamada: hombre.

Entonces la pregunta era: ¿Qué podía hacer él al respecto?

Satanás era lo suficientemente listo como para saber que no podía vencer a esa raza recién creada a la imagen de Dios. Había aprendido la lección de la peor manera. Había intentado renunciar a la clase angelical en la que fue concebido, y hacerse a sí mismo semejante a Dios, y no funcionó. Y al final, continuó siendo un ángel, pero caído, y sin autoridad sobre nada. A causa de que estaba separado de Dios, se convirtió en una versión retorcida de lo que antes fue, y todas las fuerzas espirituales que poseía se corrompieron. La luz de Dios, por la cual recibió su nombre, se convirtió en tinieblas. El amor se transformó en odio, y la fe en temor.

Debido a que su ataque directo al cielo no funcionó, el diablo decidió intentar una táctica diferente. El enemigo usó el engaño para cambiar las cosas a su manera. Intentó convencer al hombre y a la mujer de que en realidad no le interesaban a Dios, y que ellos no debían confiar en Él. Los engañó para que cometieran alta traición y fueran leales a él. Luego se convirtió en su cabeza espiritual, y todo el poder, la gloria y la autoridad que Dios les había otorgado, estaba bajo su mando. Al robar el dominio que Dios ya le había entregado a la humanidad, Satanás, por fin, pudo convertirse en el dios de toda la Tierra.

En parte, éste era un plan factible, el enemigo sabía que Dios, quien siempre cumple Su Palabra, no revocaría —bajo ninguna circunstancia— la autoridad que Él le había delegado al ser humano. También había entendido que Dios le había dado a Adán la Tierra y todo lo que en ella había, entonces si Adán se rebelaba, Él se encontraría en un dilema. Dios no podía formar otro hombre del polvo de la Tierra sin quitarle lo que ya le había dado a Adán. Obligado por Su propia integridad, Dios sólo podría observar lo que sucedería.

Sin duda, orgulloso de lo brillante que era su plan, Satanás lo puso en marcha al tomar el control de una serpiente —uno de los animales del campo al cual Adán le había dado su nombre—. Recuerde que en esa época, una serpiente no representaba algo malo. Su nombre no era un símbolo de maldad como lo es hoy en día. En ese tiempo, *serpiente* era un nombre maravilloso para un hermoso animal que Dios había creado. La serpiente era una criatura encantadora, a la cual Dios y Adán amaban.

La pobre serpiente no sabía nada acerca de cómo protegerse a sí misma, pues Adán y su esposa eran sus protectores. Sin embargo, es característico del diablo, éste no se presentó ante ellos ni les pidió permiso. Fue directo hacia a serpiente y actuó como siempre lo hace. La engañó y se aprovechó de ésta, sabiendo muy bien que estaba a punto de destruir el futuro de este animal para siempre. El enemigo utilizó a esa bella criatura, la arruinó y luego la desechó como un pedazo de basura. La dejó arrastrándose sobre su vientre en la suciedad, con un cerebro más pequeño que una nuez, condenada a ser despreciada por la humanidad durante todos los días de su vida.

Ésa es la forma en que siempre obra el diablo. Y en la actualidad, le hace lo mismo a todo aquel que se lo permite. Aún es un estafador que alimenta a las personas con sus mentiras, y se aprovecha de ellas para cumplir sus propósitos. Es una criatura desagradable, cruel, condenada al infierno y llena de maldad y usted tiene que rechazarlo de su vida cada vez que se aparezca con su horrible rostro.

De hecho, así debió actuar Adán. El momento en que el diablo se apareció vestido de serpiente, hablando mal de Dios y cuestionando Su PALABRA, Adán debió haberlo golpeado contra el árbol del conocimiento del bien y del mal, y expresarle: "¿Ves ese árbol? Le pertenece a Dios. Haremos con éste sólo lo que Dios ordena. ¡Ahora cierra tu boca llena de mentiras!". Adán tenía que reírse en su cara cuando éste les aseguró que Dios no deseaba que ellos fueran como Él. Debió decirle: "Escucha, ¡ya somos semejantes a Dios! ¿Acaso no te has enterado? Él nos creó conforme a Su imagen. Tú estás intentando que seamos como tú, pero olvídalo porque ¡no estamos interesados!".

Adán podía maldecirlo al igual que Dios lo maldijo más tarde poniéndolo bajo sus pies. El SEÑOR le había dado la autoridad para realizarlo. Si Adán hubiera utilizado esa autoridad, en lugar de rechazarla, habría hecho desde el principio lo que el último Adán hará al final de estos tiempos. Pudo parar las obras del diablo en ese momento. Incluso pudo aprisionarlo hasta que llegara el tiempo de arrojarlo al lago de fuego. De esa forma lo tratará Jesús en el milenio.[32] Él lo encerrará en un agujero durante 1,000 años.

Quizá alguien exprese: "Bueno, creo que no deberíamos echarle toda la culpa a Adán. Después de todo, el diablo persuadió a su esposa mientras él estaba cuidando el huerto".

No, así no está registrado en la Biblia. En Génesis 3:6, leemos que Adán estaba con ella cuando eso sucedió. Ella volteó a verlo, y le entregó el fruto. Él estuvo al lado de Eva todo el tiempo, y pudo evitar que ella se metiera en problemas. Ella fue engañada, Adán no;[33] él era consciente del pecado que estaba cometiendo.

Cuando comió del fruto, sucedió lo inesperado: La luz se apagó. La ardiente gloria que iluminaba y rodeaba a Adán y a su esposa desapareció. En ese momento, ellos vieron su cuerpo físico por primera vez. Comprendieron que estaban desnudos, y sintieron vergüenza. Sin embargo, en ese instante sólo vieron una parte de las consecuencias de su pecado.

No pudieron ver la distorsión que se formó en su interior. Pudieron sentirla, pues sintieron temor y vergüenza por primera vez en sus cortas vidas. No obstante, no pudieron comprender lo que implicaba lo que habían hecho. Ellos sabían que les estaba ocurriendo lo que le sucedió al diablo. Debido a que se desconectaron de Dios, las fuerzas espirituales que Él había depositado en ellos dieron un giro de 180 grados, convirtiéndose en el polo opuesto de lo que el Señor había diseñado.

Ellos no lo comprendieron del todo, pero el horror de ese suceso los impactó de inmediato. Se percataron de que habían tomado una decisión catastrófica cuando la luz se apagó. Pero ya no podían hacer nada al

---

32 Apocalipsis 20:1-3
33 1 Timoteo 2:14: «y Adán no fue engañado, sino que la mujer, siendo engañada, incurrió en transgresión».

respecto. Se desconectaron de Dios y se unieron a Satanás, y no existía manera de separarse de él. Eran como bebés que un día estuvieron unidos por un cordón umbilical espiritual con Dios. Por medio de ese cordón fluía de manera continua hacia ellos el amor, el gozo, la paz, la paciencia, la benignidad, la bondad, la fidelidad, la mansedumbre y la templanza de Dios. Pero ahora ese cordón, los unía al diablo; y todo lo repugnante que se encontraba en él, estaba fluyendo hacia ellos. Debido a que fueron creados para participar de la naturaleza de su cabeza espiritual, la luz que había en ellos se convirtió en tinieblas. El amor se convirtió en odio, y su fe en temor. En ese momento, pudo habérseles dicho a Adán y a Eva, lo mismo que se les expresó a los seres humanos malvados 4,000 años después de la Caída: «Vosotros sois de vuestro padre el diablo, y los deseos de vuestro padre queréis hacer…».[34]

Dios les había advertido lo que sucedería. Él les afirmó que el día que le desobedecieran y comieran el fruto del árbol de Dios, morirían. No obstante, Él no se refería a que sus cuerpos dejarían de funcionar de inmediato y que ya no existirían. Las personas creen que ése era el significado, pues tienen un concepto erróneo de la muerte. Sin embargo, el hecho es que ningún espíritu deja de existir. Una vez que se crea un espíritu, éste existe para siempre, ya que es una criatura eterna.

Debido a que Dios es vida, el término *muerte* para un ser espiritual en realidad significa: "Separación de Dios". De acuerdo con esa definición, la advertencia de Dios se cumplió, y no ocurrió cuando por fin el cuerpo de Adán y de Eva sucumbió a los efectos de la muerte, unos 900 años después, sino en el preciso momento que cometieron pecado. En el primer instante en que desobedecieron, se desconectaron de la vida de Dios, y murieron espiritualmente.

La verdadera fuente de la maldición

A pesar de que en la Biblia no se asegura de forma clara, las cosas habrían tomado un rumbo diferente si Adán se hubiera arrepentido y hubiera asumido la responsabilidad de lo que sucedió. Sin embargo, él

---

34 Juan 8:44

no lo hizo. Cuando Dios lo buscó en el huerto, en lugar de correr hacia Él y confesarle su pecado, Adán se escondió porque estaba desnudo y tenía miedo. Se atemorizó y se escondió detrás de los arbustos y trató de cubrir su vergüenza.

Puesto que Dios es omnisciente, Adán en realidad no podía ocultarle nada. El SEÑOR supo todo el tiempo dónde se encontraba él y qué había hecho. Dios pudo haber llegado furioso al huerto, romper las cosas y exponer el pecado de Adán. Pudo haber sacado a Adán de su escondite, y expresarle: "¿Acaso crees que no puedo verte, hombre desobediente y desnudo?". Pero ésa no es la forma de ser de Dios. Él es un caballero. En Su bondad, llamó a Adán y le dijo: «¿Dónde estás?», lo hizo para que ellos supieran que Él estaba cerca. No quería avergonzarlos. Sabía que sentían vergüenza, entonces trató la situación con sensibilidad y gentileza. Él les brindó la oportunidad para que se acercaran por su propia cuenta, y que pudieran recuperar su lugar al reconocer su pecado.

Sin embargo, no aprovecharon esa oportunidad. Cuando Adán salió de su escondite, Dios le formuló una pregunta directa: «...¿Quién te enseñó que estabas desnudo? ¿Has comido del árbol de que yo te mandé no comieses?». Y en lugar de reconocer su propia rebeldía, Adán culpó a su esposa, y respondió: «...La mujer que me diste por compañera me dio del árbol, y yo comí».35

La esposa de Adán respondió de igual manera cuando Él le preguntó: «¿Qué es lo que has hecho?...». Y ella le echó la culpa a otro, contestando: «...La serpiente me engañó, y comí» (versículo 13).

Y lo que ocurrió después, se ha malinterpretado por muchos años. A causa de esa malinterpretación de las Escrituras, la gente piensa que Dios respondió con ira ante el pecado y la negación de Adán y Eva, castigando su pecado al declarar maldiciones sobre ellos y echándolos del huerto. Pero eso no tiene relación alguna con la verdad. Todo el mensaje que se encuentra en la Biblia es que Dios todavía amaba a Adán y a Eva, incluso después de haber caído —así como ha amado al mundo desde entonces—. Él los amó tanto que estuvo dispuesto a sacrificarse a

---

35 Génesis 3:11-12

Sí mismo para salvarlos de esa mortal trampa espiritual en la que habían caído. Su inmediata respuesta no fue castigar a la humanidad por lo que habían hecho, sino redimirlos.

Quizá pregunte: "Si eso es cierto, entonces ¿por qué desató la maldición?".

Dios no la desató, sino Adán cuando le entregó a Satanás LA BENDICIÓN. Bajo el control demoniaco, LA BENDICIÓN se convirtió en lo contrario de lo que Dios había creado. LA BENDICIÓN se transformó en maldición.

Adán no tenía idea de que eso pudiera ocurrir, tampoco el diablo. El enemigo se lo había imaginado de una manera distinta. Éste creyó que al tomar cautiva a la humanidad, él podía tener acceso al poder y a la gloria que se les había otorgado a ellos para gobernar la Tierra. El enemigo creyó que podía adquirir la semejanza de Dios que los seres humanos tenían; y de esa manera, controlar LA BENDICIÓN. Pero estaba equivocado. La conquista que tuvo sobre Adán y Eva no causó que *él* ascendiera a un nuevo nivel, sino que *ellos* cayeran. En lugar de convertirse en el señor de LA BENDICIÓN —la cual él tanto había codiciado—, su propia naturaleza de muerte contaminó el glorioso poder que ésta poseía, convirtiéndose así en el señor de la maldición.

Al principio, el enemigo no se percató de ello. No pudo comprender por completo las consecuencias mortales de sus acciones. Tampoco pudieron entenderlo el hombre y la mujer. De lo único que ellos estaban seguros era que la luz de la gloria de Dios se había apagado. No tenían la menor idea de lo que les sucedería a ellos y a la Tierra como resultado. Entonces Dios se los explicó. Él les habló acerca de la maldición que había surgido a causa de su rebeldía. Él no creó la maldición por medio de Sus palabras, así como lo hizo con LA BENDICIÓN. (Legalmente, Él no podía hacerlo, pues les había delegado a ellos Su autoridad creativa sobre la Tierra). Él simplemente le informó primero al diablo, luego a Adán y su esposa, las repercusiones de lo que habían realizado.

Y Jehová Dios dijo a la serpiente: Por cuanto esto hiciste, maldita serás entre todas las bestias y entre todos los animales del campo; sobre tu pecho andarás, y polvo comerás todos los días de tu vida. Y pondré enemistad entre ti y la mujer, y entre tu simiente y la simiente suya; ésta te herirá en la cabeza, y tú le herirás en el calcañar... Y al hombre dijo: Por cuanto obedeciste a la voz de tu mujer, y comiste del árbol de que te mandé diciendo: No comerás de él; maldita será la tierra por tu causa; con dolor comerás de ella todos los días de tu vida. Espinos y cardos te producirá, y comerás plantas del campo. Con el sudor de tu rostro comerás el pan hasta que vuelvas a la tierra, porque de ella fuiste tomado; pues polvo eres, y al polvo volverás

—Génesis 3:14-15, 17-19

Debido a que Adán tenía el dominio sobre toda la Tierra, la maldición que surgió a través de él afectó cada molécula de existencia en este planeta. La maldición afectó a todo el suelo, la vegetación, cada célula de cada animal —todo— desde lo más pequeño hasta lo más grande. De acuerdo con la Biblia, toda la creación gimió bajo la esclavitud que vino sobre ésta a causa del pecado de la humanidad.[36]

El hecho de que la maldición cubriera este planeta de arriba hacia abajo y todo su alrededor, y afectara todo lo que nada, vuela, gatea y se arrastra, revela en oposición la verdadera magnitud de LA BENDICIÓN. Ésta confirma la sorprendente capacidad espiritual que Dios le había dado al ser humano. Esto también prueba que, aunque la maldición lleva la naturaleza del diablo y su influencia, él no es la fuerza que la impulsa. El enemigo no tiene esa clase de poder. Él no puede realizar nada en la Tierra sin ayuda humana. Por sí mismo, él no podía afectar ni un cuarto de pulgada de este planeta.

A causa de que él se encuentra lleno de orgullo, le gustaría que pensáramos lo contrario. A él le gustaría que creyéramos que él es la fuerza absoluta, y que nosotros, como seres humanos, sólo somos unos gusanos sin valor de quienes Dios tiene misericordia. Pero no caiga en esa trampa. Esa es una mentira. Incluso un ser humano que ha caído, y no ha recibido su redención es más poderoso que el diablo, y puede ejercer cierto nivel de autoridad sobre él. (Muy pocas veces la ejercen, pues él los tiene engañados y atados con temor, pero en realidad tienen la habilidad de dominarlo).

Una sola persona posee tan grande capacidad espiritual que miles de demonios pueden vivir en su interior y a su alrededor. Si lo duda, lea el relato en el Nuevo Testamento del hombre gadareno. Él tenía tantos demonios en su interior que cuando Jesús los echó, y los envió hacia un hato de cerdos, éstos enloquecieron —enloquecieron tanto que se precipitaron por un despeñadero, y se ahogaron en el agua—. Eso nos muestra cuán inútiles son los demonios cuando vagan por sí mismos. Por medio del hombre gadareno, ellos pudieron aterrorizar a esa región entera y a sus habitantes. Una vez que perdieron la autoridad sobre el hombre, ni siquiera pudieron controlar un hato de cerdos.

Si un hombre tiene ese poder siendo un ser caído, ¿cuánto poder y autoridad poseemos nosotros como creyentes? Tenemos *todo el poder y toda la autoridad,* pues Jesús los posee, y nosotros estamos en Él, y Él en nosotros. El diablo no quiere que usted lo sepa, pero ésta es la verdad: *No hay nada más poderoso en este universo que un ser humano redimido.*

"Pero, hermano Copeland, de seguro Dios es más poderoso que un redimido".

Claro, Dios es el Altísimo, eso ni se cuestiona. Pero eso no implica que nuestro nivel espiritual sea bajo. Ya que por medio de Jesús, el Dios Altísimo nos elevó a Su nivel. Al sentar a Su diestra a un hombre resucitado y nacido de nuevo como miembro eterno de la Divinidad, el Altísimo nos incluyó también en esa Divinidad a todos los que creemos por fe en Cristo.[37] Él nos ha permitido formar parte del Cuerpo de Cristo y nos ha sentado: «sobre todo principado y autoridad y poder y señorío, y sobre todo nombre que se nombra, no sólo en este siglo, sino también en el venidero».[38] Hay un HOMBRE en la Divinidad. Ese HOMBRE es ¡Jesús!

---

37 Efesios 2:5-6: «aun estando nosotros muertos en pecados, nos dio vida juntamente con Cristo (por gracia sois salvos), y juntamente con él nos resucitó, y asimismo nos hizo sentar en los lugares celestiales con Cristo Jesús»
38 Efesios 1:21

Una amarga píldora que tragar

Los principados y potestades, mencionados en el versículo anterior, son los espíritus demoniacos que se movían en el cielo alrededor de la Tierra después de que el ser humano cayó. Ellos invadieron el reino espiritual de este planeta cuando la maldición sacó a todos los ángeles que habían sido creados para ministrar a la humanidad. Como facilitadores de LA BENDICIÓN, esos ángeles debían marcharse cuando LA BENDICIÓN se convirtió en maldición.

¡Imagine! Todos los ángeles que trabajan para Gabriel, el arcángel de Dios encargado del sistema de comunicaciones, se retiraron. Todos los que se encontraban bajo el mando de Miguel, el arcángel de los ejércitos celestiales, se fueron. Su ausencia le abrió camino al diablo y a sus principados y potestades para establecer su reino. Desde el momento que Adán pecó hasta el día de Pentecostés descrito en Hechos 2, los ángeles ministradores sólo podían visitar la Tierra para cumplir tareas específicas en lugares específicos. Ellos ascendían y descendían en casos especiales, así como lo hicieron en la escalera de Jacob.[39]

Con razón, la raíz griega de la palabra *maldición* significa: *amargura*, pues le amargó la vida a Adán y a Eva en todos los sentidos. Esto amargó tanto el reino espiritual como el reino natural. Provocó que los animales a los que Adán les había puesto nombre, lo vieran como su enemigo y no como su benefactor. Incluso el suelo se amargó contra la humanidad. En lugar de producir con gozo fruto abundante para que ellos pudieran comer, éste no quería dar nada. Adán, quien una vez vivió en un maravilloso y hermoso lugar lleno de abundancia, fue obligado a escarbar en un suelo que lo rechazaba cada vez que intentaba sembrar y cosechar. Él debía sudar y esforzarse (Hebreo: *trabajar duro)* para ganarse la vida, sabiendo todo el tiempo que Dios no lo había creado para "ganarse" la vida, sino para *crear* vida.

Cada aspecto de la maldición fue un terrible impacto para Adán y Eva. Nada de lo que se encontraba en ellos, se había creado para

---

39 Génesis 28:12: «Y soñó: y he aquí una escalera que estaba apoyada en tierra, y su extremo tocaba en el cielo; y he aquí ángeles de Dios que subían y descendían por ella»

enfrentar todo eso. El espíritu de ellos no había sido creado para estar lleno de tinieblas y muerte. Éste fue creado para estar lleno de luz y vida. La mente de ellos no fue creada para guardar odio y temor. Ésta fue formada para que tuviera amor y fe. El cuerpo de ellos fue diseñado para estar saludable, no para padecer enfermedad y dolencias.

La muerte, en todas sus manifestaciones, es por completo ajena a los seres humanos. La maldición es por completo contraria a la forma en que Dios nos creó. Por esa razón, el cuerpo pelea contra estas manifestaciones. Todo nuestro sistema se rebela porque éstas no tienen ninguna relación sobre nosotros ni en nosotros. Cuando el pecado, el odio, el miedo y otros aspectos de la maldición nos invaden; nuestro cuerpo los reconoce como fuerzas opuestas y externas, entonces empieza a luchar contra ellas. El cuerpo peleará en contra de ellas hasta que muera.

Es posible que Adán entrara en pánico cuando las consecuencias de la maldición comenzaron a manifestarse sobre él. Quizá pensó: "¿Cómo saldré de esto? Mi semilla se amargó, entonces mis hijos también serán afectados por ésta. La Tierra se amargó, también el reino animal. E incluso he amargado mi relación con Dios. Oh, Señor, ¿cómo volveré a ser de nuevo Tu amigo?".

Sin embargo, incluso antes de que siquiera formular esas preguntas, él recibió las respuestas. Dios las respondió antes de la fundación del mundo, cuando visualizó que la humanidad caería. Entonces al momento de que el pecado de Adán y Eva fue revelado, y ellos se presentaron ante Dios, sin la gloria que antes los cubría; el Señor comenzó a revelar Su plan misericordioso. Él habló acerca de la Simiente de la mujer que algún día hollaría la cabeza de la serpiente. Anunció en el canal del tiempo al último Adán, el Redentor, quien desharía la obra que había realizado el diablo a través del primer Adán. Dios manifestó las primeras pistas del misterio que sería guardado por miles de años. Dios mismo se convertiría en el Hijo del Hombre, se llevaría la amargura de la maldición, y restauraría para siempre LA BENDICIÓN.

Entonces Dios hizo lo que debía realizar por Sus amados Adán y Eva. Al sacrificar a un animal, Él cubrió su desnudez y vergüenza, creándoles túnicas de piel. Por medio de ese sacrificio, el SEÑOR estableció el primer pacto de sangre. Él expió su pecado y creó una vía mediante la cual Él pudiera mantener cierta relación con ellos. Después, en Su gran misericordia, aseguró que la humanidad no viviría en ese estado eternamente:

> Y dijo Jehová Dios: He aquí el hombre es como uno de nosotros, sabiendo el bien y el mal; ahora, pues, que no alargue su mano, y tome también del árbol de la vida, y coma, y viva para siempre. Y lo sacó Jehová del huerto del Edén, para que labrase la tierra de que fue tomado. Echó, pues, fuera al hombre, y puso al oriente del huerto de Edén querubines, y una espada encendida que se revolvía por todos lados, para guardar el camino del árbol de la vida.
>
> —Génesis 3:22-24

Viviendo por debajo de la línea de la luz

Una vez, mientras estaba en comunión con Dios, en relación a esos versículos, Él me dijo: *¿Te has dado cuenta que nunca castigué a Adán por lo que hizo? Sólo enfrenté las consecuencias que él había provocado, pero no lo castigué, pues ya había planificado llevar Yo mismo el castigo.*

Nunca antes lo había pensado, pero en ese momento me di cuenta que, aunque Adán y Eva habían salido del huerto, en la mente de Dios —antes de la fundación del mundo— ya se habían escrito las palabras del profeta Isaías:

> Ciertamente llevó él nuestras enfermedades, y sufrió nuestros dolores; y nosotros le tuvimos por azotado, por herido de Dios y abatido. Mas él herido fue por nuestras rebeliones, molido por nuestros pecados; el castigo de nuestra paz fue sobre él, y por su llaga fuimos nosotros curados. Todos nosotros nos

descarriamos como ovejas, cada cual se apartó por su camino;
mas Jehová cargó en él el pecado de todos nosotros.

—Isaías 53:4-6

Por esa razón, puedo asegurar con toda certeza que Dios no sacó
a Adán y a Eva del huerto para castigarlos. Los sacó para protegerlos
—y le dolió el corazón al hacerlo—. Él los amaba con la compasión
insaciable de un Padre perfecto, pues en lugar de quererlos sacar, Él
deseaba rodearlos con Sus brazos y limpiar sus lágrimas. Sin embargo,
no podía hacerlo. Ya que el pecado causó una separación entre ellos.
El fuego puro y santo de Su gloria hubiera destruido a Adán y a Eva,
a causa de su nueva condición. Los hubiera consumido a cenizas, ya
que ante la presencia de una luz pura, no pueden existir tinieblas. En
la presencia de vida pura, se elimina la muerte y todo aquello que se
relacione con ésta.

Después de la Caída, incluso las moléculas de la Tierra misma —a
causa de que se habían contaminado por la maldición— no podían
soportar un contacto directo con la presencia pura de Dios. Por ese
motivo, generaciones después, Dios se tuvo que cubrir a Sí mismo con
una nube cuando descendió al Monte Sinaí para darle a Moisés los Diez
Mandamientos. Tuvo que esconderse para proteger a la Tierra y a las
personas, a fin de que no fueran consumidas por Su gloria. Incluso con
ese escudo de nube a Su alrededor, cuando Dios se sentó en la montaña:

Todo el monte Sinaí humeaba, porque Jehová había descendido
sobre él en fuego; y el humo subía como el humo de un horno,
y todo el monte se estremecía en gran manera… Todo el pueblo
observaba el estruendo y los relámpagos, y el sonido de la bocina,
y el monte que humeaba; y viéndolo el pueblo, temblaron, y se
pusieron de lejos. Y dijeron a Moisés: Habla tú con nosotros, y
nosotros oiremos; pero no hable Dios con nosotros, para que no
muramos.[40]

---

40 Éxodo 19:18, 20:18-19

Antes de la Caída, en el huerto todo era diferente; pero ése era el efecto que Dios tenía sobre esa creación que había caído. Ésta se comenzaba a destruir ante Su presencia. El Monte Sinaí casi explotaba porque no podía contener la presencia de su Creador. Y tampoco los israelitas podían soportarla. Ellos se habían debilitado tanto por el pecado que el solo sonido de Su voz los hería, y huían de Él por temor. La intención de Dios no era asustarlos ni lastimarlos. Dios llegó a ellos para mostrarles Su PALABRA. Él bajó para enseñarles a vivir de una manera en la que pudieran conectarse de nuevo con LA BENDICIÓN. No había nadie más que les enseñara cómo lograrlo. Entonces Él mismo los visitó, envuelto en una nube.

A diferencia de sus compatriotas israelitas, Moisés se sentía frustrado ante esa nube. Su deseo de ver a Dios cara a cara era tan ferviente que expresó: «…Te ruego que me muestres tu gloria».[41] Si Dios hubiera respondido esa petición, el cuerpo físico de Moisés hubiera sido aniquilado. Entonces Dios realizó algo mejor, y le dijo:

> No podrás ver mi rostro; porque no me verá hombre, y vivirá. Y dijo aún Jehová: He aquí un lugar junto a mí, y tú estarás sobre la peña; y cuando pase mi gloria, yo te pondré en una hendidura de la peña, y te cubriré con mi mano hasta que haya pasado. Después apartaré mi mano, y verás mis espaldas; mas no se verá mi rostro.
>
> —Éxodo 33:20-23

Si Moisés, quien sólo había contemplado vistazos de la gloria de Dios, tenía tanta desesperación por ver al SEÑOR, imagine lo que Adán y Eva sintieron después de la Caída. Piense cuánto lamentaron su ceguera espiritual. Habían tenido una relación con Dios cara a cara. Ellos habían caminado y conversado con Él al fresco del día. Sin embargo, por causa del pecado y de la muerte espiritual, fueron separados de Él.

En pocas palabras, se encontraban en la misma condición de Moisés, pero con una gran diferencia. Ellos sabían lo que se estaban perdiendo.

---

41 Éxodo 33:18

El esplendor, la gloria de Dios y el reino espiritual habían sido tangibles y accesibles para ellos como si fuera el reino material. Pero ahora todo ese reino se había desvanecido, y se dieron cuenta que se encontraban atrapados por las tinieblas, y por debajo de *la línea de la luz.*

¿Qué es esa línea de la luz?

Es la línea que separa el reino espiritual del reino material. Ésta existe porque la luz de Dios que Él liberó en el primer día de la Creación obra en dos niveles. El nivel más alto funciona en el reino espiritual, y el nivel más bajo (o más lento) constituye el mundo físico.

En la Biblia se nos enseña que en el momento de la Creación, Dios creó tanto el reino invisible como el visible: «Porque en él fueron creadas todas las cosas, las que hay en los cielos y las que hay en la tierra, visibles e invisibles...».[42]

El reino invisible, el cual se encuentra sobre la línea de la luz, es el lugar donde viven los ángeles y otros seres espirituales. Ahí se encuentra el cielo. Todo tipo de cosas gloriosas están ahí. No podemos verlos con nuestros ojos naturales ni tocarlos con nuestras manos naturales; pero ahí están. Sin embargo, son tan reales (incluso más reales) que las cosas en el mundo físico.

Sobre la línea de la luz, el espíritu con el espíritu es firme y tangible; así como lo es la carne con la carne en nuestro nivel natural. Los ángeles pueden tocarse entre sí, y también pueden verse. Ellos no son simples nubes de humo flotantes que aparecen y desaparecen. Sus cuerpos tienen forma y sustancia, al igual que el nuestro; pero ellos están hechos de sustancia espiritual, en lugar de sustancia material. Y a causa de ello, mientras nos encontremos en nuestro cuerpo físico, usted y yo no podremos verlos. En ocasiones, cuando se encuentran realizando una tarea especial bajo la dirección del SEÑOR, ellos bajarán su velocidad a la nuestra, y aparecerán. De otra manera, no podríamos detectar su presencia.

No obstante, al morir nuestro espíritu abandonará nuestro cuerpo, y todo eso cambiará. De forma instantánea, nos percataremos del

---

42 Colosenses 1:16

mundo espiritual. Será tan real para nosotros como lo es ahora el mundo natural. Podremos ver, tocar e interactuar con todos y con todo aquello que se encuentra en éste. Al momento que nuestro espíritu renacido, el cual ya está funcionando a un nivel más alto que la velocidad de la luz, sea libre de nuestro cuerpo, y se encuentre: «... *ausentes del cuerpo, y presentes al SEÑOR»*.[43]

Quizá pregunte: "Hermano Copeland, ¿perderemos la forma que tenemos ahora cuando eso ocurra? ¿Nos convertiremos en un fantasma o en algún tipo de nube espiritual?".

No, nuestro espíritu no es un vapor sin forma. Éste tiene la misma forma que nuestro cuerpo natural tiene. Nuestro espíritu encaja en nuestro cuerpo, así como una mano en un guante. Entonces cuando abandonemos nuestro cuerpo natural, nos veremos como nos visualizamos ahora —pero tendremos un cuerpo mucho mejor y más glorioso—. Todo lo que se encuentra en el reino espiritual es superior a este reino natural. Todo brilla con la perfección y la gloria de Dios.

Por esa razón, fue tan duro para Adán y para Eva perder contacto con ese reino. Antes de la Caída, las gloriosas cosas en el reino espiritual eran tan reales y visibles para ellos como el reino natural. El fuego de la gloria de Dios que los vestía era de una sustancia espiritual, pero ellos podían verlo. Los ángeles que se reunían para servirles eran seres espirituales, sin embargo, Adán y su esposa podían mirarlos e interactuar con ellos. Ellos podían ver a Dios y tocarlo cuando Él llegaba al huerto a caminar con ellos. Escuchaban su voz de forma tan clara como cuando escuchaban el canto de las aves. Pero cuando pecaron y se arraigó la muerte en ellos, eso cambió. Ellos quedaron atrapados por debajo de la línea de la luz y se confinaron al mundo natural.

Durante los 6,000 años que han transcurrido desde ese entonces, las personas se han acostumbrado a ese confinamiento. Muchos de ellos han llegado a creer que el reino visible es lo único que existe. Ellos niegan toda realidad que no puedan percibir con sus sentidos naturales. Pero quienes hemos nacido de nuevo, sabemos que eso es distinto

---

43 2 Corintios 5:8

porque nuestro espíritu recreado se encuentra en constante contacto con el reino celestial. Quizá no podamos ver ese reino con nuestros ojos naturales, pero sí con el ojo de la fe: «no mirando nosotros las cosas que se ven, sino las que no se ven; pues las cosas que se ven son temporales (provisionales, o sujetas a cambio), pero las que no se ven son eternas».[44] Y estas cosas eternas nunca cambian.

Vivimos anhelando el día en que se transforme nuestro cuerpo temporal y terrenal en uno que sea glorificado de forma permanente, y éste será como el que Jesús posee ahora. Si ha leído el Nuevo Testamento, sabe que Él tiene un cuerpo resucitado que no perece —un cuerpo con la misma gloria de Dios fluyendo a través de sus venas, el cual es espiritual y a la vez material; y que obra de igual forma en ambos lados de la línea de la luz—.

En Su cuerpo glorificado, Jesús puede moverse a Su voluntad tanto en el mundo natural como en el espiritual. Él puede manifestarse en la Tierra, al igual que lo hizo ante Sus discípulos; aparentemente apareció de un aire fresco, y luego se desvaneció tan rápido como se mostró. No obstante, Él no es un fantasma. Su cuerpo es tan real y físico como el suyo y el mío: «Mirad mis manos y mis pies, que yo mismo soy; palpad, y ved; porque un espíritu no tiene carne ni huesos, como veis que yo tengo».[45]

Hacia eso nos dirigimos todos aquellos que hemos aceptado a Jesús como el SEÑOR de nuestra vida. Estamos marchando hacia el día en el cual nosotros también tendremos nuestro cuerpo tan vivo como nuestro espíritu; cuerpos que ya no se encontrarán atrapados por los efectos de la Caída. Estamos avanzando hacia el tiempo en el que podremos vivir para siempre, vestidos por dentro y por fuera con la gloria de Dios, así como alguna vez lo estuvo Adán, bajo la plenitud de la luz divina.

44 2 Corintios 4:18
45 Lucas 24:39

Capítulo cinco

Activando el plan B: Inicia la restauración

Sin embargo, hablamos sabiduría entre los que han alcanzado madurez; y sabiduría, no de este siglo, ni de los príncipes de este siglo, que perecen. Mas hablamos sabiduría de Dios en misterio, la sabiduría oculta, la cual Dios predestinó antes de lo siglos para nuestra gloria, la que ninguno de los príncipes de este siglo conoció; porque si la hubieran conocido nunca habría crucificado al Señor de gloria.

—1 Corintios 2:6-8

Nada de lo que el diablo hizo en el huerto de Edén, pudo cambiar las palabras que Dios declaró sobre la humanidad. A pesar de la Caída de Adán y Eva, y de la maldición que contaminó la Tierra a causa de su pecado, Dios permaneció firme en lo que había expresado. Él no dijo: "Creo que mejor descartaré LA BENDICIÓN, y pensaré en realizar algo más".

En lugar de ello, Él ideó el plan B. El SEÑOR creó un puente entre Él y la humanidad al entablar relaciones de pacto con quienes creyeran en Él y lo honraran. Por medio de esos hombres y mujeres de fe, Él conservó para Sí mismo un linaje sobre la Tierra. Del cual al transcurrir el tiempo, surgiría la Simiente que destruiría al diablo, de la cual había hablado en el huerto. Él levantó personas de pacto por medio de quienes

Él pudiera, un día, restaurar por completo LA BENDICIÓN.

Desde el inicio, el diablo se esforzó para destruir a esas personas. Su sola existencia amenazaba el reino demoniaco que él había establecido en la Tierra. Satanás no sabía cómo, dónde ni cuándo; pero según LA PALABRA de Dios, un día se levantaría un Rey que nacería de ese linaje y lo vencería. Un Mesías, nacido de esa raza de pacto, le quitaría su autoridad sobre los reinos del mundo.

Si usted piensa que el diablo no tenía todo ese poder, reconsidérelo. Cuando él tomó cautiva a la humanidad, él se convirtió, verdaderamente, de forma real, en el dios de este mundo.[46] Por medio del control que tenía sobre las personas a quienes había esclavizado por medio del pecado, él tomó posesión de los recursos de este planeta. La potestad que él tenía sobre el comercio del mundo y sobre las naciones que dependían de éste, era indiscutible; incluso, el mismo Jesús lo sabía. El SEÑOR no lo contradijo cuando lo tentó diciéndole: «...todos los reinos del mundo y la gloria de ellos». Ni tampoco cuando él expresó: «Todo esto te daré, si postrado me adorares». Jesús simplemente le respondió: «...Vete, Satanás, porque escrito está: Al Señor tu Dios adorarás, y a él sólo servirás».[47]

Es obvio que en esa interacción, el diablo tenía los recursos para respaldar su oferta. De otro modo, no habría sido una verdadera tentación. Nadie podría tentarme a realizar algo ofreciéndome la mitad de Tejas si en realidad no es el dueño de ella. Simplemente me reiría de esa persona. Jesús habría hecho lo mismo si el diablo hubiera estado mintiendo. Él le habría dicho: "No puedes darme algo que no te pertenece".

Jesús vio la oferta de Satanás como algo real, porque sí lo era. El enemigo en realidad poseía los reinos del mundo y su gloria. Por esa razón, él estaba tan determinado a eliminar del planeta al linaje de Dios. El enemigo quería que su señorío sobre la Tierra fuera permanente,

---

46 2 Corintios 4:3-4: «Pero si nuestro evangelio está aún encubierto, entre los que se pierden está encubierto; en los cuales el dios de este siglo cegó el entendimiento de los incrédulos, para que no les resplandezca la luz del evangelio de la gloria de Cristo, el cual es la imagen de Dios».
47 Mateo 4:8-10

por tanto debía destruir a quienes el Señor utilizaría para restaurar Su dominio sobre toda la humanidad.

Sin embargo, cada vez que lo intentaba, se metía en un problema mayor. El enemigo descubrió que Dios defendía a Su pueblo, cada vez que era atacado. Él los protegía a cualquier costo, en cualquier lugar y en todo tiempo. Para preservar ese linaje, Dios incluso destruyó a quienes, bajo la influencia de Satanás, los atacaban. Aunque le dolía, Él lo hacía.

Quizá alguien pregunte: "Pero, hermano Copeland, ¿cómo es posible que Dios apoyara a unos y estuviera en contra de otros? ¿Acaso Él no los ama a todos?".

Con toda certeza, sí los ama. Dios ama al peor criminal tanto como lo ama a usted y a mí. Él ama a cada hombre, mujer y niño sobre la faz de la Tierra, sin importar cuál sea su raza o su credo. No obstante, Él no ha entablado una relación de pacto con todos. Dios sólo tiene un pacto con aquellos que lo reciben a Él y a Su PALABRA por fe. El SEÑOR estaría muy complacido si todos actuaran de esa forma, pero no todos lo hacen.[48] Dios tiene gran compasión por quienes lo rechazan; no obstante, si ellos intentan atacar a Su pueblo de pacto, Él se opondrá a ellos. Hará lo que sea necesario para proteger a los Suyos.

El compromiso que Dios tiene con quienes se encuentran en pacto con Él es muy parecido al que existe de un esposo hacia su esposa. Por ejemplo, cuando yo me casé con Gloria, hice un pacto con ella. Me comprometí ante Dios a amarla y a cuidarla. Por tanto, si alguien se acercara e intentara dañar a Gloria, yo no tendría la misma actitud amable hacia él como la que tengo con ella. Sabría que aunque lo amo, haría todo lo que estuviera a mi alcance para evitar que él la dañe.

Si desea saber cuán lejos llegaría Dios para proteger a Su linaje de pacto, lea acerca del Diluvio en Génesis 6. Éste destruyó a casi toda la raza humana y dañó la Tierra sólo porque la maldad había aumentado tanto que casi erradicaba al linaje del pacto de Dios.

---

48 1 Timoteo 2: 3-4: «Porque esto es bueno y agradable delante de Dios nuestro Salvador, el cual quiere que todos los hombres sean salvos y vengan al conocimiento de la verdad».

Durante generaciones, ese linaje se conformaba de hombres que habían convocado el nombre del Señor; por ejemplo, Enoc, quien caminó tan cerca de Dios que fue llevado al cielo sin ver muerte.[49] Pero cuando la humanidad se multiplicó sobre la Tierra, la maldad aumentó tanto que si no hubiera limpiado este planeta, ésta habría contaminado a cada persona justa. En la época de Noé, él y su familia (un total de 8 personas) eran los únicos justos que quedaban.

> Y vio Jehová que la maldad de los hombres era mucha en la tierra, y que todo designio de los pensamientos del corazón de ellos era de continuo solamente el mal. Y se arrepintió Jehová de haber hecho hombre en la tierra, y le dolió en su corazón. Y dijo Jehová: Raeré de sobre la faz de la tierra a los hombres que he creado, desde el hombre hasta la bestia, y hasta el reptil y las aves del cielo; pues me arrepiento de haberlos hecho. Pero Noé halló gracia ante los ojos de Jehová.
>
> —Génesis 6:5-8

Por años, las personas han malinterpretado ese pasaje bíblico, asegurando que Dios se arrepintió de haber creado a la humanidad. Pero si fuera cierto, Él se hubiera desecho de ésta abandonándola, permitiendo que continuaran en su manera corrompida de vivir, y habría muerto en pocos años. Sin embargo, Dios no podía actuar de esa manera. En Su compasión, ya había establecido Su sueño. Él había decidido tener una familia, y no le permitiría al diablo ni a nadie más que impidiera su cumplimiento.

Dios no se arrepintió de la existencia de la humanidad. Él lamentaba que el ser humano viviera bajo la maldición, y no bajo LA BENDICIÓN. Le dolió (sintió angustia y un profundo dolor en Su corazón) que la humanidad —esa asombrosa copia de compasión de Sí mismo— lo hubiera borrado por completo a Él de su memoria. Ellos se sumergieron tanto en el pecado que ni siquiera pensaban en su Creador. ¡Con razón le dolía tanto! ¿No se sentiría usted igual?

---

49 Génesis 5:24

Aun así, al Señor no le complació destruir a esas personas.[50] Él deseaba que se arrepintieran de sus malos caminos y fueran salvos. Por ese motivo, convirtió a Noé en un predicador de justicia[51] y en el constructor del arca. Por medio de Noé, Dios continuó llamando a la humanidad aunque ellos no lo escucharan. Eso nos muestra cuán paciente y misericordioso es Él. Aunque eran personas malvadas, le dolió en Su corazón ponerle fin a sus vidas. Sin embargo, ellos no le dieron otra alternativa.

De no haberlos exterminado de la Tierra, esa gente tan contaminada por el diablo habría invadido por completo el lugar. Hubieran destruido toda esperanza de restaurar algún día LA BENDICIÓN. Y Dios no podía permitir que eso ocurriera. Él los soportó hasta el último momento posible. El Señor esperó hasta que sólo quedó una familia, de ocho personas, sobre la faz de la Tierra que pensaba en Él:

> Y miró Dios la tierra, y he aquí que estaba corrompida; porque toda carne había corrompido su camino sobre la tierra. Dijo, pues, Dios a Noé: He decidido el fin de todo ser, porque la tierra está llena de violencia a causa de ellos; y he aquí que yo los destruiré con la tierra... Y he aquí que yo traigo un diluvio de aguas sobre la tierra, para destruir toda carne en que haya espíritu de vida debajo del cielo; todo lo que hay en la tierra morirá. Mas estableceré mi pacto contigo, y entrarás en el arca tú, tus hijos, tu mujer, y las mujeres de tus hijos contigo.
>
> —Génesis 6:12-13, 17-18

Cuando se acabó el Diluvio y la ola de maldad fue destruida, la humanidad tuvo un nuevo comienzo. Noé y su familia salieron del arca hacia una Tierra que había recibido un respiro de alivio de las obras del diablo. Sin duda, en memoria de las historias que le contaron

---

50 Ezequiel 33:11: «Diles: Vivo yo, dice Jehová el Señor, que no quiero la muerte del impío, sino que se vuelva el impío de su camino, y que viva. Volveos, volveos de vuestros malos caminos; ¿por qué moriréis, oh casa de Israel?».

51 2 Pedro 2:5: «y si no perdonó al mundo antiguo, sino que guardó a Noé, pregonero de justicia, con otras siete personas, trayendo el diluvio sobre el mundo de los impíos».

acerca del pecado de Adán en el huerto de Edén, lo primero que hizo Noé fue honrar a Dios y tener comunión con Él por medio del diezmo. Él construyó un altar para el Señor, y le presentó toda bestia y ave limpia, y entregó ofrendas:

> Bendijo Dios a Noé y a sus hijos, y les dijo: Fructificad y multiplicaos, y llenad la tierra. El temor y el miedo de vosotros estarán sobre todo animal de la tierra, y sobre toda ave de los cielos, en todo lo que se mueva sobre la tierra, y en todos los peces del mar; en vuestra mano son entregados.
>
> —Génesis 9:1-2

Si esa BENDICIÓN le parece conocida, se debe a que Dios le dijo a Noé y a su familia lo mismo que le expresó a Adán en Génesis 1:28: "¡SEAN BENDITOS! Les otorgo poder para que sobresalgan en todo lo bueno, a fin de que prosperen, llenen la Tierra y tengan dominio sobre todo lo que se encuentra en ella".

Noé necesitaba esa BENDICIÓN. Pues todo sobre el mundo había sido destruido, excepto su familia y un arca llena de animales. Nosotros creemos que una devastación, causada por huracanes, en categoría 4 ó 5 es grande —¡y lo es!—, pero eso no se compara en nada con lo que Noé vio. Cuando él salió del arca, no había ningún rastro de civilización alguna. Quizá él vio a su alrededor y pensó: "¿Cómo restauraremos este lugar? ¿Cómo lograremos que sea otra vez un lugar habitable?".

Dios le respondió esas preguntas cuando le dio LA BENDICIÓN. A través de esa BENDICIÓN, Él equipó a esta pequeña familia para que convirtieran de nuevo el planeta en un huerto de Edén. Por un momento, las cosas volvieron a la misma condición que tenían antes de la Caída de Adán. Toda la humanidad fue BENDECIDA una vez más. Como Noé y sus hijos —Sem, Cam y Jafet— representaban a todas las razas y a las naciones que habitarían este planeta, LA BENDICIÓN pudo transmitirse por medio de ellos hacia todas las familias de la Tierra.

Sin embargo, al igual que Adán y Eva, Noé y sus hijos echaron a perder las cosas. Noé cometió el error de emborracharse, y eso le abrió la puerta a Cam para pecar. Luego Jafet empezó a vivir, no por fe en LA BENDICIÓN, sino en su propio ingenio y fuerza humana. Poco tiempo después, él y Cam inventaron su propio sistema de comercio. A ellos se les ocurrió el sistema económico al estilo babilónico. En este tipo de sistema, las personas confían en sus propias habilidades; aplican la ley del más fuerte, mienten, engañan y roban. Y ése es el sistema que vemos en el mundo de hoy. (Más adelante ampliaremos el tema).

Sólo el hijo primogénito de Noé, Sem, permaneció junto a Dios. Y del linaje de Sem, nació un hombre llamado Abram —quien más tarde sería conocido como Abraham— y por medio de él Dios dio Su siguiente paso hacia la restauración eterna de LA BENDICIÓN.

Bendeciré a los que te bendigan

Pero Jehová había dicho a Abram: Vete de tu tierra y de tu parentela, y de la casa de tu padre, a la tierra que te mostraré. Y haré de ti una nación grande, y te bendeciré, y engrandeceré tu nombre, y serás bendición. Bendeciré a los que te bendijeren, y a los que te maldijeren maldeciré; y serán benditas en ti todas las familias de la tierra. Y se fue Abram, como Jehová le dijo; y Lot fue con él. Y era Abram de edad de setenta y cinco años cuando salió de Harán.

—Génesis 12:1-4

Cuando Dios le habló por primera vez a Abram, él vivía en una ciudad llamada Ur —y en esa ciudad adoraban a la luna—, la cual se encuentra localizada cerca de Bagdad. ¿Por qué escogería Dios revelarse a Sí mismo a un hombre como él? Porque Él andaba en búsqueda de alguien que pudiera enseñarles a sus hijos. El SEÑOR estaba buscando a un hombre que, al compartir su fe con su familia, perpetuara el linaje de LA BENDICIÓN. Aparentemente, Abram fue el único hombre que encontró. En él, Dios vio la chispa de fe que, estando llena de la PALABRA, pudiera convertirse en una luz para las naciones.

Él encendió ese fuego al expresarle a Abraham lo mismo que le dijo a Adán, a Noé y a su familia. Dios declaró la BENDICIÓN sobre Abraham. El SEÑOR le otorgó poder para que prosperara y sobresaliera en todo lo bueno, y lo colocó en una posición de autoridad cuando expresó: "Cualquiera que te haga el bien, Yo le haré el bien. Cualquiera que venga contra ti, yo iré contra ellos. Yo te respaldaré al cien por ciento". Luego comisionó a Abraham, al igual que a Adán, para que llevara LA BENDICIÓN a todo el mundo. Dios le expresó: «...y serán benditas en ti todas las familias de la tierra».

Sé que estoy repitiendo lo mismo, pero éste es un punto importante. Por muchos años, la mayoría de cristianos no ha visto la conexión entre la BENDICIÓN de Adán y la de Abraham. Si leemos la Biblia como un conjunto de incidentes independientes, entonces veremos las Escrituras como si Dios se estuviera ingeniando una bendición para Adán, otra para Noé y una distinta para Abraham, y así sucesivamente. Tenemos la idea de que Dios tiene docenas de diferentes bendiciones. Pero es momento de que cambiemos nuestra mentalidad. Si queremos comprender de qué se trata LA BENDICIÓN de Dios para nuestra vida, debemos ser conscientes de que LA BENDICIÓN que Él le entregó a la humanidad es para siempre. Ésta nunca cambiará porque Él nunca cambia.

Cuando Abraham recibió LA BENDICIÓN, las cosas en su vida comenzaron a cambiar. En obediencia a las instrucciones de Dios, él dejó el lugar donde había crecido y se mudó lejos de sus parientes que adoraban a la luna. El SEÑOR quería alejarlo de su mentalidad pagana, a fin de que Abraham comenzara a pensar de acuerdo con LA BENDICIÓN. Nosotros como creyentes debemos actuar igual. Si deseamos aprender a vivir conforme a LA BENDICIÓN de Dios, debemos apartarnos de nuestros amigos y parientes no creyentes. Amémoslos y oremos por ellos, pero manteniendo cierta distancia hasta que hayamos renovado nuestra mente con la PALABRA de Dios; al punto de que seamos nosotros quienes influyamos en ellos, en lugar de permitir que ocurra al contrario.

Eso hizo Abraham. Empacó sus cosas y siguió a Dios hacia el desierto. Él se mudó a una tierra extranjera donde no tenía familia alguna, tampoco conexiones de negocios establecidas; no había nada de lo que él pudiera depender, sólo de LA BENDICIÓN. Desde una perspectiva natural, Abraham era un candidato para acabar en la ruina. Pues se había mudado a una ciudad que se encontraba en hambruna. No tenía un salario, y tampoco había alguien que le tendiera la mano. En ese lugar, a nadie le interesaba si él vivía o no. Sin embargo, nada de eso importaba, ya que Abraham tenía LA BENDICIÓN y en la Biblia se nos explica de forma clara que ¡ésta funcionó! Adondequiera que iba Abraham, LA BENDICIÓN realizaba su obra. Ésta creó en su entorno las condiciones del huerto de Edén. Produjo tanta abundancia que en poco tiempo: «... Abram era riquísimo en ganado, en plata y en oro».[52]

Los efectos de LA BENDICIÓN de Abraham, alcanzaron incluso la vida de su sobrino, Lot, quien viajaba con él. Las riquezas de ambos, sus casas y su ganado aumentaron tanto, que la tierra donde habitaban no fue suficiente para los dos. Por consiguiente, tuvieron que separarse.

> Entonces Abram dijo a Lot: No haya ahora altercado entre nosotros dos, entre mis pastores y los tuyos, porque somos hermanos. ¿No está toda la tierra delante de ti? Yo te ruego que te apartes de mí. Si fueres a la mano izquierda, yo iré a la derecha; y si tú a la derecha, yo iré a la izquierda. Y alzó Lot sus ojos, y vio toda la llanura del Jordán, que toda ella era de riego, como el huerto de Jehová, como la tierra de Egipto en la dirección de Zoar, antes que destruyese Jehová a Sodoma y a Gomorra. Entonces Lot escogió para sí toda la llanura del Jordán; y se fue Lot hacia el oriente, y se apartaron el uno del otro. Abram acampó en la tierra de Canaán, en tanto que Lot habitó en las ciudades de la llanura, y fue poniendo sus tiendas hasta Sodoma.
>
> —Génesis 13:8-12

En esos versículos se nos confirma que LA BENDICIÓN de

---

52 Génesis 13:2

Abraham transformó esa tierra en un huerto del SEÑOR. Si Lot hubiera sido inteligente, le habría dado esa tierra a Abraham y hubiera tomado la menos fructífera para sí. Para ese entonces, él ya debía saber que si bendecía a Abraham, él sería bendito. Después de todo, era LA BENDICIÓN que estaba sobre su tío, la que había enriquecido a todos. Todo les salía bien y vivían en salud y las cosas marchaban bien mientras su tío Abraham se encontraba cerca. Pero Lot no lo comprendió, entonces tomó la mejor tierra, dejó a Abraham y se mudó a la tierra de Sodoma.

Después de esa decisión, las cosas no marcharon bien para Lot. De hecho, lo siguiente que se nos narra en la Biblia acerca de Lot es que él y su casa se encontraban en grandes problemas.

¿Quién les enseñó a pelear?

Un grupo de cuatro reyes unieron sus fuerzas, y atacaron la región donde vivía Lot junto a su familia. El líder del grupo —un hombre llamado: Quedorlaomer— era una persona muy mala. Un hombre pendenciero de fama internacional, forzaba a otras naciones a servirle o los hacía pagar las consecuencias. Cuando algunas ciudades se rebelaron contra él, se enojó contra ellas. Entonces, unido a otros tres reyes, formó un ejército e irrumpió por el campo, matando a las personas. Sus fuerzas eran tan poderosas que destruían a todo el que se encontraba en su camino: «en el año decimocuarto vino Quedorlaomer, y los reyes que estaban de su parte, y derrotaron a los refaítas en Astarot Karnaim, a los zuzitas en Ham, a los emitas en Save-quiriataim, y a los horeos en el monte de Seir, hasta la llanura de Parán, que está junto al desierto. Y volvieron y vinieron a En-mispat, que es Cades, y devastaron todo el país de los amalecitas, y también al amorreo que habitaba en Hazezontamar» (Génesis 14:5-7). El ejército de Quedorlaomer era una fuerza militar temible.

Cuando él atacó la región de Sodoma, los cinco reyes que gobernaban en esa área se levantaron para defenderse:

… y ordenaron contra ellos batalla en el valle de Sidim; esto es, contra Quedorlaomer rey de Elam, Tidal rey de Goim, Amrafel rey de Sinar, y Arioc rey de Elasar; cuatro reyes contra cinco. Y el valle de Sidim estaba lleno de pozos de asfalto; y cuando huyeron el rey de Sodoma y el de Gomorra, algunos cayeron allí; y los demás huyeron al monte. Y tomaron toda la riqueza de Sodoma y de Gomorra, y todas sus provisiones, y se fueron. Tomaron también a Lot, hijo del hermano de Abram, que moraba en Sodoma, y sus bienes, y se fueron.

—versículos 8-12

El peor error que pudieron cometer ese rey y sus aliados fue tomar cautivo a Lot, pues cuando Abraham lo supo, los persiguió. Él armó a los 318 sirvientes entrenados que habían nacido en su casa, atacó las fuerzas de ese rey durante la noche, y los venció por completo. A eso en la Biblia se le llama: derrota[53] (Los 318 guerreros de Abraham sólo representaban un porcentaje de toda su servidumbre. ¿Puede imaginarse cuántos eran en total? Él tenía muchos sirvientes en su casa —¡y LA BENDICIÓN les daba provisión a todos ellos!—).

Cuando la batalla acabó, el ejército de la casa de Abraham no sólo derrotó esa máquina militar de cuatro reyes, sino que también los despojó de todos sus bienes: «Y recobró todos los bienes, y también a Lot su pariente y sus bienes, y a las mujeres y demás gente» (versículo 16).

¡Hablando de un derrocamiento inesperado! ¿Cómo fue posible que Abraham y sus sirvientes pudieran obtener tan asombrosa victoria? ¿De dónde sacaron la tecnología para lograrlo?

La obtuvieron de LA BENDICIÓN.

Quizá piense: "Hermano Copeland, de seguro no está afirmando que ¡LA BENDICIÓN les enseñó a pelear!".

Pero eso es exactamente lo que estoy asegurando. Y lo más importante es que en las Escrituras también se nos asegura lo mismo. Los sirvientes nacidos en la casa de Abraham eran guerreros entrenados. ¿Quién los

---

53 Génesis 14:17

entrenó? Abraham no pudo haberlo hecho. Él no era un hombre militar. Si algún otro soldado o comandante los hubiera entrenado, no habrían tenido ventaja alguna sobre el ejército de Quedorlaomer. Hubieran utilizado las mismas estrategias de batalla que ellos y que todos los demás usaban. De forma clara, alguien les enseñó a los hombres de Abraham las tácticas militares que nadie más conocía. ¿Quién fue?

Fue el Espíritu de Dios.

La unción de LA BENDICIÓN les reveló las estrategias y las tácticas de guerra que nadie antes había utilizado. Ésta les dio poder para vencer y tomar el control sobre cualquier cosa y sobre cualquier persona que se levantara contra ellos. En la Biblia no se enseña cómo entrenó Dios a los sirvientes de Abraham, pero aprendieron cómo pelear de forma efectiva; pues unos cuantos cientos pudieron vencer de forma aplastante a un ejército conformado por miles. Cuando se presentaron al campamento de Quedorlaomer, él y sus hombres no sabían si huir o morir. Los comandos de Abraham dominaron esa noche. Por supuesto, ésa no fue la única vez que ese tipo de cosas ocurrió. En la Biblia se nos enseña que muchos hombres fueron entrenados por Dios para pelear. Por ejemplo, David asegura que era el SEÑOR quien le daba la fuerza militar. Él declaró que fue LA BENDICIÓN de Dios en él la que lo adiestraba: «...Quien adiestra mis manos para la batalla, y mis dedos para la guerra».[54]

Si alguien sabía pelear, era David. Apenas tenía 17 años cuando mató al hombre más grande del mundo. Tampoco lo mató por casualidad. Él pudo derrotar a Goliat porque peleó por fe en su pacto con Dios. Él había sido entrenado por LA BENDICIÓN. David tenía tal fe en LA BENDICIÓN que cuando los soldados israelitas estaban escondiéndose de miedo en sus tiendas, David preguntó: "¿Qué le darán al hombre que mate a ese gigante?".

Su pregunta ofendió a sus hermanos, quienes sí eran soldados, y lo acusaron de ser arrogante. Sin embargo, sus reproches no apagaron el entusiasmo de David. Al contrario, cuando se enteró de que podía

54 Salmos 144:1

obtener como esposa a la hija del rey, y que sería exonerado de impuestos por el resto de su vida, se emocionó aún más. Recibir una mujer bonita y dinero ¡es el sueño de todo joven de 17 años! Entonces se presentó ante el rey Saúl, y exclamó: "Mataré al gigante para ti".

Al principio, Saúl creyó que David perdió la razón, pues él expresó: "¿Por qué? Si sólo eres un jovencito y Goliat ha sido un hombre de guerra por años".

Pero David le respondió: «Fuese león, fuese oso, tu siervo lo mataba; y este filisteo incircunciso será como uno de ellos, porque ha provocado al ejército del Dios viviente».[55] Cuando Saúl lo escuchó, se percató de que David tenía cierta experiencia para pelear batallas de pacto. Él había sido testigo de cómo LA BENDICIÓN, obraba en verdadero combate. Por medio de la unción de Dios, David había derrotado oponentes que en lo natural eran mucho más fuertes que él mismo. Cuando cuidaba ovejas, David tuvo que enfrentar leones y osos, tomándolos por la quijada y matándolos sin ayuda cuando querían atacarlas.

En la perspicaz simplicidad de su juventud, David no veía diferencia alguna entre Goliat y los animales que él había matado. Esos animales no tenían un pacto con Dios, y el hecho de que ese gigante no estuviera circuncidado indicaba que él tampoco lo tenía. La perspectiva de David era que él poseía un pacto con Dios, y su oponente no. Entonces Goliat —aunque era un temible guerrero— no tenía oportunidad alguna de vencer.

Cuando David salió a pelear, Goliat intentó callarlo así como siempre lo hace el diablo. Él lo maldijo y se burló del joven campesino que llevaba una honda y un palo:

…¿Soy yo perro, para que vengas a mí con palos? Y maldijo a David por sus dioses. Dijo luego el filisteo a David: Ven a mí, y daré tu carne a las aves del cielo y a las bestias del campo. Entonces dijo David al filisteo: Tú vienes a mí con espada y lanza y jabalina; mas yo vengo a ti en el nombre de Jehová de

---

55 1 Samuel 17:36

los ejércitos, el Dios de los escuadrones de Israel, a quien tú has provocado. Jehová te entregará hoy en mi mano, y yo te venceré, y te cortaré la cabeza, y daré hoy los cuerpos de los filisteos a las aves del cielo y a las bestias de la tierra; y toda la tierra sabrá que hay Dios en Israel. Y sabrá toda esta congregación que Jehová no salva con espada y con lanza; porque de Jehová es la batalla, y él os entregará en nuestras manos.

—1 Samuel 17:43-47

¿Puede ver lo que David estaba haciendo? ¿Puede captar el espíritu de lo que él estaba realizando? Él estaba hablando de LA BENDICIÓN que se encontraba en él. También estaba declarando el dominio que Dios le había dado. Incluso expresó: "Las noticias de esta BENDICIÓN se conocerán por todo el mundo". Y también tenía razón al respecto. La victoria que tuvo sobre Goliat se convirtió en una de las historias más relatadas de todos los tiempos.

Lo que más me gusta es la manera en que finalizó este relato. Después de que David hizo caer a Goliat con la piedra que le lanzó con su honda, él se subió sobre el gigante y le cortó la cabeza. Luego la tomó por el cabello y corrió con ella en la mano. ¿Quiere saber hacia dónde corrió? Hacia el pueblo natal de Goliat. David y el ejército israelita persiguieron a los filisteos hasta el pueblo donde había nacido su campeón derrotado.

Cuando todo acabó, David tomó la armadura de Goliat y la colgó en su tienda. Eso es lo que se describe en la Biblia (versículo 54), y demostró que él era como cualquier joven de 17 años, quien coloca sus trofeos en su habitación. Él era un típico adolescente en todos los sentidos, excepto en uno: No tenía fe en sí mismo, sino en LA BENDICIÓN que se encontraba sobre él. David creyó en el poder de LA BENDICIÓN de Abraham, la cual era LA BENDICIÓN de Adán; y ésta a su vez, es LA BENDICIÓN de Dios.

La conexión del diezmo

Aunque parezca sorprendente, cuando Abraham y su ejército derrotaron al ejército de Quedorlaomer, todavía no tenían una revelación plena de lo que incluía LA BENDICIÓN. Él entendía que ésta provocaba que él prosperara en lo económico, pues adondequiera que iba, el lugar prosperaba, y él se hacía más rico. También sabía que LA BENDICIÓN le daba poder para triunfar sobre sus adversarios (y sobre los adversarios de sus familiares, lo cual fue bueno para Lot). Cada vez que alguien venía contra él, la PALABRA que Dios le expresó en Su pacto se cumplía: «...Bendeciré a los que te bendijeren, y a los que te maldijeren maldeciré» (Génesis 12:3). Abraham no conocía la completa magnitud de LA BENDICIÓN, hasta que liberó a Lot y a su familia después de derrotar al ejército de Quedorlaomer. En ese día, el rey de Salem salió a su encuentro:

> Entonces Melquisedec, rey de Salem y sacerdote del Dios Altísimo, sacó pan y vino; y le bendijo, diciendo: Bendito sea Abram del Dios Altísimo, creador de los cielos y de la tierra; y bendito sea el Dios Altísimo, que entregó tus enemigos en tu mano. Y le dio Abram los diezmos de todo.
>
> —Génesis 14:18-20

Subraye estos versículos en su Biblia. Incluso dibuje estrellas alrededor de éstos. Haga lo que sea para resaltarlos, pues es ¡información importante! ¿Por qué? Porque a través de Melquisedec, Dios le reveló a Abraham las sorprendentes buenas nuevas de que LA BENDICIÓN lo había convertido en el poseedor del cielo y de la Tierra. Por medio de este sacerdote del Antiguo Testamento, Dios le aclaró a Abraham que se había convertido en heredero de LA BENDICIÓN de Adán. ¡Se le había otorgado dominio sobre todo! En la Biblia se le llama a esa revelación: *el Evangelio.*

Quizá pregunte: "¿Cómo puede ser ése el Evangelio? Jesús ni siquiera había nacido cuando Melquisedec expresó esas palabras".

Eso es cierto, pero aún así, en el Nuevo Testamento se declara: «Y la Escritura, previendo que Dios había de justificar por la fe a los gentiles, *dio de antemano la buena nueva a Abraham,* diciendo: En ti serán benditas todas las naciones».[56] De acuerdo con esos versículos, Abraham escuchó por primera vez el Evangelio cuando Dios le declaró LA BENDICIÓN en Génesis 12. Sin embargo, él lo comprendió por completo cuando Melquisedec la ministró sobre él. En ese momento, él se percató de que a través de LA BENDICIÓN, Dios le estaba dando posesión no sólo de la tierra de Canaán, sino de todo el mundo.

Como cristianos que no hablamos hebreo, la mayoría de nosotros nunca nos hemos dado cuenta que eso dijo Melquisedec. Creíamos que él se estaba refiriendo a Dios como el dueño del cielo y de la Tierra. Pero no es así. Él estaba hablando acerca del hombre de pacto de Dios. Se estaba refiriendo a Abraham del Dios Altísimo como el poseedor de todo.

Si le es difícil creerlo, no confíe en mi palabra. Mejor lea Romanos 4. En éste se menciona a Abraham como el heredero del mundo.[57] ¿Acaso esa palabra *heredero* no significa que es alguien que posee algo? Ése es su significado en Tejas, y también dondequiera que usted viva. Y eso fue lo que significó para Abraham. ¿Puede imaginar cuánto le impactaron esas noticias a Abraham? Quizá él pensó: "¿Quién? ¿Yo? ¿Poseedor del cielo y la Tierra? ¿Cómo es eso posible?". Él no podía concebir todo esto en su mente en un solo momento. Debía vivirlo con Dios, dando un paso a la vez. Pero le creyó a Dios, ya que el sacerdote expresó esas palabras sobre su vida, estaba ministrando el pan y el vino, los cuales representaban el cuerpo y la sangre de un sacrificio de pacto. Esos elementos simbolizaban el compromiso más serio e inquebrantable que existía.

Es más, Melquisedec no era cualquier sacerdote. Él era el representante de Dios en la Tierra en ese entonces. Como lectores del Nuevo Testamento, lo reconocemos a él como un tipo de Cristo en

---

56 Gálatas 3:8
57 Romanos 4:13: «Porque no por la ley fue dada a Abraham o a su descendencia la promesa de que sería heredero del mundo, sino por la justicia de la fe».

el Antiguo Testamento, pues obraba bajo la unción sacerdotal que le pertenece a Jesús. De acuerdo con el libro de Hebreos:

> Porque este Melquisedec, rey de Salem, sacerdote del Dios Altísimo, que salió a recibir a Abraham que volvía de la derrota de los reyes, y le bendijo, a quien asimismo dio Abraham los diezmos de todo; cuyo nombre significa primeramente Rey de justicia, y también Rey de Salem, esto es, Rey de paz; sin padre, sin madre, sin genealogía; que ni tiene principio de días, ni fin de vida, sino hecho semejante al Hijo de Dios, permanece sacerdote para siempre. Considerad, pues, cuán grande era éste, a quien aun Abraham el patriarca dio diezmos del botín.
>
> —Hebreos 7:1-4

He escuchado predicar que Melquisedec era en realidad Jesús, ya que no tenía padre ni madre, y que no había nacido ni muerto. Pero eso no es cierto. El autor de Hebreos simplemente estaba diciendo que Melquisedec no provenía de la tribu de Leví como los otros sacerdotes en Israel. Él simplemente fue elegido por Dios y estaba explicando que no había un registro del inicio ni del final de su sacerdocio.

Sin embargo, la historia judía nos resuelve el misterio. Él era el hijo de Noé, Sem.[58]

Ahora bien, es más importante lo que hizo, que conocer su procedencia histórica. Melquisedec es un tipo de Jesús del Antiguo Testamento porque estaba ungido, tanto para declarar LA BENDICIÓN como para recibir los diezmos:

> Ciertamente los que de entre los hijos de Leví reciben el sacerdocio, tienen mandamiento de tomar del pueblo los diezmos según la ley, es decir, de sus hermanos, aunque éstos también hayan salido de los lomos de Abraham. Pero aquel cuya genealogía no es contada de entre ellos, tomó de Abraham los

---

58 *The Chumash*, ed. Rabbi Nosson Scherman, Art Scroll Series, Stone Edition Travel Size (Brooklyn: Mesorah Publications, 1998) p. 65

diezmos, y bendijo al que tenía las promesas. Y sin discusión alguna, el menor es bendecido por el mayor. Y aquí ciertamente reciben los diezmos hombres mortales; pero allí, uno de quien se da testimonio de que vive.

—Hebreos 7:5-8

LA BENDICIÓN y el diezmo están conectados desde los tiempos del huerto de Edén. Adán lo aprendió de forma difícil, Abel lo aprendió de Adán. Noé y Abraham sabían la conexión que había. Entonces cuando Melquisedec le ministró LA BENDICIÓN a él, Abraham realizó lo que su bisabuelo hizo muchas veces en el huerto. Antes de que tomara algo del botín que obtuvo de su victoria sobre Quedorlaomer, él le presentó su diezmo a Dios. Él no lloró porque debía entregárselo, tampoco se quejó porque él necesitaba ese diez por ciento extra.

Al contrario, él estaba pensando: "¡Soy más rico de lo que alguna vez he sido! De alguna manera, ¡toda la Tierra es mía!". Mientras Abraham le presentaba el diezmo al sacerdote —quien estaba ungido para recibirlo—, él recibía la revelación de la gran riqueza que le pertenecía, debido a su pacto con Dios. Observe que Abraham no obtuvo esa revelación en un servicio de domingo, tampoco mientras estaba arreando su ganado. ¡Él la recibió cuando estaba diezmando!

Es muy importante que sepa lo siguiente: Si no está diezmando, usted se encuentra viviendo bajo la maldición, pues cuando presenta su diezmo ante Dios, se conecta por fe a la unción provista por LA BENDICIÓN. Por tanto, cuando diezma (basado en las Escrituras), usted va ante Jesús, su Melquisedec, y Él se acerca a usted. Le lleva a Él lo que le pertenece, y Él le da lo que le pertenece a usted. El tiempo de diezmar es un tiempo de comunión. Me siento tan confiado en el poder de éste, al punto que si lo único que me salvara de la hambruna fuera quedarme con mis diezmos, sonreiría y se los entregaría a Dios. Se los daría con confianza y gozo porque la interacción de pacto de diezmar me abre la puerta para recibir todo lo que pudiera necesitar para cuidar de mí y de mi familia.

El fuego y la sangre

Justo después de que Abraham recibió una revelación más amplia de LA BENDICIÓN, el rey de Sodoma se le acercó presentándole lo que ante sus ojos parecía ser un buen trato: «...Dame las personas, y toma para ti los bienes».[59]

La invasión de Quedorlaomer había afectado en gran manera a ese rey. Él lo había perdido todo —todas las riquezas de su ciudad, las personas y el ganado—, y estaba intentando idear una manera de recuperar su trono y el poder que ejercía sobre las personas. Quizá él pensó que si recobraba a esa gente, él podía ponerlos a trabajar, cobrarles impuestos o realizar cualquier otra cosa para obtener de nuevo riquezas. Pero Abraham no quería formar parte de nada de ese tipo de estrategias. ¡Él no necesitaba nada de ello! Con LA BENDICIÓN, y la revelación resonando en sus oídos de que, por medio de su pacto con el Dios Altísimo, se había convertido en heredero del mundo, Abraham expresó una de las confesiones más valientes de fe en la Biblia:

Él le respondió al rey de Sodoma: He alzado mi mano a Jehová Dios Altísimo, creador de los cielos y de la tierra, que desde un hilo hasta una correa de calzado, nada tomaré de todo lo que es tuyo, para que no digas: Yo enriquecí a Abram.

—versículos 22-23

En una traducción leemos: "Que jamás se diga que un hombre hizo rico a Abraham, pues ha sido Dios". Abraham era BENDITO, y él lo sabía. Él no iba a permitir que nada ni nadie le robara esa BENDICIÓN. No se iba a enredar en una insignificante confabulación de poca integridad, con la cual deshonrara el nombre de Dios.

Ese tipo de actitud me emociona, y lo mejor de todo es que entusiasma a Dios. A Él le complace que Sus hijos hablen y actúen de esa manera. El Señor se conmocionó tanto al escuchar a Abraham expresar su confianza en LA BENDICIÓN que en el siguiente capítulo,

---

59 Génesis 14:21

le habló en una visión acerca del deseo más grande que tenía Abraham en su corazón. Dios le aseguró a Su hombre de pacto que él y Sara tendrían su propio hijo, un heredero a quien podrían transmitirle LA BENDICIÓN.

Abraham había luchado con ese problema durante décadas. Debido a que su esposa había sido estéril en todo su matrimonio, él no podía comprender cómo Dios haría de él una gran nación.60 Aunque el Señor se lo había prometido, ese pensamiento lo había dejado atónito. Entonces, después de la valiente confesión de diezmo y fe de Abraham, Dios hizo todo lo necesario para ayudarlo a dar su próximo paso de fe. Él se le apareció, y le dijo:

> Luego vino a él palabra de Jehová, diciendo: No te heredará éste, sino un hijo tuyo será el que te heredará. Y lo llevó fuera, y le dijo: Mira ahora los cielos, y cuenta las estrellas, si las puedes contar. Y le dijo: Así será tu descendencia. Y creyó a Jehová, y le fue contado por justicia. Y le dijo: Yo soy Jehová, que te saqué de Ur de los caldeos, para darte a heredar esta tierra. Y él respondió: Señor Jehová, ¿en qué conoceré que la he de heredar? Y le dijo: Tráeme una becerra de tres años, y una cabra de tres años, y un carnero de tres años, una tórtola también, y un palomino.
>
> —Génesis 15:4-9

Lo que ocurrió después, cambió para siempre a Abraham. Dios le indicó que preparara animales como sacrificios de pacto; y en una visión, observó cómo Dios descendía y realizaba un pacto con él. Vio cómo la llama ardiente de la gloria de Dios, atravesaba los pedazos de animales sacrificados. Estoy convencido de que vio las huellas de Dios mientras realizaba la tradicional caminata en forma de ocho en el camino de sangre.

Cuando Abraham miró el fuego de Dios en medio de la sangre y lo escuchó jurar un pacto de sangre con él, LA BENDICIÓN cobró un

---

60 Génesis 12:2

significado aun mayor: un pacto jurado con sangre. Él se percató de que Dios estaba diciendo: "Juro por Mí mismo que primero moriría antes de quebrantar Mi PALABRA contigo. Si fuera necesario, derramaría Mi propia sangre, así como estos animales lo hicieron, a fin de asegurarme de que todas las familias de la Tierra sean BENDITAS por medio de tu Simiente".

En esa noche oscura, el fuego y la sangre anclaron para siempre el alma de Abraham a la promesa de Dios. Desde ese momento, jamás volvió a dudar de Él. Aun cuando no había motivos para tener esperanza, Abraham:

> ...creyó en esperanza contra esperanza, para llegar a ser padre de muchas gentes, conforme a lo que se le había dicho: Así será tu descendencia. Y no se debilitó en la fe al considerar su cuerpo, que estaba ya como muerto (siendo de casi cien años), o la esterilidad de la matriz de Sara. Tampoco dudó, por incredulidad, de la promesa de Dios, sino que se fortaleció en fe, dando gloria a Dios, plenamente convencido de que era también poderoso para hacer todo lo que había prometido.
>
> —Romanos 4:18-21

Capítulo seis

Rastreando el linaje de LA BENDICIÓN

BIENAVENTURADO el hombre que teme a Jehová, y en sus mandamientos se deleita en gran manera. Su descendencia será poderosa en la tierra; la generación de los rectos será BENDITA.

—Salmos 112:1-2

Cuando Abraham estableció su fe en el pacto de sangre de Dios y creyó, sin dudar, que LA BENDICIÓN les daría un hijo a él y a Sara; nació Isaac —a pesar de que tenían 100 años—. Abraham crió a su hijo de la forma en que Dios había dicho que lo haría. Le enseñó los caminos de Dios, y lo entrenó en la vida y en el poder de LA BENDICIÓN.

Al pasar los años, mientras Isaac crecía, él observaba cómo LA BENDICIÓN obraba en la vida de su padre. Isaac vio cómo ésta lo prosperaba financieramente, pues cuando Abraham era: «...*ya viejo, y bien avanzado en años;... Jehová había BENDECIDO a Abraham en todo*».[61] Isaac fue testigo de cómo LA BENDICIÓN engrandeció a Abraham, y le dio abundancia de todo bien.[62]

De seguro, en las historias que Abraham y Sara le contaron a Isaac de pequeño, le relataron cómo LA BENDICIÓN los libró de los peligros

---

61 Génesis 24:1
62 Génesis 24:35.

que enfrentaron. También le habían narrado acerca del secuestro de Lot y de cómo Abraham derrotó a los ejércitos de Quedorlaomer, de la llegada de Melquisedec y acerca de LA BENDICIÓN que él proclamó sobre Abraham cuando dio su diezmo. Asimismo, había escuchado la historia cuando el rey Abimelec tomó a Sara para que fuera su concubina, pero que Dios se le apareció en sueños diciéndole: «...He aquí, muerto eres, a causa de la mujer que has tomado, la cual es casada con marido» (Génesis 20:3-7).

Y quizá, Abraham le contó a Isaac, una y otra vez, acerca de la noche en la que Dios lo sacó de su tienda y le dijo que alzara sus ojos al cielo prometiéndole un heredero, y que éste daría a luz una simiente tan numerosa como las estrellas. Durante esa noche, Dios le garantizó Su promesa cuando se apareció en Su flameante gloria y atravesó el sendero del pacto de sangre. Sin duda, Abraham le describió a Isaac tantas veces la escena que posiblemente hasta sintió como si él hubiera estado allí.

Por supuesto, Isaac no sólo escuchó las historias, sino que también vivió algunas de ellas. Él estaba presente aquella mañana en que Abraham se levantó muy temprano para subir el Monte Moriah, a fin de ofrecerle un sacrificio al SEÑOR. Escuchó cuando su padre le dijo a sus sirvientes: «...Esperad aquí con el asno, y yo y el muchacho iremos hasta allí y adoraremos, y volveremos a vosotros» (Génesis 22:5). Isaac caminó con dificultad por la ladera cargando la madera para el holocausto, ignorando que Dios le había hablado a su padre la noche anterior; pidiéndole que le ofreciera a su hijo en el altar. Isaac no tenía idea alguna de que él sería el sacrificio. ¿Cómo iba a imaginárselo?

Ese día, no rodaron lágrimas por el rostro de Abraham, ni demostró ninguna señal de dolor o pérdida. Las cosas parecían tan normales que la única pregunta que Isaac formuló fue: «¿...dónde está el cordero para el holocausto?».

Y Abraham sólo le respondió: «...Dios se proveerá de cordero para el holocausto, hijo mío...».

Con seguridad, Él proveyó. En el último momento, antes de que

Isaac fuera sacrificado, el ángel del SEÑOR clamó desde el cielo:

> Y dijo: No extiendas tu mano sobre el muchacho, ni le hagas nada; porque ya conozco que temes a Dios, por cuanto no me rehusaste tu hijo, tu único. Entonces alzó Abraham sus ojos y miró, y he aquí a sus espaldas un carnero trabado en un zarzal por sus cuernos; y fue Abraham y tomó el carnero, y lo ofreció en holocausto en lugar de su hijo. Y llamó Abraham el nombre de aquel lugar, JEHOVÁ proveerá...
>
> —Génesis 22:12-14

Cuando realizó el sacrificio, Dios confirmó LA BENDICIÓN en la vida de Abraham como siempre lo había hecho:

> y dijo: Por mí mismo he jurado, dice JEHOVÁ, que por cuanto has hecho esto, y no me has rehusado tu hijo, tu único hijo; de cierto te BENDECIRÉ, y multiplicaré tu descendencia como las estrellas del cielo y como la arena que está a la orilla del mar; y tu descendencia poseerá las puertas de sus enemigos. En tu simiente serán BENDITAS todas las naciones de la tierra, por cuanto obedeciste a mi voz.
>
> —Génesis 22:16-18

Ese día, LA BENDICIÓN mantuvo los pasos de Abraham seguros y firmes mientras subía a ese monte para sacrificar a Isaac. Ésta lo invistió de poder para obedecer con confianza, lo que habría sido para un hombre de poca fe, una orden desgarradora. Éste es un punto importante: Abraham no le obedeció a Dios, a fin de obtener LA BENDICIÓN, sino porque tenía fe en el pacto de BENDICIÓN que Dios ya le había dado.

Cuando se dispuso a ofrecer a su preciado hijo, sus pensamientos se aferraron a la promesa de Dios que decía: «...en Isaac te será llamada descendencia» (Génesis 21:12). Abraham estaba tan convencido que Dios guardaría Su promesa que él tenía la plena confianza de que el SEÑOR resucitaría a su hijo de la muerte. Creyó que el poder de LA BENDICIÓN levantaría a Isaac de las cenizas del sacrificio. LA BENDICIÓN crearía un camino para que la promesa de Dios se cumpliera.

Leamos Hebreos 11:17-19:

> Por la fe Abraham, cuando fue probado, ofreció a Isaac; y el que había recibido las promesas ofrecía su unigénito, habiéndosele dicho: En Isaac te será llamada descendencia; pensando que Dios es poderoso para levantar aun de entre los muertos, de donde, en sentido figurado, también le volvió a recibir.

Eso significa estar plenamente convencido de que su Dios podía y realizaría todo lo que Él le había prometido.

Esa fue la herencia de fe de Isaac. Él creció viendo, escuchando y creyendo que LA BENDICIÓN había transformado y que siempre cambiaría cualquier situación a favor de Abraham.

Actúe como si fuera de su propiedad

Una cosa es ver cómo LA BENDICIÓN obra a favor de otro, y otra totalmente diferente, es creer que ésta obrará de la misma manera para usted. Isaac descubrió esta verdad cuando su padre murió. Después de disfrutar una vida de abundancia en la casa de Abraham, él experimentó una situación que le era por completo extraña. Él padeció de escasez, pues la tierra donde vivía (la tierra que Dios le prometió a los descendientes de Abraham) fue azotada por la hambruna. Como no estaba acostumbrado a vivir conforme a LA BENDICIÓN por su propia cuenta, Isaac tomó a su familia, e hizo lo único que sabía realizar: los llevó hacia Egipto para obtener comida.

Sin embargo, Dios lo detuvo en el camino, y cambió su mentalidad para siempre. Se le apareció, y expresó:

> ...No desciendas a Egipto; habita en la tierra que yo te diré. Habita como forastero en esta tierra, y estaré contigo, y te

BENDECIRÉ; porque a ti y a tu descendencia daré todas estas tierras, y confirmaré el juramento que hice a Abraham tu padre. Multiplicaré tu descendencia como las estrellas del cielo, y daré a tu descendencia todas estas tierras; y todas las naciones de la tierra serán BENDITAS en tu simiente, por cuanto oyó Abraham mi voz, y guardó mi precepto, mis mandamientos, mis estatutos y mis leyes.

—Génesis 26:2-5

Isaac escuchó aquellas palabras el día que el Dios todopoderoso le habló de forma directa. De seguro, se estremeció, le temblaron las rodillas y el corazón se le subió a la garganta. Era el SEÑOR mismo hablándole a él, el Altísimo —el Dios flameante que se le había aparecido a su padre—, diciéndole: «...De cierto te BENDECIRÉ con abundancia y te multiplicaré grandemente».[63]

Creo que en ese momento, la revelación impactó a Isaac como si un camión de 18 neumáticos lo hubiera atropellado. *LA BENDICIÓN de Abraham ahora le pertenecía a él.* Gracias a su linaje, en el cual había nacido, se convirtió en el heredero total de LA BENDICIÓN. Dios estaba hablándole de la misma manera que le habló a su padre: "TE CONFIRMARÉ el juramento que hice... Así que, ve y mora en la tierra que Yo te he dado".

Morar no se refiere sólo a deambular. La frase *morar en la tierra* significa: Habitar en ésta como si fuera de su propiedad. Un morador no actúa como si fuera un extraño, ni camina de puntillas por los alrededores como si no perteneciera allí. Él adquiere la actitud de propietario, y no importa si la gente lo acepta o no, ¡es su propiedad!

Dios le estaba diciendo a Isaac: "Si vives con esa actitud de fe, HARÉ por ti exactamente lo que hice por tu padre. TE DARÉ todo lo que le di a él".

¡Los creyentes de hoy necesitan captar esa revelación al igual que Isaac lo hizo! Debemos percatarnos de que cada promesa en la Biblia

---

63 Hebreos 6:14

es un pacto de Dios jurado con sangre. Porque en Jesús, todas Sus promesas son sí y amén,64 Dios nos ha dicho lo mismo que de seguro le expresó a Isaac: "DERRAMARÉ en tu vida LA BENDICIÓN de Abraham. ¡Te sanaré y te prosperaré! Crearé las mismas condiciones del huerto de Edén a tu alrededor, y ¡tú llevarás LA BENDICIÓN a las personas adondequiera que vayas!".

Es tiempo que lo creamos y empecemos a morar en la tierra. Es necesario que vivamos en fe, actuando como si la sanidad nos perteneciera (a pesar de que los síntomas digan lo contrario). Deberíamos vivir como si la prosperidad nos perteneciera (sin importar las cifras de nuestra cuenta bancaria). Si actuamos de esa manera, Dios nos DARÁ esas cosas; pues ésa es Su VOLUNTAD para nuestra vida.

"Pero, hermano Copeland, ¿qué sucede si ésa no es la voluntad de Dios para mí?".

¡Sí es la voluntad de Dios para su vida! Él nos lo confirmó en la Biblia, y despejó toda duda al respecto cuando se paró sobre la sangre del sacrificio de pacto, y dijo: "¡Es Mi voluntad BENDECIRLOS con LA BENDICIÓN de Abraham!".65 Cuando Dios se lo dijo a Isaac, él lo creyó. Confió en Su PALABRA, y permaneció en la Tierra Prometida, a pesar de la hambruna. Estableciendo su fe en LA BENDICIÓN, él sembró en aquella tierra y segó una cosecha del ciento por uno en el mismo año, y: «El varón se enriqueció, y fue prosperado, y se engrandeció hasta hacerse muy poderoso. Y tuvo hato de ovejas, y hato de vacas, y mucha labranza; y los filisteos le tuvieron envidia» (Génesis 26:13-14).

Lo último que Isaac deseaba era pelear contra aquellos filisteos, pues era un hombre que amaba la paz. Sin embargo, a causa de que ellos estaban celosos de LA BENDICIÓN que estaba sobre su vida, lo persiguieron sin piedad. Pelearon en contra de sus siervos, y le robaron sus pozos de agua. Es más, cuando él encontraba un lugar donde habitar, ellos lo sacaban de allí.

64 2 Corintios 1:20
65 Gálatas 3:14

Ese tipo de cosas siempre le sucedieron a los herederos de LA BENDICIÓN. Adondequiera que iban, las personas los atacaban. Pero Isaac seguía creyéndole a Dios y obedeciéndole. Él hizo todo lo posible por vivir en paz con las personas a su alrededor. Se negó a entrar en contienda con ellos, y al final, obtuvo la victoria. Por último, los filisteos hicieron un pacto con él, y le dijeron: *«Hemos visto que... tú eres ahora BENDITO de Jehová».*[66] LA BENDICIÓN en y sobre Isaac venció la hambruna en la tierra; y al mismo tiempo, lo engrandeció.

El engañador que se convirtió en príncipe de Dios

Por medio de Isaac, LA BENDICIÓN se transmitió a través del linaje de sus hijos: Jacob y Esaú. Si ambos hubieran vivido por fe en ésta, LA BENDICIÓN habría producido los mismos resultados que obtuvieron de su padre y su abuelo. Sin embargo, la perspectiva de ambos hermanos con respecto a LA BENDICIÓN fue sorprendente y distinta. El mayor, Esaú, la menospreció tanto que un día que tenía hambre, la vendió a cambio de un guisado de lentejas. Al igual que Adán, el entregó LA BENDICIÓN por comida.

Por otro lado, su hermano, Jacob, valoraba y anhelaba tanto LA BENDICIÓN que para obtenerla mintió y engañó. No era necesario que lo hiciera, pues como simiente de Abraham, ya era heredero de LA BENDICIÓN. Y muy bien pudo vivir en ésta por fe. Pero en lugar de eso, engañó a su padre y enfureció a su hermano, utilizando una conspiración que él y su madre habían planeado, a fin de robar LA BENDICIÓN. Como resultado, tuvo que huir por su vida, abandonando su casa, llevando con él ropa en su espalda y una vara en la mano.

Después de todo lo sucedido, podría pensarse que Dios ya no quería entablar ninguna relación con él o que Él buscaría a otra persona para BENDECIRLA. Pero no fue así. El SEÑOR honró el pacto de sangre que había realizado con Abraham y su descendencia. Dios vio en Jacob un hombre que tenía fe en LA BENDICIÓN (pero que no sabía cómo vivir conforme a ésta). Entonces mientras Jacob andaba prófugo, Dios

---

66 Génesis 26:28-29.

se le apareció en un sueño. Él le dio una visión de una escalera, la cual conectaba el cielo con la Tierra, donde ángeles subían y bajaban:

> Y he aquí, Jehová estaba en lo alto de ella, el cual dijo: Yo soy Jehová, el Dios de Abraham tu padre, y el Dios de Isaac; la tierra en que estás acostado te la daré a ti y a tu descendencia. Será tu descendencia como el polvo de la tierra, y te extenderás al occidente, al oriente, al norte y al sur; y todas las familias de la tierra serán BENDITAS en ti y en tu simiente. He aquí, yo estoy contigo, y te guardaré por dondequiera que fueres, y volveré a traerte a esta tierra; porque no te dejaré hasta que haya hecho lo que te he dicho... E hizo Jacob voto, diciendo: Si fuere Dios conmigo, y me guardare en este viaje en que voy, y me diere pan para comer y vestido para vestir, y si volviere en paz a casa de mi padre, Jehová será mi Dios. Y esta piedra que he puesto por señal, será casa de Dios; y de todo lo que me dieres, el diezmo apartaré para ti.
>
> —Génesis 28:13-15, 20-22

Esa noche, Dios le dio por gracia a Jacob LA BENDICIÓN que intentó forma fraudulenta. El SEÑOR declaró sobre su vida, el pacto de sangre que había heredado, y Jacob respondió —así como Abraham e Isaac — prometiéndole a Dios darle el diezmo.

Con LA BENDICIÓN activada en su vida, Jacob estuvo a la expectativa de que las cosas comenzaran a mejorar —y de alguna manera, así sucedió—. Pronto se encontró a salvo en la casa de su tío Labán, a donde su madre lo había enviado. Ella había decidido que Jacob podía hallar una esposa en ese lugar, y que pasaría desapercibido hasta que Esaú se hubiera tranquilizado, y desistiera de su idea de matarlo. Labán y su familia recibieron a Jacob con gozo. Él se casó con las dos hijas de Labán, y trabajó en su propiedad por 20 años.

Sin embargo, había un problema. Labán no era un hombre honesto. Desde el momento en que Jacob comenzó a trabajar para él, lo engañó. Él le prometía cosas a Jacob, y luego no las cumplía. Él lo estafó con su sueldo. Y a pesar de todo, LA BENDICIÓN se mantuvo obrando a favor de Jacob. Ésta le dio sabiduría y entendimiento. En ocasiones, le abría los ojos al reino espiritual, así como la noche en la que vio la escalera de ángeles. Ésta también le permitió entender lo que Dios estaba haciendo, y le enseñó cómo escuchar Su voz; a fin de que él supiera lo que debía hacer. Durante todo ese tiempo, Jacob aprendió a depender más y más de la BENDICIÓN. Asimismo, aprendió a persistir en ésta por fe, a fin de que todo lo que hiciera prosperara.

Labán disfrutó de los beneficios de la prosperidad y se enriqueció mientras Jacob trabajaba para él. Por esa razón, cuando Jacob decidió que era momento de regresar a casa, Labán intentó persuadirlo para que no lo hiciera: «...he experimentado que Jehová me ha BENDECIDO por tu causa».[67]

En su intento por retener un poco más a Jacob (y junto con él LA BENDICIÓN que lo cubría), Labán al final acordó permitirle a Jacob que se quedara con parte de su ganado. Después de eso, ni siquiera las artimañas de Labán pudieron impedir que prosperara. La parte de su herencia se multiplicaba tanto que los hijos de Labán empezaron a envidiarlo. «...Jacob ha tomado todo lo que era de nuestro padre, y de lo que era de nuestro padre ha adquirido toda esta riqueza».[68]

En realidad, los hijos de Labán tenían el mismo derecho a recibir LA BENDICIÓN que Jacob tenía. Pues ellos también pertenecían a la familia de Abraham. Ellos pudieron haber dicho: "Jacob, si nos enseñas cómo obrar conforme a LA BENDICIÓN, dejaremos de engañarte. Te trataremos bien, y te pagaremos lo que desees". Pero en lugar de eso, se enojaron y acusaron a Jacob de robarle dinero a su familia.

No obstante, estaban equivocados, pues Jacob no robó nada. Él sólo vivía por fe en LA BENDICIÓN, y ésta lo prosperó de continuo hasta el punto en que ésta se apropió de todo lo que ellos poseían. Cuando Jacob dejó a Labán, y regresó a su lugar de nacimiento, volvió como un hombre muy rico. Él retornó en LA BENDICIÓN de Dios, ya no como Jacob: *el engañador;* sino como Israel: *el príncipe de Dios.*

---

67 Genesis 30:27
68 Genesis 31:1

He aquí, viene el soñador

Todo el pueblo de Israel pudo hacer lo mismo. Todos ellos podían vivir conforme a LA BENDICIÓN. Sin embargo, sólo uno escogió hacerlo: el joven, llamado José.

Desde que era un niño, José creyó que él era BENDECIDO. Él nació en la vejez de su padre, por tanto poseía un lugar especial en el corazón de su papá. Es fácil imaginarlo caminando con la túnica especial que Jacob le había confeccionado: feliz, disfrutando la vida, diciendo: "¡Soy BENDECIDO!".

Esta clase de fe siempre deleita el corazón de Dios, sin embargo, a menudo molesta a otros; y eso ocurría en el caso de José. Su confianza despreocupada y el amor de su padre hacia él, irritaba tanto a sus hermanos que: «...le aborrecían, y no podían hablarle pacíficamente» (Génesis 37:4).

No importaba cuánto les doliera el favoritismo de su padre, eso no les daba derecho a tomar esa clase de actitud. Aunque José fuera el más consentido de su padre, y tuviera una túnica especial de colores y ellos no ¡él era su hermano menor! Ellos debían amarlo, pero en lugar de eso, se rehusaron a expresarle una sola palabra amable.

Esa acción de por sí, ya era lo suficientemente mala. Pero cuando José les contó a sus hermanos el sueño que indicaba que Dios planeaba promoverlo, las cosas empeoraron. José debió ser más sabio, y no contarles el sueño a los demás; pero como todo buen adolescente no supo mantener la boca cerrada:

> ...Oíd ahora este sueño que he soñado: He aquí que atábamos manojos en medio del campo, y he aquí que mi manojo se levantaba y estaba derecho, y que vuestros manojos estaban alrededor y se inclinaban al mío. Le respondieron sus hermanos: ¿Reinarás tú sobre nosotros, o señorearás sobre nosotros? Y le aborrecieron aun más a causa de sus sueños y sus palabras.
>
> —Génesis 37:6-8

Los hermanos de José se enfurecieron por aquel sueño. Desde su perspectiva, él estaba tratando de enseñorearse sobre ellos, argumentando que escuchaba de Dios. Ellos no creían que él pudiera tener un tipo de revelación espiritual especial.

Los seres queridos a veces se sienten de esa manera cuando Dios comienza a usar a alguien de su familia. Lo descubrí por mí mismo cuando comencé en el ministerio. Mi tía Macky, quien es creyente, le dijo a algunos de mis familiares que yo profetizaba en mis reuniones, y se consternaron al respecto.

—¿Me estás tratando de decir que Kenneth es un profeta? —preguntaron.

—Sí, creo que lo es —respondió ella.

—¿Estás diciendo que él habla en representación de Dios?

—Sí, creo que lo hace.

—No puede ser —argumentaron ellos—. ¡Él es nuestro familiar!

Ellos no estaban tratando de ser malos, sólo que no lograban comprender la idea de que Dios pudiera obrar a través de uno de sus familiares. Cuando mi tía me contó la reacción que tuvieron, pensé: *¡Todo profeta es el familiar de alguien! Nunca ha existido un profeta que haya caído del cielo, y que haya empezado a ministrar. Incluso Jesús tuvo familiares.*

Los hermanos de José luchaban contra esa verdad. Ellos no podían aceptar la idea de que Dios hubiera llamado a uno de los miembros más jóvenes de su familia, y que le comenzara a hablar. El sólo pensarlo los hacía sentirse más celosos que nunca. No se percataron que Dios no le estaba hablando a José sólo por su propio beneficio, sino porque deseaba utilizarlo para ministrar a su familia. El Señor quería comunicarles algo a través de José, pues no contaban con la PALABRA escrita en esa época, no tenían una Biblia para descubrir quién era Dios; así como nosotros lo hacemos hoy en día. Dios estaba instituyendo a José como un profeta en medio de ellos, a fin de que Él pudiera manifestarse de continuo en sus vidas.

Pero nunca se les ocurrió que ése era el motivo. Ellos veían a José como un adolescente arrogante que sabía que era el favorito de su padre, y eso les ofendían. Ése fue uno de los errores más grandes que cometieron. Si hubieran sido un poco humildes ante Dios, o hubieran usado algo de su sentido espiritual, habrían dicho: "*Todos* somos simiente de Abraham, todos hemos heredado LA BENDICIÓN. Quizá Dios está tratando de hablarnos y ayudarnos de esa manera. Tal vez se aproxima una hambruna de la cual necesitamos enterarnos o algo así".

Esa actitud les hubiera evitado muchos problemas.

Habría sido mucho mejor que se hubieran arrodillado juntos a orar: "Señor ¿qué nos estás revelando a través de nuestro hermano menor? Gracias por BENDECIRLO. Lo amamos. Estamos dispuestos a recibir lo que Tú deseas decirnos a través de él, continúa hablándonos, Señor".

Piense en el dolor que se hubieran evitado. Esa actitud les habría abierto la puerta para que Dios dirigiera a la familia, y así no hubieran tenido que ir a Egipto cuando la hambruna azotó; pues habrían estado preparados. Sin embargo, no fue así. No depositaron nada de fe en Dios ni en LA BENDICIÓN ni en José. En lugar de eso, permitieron que su odio se intensificara hasta sentir instintos asesinos.

José no reaccionaba a su hostilidad de la manera en que se esperaría. Cuando los hermanos de José estaban pastoreando las ovejas, su padre le pidió que fuera a verlos para asegurarse de que estuvieran bien. Él dijo: "Heme aquí, yo iré". La mayoría de personas hubiera respondido: "¡Olvídalo! Después de la forma en que esos impíos me han tratado, yo no haré nada por ellos. En lo que a mí respecta, pueden morirse de hambre en el campo".

Si José hubiera tomado esa actitud, habría estado en la misma situación que sus hermanos. Y se hubiera desligado a sí mismo de LA BENDICIÓN, al salirse del amor y entrar en contienda. Eso quería Satanás que José hiciera, y es lo mismo que desea que nosotros hagamos. El enemigo sabe que mientras vivamos en amor, LA BENDICIÓN de Abraham, la cual es nuestra a través de Jesucristo, se mantendrá obrando en nuestras vidas.

No importa cómo nos traten las personas, si continuamos viviendo en amor, no podrán robarnos nuestra BENDICIÓN. Podemos comprobarlo con la vida de José. A pesar del mal trato que recibía, él fue a ayudarlos al campo. José seguía intentando bendecirlos. Cuando los encontró, en lugar de agradecerle por llegar: «...conspiraron contra él para matarle. Y dijeron el uno al otro: He aquí viene el soñador. Ahora pues, venid, y matémosle y echémosle en una cisterna, y diremos: Alguna mala bestia lo devoró; y veremos qué será de sus sueños» (Génesis 37:18-20).

Los hermanos de José no se dieron cuenta, pero cuando se burlaron, expresando: "el soñador"; en realidad, se estaban burlando de Dios. Ellos ridiculizaron el mensaje de pacto que Él les había enviado; y ¡atacaron al mensajero! Si lo analiza, ésa es una escena triste. José iba caminando con una gran sonrisa en su rostro, feliz de ver a sus hermanos. Pero ellos no le correspondieron, al contrario, se abalanzaron sobre él, le arrancaron su túnica de colores y comenzaron a pegarle.

De seguro Jacob ya les había enseñado, a José y sus hermanos, algunas cosas acerca de cómo vivir conforme a LA BENDICIÓN, pues José ni siquiera se defendió. A pesar de todo el dolor que sus hermanos le causaron, jamás trató de dañarlos.

Los hermanos de José querían matarlo, pero uno de ellos, Rubén, intervino diciendo: "No lo matemos. Lancémoslo a una cisterna, y dejémoslo ahí".

> ...y le tomaron y le echaron en la cisterna; pero la cisterna estaba vacía, no había en ella agua. Y se sentaron a comer pan; y alzando los ojos miraron, y he aquí una compañía de ismaelitas que venía de Galaad, y sus camellos traían aromas, bálsamo y mirra, e iban a llevarlo a Egipto. Entonces Judá dijo a sus hermanos: ¿Qué provecho hay en que matemos a nuestro hermano y encubramos su muerte? Venid, y vendámosle a los ismaelitas, y no sea nuestra mano sobre él; porque él es nuestro hermano, nuestra propia carne. Y sus hermanos convinieron con él.
>
> —Génesis 37:24-27, RVR95

LA BENDICIÓN estaba obrando a favor de José. ¿Por qué razón cree que la caravana se apareció en el momento indicado, y los hermanos de José tuvieron la idea de venderlo; en lugar de dejarlo en ese pozo para que muriera? LA BENDICIÓN estaba obrando para José, de la misma manera que obra para nosotros, 24 horas al día, siete días a la semana. LA BENDICIÓN, bajo la dirección y el poder de Dios, causó que la caravana llegara el día y la hora exacta que José la necesitaría.

Algunos podrían argumentar que fue sólo una coincidencia. Sin embargo, descubrí en mi propia vida, que entre más vivo por fe en LA BENDICIÓN, más "coincidencias" surgen a mi favor.

Huyendo del pecado

De esa manera obraba LA BENDICIÓN en la vida de José. Incluso antes de que se metiera en problemas, LA BENDICIÓN ya estaba preparando su liberación. Ésta comenzó a obrar en él, llevándolo de nuevo a la prosperidad, al momento que los traficantes de esclavos lo sacaron del pozo. LA BENDICIÓN lo llevó a la casa de Potifar, él era un oficial egipcio muy influyente y rico. Aunque José llegó a esa casa como esclavo, no pasó mucho tiempo para que lo promovieran; ya que Potifar pudo ver LA BENDICIÓN se encontraba sobre la vida de José.

En la generación de José, la gente de toda esa parte del mundo había escuchado acerca de LA BENDICIÓN de Abraham. Potifar sabía que gracias a la BENDICIÓN, todo lo que José realizaba se convertía en un rotundo éxito. Entonces le dio a ese joven BENDECIDO el mando de todos sus bienes.

Bajo la supervisión de José, el ganado, los caballos, los camellos, las ovejas y las cabras se multiplicaron; y también las cosechas. Todo en lo que José ponía sus manos comenzaba a mejorar.

Recuerde que José todavía era un adolescente. Nadie le había enseñado a vender o a comprar ganado. Tampoco tenía un título en administración de haciendas. Sin embargo, LA BENDICIÓN que estaba sobre él, le mostró lo que necesitaba saber. LA BENDICIÓN le enseñó cómo realizar los mejores negocios, cómo incrementar la producción del cultivo y cómo administrar el dinero. Potifar estaba tan entusiasmado con lo que estaba sucediendo que ni siquiera se preocupaba en supervisar lo que José hacía. Él lo nombró como su gerente general, y le ordenó: "Haz lo que quieras jovencito".

Sin embargo, como siempre, el diablo estaba cerca para complicarlo todo. Y esta vez, utilizó a la esposa de Potifar: «…la mujer de su amo puso sus ojos en José, y dijo: Duerme conmigo. Y él no quiso, y dijo a la mujer de su amo: He aquí que mi señor no se preocupa conmigo de lo que hay en casa, y ha puesto en mi mano todo lo que tiene. No hay otro mayor que yo en esta casa, y ninguna cosa me ha reservado sino a ti, por cuanto tú eres su mujer; ¿cómo, pues, haría yo este grande mal, y pecaría contra Dios?» (Génesis 39:7-9).

La forma en que José respondió ante la situación nos da una lección muy importante. Él se dio cuenta (más que la mayoría de los creyentes del Nuevo Testamento de hoy en día) de las consecuencias del pecado. José sabía que cualquier clase de pecado interrumpe LA BENDICIÓN. Por esa razón, Dios está por completo en contra de éste. No se debe a que Él no desee que nos divirtamos. El SEÑOR odia el pecado porque éste mata LA BENDICIÓN. El pecado ahoga la PALABRA en nuestro espíritu y atenúa la luz de Dios dentro de nosotros. Disminuye el poder y la unción hasta que LA BENDICIÓN se debilita, y ya no obra a nuestro favor. El pecado es el enemigo de LA BENDICIÓN, y si persistimos en cometerlo, al final, nos matará.

Como creyentes del Nuevo Testamento, Jesús es nuestro Sumo Sacerdote; entonces si pecamos, podemos acercarnos a Él y arrepentirnos. No sólo nos perdonará, sino también nos limpiará de toda injusticia, y restablecerá LA BENDICIÓN en nuestra vida. Él nos restaurará a la condición donde LA BENDICIÓN pueda obrar, es decir, nos llevará al nivel donde debemos estar. ¡Gracias a Dios por eso! No obstante, lo mejor es rechazar el pecado desde el inicio. Debemos huir de éste, sin importar cómo se presente.

Ésa fue la reacción de José. Cuando la esposa de Potifar trató de agarrarlo, él dejó sus vestiduras en la mano de ella, y salió corriendo.

Cuando vio ella que le había dejado su ropa en sus manos, y había huido fuera, llamó a los de casa, y les habló diciendo: Mirad, nos ha traído un hebreo para que hiciese burla de nosotros. Vino él a mí para dormir conmigo, y yo di grandes voces; y viendo que yo alzaba la voz y gritaba, dejó junto a mí su ropa, y huyó y salió. Y ella puso junto a sí la ropa de José, hasta que vino su señor a su casa. Entonces le habló ella las mismas palabras, diciendo: El siervo hebreo que nos trajiste, vino a mí para deshonrarme. Y cuando yo alcé mi voz y grité, él dejó su ropa junto a mí y huyó fuera. Y sucedió que cuando oyó el amo de José las palabras que su mujer le hablaba, diciendo: Así me ha tratado tu siervo, se encendió su furor. Y tomó su amo a José, y lo puso en la cárcel, donde estaban los presos del rey, y estuvo allí en la cárcel.

—Génesis 39:13-20

Prosperando en prisión

Aun cuando José fue encarcelado, a causa de las mentiras de esa mujer, no permitió que la amargura entrara en su vida. Cuando se dio cuenta que una vez más lo habían despojado con injusticia de su dignidad y de su posición, podría haber expresado lo mismo que muchos dicen: "No sé por qué Dios permitió que esto me ocurriera a mí. Me he esforzado en realizar bien las cosas. He hecho lo que mi papá y mi abuelo me enseñaron. Traté de bendecir a mis hermanos, trabajé para Potifar y lo enriquecí. Pero ¿qué recibí a cambio? Me compraron, luego me vendieron y me lanzaron como si fuera basura. No es justo".

Si José hubiera tomado esa actitud de incredulidad, él mismo se hubiera apartado de LA BENDICIÓN, y habría pasado el resto de su vida pudriéndose en una celda de prisión. No obstante, gracias a Dios, no fue así. Él se levantó y continuó viviendo conforme a su llamado. José no desperdició su tiempo pensando en todo lo le habían hecho. No permitió que las paredes de la prisión que lo rodeaban dominaran su mente. Estaba tan enfocado en LA BENDICIÓN que se iba a dormir pensando en ésta, y se levantaba con el mismo pensamiento.

LA BENDICIÓN era su profesión. Él vivió conforme a ésta todo el tiempo, y esperaba que LA BENDICIÓN obrara en la prisión, así como lo había hecho en ocasiones anteriores. Estaba a la expectativa de que LA BENDICIÓN quitara el pecado, y comenzara a crear las condiciones del huerto de Edén adondequiera que él fuera —y eso fue exactamente lo que sucedió—. Incluso estando encerrado en una prisión egipcia:

> Pero JEHOVÁ estaba con José y le extendió su misericordia, y le dio gracia en los ojos del jefe de la cárcel. Y el jefe de la cárcel entregó en mano de José el cuidado de todos los presos que había en aquella prisión; todo lo que se hacía allí, él lo hacía. No necesitaba atender el jefe de la cárcel cosa alguna de las que estaban al cuidado de José, porque Jehová estaba con José, y lo que él hacía, JEHOVÁ lo prosperaba.
>
> —Génesis 39:21-23

José jamás había sido guardia de prisión. Él nunca había estado a cargo de criminales. Pero, así como sucedió en la casa de Potifar, LA BENDICIÓN le dio la sabiduría que necesitaba para realizarlo. Ésta incluso le enseñó cómo lograr que una prisión prosperara.

Y hoy en día, LA BENDICIÓN sigue obrando de la misma manera. Yo he sido testigo de ello. Prediqué en una cárcel de Luisiana, la cual en un tiempo tuvo fama de ser la peor penitenciaría en toda la nación. Las personas la llamaban: "La isla del diablo". El único director que ha durado más de cinco años consecutivos en esa prisión, la cual tiene más de 100 años de historia, es un creyente nacido de nuevo. A la fecha, él ya tiene 15 años de ser director de ese lugar. Esto se debe a que él pastorea esa prisión, en lugar de sólo ser el director. Lo último que supe es que 2,500 de los 5,200 presos han nacido de nuevo.

Los 18,000 acres del terreno de la prisión producen los mejores cultivos y el mejor ganado de toda la región. Las vacas se están incrementando, los campos están prosperando, y los reclusos producen sus propios alimentos y construyen sus propios edificios. No necesitan ayuda del exterior, ni siquiera necesitan llamar a contratistas o electricistas, pues ellos mismos realizan el trabajo.

Mientras me encontraba ministrando en ese lugar, ellos tuvieron una exhibición de arte y rodeo. El director me comentó que obtuvieron US$250,000 de la exhibición de arte. En los últimos años, la prisión ha construido edificios nuevos con su propio dinero. Incluso tienen cuatro iglesias dentro de la prisión. Desde cualquier ventana de las celdas o cualquier pabellón de la prisión, se puede observar la torre de la iglesia. Tienen una estación de radio de circuito cerrado en toda la prisión, la cual pone a disposición de los reclusos, todo el tiempo, la música cristiana y prédicas.

Incluso cuentan con un seminario bíblico. Cuando se graduó el primer grupo de 82 estudiantes, el director pensó: «¿Qué haré con 82 predicadores en esta prisión?». Entonces el SEÑOR se lo reveló. Él le dijo: *Envíalos de dos en dos como misioneros a las demás unidades.* Hoy en día, aquellos predicadores están evangelizando en las penitenciarías de Luisiana.

Mientras me preparaba para ministrar en esa prisión, estaba maravillado de lo que Dios había hecho allí, y el SEÑOR me habló al respecto. Me dijo: *Todos en esta penitenciaría deberían darse cuenta de que pueden obtener LA BENDICIÓN de Abraham recibiendo a Jesús como su Señor y Salvador; y que de esa manera, también pueden transformar esa prisión en un huerto de Edén. Ésa es la forma de obrar de LA BENDICIÓN, puede transformar el infierno en la Tierra, en el cielo en la Tierra. Y obrará de la misma manera en un hogar, en un negocio, en la universidad o en una iglesia. Si todos en esta prisión vivieran por fe en LA BENDICIÓN, habría personas tratando de entrar, en ésta, lugar de salir.*

Después de caminar por los alrededores de ese lugar, fué más fácil creerlo. Con sólo la mitad de los reclusos nacidos de nuevo, ya se sentía la paz de Dios en esa prisión. Por dondequiera que iba, la gente se llevaba bien. Incluso en el "pabellón de la muerte" (o mejor dicho "pabellón de la vida", como algunos internos lo llaman), escuché: "Hola, hermano Copeland ¡¿Cómo le va?! ¡Alabado sea el SEÑOR! ¡Gloria a Dios!".

De prisionero a primer ministro… de la noche a la mañana

Lo mismo ocurría en la cárcel donde José era encargado de los presos. La unción sobre él seguía obrando y todo a su alrededor mejoraba. Durante ese tiempo, dos de los sirvientes de Faraón fueron encarcelados ahí: el mayordomo y el panadero. Ambos tuvieron un sueño: *«…ahí: cada uno su propio sueño en una misma noche, cada uno con su propio significado»* (Génesis 40: 5).

Vino a ellos José por la mañana, y los miró, y he aquí que estaban tristes. Y él preguntó a aquellos oficiales de Faraón, que estaban con él en la prisión de la casa de su señor, diciendo: ¿Por qué parecen hoy mal vuestros semblantes? Ellos le dijeron: Hemos tenido un sueño, y no hay quien lo interprete. Entonces les dijo José: ¿No son de Dios las interpretaciones? Contádmelo ahora.

—Génesis 40:6-8, *RVR95*

Al igual que el director de la cárcel en Luisiana, a José le importaban los prisioneros de su cárcel, y era compasivo con ellos. José notó que estaban tristes, y deseaba ayudarlos. Como él ya había tenido experiencia en los sueños, fué ante el SEÑOR y obtuvo la interpretación. No obstante, en lugar de ayudarlo y hablarle de él al Faraón cuando salieron, ellos se olvidaron de José. Pero él no dejó que esto le afectara. Siguió obrando conforme a LA BENDICIÓN en esa prisión.

Una mañana, dos años después, el Faraón tuvo un sueño.

¿Por qué cree que él tuvo ese sueño? Será que Dios sólo lo vio, y expresó: "Estoy cansado de que el faraón duerma tan bien que mejor le daré un sueño". No, ese sueño era la manifestación de LA BENDICIÓN obrando a favor de José. Ese sueño abrió la mente de Faraón e hizo que se diera cuenta que necesitaba ayuda. Cuando buscó quién le interpretara su sueño, el mayordomo que había estado encarcelado, le habló de José.

Entonces Faraón envió y llamó a José. Y lo sacaron apresuradamente de la cárcel, y se afeitó, y mudó sus vestidos, y vino a Faraón. Y dijo Faraón a José: Yo he tenido un sueño, y no hay quien lo interprete; mas he oído decir de ti, que oyes sueños para interpretarlos. Respondió José a Faraón, diciendo: No está en mí; Dios será el que dé respuesta propicia a Faraón.

—Génesis 41:14-16

Observe que José no sintió temor ante esa situación, ni dijo: "Sólo soy un joven hebreo. No sé nada acerca de los reyes y sus sueños. No estoy seguro de poder ayudarlo". Al contrario, él afirmó: "Dios me dará la interpretación".

Para mucha gente, esa actitud le parece soberbia, les irrita ver a alguien con ese tipo de valentía y fe. Al igual que los hermanos de José, se enojan con los creyentes que actúan de esa forma. Sin embargo, José no era soberbio. Él sólo confiaba en Dios y sabía en quien creía. Sabía cómo depender por completo de la sabiduría de Dios. José había aprendido cómo actuar conforme a LA BENDICIÓN.

José no se levantó esa mañana, pensando: "¡Sí, al anochecer seré el primer ministro de Egipto!". No, él sólo mantenía su comunión con Dios. Él no planeaba promoverse a sí mismo en el liderazgo. Sólo vivía por fe, amando a las personas, ayudándolas y permaneciendo a la expectativa de ser BENDECIDO. Le habían dado permiso para salir un momento de la prisión, entonces ni siquiera se imaginaba que al entrar al palacio del Faraón, después de finalizar el día, se convertiría en el administrador de las finanzas de toda la nación. Pero eso fue lo que sucedió. El Faraón nombró a José como el segundo al mando de inmediato. Eso fue lo más inteligente que pudo haber hecho, pues a través del plan que José desarrolló en el gobierno egipcio, el Faraón se convirtió en el dueño de toda la tierra de la nación; y además, evitó que las personas murieran en la época de hambruna.

He escuchado que algunos predicadores afirman que por esa razón, José fue enviado a Egipto. Dios sabía que habría hambruna, así que Él envió a José para que prosperara en una nación pagana, a fin de proveerle alimento a su familia. Sin embargo, Dios no envió a José a Egipto para recibir LA BENDICIÓN, pues José fue quien la llevó. Y esta nación fue BENDECIDA a causa de él. En lugar de destruir la nación, la hambruna mundial los hizo enriquecerse, y todo porque José vivía ahí.

Mientras el pueblo egipcio y los faraones recordaban a José y LA BENDICIÓN que les había llevado, las cosas marchaban bien para ellos y para los israelitas que se mudaron durante la época de José. No obstante, llegó el día en que los egipcios se olvidaron de dónde obtuvieron su prosperidad. Y en lugar de honrar a los descendientes del hombre que una vez interpretó un crucial sueño que salvó a la nación, los egipcios convirtieron en esclavos, al linaje BENDECIDO de Dios. Ellos los agobiaron y atribularon tanto que el pueblo le clamó a Dios para que los liberara.

En ese momento fue cuando la BENDICIÓN los sacó de ese lugar.

Capítulo siete

Los Diez Mandamientos del amor:
Enseñándoles a los israelitas a vivir conforme
a LA BENDICIÓN

Mira, yo he puesto delante de ti hoy la vida y el bien, la muerte
y el mal; porque yo te mando hoy que ames a Jehová tu Dios,
que andes en sus caminos, y guardes sus mandamientos, sus
estatutos y sus decretos, para que vivas y seas multiplicado, y
Jehová tu Dios te BENDIGA en la tierra a la cual entras para
tomar posesión de ella.

—Deuteronomio 30:15-16

Los egipcios no fueron los únicos que se olvidaron de José y de
cómo LA BENDICIÓN que se encontraba sobre él, engrandeció
su nación . Pues durante los 400 años que los israelitas vivieron en
Egipto, ellos también se olvidaron de LA BENDICIÓN. A diferencia
de Abraham, ellos no fueron diligentes en enseñársela a sus hijos. Pues
no contaban con una Biblia impresa para que les recordara cómo obra
LA BENDICIÓN y cómo vivir conforme a ella. Lo único que poseían
eran tradiciones heredadas, las cuales con el transcurrir del tiempo, casi
las habían olvidado. No cabe duda que poco a poco dejaron de poner su
confianza en el Dios de Abraham, de Isaac y de Jacob; por consiguiente,

comenzaron a pensar como las personas impías que estaban en su entorno. No hicieron ninguna diferencia en la sociedad donde vivían, y empezaron creer que en Egipto encontrarían LA BENDICIÓN.

Cuando actuaron de esa forma, le abrieron la puerta a todo tipo de miseria, pues los egipcios estaban tan sumergidos en la hechicería y la brujería que hasta tenían un dios para cada cosa.

Vivir en medio de una cultura como ésa, influyó tanto sobre los israelitas que comenzaron a pensar y a comportarse de la misma manera que los egipcios, lo cual impidió que LA BENDICIÓN los protegiera.

La Biblia nos enseña que cuando le abrimos la puerta al pecado, la muerte siempre se manifiesta; [69] y los israelitas descubrieron esa verdad durante los últimos 35 ó 50 años que habitaron en Egipto. Durante ese tiempo, vivieron bajo una presión de muerte, sufriendo atrocidades. Los esclavizaron y asesinaron a sus bebés. Los egipcios los amargaban y les complicaban la vida en todas formas posibles.[70]

A pesar de que los israelitas se habían olvidado de Dios, Él no olvidó de ellos. Entonces cuando gimieron y lloraron en medio de su esclavitud: «…oyó Dios el gemido de ellos, y se acordó de su pacto con Abraham, Isaac y Jacob. Y miró Dios a los hijos de Israel, y los reconoció Dios» (Éxodo 2:24-25). Luego, El SEÑOR se le apareció en una zarza ardiente a un hebreo llamado Moisés, quien había sido educado por los egipcios, y lo llamó para librar a los israelitas de la esclavitud de la maldición, y llevarlos de nuevo hacia LA BENDICIÓN.

Aprendiendo a actuar conforme al pacto

Cuando Dios llamó por primera vez a Moisés, él desconocía por completo quién era Dios. Había sido criado como príncipe de Egipto y no como hijo de Abraham. Aunque era consciente de que descendía de los israelitas, y quería ayudar a sus hermanos hebreos, no tenía ni la menor idea de que había una manera correcta y otra incorrecta para lograrlo. Pues cuando era joven observó a un egipcio golpeando a un

---

69 Romanos 5:12
70 Éxodo 1:14

israelita, actuó con ira mató al egipcio y lo enterró en la arena.

No era exactamente lo que Dios quería que hiciera, pero Moisés no lo sabía. Lo que sí sabía era que al difundirse la noticia del asesinato, el faraón lo buscaría (Éxodo 2:15). Entonces se escondió, y pasó 40 años cuidando ovejas en del desierto, en un lugar llamado Madián. Ahí se le apareció Dios, y le expresó:

> ...Yo soy el Dios de tu padre, Dios de Abraham, Dios de Isaac, y Dios de Jacob. Entonces Moisés cubrió su rostro, porque tuvo miedo de mirar a Dios. Dijo luego Jehová: Bien he visto la aflicción de mi pueblo que está en Egipto, y he oído su clamor a causa de sus exactores; pues he conocido sus angustias, y he descendido para librarlos de mano de los egipcios, y sacarlos de aquella tierra a una tierra buena y ancha, a tierra que fluye leche y miel...
>
> —Éxodo 3:6-8

Cuando Dios le indicó a Moisés que deseaba llevar a Su pueblo a una *buena tierra*... una tierra donde fluía leche y miel, El SEÑOR no se estaba refiriendo simplemente a darles un pedazo especial de tierra, Él estaba expresando mucho más que eso. Dios estaba manifestando Su deseo de volver a crear en Israel las mismas condiciones que tenía el huerto de Edén —condiciones que sólo pueden surgir a causa de LA BENDICIÓN—.

Para lograrlo, Dios no sólo debía sacarlos de Egipto; sino también hacer que ellos dejaran atrás todo lo que habían aprendido de Egipto.

Por esa razón, el SEÑOR no los llevó de inmediato hacia la Tierra Prometida al sacarlos de Egipto. Primero, los llevó por el desierto para enseñarles que Él era su Fuente de BENDICIÓN. Cuando tenían hambre, les proporcionaba el maná del cielo para que comieran. Si tenían sed, hacía brotar millones de galones de agua de una roca. Los cubría con una nube durante el día, y de noche alumbraba el campamento con Su fuego. También les dio una victoria sobrenatural cuando pelearon en contra del ejército de los amalecitas (Éxodo 17:8-13).

Después de hacer todo eso por ellos realizó lo más importante: Le ordenó a Moisés que subiera a la cima de la montaña para darle los mandamientos.

La naturaleza que contienen esos mandamientos, y la razón que tenía para establecerlos, se ha malinterpretado por completo a través de los años. Las personas aseguran que Él le dio los Diez Mandamientos a Moisés con un tono de voz amenazante apretando el puño. Creen que Dios utiliza Sus mandamientos como látigos legalistas para mantener a Su pueblo bajo Su dominio.

Sin embargo, ésa es una mentira. Pues el SEÑOR se los entregó para enseñarles lo que Abraham, Isaac, Jacob y José una vez tuvieron que aprender. Él quería enseñarles a vivir por fe a través de LA BENDICIÓN.

Dios no utilizó un tono de voz como si estuviera diciendo: "¡Será mejor que cumplas esto o aquello!". Al contrario, estaba asegurando: "Así viven las personas que tienen un pacto conmigo. De esta manera se comportan las personas BENDECIDAS en una tierra donde fluye leche y miel". El deseo del corazón de Dios no era imputarles normas prohibitivas que hicieran su vida más difícil. El SEÑOR quería ayudarlos para que aprendieran a vivir en un pacto con Él, a fin de que no perdieran LA BENDICIÓN.

Recuerdo la primera vez que lo comprendí. Había estado leyendo las instrucciones que el SEÑOR les dio a los israelitas en Éxodo, entonces noté que Él utilizó de forma intercambiable las palabras *mandamiento* y *pacto*. Por ejemplo, en Éxodo 15:26, Moisés expresó: «Si oyeres atentamente la voz de Jehová tu Dios, e hicieres lo recto delante de sus ojos, y dieres oído a sus *mandamientos,* y guardares todos sus estatutos…». Luego, unos capítulos después, en Éxodo 19:5, Dios expresó la misma idea declarando: «ahora, pues, si diereis oído a mi voz, y guardareis mi *pacto*…». Eso me desconcertó, y le expresé: «SEÑOR, no entiendo. ¿Cómo un mandamiento puede ser un pacto?».

Después de haber estado orando para recibir la respuesta, escuché al SEÑOR —no de forma audible, sino en mi espíritu— Él me indicó:

Kenneth, en el momento que se escribieron esas cosas, Yo ya había establecido un pacto con ellos. Había estado en pacto con ellos por 400 años, desde que declaré LA BENDICIÓN sobre Abraham y su simiente.

Cuando el SEÑOR me lo explicó, lo comprendí. Los mandamientos fueron dados dentro del margen del pacto de LA BENDICIÓN. Dios tenía en mente ese pacto cuando se los entregó. Cuando Él dio a conocer el primer mandamiento, y declaró: «No tendrás dioses ajenos delante de mí»,[71] Él no estaba siendo exigente, sólo les estaba asegurando que Él era el único Dios que necesitarían en su vida. Estaba expresando: "No tienen que buscar a nadie más para que supla sus necesidades. No necesitan rogarle a otro dios por ayuda. No tienen que acudir a ningún gobierno ni a nadie más en el mundo para que tomen cuidado de ustedes. Ni siquiera deben intentar suplir sus propias necesidades. Pueden poner su confianza en Mí. Soy su socio de pacto y cuidaré de ustedes mejor que nadie". Eso no es algún tipo de regla o atadura legalista. ¡Ésas son buenas nuevas!

Si los leemos de la manera en que Dios los diseñó, notaremos que cada mandamiento *conlleva* esas buenas nuevas del evangelio, y es un reflejo de lo que el SEÑOR ha prometido realizar a favor de Su pueblo de pacto. Cuando expresó: "No matarás", o como se describe en una traducción más exacta: "No asesinarás", en realidad estaba expresando: "Si alguien te hiere, Yo te protegeré y te defenderé. No tendrás que solucionarlo con tus propias manos; sólo preséntame tu situación. Te sostendré mientras enfrento a tu adversario de la forma más misericordiosa posible".

"No cometerás adulterio", éste también conlleva el mismo mensaje de amor; Dios está expresando: "No tomes la esposa de tu prójimo. Eso estorbará LA BENDICIÓN en tu vida. Es más, no es necesario que lo hagas. Si quieres una esposa, sólo pídemela. Te daré la mejor mujer del lugar donde te encuentres. Pon tu fe en Mí, y te proporcionaré una compañera que sea divinamente diseñada para ti".

"No robarás. ¿Por qué deberías hacerlo si puedes acercarte a Mí, Yo

---

71 Éxodo 20:3

puedo concederte los deseos de tu corazón? Te daré en abundancia de toda cosa buena".

Cada mandamiento fue dado en amor, pues Dios es amor.

Creería usted que los israelitas sabían todo y que además estaban llenos de fe en la capacidad que Dios tenía para cuidarlos. Esperando con entusiasmo aprender la forma de obrar de este Dios amoroso que ya había realizado grandes maravillas a su favor.

Pues déjeme decirle que ellos no lo sabían. En lugar de eso:

Viendo el pueblo que Moisés tardaba en descender del monte, se acercaron entonces a Aarón, y le dijeron: Levántate, haznos dioses que vayan delante de nosotros; porque a este Moisés, el varón que nos sacó de la tierra de Egipto, no sabemos qué le haya acontecido. Aarón les dijo: Apartad los zarcillos de oro que están en las orejas de vuestras mujeres, de vuestros hijos y de vuestras hijas, y traédmelos. Entonces todo el pueblo apartó los zarcillos de oro que tenían en sus orejas, y los trajeron a Aarón; y él los tomó de las manos de ellos, y le dio forma con buril, e hizo de ello un becerro de fundición. Entonces dijeron: Israel, estos son tus dioses, que te sacaron de la tierra de Egipto.

—Éxodo 32:1-4

Aunque les parezca asombroso, unas cuantas semanas después de que Dios les dijera que los convertiría en la más poderosa nación a través de liberarlos de su esclavitud, ellos volvieron a adorar a otros ídolos como lo hacían en Egipto. Y para empeorar la situación, en el momento en que Moisés los sorprendió y les exigió una explicación, Aarón mintió, aduciendo que el ídolo se había aparecido por sí solo. Él expresó: «¿Quién tiene oro? Apartadlo. Y me lo dieron, y lo eché en el fuego, y salió este becerro».[72]

Sé que esto es serio, pero debo admitir que a veces me río por la respuesta de Aarón. Este ejemplo nos prueba que la naturaleza humana

---

72 Éxodo 32:24

nunca cambia. Yo acostumbraba a decir ese tipo de mentiras cuando era niño. Quizá usted también las dijo.

Y Aarón hizo lo mismo, y mintió. Por supuesto, Dios, Moisés y todo aquél que ha leído esa excusa durante los miles de años que han transcurrido, desde ese entonces, saben que no es cierto. Sabemos que ese becerro no surgió del fuego.

Entonces ¿de dónde provino?

De Egipto, no de la ciudad de la cual los israelitas habían escapado, sino del Egipto que llevaban en su interior. Ese becerro fue el producto de su antigua mentalidad y corazón, los cuales no habían sido renovados, pues tenían la influencia de la esclavitud y se encontraban llenos de temor. Debido a que la imagen interna que poseían de ese becerro de oro (y todo lo que éste representaba) salió junto con ellos cuando abandonaron la tierra de esclavitud, ésta se manifestó cuando se sintieron presionados.

Aclarando toda confusión

Por esa razón, era tan importante para Dios entregarle los mandamientos al pueblo de Israel. Esto nos explica por qué se esforzó tanto para describirles en detalle cuál era Su pacto de BENDICIÓN, y cómo era que éste funcionaba.

Él quería renovar la mente de los israelitas, pues cualquier cosa que se encontrara en su interior se reflejaría con el transcurrir del tiempo en el exterior. Si tenían una mentalidad de esclavitud, entonces la Tierra Prometida la transformarían, en un lugar de esclavitud. Pero si llevaban consigo una mentalidad de BENDICIÓN, esa BENDICIÓN crearía un huerto de Edén adondequiera que fueran.

Esta verdad se aplica para nosotros como creyentes del Nuevo Testamento; sin embargo, contamos con una mayor ventaja, poseemos un espíritu regenerado que fue hecho justicia. Tenemos a nuestra disposición la mente de Cristo.[73] Contamos con la misma imagen de

---

73 1 Corintios 2:16

Jesús en nuestro interior. Dios nos: «…BENDIJO con toda BENDICIÓN espiritual en los lugares celestiales en Cristo».[74] (Hablaremos más al respecto de este tema en los siguientes capítulos).

Si creemos lo que la Biblia enseña acerca de nosotros, y vivimos conforme al pacto de amor, de seguro LA BENDICIÓN producirá los mismos efectos del huerto de Edén a nuestro alrededor, así como ocurrió con los israelitas en la Tierra Prometida. De hecho, nos favorecerá más que a ellos. Debido a que llevamos en nuestro interior LA BENDICIÓN adondequiera que vamos. Dios podría enviarnos a los lugares más difíciles del mundo que se encuentran infectados de demonios y donde crecen espinos, y nosotros iríamos con gozo. No discutiríamos con Él al respecto. Tampoco nos quejaríamos ni llegaríamos con una mala actitud. Iríamos en fe, sabiendo que Dios no nos está enviando para que vivamos en miseria, sino para que liberemos LA BENDICIÓN que se encuentra en nuestro interior. Y de esa manera, transformar ese lugar tenebroso del mundo en un lugar donde también fluya leche y miel.

Quizá usted argumente: "Hermano Copeland, usted no está siendo realista. Hay lugares donde ni siquiera LA BENDICIÓN puede obrar".

Si eso fuera cierto, yo jamás habría visto uno de esos sitios y déjeme contarle que yo he viajado a muchos lugares. He visto cómo obra LA BENDICIÓN desde lugares selváticos del África hasta las zonas urbanas de los Estados Unidos. En cierta ocasión, Gloria y yo nos encontrábamos con un amigo ministro en Los Ángeles, y recorríamos un vecindario peligroso donde la iglesia había realizado algunos alcances. Justo en medio de esa parte de la ciudad llena de narcotraficantes y casas de drogas, él señaló a una pequeña dama que estaba barriendo la acera.

Luego él expresó: «Ella no le tiene miedo a nadie. Ella mantiene limpia toda la cuadra. No existe un vendedor de drogas en Los Ángeles que la toque. Si alguien intenta traficar drogas cerca de su casa, lo señala justo en el rostro con su dedo, y le dice: "En el nombre de Jesús, no tocarás este lugar. Pues lo cubro con la Sangre de Jesús"».

---

74 Efesios 1:3

Usted no puede expresarle a esa mujer que LA BENDICIÓN no obrará en su vecindario. Ella ya comprobó que sí funciona. Ella transformó su cuadra en el lugar más bonito, limpio y seguro en esa parte de la ciudad.

Jesse Winley, uno de los grandes hombres de fe del siglo 20, hizo lo mismo cuando inició un ministerio hace años en medio del peor lugar de Harlem. El área era tan peligrosa que un día unos pandilleros con cadenas y cuchillos lo fueron a buscar mientras estaba predicando. Asustaron tanto a la congregación que todos huyeron, excepto Jesse Winley. Él saltó de la plataforma, los enfrentó y desenvainó su Biblia como si fuera una espada. Cuando lo hizo, el poder de Dios cayó sobre ellos y todos tiraron sus armas, y expresaron: "No sabíamos que esto era real, hermano Winley. ¡No sabíamos que era real!".

Al final, Jesse Winley fundó una iglesia en esa área, la cual llamó *Soul Saving Station* [Estación para salvar almas]. Antes de partir al cielo para estar en casa con el SEÑOR, los miembros de su iglesia consiguieron los mejores empleos en el gobierno de la ciudad de Nueva York, pues habían aprendido a vivir por fe. Usaron LA BENDICIÓN de Dios para tomar el control de esa área, y fue transformada por completo.

Los israelitas enfrentaron casi los mismos desafíos, cuando se dirigían hacia la Tierra Prometida. Aunque era un lugar bueno y próspero, se encontraba habitada por gente malvada y corrupta. Si ellos deseaban dominar con éxito esa tierra, LA BENDICIÓN debía estar obrando por completo en su vida. Tenían que saber lo que LA BENDICIÓN realizaría a su favor, a fin de comprender cómo cooperar con ella. Por esa razón, Dios expresó los mandamientos, y los dejó escritos en la Biblia. Él no les dio una lista de mandamientos sólo para que los obedecieran, también les brindó una descripción detallada de LA BENDICIÓN, a fin de que ellos pudieran grabarla en su mente y en su corazón.

Debido a que ellos habían confundido los terminos: bien y mal, mientras vivían en Egipto; Dios no simplemente les expresó: "Los BENDIGO. Fructifíquense, multiplíquense y ejerzan dominio". También disipó todo malentendido que los israelitas pudieran tener al describirles qué era multiplicarse y ejercer dominio conforme a LA BENDICIÓN. Él declaró:

Acontecerá que si oyeres atentamente la voz de Jehová tu Dios, para guardar y poner por obra todos sus mandamientos que yo te prescribo hoy, también Jehová tu Dios te exaltará sobre todas las naciones de la tierra. Y vendrán sobre ti todas estas BENDICIONES, y te alcanzarán, si oyeres la voz de Jehová tu Dios. BENDITO serás tú en la ciudad, y BENDITO tú en el campo. BENDITO el fruto de tu vientre, el fruto de tu tierra, el fruto de tus bestias, la cría de tus vacas y los rebaños de tus ovejas. BENDITAS serán tu canasta y tu artesa de amasar. BENDITO serás en tu entrar, y BENDITO en tu salir. Jehová derrotará a tus enemigos que se levantaren contra ti; por un camino saldrán contra ti, y por siete caminos huirán de delante de ti. Jehová te enviará su BENDICIÓN sobre tus graneros, y sobre todo aquello en que pusieres tu mano; y te BENDECIRÁ en la tierra que Jehová tu Dios te da. Te confirmará Jehová por pueblo santo suyo, como te lo ha jurado, cuando guardares los mandamientos de Jehová tu Dios, y anduvieres en sus caminos. Y verán todos los pueblos de la tierra que el nombre de Jehová es invocado sobre ti, y te temerán. Y te hará Jehová sobreabundar en bienes, en el fruto de tu vientre, en el fruto de tu bestia, y en el fruto de tu tierra, en el país que Jehová juró a tus padres que te había de dar. Te abrirá Jehová su buen tesoro, el cielo, para enviar la lluvia a tu tierra en su tiempo, y para BENDECIR toda obra de tus manos. Y prestarás a muchas naciones, y tú no pedirás prestado. Te pondrá Jehová por cabeza, y no por cola; y estarás encima solamente, y no estarás debajo, si obedecieres los mandamientos de Jehová tu Dios, que yo te ordeno hoy, para que los guardes y cumplas.

—Deuteronomio 28:1-13

Cuando Dios reveló ese tipo de BENDICIÓN al pueblo de Israel, no quería decir que apareciera con una nueva propuesta. Sólo les estaba explicando lo que incluía en LA BENDICIÓN, la cual les pertenecía por ser descendientes de Abraham. Les estaba confirmando que les daría LA BENDICIÓN original —la primera que había liberado sobre la humanidad en el huerto de Edén—. Esa BENDICIÓN en realidad les había pertenecido a los israelitas todo el tiempo. Por derecho les pertenecía al ser del linaje de Abraham, pero debido a que no tenían fe en ella, y no habían vivido conforme a sus principios, ésta no había obrado en sus vidas.

Se aplica de la misma manera, en la última parte cuando se refiere a la maldición:

> Pero acontecerá, si no oyeres la voz de Jehová tu Dios, para procurar cumplir todos sus mandamientos y sus estatutos que yo te intimo hoy, que vendrán sobre ti todas estas maldiciones, y te alcanzarán. Maldito serás tú en la ciudad, y maldito en el campo. Maldita tu canasta, y tu artesa de amasar. Maldito el fruto de tu vientre, el fruto de tu tierra, la cría de tus vacas, y los rebaños de tus ovejas. Maldito serás en tu entrar, y maldito en tu salir.
>
> —Deuteronomio 28:15-19

Esa maldición no era algo nuevo. Había estado obrando en la Tierra durante miles de años. Desde que Adán pecó ha alcanzado a todo aquel que no se encuentre protegido por LA BENDICIÓN. Entonces cuando Dios les describió la maldición a los israelitas, no les estaba diciendo: "Si no cumplen Mis reglas, los destruiré; y a continuación les describiré la forma de cómo lo haré". Al contrario, Él estaba expresando: "La maldición se encuentra allá afuera. Ya está en la Tierra, y si van hacia ese lado del mundo, en lugar de vivir conforme a LA BENDICIÓN, la maldición los alcanzará".

Esa explicación me parece sencilla. Es obvio que si afuera está lloviendo, y no queremos mojarnos, lo mejor es que nos quedemos adentro. Entonces ¿por qué nos sería difícil entender que si la maldición está en el mundo y LA BENDICIÓN está en Dios, seremos BENDECIDOS y libres de la maldición siempre y cuando nos mantengamos aferrados a Dios?

Algunos piensan que el SEÑOR es quien envía la maldición.

Pero si lo estudia a profundidad, descubrirá que Dios en realidad estaba asegurando que Él *permitiría*[75] que la maldición entrara a la vida de los israelitas si ellos le abrían una puerta por medio de la incredulidad y la desobediencia. ¿Por qué lo permitiría? Porque no tendría otra alternativa... Dios le ha dado libre albedrío a la humanidad. Cuando Él nos creó a Su imagen, dejó a nuestro criterio escoger LA BENDICIÓN o la maldición (Deuteronomio 30:19).

Dios jamás ha escogido que alguien viva bajo la maldición. Nunca en la historia Él ha puesto a alguien en las manos de Satanás.

No crea la mentira acerca de la historia de Job

Si usted está pensando: "Entonces ¿qué pasó con Job? ¿Acaso no le dio permiso Dios al diablo para que lo probara?".

No, no le dio permiso. Esa mentira se ha enseñado por años, y ha dañado por completo la perspectiva que tienen las personas acerca de Dios. Buenos cristianos han temblado de miedo preguntándose si Dios le abrirá la puerta al diablo para que éste entre en su vida, a fin de probar su fidelidad. Entonces ahora mismo aclaremos ese malentendido. Veamos que le sucedió en realidad a Job.

Lo primero que la Biblia nos enseña es que LA BENDICIÓN estaba obrando en su vida. Si quiere hablar de alguien que era fructífero, se había multiplicado y ejercía dominio, hablemos de Job. Él no sólo respetaba y obedecía a Dios, sino llevaba un estilo de vida alejado del pecado, él también prosperaba en todo aspecto. Tenía una esposa y una hermosa familia —siete hijos y tres hijas—. Sus finanzas se habían multiplicado al punto que él era el hombre más rico del Este. La comunidad lo respetaba, e incluso tenía un ministerio de sanidad.

Sin duda alguna, durante años Job había vivido por fe en LA

---

75 Concordancia en inglés: *Young's Analytical Concordance to the Bible* (Peabody, Mass.: Hendrickson Publishers) Extraído de la nota del prefacio de la Primera Edición

BENDICIÓN de Dios. Pues su vida mostraba su fruto.

Sin embargo, después que sus hijos crecieron, ya no tuvo fe, sino miedo. Él empezó a sentir preocupación cuando ellos se reunían en la casa de otro para celebrar, pues temía que estuvieran pecando en contra de Dios. Su temor creció tanto, que cada vez que ellos realizaban una fiesta: «…Job enviaba y los santificaba, y se levantaba de mañana y ofrecía holocaustos conforme al número de todos ellos. Porque decía Job: Quizá habrán pecado mis hijos, y habrán blasfemado contra Dios en sus corazones. De esta manera hacía todos los días».[76]

Job tenía la idea religiosa equivocada que muchos tienen hoy en día. Creía que si se preocupaba por sus hijos, estaba siendo un padre responsable. Pero en realidad, simplemente le estaba abriendo la puerta al diablo al no confiar en Dios. No presentaba los sacrificios en fe, sino con temor e incredulidad.

Yo mismo he actuado de la misma forma. Ha habido veces en las que he declarado la PALABRA con todas mis fuerzas y tan rápido como he podido, pero en lugar de confesarlo con fe, lo he hecho por temor.

En cierta ocasión, tenía una fecha límite de pago en las finanzas del ministerio, y me faltaban varios miles de dólares. Entonces pensé: *Debo obtener el dinero en los próximos días, de lo contrario, estaré en problemas.* Sentía tanta presión que decidí apartarme, entonces tomé mi bote y me fui al lago que se encuentra cerca de nuestra casa, anclé en ese lugar y confesé la PALABRA sobre esa situación. Después de un tiempo de estar declarando, una y otra vez, dentro de mi bote: *Mi Dios suple mis necesidades conforme a Sus riquezas en gloria,* Dios finalmente me dijo algo.

Kenneth, ¿podrías callarte?

Le obedecí y me senté.

Ahora, sólo cálmate, y déjame que Yo obre en tu situación.

Cuando me dijo eso, comprendí que aunque estaba declarando esos versículos, las palabras que declaré ejercían resistencia en contra de la

---

76 Job 1:5

manera de obrar de Dios, pues estaba mostrando temor mientras las repetía. Cuando guardé silencio y decidí confiar en el SEÑOR, mi fe le abrió la puerta para que obrara a mi favor y pudo proveerme el dinero justo a tiempo.

Job se encontraba bajo la misma situación, estaba realizando algo que parecía correcto, pero lo hacía por temor. En lugar de recordar la fidelidad de Dios mientras presentaba los sacrificios, pensaba en la maldición; y con el tiempo, esto provocó tanto terror en su vida que expresó: «Porque el temor que me espantaba me ha venido, y me ha acontecido lo que yo temía. No he tenido paz, no me aseguré, ni estuve reposado; no obstante, me vino turbación».[77]

Si Job hubiera vivido en fe en cuanto a la situación de sus hijos, hubiera podido realizar un solo sacrificio a favor de ellos, y declarar: "Padre, te entrego toda la preocupación que siento por mis hijos. Desde este momento, nunca más me preocuparé por ellos. Tú dijiste que cuidarías de ellos, y yo te creo. Tú aseguraste que yo sería BENDITO, y confío en que cumplirás Tu PALABRA".

Y en lugar de quedarse en casa realizando un rito religioso, él pudo haberse presentado en las fiestas, y exclamar: "Escuchen, vine a convivir con ustedes. Divirtámonos juntos, y mientras tanto, les enseñaré algunas cosas que el SEÑOR me ha mostrado acerca de como vivir conforme a LA BENDICIÓN".

Cuando el diablo le presentó la situación de Job al SEÑOR, no fue lo suficientemente listo como para darse cuenta de esos pequeños detalles. Lo único que sabía acerca de este hombre era que tenía LA BENDICIÓN en su vida (el diablo lo describió como: "una valla alrededor de él" (versión *La Biblia de Las Américas)*, y que ésta producía un poder sanador, le daba hijos, riquezas y éxito. Entonces a causa de eso, el enemigo quería poseer todas sus pertenencias, y dijo:

…¿Acaso teme Job a Dios de balde? ¿No has hecho tú una valla alrededor de él, de su casa y de todo lo que tiene, por todos lados?

---

77 Job 3:25-26

Has BENDECIDO el trabajo de sus manos y sus posesiones han aumentado en la tierra. Pero extiende ahora tu mano y toca todo lo que tiene, verás si no te maldice en tu misma cara. Entonces el SEÑOR dijo a Satanás: He aquí, todo lo que tiene está en tu poder; pero no extiendas tu mano sobre él. Y Satanás salió de la presencia del SEÑOR.

—Job 1:9-12

Esos versículos nos aclaran dos cosas. Primero, el diablo quería que Job pecara contra Dios maldiciéndolo. El enemigo ya había logrado que Job pensara que sus hijos estaban maldiciendo a Dios. Poco tiempo después, su esposa se puso de acuerdo con Satanás, y aseguró: «… Maldice a Dios, y muérete».[78] El diablo pensaba que si Job maldecía a Dios, esa valla se destruiría y perdería LA BENDICIÓN, entonces de esa manera podría robar todas sus posesiones.

Pero Job nunca lo hizo. Él cometió muchos otros errores, expresó más cosas incorrectas que correctas durante esa etapa de su vida. Pero jamás maldijo a Dios. Por esa razón, en la Biblia leemos: «… En todo esto no pecó Job con sus labios».[79]

Lo segundo que aprendemos de esos pasajes bíblicos es que Dios no le dijo al diablo: "Aquí tienes, te entrego a Job en tus manos. Haz con él lo que quieras".

El hecho de que Satanás sugiriera que se lo entregara, muestra lo tonto que es. Dios no iba a extender Su mano en contra de Job. Él nunca estuvo de acuerdo con lo que el diablo sugirió.

El SEÑOR le dijo: "He aquí, él ya está en tu mano".

Hoy en día, no usamos mucho la frase: He aquí. No vamos por la calle, y decimos: "He aquí, un automóvil". "He aquí, ¿acaso no es hermoso?". Entonces en realidad no sabemos qué significa esa palabra. Pero si busca su significado en cualquier traducción —hebreo, griego, inglés, español o cualquier otra—, descubrirá que siempre significa:

---

78 Job 2:9.
79 Job 2:10

"Vean y observen. Despierten y presten atención".

Lo que Dios en realidad le estaba diciendo al diablo era: "Job ya te abrió la puerta a ti". Y eso era verdad, pues Job ya había destruido su valla protectora con su temor. Ya se había entregado a sí mismo en las manos de Satanás. Y Dios no iba a mentir al respecto. Aunque Él lo amaba mucho, no mentiría por él, pues así no obra Dios. Él siempre dice la verdad, no es un mentiroso.

Cuando el diablo se dio cuenta que Job había debilitado el poder de LA BENDICIÓN sobre su vida, fue tras Job y le provocó todo tipo de problemas. El enemigo mató a sus hijos, mató su ganado, le quitó toda su riqueza y le trajo enfermedad a su cuerpo. Luego hizo que sus mejores amigos llegaran y le dijeran que Dios era el culpable de su sufrimiento. Todo eso fue planeado para que Job maldijera a Dios. Y aunque sí expresó varias cosas insensatas e incrédulas mientras atravesaba esa situación, él se puso de pie y gritó: "No me importa si Dios quiere matarme. De todas maneras, le serviré".

Si ya ha leído esta historia, entonces sabe cómo termina. Dios envió a un joven predicador para ayudar a alinear de nuevo las cosas. Siempre disfruto leer la intervención de ese joven en la historia de Job. Él había estado ahí sentado, oyendo a Job y a sus amigos, pero cuando ya no soportó más escuchar toda esa incredulidad, se levantó e irrumpió en la conversación utilizando la PALABRA de Dios. Le predicó a Job algo de fe, y durante el proceso, Dios mismo se estremeció.

Luego, Dios se apareció en un torbellino y terminó de corregir la mentalidad de Job, después se dirigió a sus amigos, expresándoles: "Han hablado cosas incorrectas de Mí. Mejor les sería que mi siervo Job orara por ustedes, de lo contrario, estarán en graves problemas".

Cuando Job escuchó eso, volvió a tener fe y compasión. Le creyó a Dios, amó a sus amigos y oró para que recibieran su sanidad. Como era de suponerse, esa valla se levantó de nuevo sobre su vida, y LA BENDICIÓN obró una vez más de forma poderosa. Ésta aniquiló la enfermedad y la destrucción, también revertió los efectos de la maldición que Satanás había llevado a la vida de Job. LA BENDICIÓN obró otra vez para crear las condiciones del huerto de Edén a su alrededor, restaurando todo lo que él había perdido, y luego lo duplicó. Al final, Job terminó siendo dos veces más fuerte en todas las áreas que antes lo había sido.

No sólo protección, ¡también dominio!

Job aprendió su lección con respecto a LA BENDICIÓN y a la maldición de la peor manera. Los israelitas no tenían que aprenderla de la misma forma. Pues Dios les explicó de forma meticulosa cómo funcionaban las cosas, a fin de que pudieran cumplir Sus instrucciones y mantuvieran de forma intacta sobre ellos la protección de LA BENDICIÓN.

De hecho, si hubieran escuchado con el oído de la fe, se habrían emocionado tanto por la descripción que Dios les dio acerca de la maldición, como lo hicieron con LA BENDICIÓN; percatándose que en la lista de la maldición figuraban pecados de los cuales estaban siendo protegidos. Al escuchar que cada enfermedad y cada plaga[80] formaban parte de la maldición, pudieron haber gritado: "¡Alabado sea Dios! Si vivimos por fe y obedecemos LA PALABRA, ya no tendremos que soportar la gripe nunca más". Cuando escucharon que bajo la maldición experimentarían temor,[81] pudieron haber dicho: "¡Escuchen! Nunca más le tendremos temor a nada ni a nadie". Ésa es la clase de respuesta que Dios esperaba.

El SEÑOR quería que la diferencia que existía entre LA BENDICIÓN y la maldición, quedara bien establecida en sus corazones. Por esa razón, tuvo que utilizar un ejemplo muy grande. Les indicó a la mitad de los líderes israelitas que se pararan sobre el monte Gerizim, y declararan LA BENDICIÓN, y a la otra mitad, les pidió que se pararan en el monte Ebal, y declararan la maldición. A causa de que Él nunca quiso que las confundieran entre sí, entonces se las presentó de una manera dramática. Con millones de testigos israelitas, expresó:

---

80 Deuteronomio 28:61
81 Deuteronomio 28:66

A los cielos y a la tierra llamo por testigos hoy contra vosotros, que os he puesto delante la vida y la muerte, LA BENDICIÓN y la maldición; escoge, pues, la vida, para que vivas tú y tu descendencia.

—Deuteronomio 30:19

Si piensa que esos versículos no se aplican a nosotros porque se encuentran en el Antiguo Testamento, analícelos una vez más. Las promesas incluidas en LA BENDICIÓN funcionan ahora, así como en los días de Moisés. Si nos aferramos a ellas por fe, tendrán el mismo efecto sobre nosotros que el que tuvieron sobre los israelitas que las creyeron. Éstas causarán que sobresalgamos y prosperemos dondequiera que vivamos (en la ciudad o en el campo). Incluso nos dará dominio sobre nuestro ganado, a fin de que podamos ver que también es BENDECIDO.

"Pero, hermano Copeland, la mayoría de nosotros no tiene ganado".

¿Acaso no tiene mascotas? Quizá alguna vez su perro, gato, pez o periquito necesite que les ministre LA BENDICIÓN. La primera vez que lo descubrí fue cuando Angelo, el perro de nuestra hija Kellie, se quebró la cola. Éste no pesaba más de 2 ó 3 libras, pero creía que era el dueño de todo —incluyendo al perro labrador, Major, de nuestro hijo John—.

Cuando Major era un cachorro, Angelo se salía con la suya empujándolo. Angelo podía ladrarle y mordisquearle las patas a Major para que hiciera todo lo que Angelo quería. Pero un día, eso cambió. Major comprendió que pesaba como 50 libras más que Angelo, entonces cuando él comenzó a irritarlo, sólo levantó sus cuatro patas y se dejó caer sobre Angelo, aplastando al pequeño perro.

Yo estaba justo ahí viendo lo que sucedía y escuchaba a lo lejos los ladridos de Angelo que salían por debajo del gran pecho de Major, pero me estaba riendo tanto que no podía defenderlo. Por fin, me di cuenta que debía hacer algo, entonces empujé a Major y rescaté a Angelo. Cuando lo hice, noté que su pequeña cola, la cual normalmente se encorvaba hacia su espalda, estaba estirada y hacia un lado.

En ese momento, Kellie se acercó corriendo, lo vio y me dijo: «Papi, ora por la cola de Angelo. ¡Está quebrada! Ora, papi, ora».

En ese instante, no pude orar por nada. Todavía me estaba riendo mucho. Entonces Kellie lo tomó disgustada, y me dijo: «Le pediré a mamá que ore por él».

Me sentí en cierta manera avergonzado de mí mismo, entonces le pedí perdón al SEÑOR por no haber orado por Angelo, pero al final todo resultó bien para él. Unos minutos más tarde, después de que Gloria oró por él, entró corriendo y ladrando a la casa, y su cola estaba de nuevo encorvada, y Kellie venía detrás de él gritando: «¡Angelo se sanó!».

Usted puede creer lo que desee, pero yo fui testigo de ello. Vi cómo su cola estaba quebrada, y luego la vi restaurada. Dios sanó a ese ruidoso cachorro. Quizá le parezca una historia ilógica, pero esa es la manera en que debemos actuar. Es necesario que ejerzamos dominio sobre los animales y bendigamos al reino animal, así como sobre cualquier otra área sobre la cual ejerzamos influencia.

En cuanto a la maldición, ésta todavía se encuentra allá afuera... pero ya la derrotamos. Si escogemos rendirnos y someternos a ésta, podemos hacerlo. Y créame, Dios dejará que lo hagamos. Pero no debemos hacerlo pues Jesús ya nos liberó de la maldición de una vez por todas y para siempre. Ésa es la maravillosa diferencia entre los santos del Antiguo Testamento y nosotros. Como siervos de Dios, ellos recibieron protección a causa del derramamiento de sangre de los animales. En su época, Satanás todavía tenía autoridad sobre este planeta y gobernaba como el dios de este mundo.

Pero cuando Jesús vino, derrotó al diablo y lo quitó de su lugar de autoridad: «despojando a los principados y a las potestades, los exhibió públicamente, triunfando sobre ellos en la cruz».[82] Y al tomar en Sí mismo el pecado de toda la humanidad:

Cristo nos redimió de la maldición de la ley, hecho por nosotros

---

82 Colosenses 2:15

maldición (porque está escrito: Maldito todo el que es colgado en un madero para que en Cristo Jesús LA BENDICIÓN de Abraham alcanzase a los gentiles, a fin de que por la fe recibiésemos la promesa del Espíritu.

—Gálatas 3:13-14

Como creyentes del Nuevo Pacto, no sólo estamos protegidos en contra de la maldición, sino que también ejercemos dominio sobre ella. No tiene autoridad sobre nosotros a menos que nosotros le demos lugar.

Algunas veces, el diablo lo presionará muy fuerte para que se someta a la maldición. El enemigo enviará síntomas de enfermedad y todo tipo de pecados de maldición, intentando que usted la acepte en su vida. En ese momento, debe pararse firme en LA BENDICIÓN, negarse a creerle en sus mentiras y pelear la buena batalla de la fe.

Durante mis primeros años en el ministerio, estaba predicando en Shreveport, Louisiana, y me dio un dolor muy fuerte en la ingle, al punto que no podía caminar de forma normal. En ese entonces, no sabía mucho acerca de LA BENDICIÓN, pero lo que sí sabía era que la enfermedad era parte de la maldición, y que Dios me había liberado de ésta. Entonces por tres semanas resistí al diablo en relación a ese dolor. Todas las veces que predicaba en Shreveport, la unción caía sobre mí y me sentía bien cuando me paraba en la plataforma. Pero tan pronto como terminaba el servicio, el dolor regresaba, y me dolía tanto que apenas podía soportarlo.

Cuando tomé el vuelo de regreso a casa, al salir de la puerta del avión, sintiendo todavía ese dolor, escuché que el diablo dijo: "Debes caminar dos kilómetros para llegar hasta tu automóvil. Si eres tonto, caminarás esa distancia, reventarás un coágulo de sangre en tu ingle, y te mataré antes de que llegues a casa".

Yo sabía cuál era mi pacto. No iba a creer en sus mentiras, entonces le respondí: «Eso está por verse». Luego le ordené que se callara, y empecé a declarar versículos de sanidad.

En ese momento, un hombre que iba empujando una silla de ruedas se me acercó. Hasta hoy día, no sé de dónde apareció. Yo no le había dicho a nadie que necesitaba una silla, entonces me dijo: «Usted necesita una silla, ¿verdad?».

Y le respondí: *No, gracias.* Luego me dije a mí mismo: *Un hombre sano no necesita una silla de ruedas.*

Di tres o cuatro pasos, y sentí de nuevo el dolor. Entonces el diablo expresó: "Ves, te mataré en el trayecto hacia la puerta".

Y le contesté: *Diablo, ¡no tienes el poder para matar a nadie! Yo he nacido de nuevo, y estoy lleno del Espíritu Santo. Mayor es el que está en mí que el que está en el mundo. No me matarás hoy, tampoco mañana ni pasado mañana. Mi vida está escondida en Cristo Jesús, y yo estoy redimido de la maldición. Así que cállate, y aléjate de mi presencia.*

Caminé durante todo el trayecto hacia el automóvil con Gloria y mis padres, quienes habían llegado a encontrarme al avión. Camino a casa, hice algo que nunca antes había hecho y que no he vuelto a realizar desde entonces. Les expresé a mis padres: «No me lleven hasta mi casa. Llévenme a la suya, y dormiré ahí».

Subí las gradas tan pronto como pude, y me fui a dormir —con todo y dolor—. Yo no lo sabía, pero después de que me quedé dormido, mi madre llegó a la habitación y se sentó a los pies de la cama. Se quedó orando ahí como hasta las 2:00 a.m. Entonces desperté, y me senté bien erguido declarando: «¡Alabado sea Dios!».

Ella exclamó: «¡Asunto arreglado!», y luego salió de la habitación. Salté de la cama, e hice un pequeño baile alrededor de la cama, me volví a dormir y nunca más sentí ese dolor. Algunas veces se requiere de ese tipo de lucha en fe para vivir bajo LA BENDICIÓN. Pero es una buena batalla, pues ¡la ganamos!

Algunas personas lanzan piedras

Si el pueblo de Israel hubiera actuado de esa manera, creyéndole a Dios y confiando en que LA BENDICIÓN obraría a su favor, incluso en medio de las circunstancias mas adversas, hubieran logrado atravesar más rápido el desierto para entrar a la Tierra Prometida. Hubieran vencido a cualquier enemigo que se levantara en su contra. Derrotado a cualquier gigante a la vista y construido su hogar en la tierra donde fluía leche y miel, sin necesidad de vivir 40 años en el desierto.

Quizá alguien argumente eso, con esta respuesta: "No estoy seguro de ese hecho. Ellos no sabían mucho acerca de vivir por fe, además enfrentaron circunstancias muy difíciles".

Es cierto, pero Dios los había equipado por completo para que enfrentaran ese desafío. Josué y Caleb son prueba de ello. Ellos permanecieron firmes contra todos sus miedosos, incrédulos y quejumbrosos amigos, vecinos y familiares quienes se negaron a entrar a la Tierra Prometida. Ellos creyeron en LA BENDICIÓN cuando todos a su alrededor les aseguraban que no funcionaría.

Y hablaron a toda la congregación de los hijos de Israel, diciendo: La tierra por donde pasamos para reconocerla, es tierra en gran manera buena. Si Jehová se agradare de nosotros, él nos llevará a esta tierra, y nos la entregará; tierra que fluye leche y miel. Por tanto, no seáis rebeldes contra Jehová, ni temáis al pueblo de esta tierra; porque nosotros los comeremos como pan; su amparo se ha apartado de ellos, y con nosotros está Jehová; no los temáis.

—Números 14:7-9

¿Sabe usted cómo respondió ese pueblo ante las palabras de fe de Josué y de Caleb? Recogieron piedras, y querían lapidarlos. Eso no me sorprende para nada. A través de los años, he descubierto que las personas que escogen no creer ni vivir conforme a LA BENDICIÓN de Dios, a menudo le lanzan piedras a quienes sí creen. La gente se enoja al respecto, y eso fue lo que ocurrió con los israelitas errantes en el desierto. Se quejaron y se estancaron durante 40 años. Dios tuvo que dejar que toda esa generación —a excepción de los dos hombres de fe— muriera en el desierto.

El SEÑOR no quería que eso ocurriera. Se esforzó para que entraran a la Tierra Prometida. Les habló una y otra vez: "¿Podrían entrar por favor?". Entonces cuando llegó el momento de cruzar, se negaron a creer que Dios haría por ellos lo que les había prometido.

En ese momento, Dios les cerró la puerta. Y finalmente, les expresó: "Irán hasta Canaán con Josué y Caleb, pero nunca verán la Tierra Prometida". Quizá eso suene grosero, pero Dios no tenía otra alternativa. Él no podía permitir que ese grupo de personas entrara, pues hubieran destruido la Tierra Prometida con su incredulidad.

En el Nuevo Testamento se nos explica cómo se sintió Dios, con la decisión que tomaron los israelitas, y se nos insta a que no sigamos sus pasos:

> No endurezcáis vuestros corazones, como en la provocación, en el día de la tentación en el desierto, donde me tentaron vuestros padres; me probaron, y vieron mis obras cuarenta años. A causa de lo cual me disgusté contra esa generación, y dije: Siempre andan vagando en su corazón, y no han conocido mis caminos. Por tanto, juré en mi ira: No entrarán en mi reposo. Mirad, hermanos, que no haya en ninguno de vosotros corazón malo de incredulidad para apartarse del Dios vivo.
>
> —Hebreos 3:8-12

Quienes amamos al SEÑOR, debemos recordar esas palabras. Nunca deberíamos olvidar que si escogemos el camino de la incredulidad, y fracasamos en recibir por fe LA BENDICIÓN que nos pertenece como Sus hijos, no sólo nosotros salimos heridos; sino que también eso entristece el corazón de nuestro Padre celestial. En Su gran amor y compasión, Él ha estado trabajando durante miles de años para que Sus familias recuperen LA BENDICIÓN. Él nos dio Su PALABRA, derramó Su sangre y derramó Su Espíritu por una sola razón:

Para que el mundo que tanto ha amado desde el inicio de los tiempos, pueda al fin ser BENDECIDO.

Capítulo ocho

El día en que todo el cielo estalló de gozo

Porque un niño nos es nacido, hijo nos es dado, y el principado sobre su hombro; y se llamará su nombre Admirable, Consejero, Dios Fuerte, Padre Eterno, Príncipe de Paz. Lo dilatado de su imperio y la paz no tendrán límite, sobre el trono de David y sobre su reino, disponiéndolo y confirmándolo en juicio y en justicia desde ahora y para siempre. El celo de Jehová de los ejércitos hará esto... Acontecerá en aquel tiempo que su carga será quitada de tu hombro, y su yugo de tu cerviz, y el yugo se pudrirá a causa de la unción.

—Isaías 9:6-7; 10:27

Para el SEÑOR, un día es como mil años y mil años son como un día (2 Pedro 3:8). Por consiguiente, de acuerdo con el tiempo de Dios el lapso que transcurrió entre la creación del huerto de Edén y el nacimiento de Jesús, fue menos de una semana.

Sin embargo, para el diablo, ese tiempo se prolongó demasiado. El enemigo permaneció a la expectativa y atemorizado durante 4,000 años, por la llegada del Mesías prometido. Fueron cuatro milenios llenos de temor los que el diablo vivió preguntándose acerca de quién era el Elegido que vendría después de la caída de Adán en el huerto de Edén.

Mientras transcurrían los días, las siguientes preguntas de seguro hostigaron al enemigo: ¿Quien será el descendiente del linaje de LA BENDICIÓN que vendrá y aplastará mi cabeza? ¿Quién será la simiente de Abraham que demostrará ser el Ungido que cumplirá la promesa divina que expresa: «... y serán benditas en ti todas las familias de la tierra» (Génesis 12:3)?"

Quienquiera que fuera, las profecías acerca de Él eran muy claras, con respecto a que estaría ungido con el poder para destruir el yugo formado por el pecado, el cual había utilizado el diablo para esclavizar a la humanidad. De acuerdo a los profetas, el Ungido despojaría de toda la autoridad y el poder a Satanás. Y luego, se los devolvería a la humanidad, pues, de acuerdo al plan original de Dios, ésta le pertenecía a la humanidad por derecho.

El diablo ha asesinado hombres que han sido conforme al corazón de Dios, una y otra vez, en su intento de sabotear el cumplimiento de esas profecías. Continuamente, se esforzó por aniquilar por completo a toda la raza hebrea; también intentó convertirlos en adoradores de ídolos, atarlos al pecado y hacer que olvidaran el pacto, a fin de que se bloqueara LA BENDICIÓN sobre ellos.

A pesar de la intensa oposición del diablo, LA BENDICIÓN siempre se manifestó a través de un pequeño grupo de ellos. A través del tiempo, siempre hubo un hombre, una mujer o un grupo de creyentes perseverantes que se negaron a abandonar LA BENDICIÓN. A través de ellos, LA BENDICIÓN continuó obrando, generación tras generación.

Como resultado, el diablo no encontró la forma de revertir lo que Abraham activó, el día que subió a la montaña para ofrecer a Isaac como sacrificio a Dios. Nada podía detener la respuesta divina que había sido autorizada cuando, por fe en LA BENDICIÓN, Abraham llevó a su único hijo y lo puso sobre el altar como una ofrenda por el pecado, plenamente convencido de que Dios lo resucitaría.[83] Al ofrecer a Isaac como sacrificio, Abraham activó el principio de pacto que obligaba al Señor a corresponderle de la misma manera. Él abrió la puerta para que Dios ofreciera a *Su* único Hijo como un sacrificio por la humanidad.

---

83 Hebreos 11:17-19

Queda claro que por esa razón, Dios le pidió a Abraham que el sacrificio de Isaac sucediera primero. Para establecer de forma irrevocable el plan de redención.

Aunque se requirió de unos miles de años para que se revelara el plan, éste se cumplió. En una noche histórica en Belén, la fe que Abraham tuvo en LA BENDICIÓN abrió la puerta para que Jesús el mismo Hijo de Dios viniera a este mundo. Después de haber pasado de generación en generación, LA BENDICIÓN, finalmente engendró a un pequeño bebé sin pecado envuelto en pañales, recostado en un pesebre.[84]

El camino hacia el huerto se ha abierto de nuevo

Había pastores en la misma región, que velaban y guardaban las vigilias de la noche sobre su rebaño. Y he aquí, se les presentó un ángel del Señor, y la gloria del Señor los rodeó de resplandor; y tuvieron gran temor. Pero el ángel les dijo: No temáis; porque he aquí os doy nuevas de gran gozo, que será para todo el pueblo: que os ha nacido hoy, en la ciudad de David, un Salvador, que es CRISTO el Señor.

—Lucas 2:8-11

No le preste atención a las imágenes que ha visto en muchas tarjetas navideñas. Ni tome en cuenta las decoraciones brillantes y los dibujos de ángeles con delicados rostros cantando. Pues en estos versículos se narra uno de los eventos más trascendentales de todos los tiempos. Ese pasaje bíblico proclama la más impactante noticia que se haya escuchado desde que Dios BENDIJO a Adán en el huerto de Edén —dicha noticia maravilló al cielo, asombró a la Tierra e hizo entrar en pánico al infierno—.

Esta gran noticia no la entregó un ángel pequeño parado de puntillas sosteniendo un himnario. Sino éste lo entregó el mismo ángel del SEÑOR —el ángel personal de Jesús—.

---

84 Lucas 2:12

La misión eterna de ese ángel es ayudar a Jesús en todo lo que Él lleve a cabo. Él permaneció junto a María durante su embarazo, protegiéndola y cuidándola en su largo viaje de Nazaret hacía Belén.

El ángel del SEÑOR era el encargado de llevar a cabo todos los arreglos relacionados con el nacimiento de Jesús. Supervisó que el pesebre fuera purificado, santificado y que la gloria del SEÑOR se manifestara en ese lugar. Cada germen sucio y mortal tuvo que ser sacado de aquel lugar.

Cuando el ángel apareció para anunciar el nacimiento de Jesús, contrario a lo que algunos villancicos navideños proclaman, él no estaba cantando suavemente. Tampoco estaba flotando en el cielo durante la noche, sosteniendo una vela de cumpleaños, cantándole a unos soñolientos pastores. No, el ángel apareció resplandeciendo, y se encontraba rodeado en gran manera por el resplandor de Dios que iluminó toda la región. Las personas de los alrededores debieron haberse despertado pensando que ya había amanecido. Quizá algunos salieron para averiguar por qué a medianoche estaba tan claro como el mediodía.

Estoy convencido que al momento de que ese glorioso ángel habló, su voz estremeció toda la Tierra. Los campos vibraron con sus palabras, mientras entregaba el mensaje del Dios todopoderoso: «... he aquí os doy nuevas de gran gozo, que será para todo el pueblo» (Lucas 2:10).

Las *buenas nuevas* significan: *buenas noticias.*[85] Éstas se refieren al *Evangelio.* Entonces, lo que el ángel estaba expresando era: "Les traigo el Evangelio [las buenas noticias] de gran gozo".

Usted y yo, subestimamos esos términos porque hemos vivido en la dispensación del evangelio. Pero esos pastores jamás habían experimentado ningún tipo de gozo sobrenatural. El verdadero gozo, es la consecuencia de la obra del Espíritu Santo en su interior. Éste surge porque Dios vive dentro de usted. Pero en esa época, ni siquiera se imaginaban experimentar esa clase de gozo.

Alegrárse por esa noticia era lo único que podían hacer esos pastores

---

85 *La nueva concordancia exhaustiva de la Biblia James Strong,* (Nashville: Thomas Nelson Publishers, 1984) G2097

—el Libertador por el cual los judíos habían orado y esperado por mucho tiempo— finalmente había nacido. Comprender el nacimiento del Mesías iba mucho mas allá de su entendimiento.

Sin embargo, eso no fue lo único que el ángel del SEÑOR les comunicó. Lo que él les anuncio fue la restauración de LA BENDICIÓN para toda la humanidad. Ese grandioso mensajero, quien resplandecía con la gloria, estaba proclamando las noticias de que la simiente de Abraham, el Ungido que aplastaría a la serpiente, había venido para traer el gozo del SEÑOR; no sólo para los judíos, sino también para *todas las personas.*

El ángel estaba anunciándole a un mundo, pecaminoso, caído y que había vivido en maldición durante 4,000 años, que el camino de regreso al huerto volvía a estar a su disposición.

Reponiéndose del impacto de la revelación

Tan pronto como el ángel del SEÑOR entregó el mensaje, todo el cielo estalló de gozo:

> Y repentinamente apareció con el ángel una multitud de las huestes celestiales, que alababan a Dios, y decían: ¡Gloria a Dios en las alturas, y en la tierra paz, buena voluntad para con los hombres!
>
> —Lucas 2:13-14

No existe ningún otro registro en la PALABRA de Dios de un suceso similar. Sin embargo, la noche que Jesús nació, los ángeles estaban tan emocionados que no pudieron ocultar su alegría. Con su alabanza extinguieron las palabras del arcángel del SEÑOR, y proclamaban a Dios de manera extraordinaria y a gran voz: paz en la Tierra y buena voluntad para con los hombres.

Observe que no dijeron buena voluntad *entre* los hombres. Y tampoco estaban proclamando a gran voz acerca del tipo de paz natural que surge como resultado de que en la tierra ya no existe violencia. No, su emoción se produjo por algo más grande.

Los ángeles, estaban tratando de asimilar la revelación del hecho de que la guerra entre el cielo y el infierno había terminado. El pecado que Adán había cometido en el huerto de Edén llegó a su fin. La batalla que comenzó cuando Satanás le robó LA BENDICIÓN a Adán, la cual el diablo inició contra el cielo, ya había sigo ganada. Como consecuencia, los ángeles declararon: "Ahora, a vuelto a surgir la paz entre Dios y la humanidad. El sacrificio para pagar el precio del pecado ha nacido en la Tierra; y a través de Él, la buena voluntad de Dios ¡se ha extendido hacia todos los seres humanos!".

La noche que Jesús nació, la atmósfera de la Tierra retumbó al escuchar la respuesta a la pregunta que Satanás le formuló a Eva miles de años atrás en el huerto:

«¿*Es cierto que Dios les dijo...?*».

Las huestes del cielo sacudieron al planeta con las noticias: *"¡Es cierto, lo que Dios nos dijo!"*.

LA BENDICIÓN fue lo primero que el Señor declaró sobre la humanidad; y ése anhelo de bendecirla es inalterable. Pues LA BENDICIÓN es la perfecta voluntad de Dios para las personas. Jesús es la perfecta voluntad del SEÑOR para la humanidad. Él es LA BENDICIÓN manifiesta en la carne, y es la personificación de las palabras divinas: «Fructificad y multiplicaos; llenad la tierra, y sojuzgadla, y señoread...» (Génesis 1:28).

Incluso antes que Jesús finalizara Su misión en la Tierra —antes de ir a la Cruz y completar el plan de redención—, Dios envió a Sus ángeles a declarar: "¡Escuchen todos las buenas noticias!: ¡LA BENDICIÓN les perteneces, una vez mas!".

Así es como Dios siempre obra. Él llama las cosas que no son como si fueran (Romanos 4:17). Y desde el principio ya sabe cuál será el resultado. Y, como siempre, el final que Él estableció, se cumplió. Tan sólo 33 cortos años después, el diablo fue derrotado y la maldición fue vencida —y esto se logró gracias al poder de LA BENDICIÓN—.[86]

Sin privilegios divinos

Quizá usted piense: "Espere un momento. Yo creía que Jesús había realizado todas esas obras, debido al poder divino que se encontraba en Él, por ser el Hijo de Dios".

No, en la Biblia se nos relata que cuando Jesús vino a la Tierra, se despojó a Sí mismo de todos sus privilegios divinos. Él se negó a utilizar el poder que le pertenecía como miembro de la Trinidad: "…se hizo como hombre y nació como ser humano".[87]

Eso significa que los milagros y las obras que realizó en Su ministerio aquí en la Tierra, fueron una manifestación de LA BENDICIÓN en la vida de otras personas. Él sanó al enfermo, echó fuera demonios y resucitó muertos —y éstas obras las realizó por medio de la fe que tenía en LA BENDICIÓN de Abraham y en las promesas que en ésta se incluyen—.

Es sorprendente, pero es verdad: Jesús cumplió todo lo que el Padre le pidió, no como Hijo de Dios, sino como *Hijo del Hombre*. En el Nuevo Testamento, se describe con claridad una y otra vez, que Jesús se refería a Sí mismo de esta manera:

- Cuando sanó al paralítico, Él dijo: «Pues para que sepáis que *el Hijo del Hombre* tiene potestad en la tierra para perdonar pecados (dice entonces al paralítico): Levántate, toma tu cama, y vete a tu casa» (Mateo 9:6).

- En una ocasión, cuando hablaba con Sus discípulos, les preguntó: «…¿Quién dicen los hombres que es *el Hijo del Hombre?*» (Mateo 16:13).

- Cuando habló acerca de Su crucifixión, declaró: «… le

---

86 Gálatas 3:13-14; Colosenses 2:15
87 Filipenses 2:7, *AMPC*

era necesario *al Hijo del Hombre* padecer mucho...»
(Marcos 8:31).

- Cuando explicó Su ministerio terrenal, manifestó: «Porque
el Hijo del Hombre no ha venido para perder las almas de los
hombres, sino para salvarlas...» (Lucas 9:56).

- Cuando le habló a los judíos, quienes cuestionaban Su
identidad, declaró: «...Cuando hayáis levantado *al Hijo
del Hombre,* entonces conoceréis que yo soy, y que nada
hago por mí mismo, sino que según me enseñó el Padre, así
hablo» (Juan 8:28).

Al referirse a Sí mismo como el Hijo del Hombre, Jesús de ninguna
manera estaba negando Su divinidad, al contrario, respaldó por completo
la revelación que recibió Pedro: «...Tú eres el Cristo, el Hijo del Dios
viviente» (Mateo 16:16). Sin embargo, Él no enfatizaba Su divinidad,
sino Su humanidad.

Al llamarse a Sí mismo el Hijo del Hombre, Él en realidad les estaba
expresando a Sus seguidores judíos, quienes sabían que *Hombre* y *Adán*
provenían de la misma palabra hebrea: "Yo soy quien vive conforme a
la BENDICIÓN de Adán. Soy el último Adán".[88]

Quizá usted diga: "Yo pensaba que Jesús ya vivía conforme a LA
BENDICIÓN de Abraham".

¡Y usted está en lo correcto! Pues como ya hemos visto, la
BENDICIÓN de Adán y la BENDICIÓN de Abraham es la misma. La
razón por la que la BENDICIÓN se menciona en el Nuevo Testamento
como "LA BENDICIÓN de Abraham", se debe a que por medio de la
fe de Abraham y su pacto con Dios se abrió el camino para que Jesús
viniera a la Tierra. El nacimiento, la vida, el ministerio, el sacrificio de
Jesús por nuestros pecados y Su resurrección, fueron posibles gracias
a que Abraham creyó y recibió LA BENDICIÓN —no sólo para sí
mismo, sino también para su simiente—.

---

88 1 Corintios 15:45.

Observe que la palabra *simiente* está en singular, y no en plural. Ésta no sólo se refiere al pueblo judío, quienes son los herederos naturales de Abraham, sino que de acuerdo con Gálatas 3:16, LA BENDICIÓN de Abraham y cada promesa incluida en ella, fueron específicamente dirigidas a un Heredero en particular: Jesús.

Ahora bien, a Abraham fueron hechas las promesas, y a su simiente. No dice: Y a las simientes, como si hablase de muchos, sino como de uno: Y a tu simiente, la cual es Cristo.

A la luz de esta revelación, usted puede comprender por qué en Gálatas 3:8, leemos que Dios le predicaba *el evangelio* a Abraham cuando le dijo: «…En ti serán benditas todas las naciones». Con esa única declaración, Él proclamó las buenas nuevas de que Jesús vendría a recuperar LA BENDICIÓN para todas las naciones, a fin de demostrar Su verdadero poder y ponerla una vez más a disposición de toda persona —hombre, mujer y niño sobre la faz de la Tierra— que deposite su fe en Él!

El poder que destruye el yugo y quita la carga

No cabe duda que Jesús se despojó de Sus privilegios divinos cuando vino a la Tierra. Pues Él no vino para demostrar Su poder como Hijo de Dios, sino a liberar y a restaurar el poder de LA BENDICIÓN.

Si Su propósito hubiera sido demostrar Su divinidad, Él habría empezado a obrar milagros desde que era un niño. Ya sea que tuviera 4 años o 30, Jesús seguía siendo el Hijo de Dios. Sin embargo, en la Biblia se nos aclara que obró milagros, hasta después de que el Espíritu Santo descendiera sobre Él al ser bautizado en el río Jordán. En ese momento, Jesús entró en la plenitud del poder de LA BENDICIÓN:

… y he aquí los cielos le fueron abiertos, y vio al Espíritu de Dios que descendía como paloma, y venía sobre él. Y hubo una voz de los cielos, que decía: Este es mi Hijo amado, en quien tengo complacencia.

—Mateo 3:16-17

Cuando Satanás escuchó esas palabras, la batalla comenzó. El enemigo sabía con exactitud a quién se enfrentaba. Reconocía que el bebé que nació tres décadas atrás en Belén, se había convertido en el Elegido con el poder suficiente para derrotarlo. Su reacción inmediata fue seguirlo hasta el desierto para tentarlo. Pero Jesús venció cada tentación con las poderosas palabras: "Escrito está…".

Al regresar a Galilea, bajo el poder del Espíritu, entró a la sinagoga de Nazaret y realizó un anuncio que trastornó al mundo religioso:

> El Espíritu del Señor está sobre mí, por cuanto me ha ungido para dar buenas nuevas a los pobres; me ha enviado a sanar a los quebrantados de corazón; a pregonar libertad a los cautivos, y vista a los ciegos; a poner en libertad a los oprimidos; a predicar el año agradable del Señor.
>
> —Lucas 4:18-19

Observe que Jesús no se proclamó como el divino Hijo de Dios, sino afirmó que *estaba ungido*.

Debido a que la PALABRA *ungir* no se utiliza en las conversaciones cotidianas de nuestra época, la mayoría de las personas desconoce su significado. Sin embargo, su definición es sencilla: "Untar sobre, frotar o derramar por todos lados". En el ámbito espiritual, una persona ungida es aquella que posee sobre sí el poder de Dios.

En los días de Jesús, la gente no comprendía el significado espiritual de ese término. Por tanto, aprendieron a través de las enseñanzas de Jesús que el Espíritu Santo había descendido sobre Él para deshacer la obra que el diablo hizo en el huerto de Edén. Dios había derramado sobre Jesús, el mismo poder que se le había entregado al primer Adán: la facultad de crear las condiciones del huerto adondequiera que fuera.

Quizá alguien exprese: "Bien, no sé de dónde obtienen esas ideas. Pues esos versículos no mencionan nada acerca del huerto de Edén".

Quizás esas palabras exactas no aparezcan en ese pasaje. Sin embargo, Jesús fue ungido para vencer la pobreza, la enfermedad, la aflicción, la ceguera espiritual o esclavitud. Por tanto, permítame preguntarle algo: ¿Será que algunas de estas cosas malas existían en el huerto de Edén?

¡Ciertamente no! Entonces cuando Jesús declaró que el Espíritu del SEÑOR lo había ungido con poder, a fin de deshacer tales cosas; en otras palabras estaba afirmando: "He venido para que el huerto vuelva otra vez".

¡Ese tipo de obras son las que realiza la unción! Quita las cargas y destruye los yugos del enemigo.[89] Deshace toda obra del diablo, y cumple la voluntad de Dios en la Tierra, así como en el cielo. Puesto que LA BENDICIÓN es y será siempre la voluntad de Dios, puede afirmar que la unción es LA BENDICIÓN obrando en las personas.

Y cuando Jesús empezó su ministerio, LA BENDICIÓN obró ¡como nunca antes! Debido a que Él guardó a la perfección los mandamientos de Dios, LA BENDICIÓN fluyó a través de Él sin obstáculos. En el pasado, eso hubiera sido imposible. Aunque LA BENDICIÓN podía descender sobre los santos del Antiguo Testamento —Abraham, Isaac y Jacob— no fluía desde su interior, ya que su espíritu estaba contaminado por el pecado. Pues ellos no habían nacido de nuevo.

Sin embargo, en la vida de Jesús actuaba de forma diferente. Su espíritu era puro, por tanto, LA BENDICIÓN se movía a través de Él desde adentro hacia fuera. Por esa razón, pudo expresar: «... el Padre que mora en mí, él hace las obras».[90]

LA BENDICIÓN se manifestaba con tanta libertad en Jesús que se derramó a través de Él, con toda su fuerza y sin ningún tipo de limitación o medida. Por tanto, adondequiera que Él iba, llevaba consigo el huerto de Edén. Si alguien lo escuchaba y creía con fe en Su unción, LA BENDICIÓN eliminaba la maldición de su mente y de su cuerpo, y los llenaba de vida.

Lo único que podía impedir que LA BENDICIÓN fluyera a través de Él era: la incredulidad de ellos. La gente de Nazaret descubrió esa verdad. A dondequiera que Jesús iba, siempre predicaba con unción.

---

89 Isaías 10:27
90 Juan 14:10

Sin embargo, esas personas en lugar de recibir esa unción con fe, argumentaron:

> ¿No es éste el carpintero, hijo de María, hermano de Jacobo, de José, de Judas y de Simón? ¿No están también aquí con nosotros sus hermanas? Y se escandalizaban de él. ...*Y no pudo hacer allí ningún milagro,* salvo que sanó a unos pocos enfermos, poniendo sobre ellos las manos. Y estaba asombrado de la incredulidad de ellos.
>
> —Marcos 6:3-6

La mayoría de cristianos piensa que esas personas se negaron a creer en la unción de Jesús, y tampoco creyeron que Él era el hijo de Dios. Sin embargo, de acuerdo con la Biblia, Jesús no sólo les aseguró que era el Hijo de Dios, sino les dijo: «El Espíritu del Señor está sobre mí, por cuanto me ha ungido...» (Lucas 4:18). Ése era el mensaje que enseñaba adondequiera que iba.

En los lugares donde las personas sí le creían —como en Capernaúm—, LA BENDICIÓN fluía como un río. La gente lo seguía por días escuchando Sus enseñanzas, y las multitudes se sanaban. Pasaban días sin comer, sólo por asistir a Sus reuniones. Si estaban demasiado hambrientos como para regresar a su casa, Jesús tomaba algunos panes y peces, los multiplicaba a través de LA BENDICIÓN, y alimentaba a toda la multitud.

No obstante, en lugares como Nazaret, donde las personas no creían, Jesús *no pudo realizar ningún milagro* (versículo 5). Él deseaba realizarlos, pero no pudo lograrlo, pues la incredulidad le cerró la puerta a LA BENDICIÓN.

El dominio en acción

Las personas en Nazaret no sólo se negaron a creer que Jesús estaba ungido, sino se enfadaron tanto con Él que intentaron lanzarlo por un precipicio. Pero no lo lograron, pues aun estando rodeado de incrédulos; continuó viviendo por fe en LA BENDICIÓN, como siempre lo hacía. Siguió creyendo que ésta se encontraba sobre Él, y permanecía a la expectativa que obrara en cada paso que diera y en cada palabra que expresara.

Como resultado, no pudieron agredirlo. LA BENDICIÓN que actuaba en Él lo hizo invisible ante sus ojos, y de esa forma: «...él pasó en medio de ellos y se fue».[91]

LA BENDICIÓN obraba de esa manera a favor de Jesús, adondequiera que Él iba. Todo Su ministerio fue una manifestación de las primeras palabras que Dios declaró sobre Adán: «Fructificad y multiplicaos; llenad la tierra, y sojuzgadla, y señoread...» (Génesis 1:28).

- Cuando una tormenta azotó Su barca, Jesús: «... reprendió al viento, y dijo al mar: Calla, enmudece. Y cesó el viento, y se hizo grande bonanza» (Marcos 4:39).

- Cuando las personas que padecían enfermedades y dolencias se acercaban a Él con fe, Él tomaba dominio sobre éstas y: «... sanaba a todos» (Mateo 12:15).

- Cuando fue a pescar con Pedro, ejerció dominio sobre los peces, y atrapó tantos que la red se rompía y el barco se hundía por la carga, al punto que Pedro: «... y todos sus compañeros estaban asombrados ante la pesca que habían hecho...» (Lucas 5:9, *NVI).*

- Incluso la muerte misma, se postró ante el dominio de Jesús. Cuando ésta sujetó con sus manos a Lázaro y lo arrastró a la tumba, Jesús destruyó el control de la muerte sobre Lázaro, el poder de LA BENDICIÓN, y dijo: «...¡Lázaro, ven fuera!» (Juan 11:43).

---

91 Lucas 4:30

Además, a fin de vivir conforme al poder de LA BENDICIÓN, Jesús les enseñó a quienes lo escuchaban, a vivir de la misma manera. Él declaró: «Bienaventurados los misericordiosos... Bienaventurados los de limpio corazón... Bienaventurados los pacificadores...»[92] (El mensaje que denominamos: "El sermón del monte", nos explica cómo debemos conectarnos con el poder de ¡LA BENDICIÓN, y cómo desatarlo!).

Los padres de Familia que asistían a las reuniones de Jesús, llevaban a sus hijos y le pedían que impusiera Sus manos sobre ellos, pues deseaban ese tipo de BENDICIÓN sobre sus hijos. Sabían que al momento que Él los tomara en Sus brazos, impusiera Sus manos sobre ellos y los BENDIJERA,[93] no sería sólo un ritual religioso, sino algo poderoso.

Cuando llegue al cielo, le preguntaré al SEÑOR en qué clase de personas se convirtieron los niños que Jesús BENDIJO. Leeré los registros del cielo, y descubriré las cosas sorprendentes que realizaron esos niños.

Quizá le parezca ridículo, pero he sido testigo del valor y del poder que proviene de los niños que aplican el poder de LA BENDICIÓN. He visto cómo niños pequeños, llenos del Espíritu, pueden poner al diablo en su lugar.

Mis propios hijos han reprendido al enemigo más veces de las que puedo contar. Recuerdo una de esas primeras ocasiones, Gloria y yo conducíamos por Fort Worth en medio de una noche tormentosa, ya que íbamos a predicar a una iglesia al otro lado de la ciudad. John, de casi cuatro años, y Kellie de seis, nos acompañaban e iban en el asiento de atrás.

El cielo se encontraba lleno de nubes negras que se desplazaban por el viento y amenazaban con empeorar el clima, por lo que nos mantuvimos pendientes de ellas. En efecto, en cuanto salimos de la carretera, dos tornados descendieron de una de esas nubes. Cuando los

---

92 Mateo 5:7-9
93 Marcos 10:16

visualicé, comencé a gritar: *¡No, no se atreverán a hacernos daño! En el nombre de Jesús, y por quien soy y a quien sirvo, ¡te ordeno que regreses a esa nube, pues ahí es a donde perteneces!*

Cuando terminé de reprender a ese tornado, escuché a John y a Kellie detrás de mí gritando a todo pulmón con esa misma clase de confianza: «¡Sí, váyanse de aquí en el nombre de Jesús!».

En ese instante, los dos tornados retrocedieron y regresaron a las nubes. Parecía como si hubieran tenido resortes en ellos.

"Hermano Copeland, ¿de seguro no creerá que sus hijos lo hicieron?".

¿Por qué no?

LA BENDICIÓN que se encuentra sobre ellos, es la misma que se encuentra sobre mí. Es la misma BENDICIÓN que calmó la tormenta en el Mar de Galilea; y ésta funciona de la misma forma que funcionó para Jesús, en cada miembro de la familia de Dios que ha nacido de nuevo y ha sido bautizado con el Espíritu Santo —ya sea que tenga seis ó 60 años—.

Por fe, LA BENDICIÓN es nuestra, a través de Jesús.

Capítulo nueve

De la Cruz a Su trono

Así que, por cuanto los hijos participaron de carne y sangre, él también participó de lo mismo, para destruir por medio de la muerte al que tenía el imperio de la muerte, esto es, al diablo, y librar a todos los que por el temor de la muerte estaban durante toda la vida sujetos a servidumbre.

—Hebreos 2:14-15

Cuando Jesús vino a este mundo ministró a las personas bajo el poder de LA BENDICIÓN, y ése es un hecho bíblico e indiscutible. Sin embargo, hay un punto que debemos aclarar: Jesús no vivió de esa manera sólo para darnos un ejemplo a seguir. Tampoco tomó forma de hombre, para demostrarnos como disfrutar una vida BENDECIDA, y conforme al corazón de Dios. Cualquiera que comprenda cómo es el ser humano, reconoce que seguir un buen ejemplo no es suficiente para cambiar, pues es una idea totalmente absurda.

Permanecer a la expectativa de que la raza humana, la cual cayó por el pecado, viva como Jesús vivió sólo con seguir Su buen ejemplo, sería como esperar que un burro de patas cortas y gruesas, y con una espalda desalineada gane —con sólo seguir el ejemplo de un caballo— el premio de la prestigiosa carrera de caballos purasangre: *Derby*. Eso nunca sucedería, no puede ocurrir. No importa cuánto desee un burro ser como un caballo de carreras, éste nunca ganaría un campeonato *Derby* porque no nació bajo un linaje de caballos purasangre. Entonces no importa cuánto deseen las personas vivir como Jesús, pues si nacieron bajo el linaje de Adán, jamás podrán lograrlo, ya que han nacido de una simiente pecaminosa.

Por esa razón, Dios no envió a Jesús para que fuera nuestro ejemplo, sino para que fuera el Primogénito de un nuevo linaje.

Jesús fue concebido en el vientre de una virgen, y no fue tan sólo un miembro espectacular y espiritualmente exitoso de la raza adámica pecaminosa. Él era el Hijo de Dios —el segundo integrante de la Trinidad—, y vestía un cuerpo humano que bombeaba sangre, no contaminada por el pecado de Adán, sino la sangre sin pecado que fue creada por la PALABRA de Su Padre celestial. Él era la Simiente Pura que daría origen a una nueva especie humana —una raza de hombres, mujeres y niños nacidos de Dios, quienes tendrían un espíritu tan santo, y tan lleno de gloria divina como el de Él—. Una raza renacida, tan pura como Dios mismo, la cual no tendría mancha alguna, provocada por la amargura de la maldición.

El plan que Jesús vino a cumplir a la Tierra era sobrenatural, maravilloso y puro. Era tan perfecto y estaba por completo escondido en Dios, que aunque el diablo —con toda su destreza— intentó descubrirlo, no lo logró. Éste era un «...misterio... la cual Dios predestinó antes de los siglos para nuestra gloria, la que ninguno de los príncipes de este siglo conoció; porque si la hubieran conocido, nunca habrían crucificado al Señor de gloria».[94]

Si el diablo y sus secuaces hubieran tenido la más mínima noción de lo que ocurriría cuando Jesús fuera crucificado, ellos lo hubieran dejado en paz. Pues se habrían percatado que una sola vida libre de pecado, jamás detendría la maldad que se desató con desenfreno, después de la caída de Adán. Se habrían dado cuenta que el ministerio terrenal de Jesús, por más poderoso que fuera, en realidad, no podía liberar a un mundo esclavo del pecado.

---

94 1 Corintios 2:7-8

Si no hubieran estado cegados por su propio orgullo y por las tinieblas espirituales en las que se encontraban, le habrían prestado más atención a las palabras de Jesús: «De cierto, de cierto os digo, que si el grano de trigo no cae en la tierra y muere, queda solo; pero si muere, lleva mucho fruto... Ahora está turbada mi alma; ¿y qué diré? ¿Padre, sálvame de esta hora? Mas para esto he llegado a esta hora» (Juan 12:24, 27).

De alguna manera, todo el reino demoniaco no comprendió el trasfondo de aquellas palabras. Jamás comprendieron que la *muerte* de Jesús permitiría que toda la Tierra se llenara con los hijos de Dios, semejantes a Él, y no a través de su vida. Por medio de Su crucifixión y de Su resurrección Jesús pudo quitarle la autoridad al diablo y liberar al mundo.

Las huestes del infierno ignoraban por completo que al provocar que la multitud en Jerusalén gritara: "¡Crucifíquenlo!" Estaban ayudando a lograr el objetivo. Nunca se les ocurrió que el Dios todopoderoso estaba a punto de emboscarlos. Ellos pensaban que si mataban a Jesús, podrían quitárselo de encima.

Cuando sus intentos comenzaron a tener éxito, debieron haberse quedado perplejos. Pues lo habían intentado matar muchas veces, pero fracasaban. ¿Por qué ahora Él se estaba sometiendo a la tortura y al dolor? ¿Por qué, en lugar de pedirle a Dios que enviara una legión de ángeles para que lo protegieran, estaba permitiendo que esos pecadores le arrancaran la barba? ¿Por qué inclinó Su cabeza para que le pusieran la corona de espinas; por qué permitió que lo azotarán hasta que desgarraran Su carne, y por qué ofreció Sus manos para que se las clavaran?

Ellos desconocían lo que usted y yo ahora sabemos: Jesús soportó todo ese sufrimiento, a fin de pagar el precio del pecado de toda la humanidad. Se entregó a Sí mismo de forma voluntaria, a fin de convertirse en el Cordero de sacrificio, a favor del mundo entero. Él estuvo dispuesto a derramar Su sangre pura y sin pecado; con el fin de establecer un nuevo pacto entre Dios y los seres humanos —un pacto que los reconciliaría con Dios, y que restauraría LA BENDICIÓN para siempre—.

Una transferencia milagrosa

Comprender el valor que Jesús pagó por el Nuevo Pacto va mucho más allá de lo que puede comprender la mente natural. Incluso las representaciones del sufrimiento físico que padeció, no se comparan en lo más mínimo a la plenitud del precio que pagó; pues la agonía más fuerte no la sufrió en Su cuerpo, sino en Su espíritu. Además de enfrentar la muerte natural, también llevó dentro de Sí mismo todo el pecado de la humanidad —del pasado, del presente y del futuro—. Él absorbió dentro de Su propio e inmaculado espíritu cada pensamiento, cada acción y cada hecho repugnante y demoniaco de la humanidad, y sufrió todas las consecuencias de éstos.

- «Al que no conoció pecado, *por nosotros* [Dios] *lo hizo pecado,* para que nosotros fuésemos hechos justicia de Dios en él» (2 Corintios 5:21).

- «Cristo nos redimió de la maldición de la ley, *hecho por nosotros maldición* (porque está escrito: Maldito todo el que es colgado en un madero)» (Gálatas 3:13).

- «Todos nosotros nos descarriamos como ovejas, cada cual se apartó por su camino; mas Jehová *cargó en él el pecado de todos nosotros»* (Isaías 53:6).

Ahora bien, quizá usted pregunte: "Pero, hermano Copeland, ¿cómo pudo entrar el pecado en Jesús si Él nunca cometió pecado?".

Nuestro pecado entró en Su espíritu, de la misma manera en que Su justicia se introdujo en el nuestro, cuando nacimos de nuevo. Fue transferido por medio de un milagro de Dios, mediante la fe en Su PALABRA.

Jesús recibió la muerte espiritual de la misma forma en que nosotros recibimos la vida espiritual: Él creyó en Su corazón y confesó con Su boca que las palabras de Dios se cumplirían. Él permaneció firme en su fe creyendo, en LA PALABRA. Que afirma que el SEÑOR llevaría sobre Sí la iniquidad de todos nosotros, y obedeció esa palabra al ir a la Cruz; luego LA PALABRA realizó su obra.

Cuando se le transfirió nuestro pecado, el cuerpo de Jesús fue afectado en gran manera y se desfiguró tanto por los efectos del pecado que ni siquiera parecía un ser humano. Su espíritu sufrió tanta tortura y presión que: «...de tal manera fue desfigurado de los hombres su parecer, y su hermosura más que la de los hijos de los hombres».[95] Ningún espíritu humano ha atravesado la angustia que Él padeció. Por esa razón, el centurión que presenció la muerte de Jesús expresó: «... Verdaderamente éste era Hijo de Dios».[96]

Es posible que el centurión haya presenciado cientos de muertes por crucifixión, pero quizá nunca había visto nada comparado a lo que le sucedió a Jesús. En ese momento lo único que pensó fue que las palabras de los fariseos eran ciertas: "Este hombre debió haber cometido alguna blasfemia. El declaró ser igual a Dios, y ahora, Dios en Su ira lo está castigando". Eso pensaba la mayoría de personas que vio morir a Jesús. Mientras colgaba de la Cruz, pagando el precio por los pecados, llevando sobre Sí la culpa; la gente aseguraba que Él estaba siendo: «... herido por Dios...».[97]

Incluso es posible que el diablo haya llegado a esa misma conclusión. El enemigo no tenía otra explicación del por qué Jesús estaba siendo castigado. Quizá pensó: "No sé qué cosa tan terrible realizó este hombre, pero de alguna manera su pecado fue tan grande que Dios se volvió en Su contra por completo". Pero si tenía dudas acerca de la forma en que Jesús estaba siendo castigado, éstas desaparecieron después de la muerte física de Jesús, cuando Su espíritu cargado con todo el pecado del mundo descendió al infierno.

Quizá alguien exprese: "¡Claro que no! Jesús no descendió al infierno. Él terminó la obra redentora cuando estuvo en la Cruz. Pues Él mismo lo dijo".

95 Isaías 52:14
96 Mateo 27:54
97 Isaías 53:4

Esto no es cierto, pues cuando él exclamó: "Consumado es", Él no se refería a la redención de la humanidad. Todo aquél que ha escuchado el Evangelio sabe que el plan de redención, concluyó después de la Resurrección. Entonces no es posible que Jesús se estuviera refiriendo al cumplimiento del plan de redención. Sino lo que Él declaró en la Cruz, fue el fin de la era donde se recibía la justificación por medio del sacrificio de animales. Entonces Él finalmente anunció que con el derramamiento de Su sangre, se había cumplido la profecía del sacrificio del último Cordero del Antiguo Testamento. La humanidad ya no debía sacrificar animales para expiar sus pecados. Pues el único y verdadero Cordero de sacrificio de Dios había venido a la Tierra, cancelando así el Antiguo Pacto.

Se han entablado pequeños conflictos entre teólogos acerca de lo que ocurrió luego de la muerte de Jesús. Han surgido contiendas verbales acerca de qué le sucedió a Jesús después de que *entregó Su espíritu*[98] en la Cruz. ¿Su espíritu en realidad murió? ¿Se fue de inmediato al Paraíso o a las entrañas del infierno?

En la Biblia hallamos respuestas claras a esas preguntas. Los primeros capítulos de Génesis establecen que el espíritu de Jesús sí murió. En esos pasajes bíblicos se demuestra que la muerte espiritual —no la muerte física— es la verdadera paga del pecado. Es obvio que en Génesis 2:17, cuando Dios le dice a Adán en el huerto de Edén: «mas del árbol de la ciencia del bien y del mal no comerás; porque el día que de él comieres, ciertamente morirás», Él no se estaba refiriendo a la muerte física del cuerpo de Adán. Pues él murió en lo físico 930 años después, y no cuando comió del árbol.

Dios le advirtió a Adán acerca de la muerte espiritual. También se le llama muerte interna y ocurre cuando un ser espiritual se separa de Dios. Ésa es la muerte espiritual: la separación de Dios. Adán la experimentó en el mismo instante que pecó. De inmediato, se cortó la relación que tenía con su Padre, y la luz de la vida y la gloria de Dios en su interior se apagaron.

---

98 Mateo 27:50

Para que Jesús se convirtiera en nuestro *sustituto,* Él debía experimentar ese mismo tipo de separación. Era necesario que muriera, no sólo en lo físico, sino también en lo espiritual. Y también debía descender al infierno para sufrir toda la condena del pecado.

Algunas personas religiosas no conciben la idea de que Jesús estuvo en el infierno, sin embargo, su manera de pensar no afecta en nada esta verdad. En las Escrituras encontramos esta verdad una y otra vez. En la Biblia leemos que Él descendió: «...al abismo (un lugar sin fondo)...», antes de resucitar (Romanos 10:7); y que «...su alma *no fue dejada en el Hades,* ni su carne vio corrupción» (Hechos 2:31). En Salmos 18:5, se nos ilustra un ejemplo profético y detallado de lo que Jesús experimentó en su trayecto de la Cruz al Trono: «Ligaduras del Seol me rodearon, me tendieron lazos de muerte».

Además de ir al infierno, también se sumergió en la parte más profunda y oscura de éste, a fin de sufrir todo lo necesario para obrar a nuestro favor. Siempre estaremos agradecidos de que haya descendido al infierno, pues si Jesús no hubiera ido, habríamos tenido que ir nosotros. Si Él no hubiera pagado el precio, lo hubiéramos tenido que pagar nosotros.

Gracias a que Jesús pagó todo el precio, ahora nosotros podemos entrar por la puerta del cielo libre de deudas.

Una gran trampa ordenada por Dios

El sufrimiento espiritual que Jesús estaba enfrentando, fue lo que en realidad causó que Él agonizara en el huerto de Getsemaní. Cuando Él expresó: «Padre mío, si es posible, pase de mí esta copa...»,[99] No pidió dejar de sufrir el tormento físico de ir a la Cruz, porque ese hecho no lo atormentaba. Él no derramó gotas de sangre pensando que Su cuerpo moriría, pues esa no era su mayor angustia. Su mayor preocupación y aflicción, era la separación que sufriría de Su Padre, a fin de ir al infierno a morir por la humanidad.

---

99 Mateo 26:39

No existe ningún registro en la historia de la humanidad en donde se indique que una persona haya descendido al infierno, y que haya podido salir de allí. Ningún ser humano había logrado lo que Él estaba a punto de realizar. Nadie se había entregado así mismo a la muerte espiritual para luego resucitar. Sin embargo, Jesús dio ese paso de fe. Él fue a la Cruz creyendo que por medio del poder de la PALABRA de Dios, sería el primer hombre en nacer de nuevo de la muerte a la vida, el primero en salir victorioso desde las profundidades del infierno.

Cuando Jesús dio ese paso, cada espíritu demoniaco, cada principado y potestad, cada gobernador de las tinieblas de este mundo, cada espíritu malvado en los lugares celestiales comenzó a perseguirlo. Éstos se aglomeraron a Su alrededor con la expectativa de poder aniquilar Su espíritu, y encerrarlo en el infierno para que jamás pudiera salir de ahí. Empezaron a burlarse y a enaltecerse a sí mismos por que Su espíritu había sido torturado, demacrado y molido por la muerte; creyendo que habían sido más astutos que el Ungido y que se habían desecho de LA BENDICIÓN de una vez por todas.

Sin embargo, todo ese sufrimiento formaba parte de una trampa. Una gran trampa ordenada por Dios. Jesús, el Espíritu Santo y el Padre embaucaron a todos esos demonios en el mismo lugar y al mismo tiempo por una sola razón: eliminarlos por completo de un solo golpe.

Entonces mordieron el anzuelo, así como Dios lo esperaba… luego la trampa se cerró de golpe. La voz del Dios todopoderoso resonó en todo el Universo, haciendo estremecer las mismas entrañas del infierno y golpeando como un rayo el espíritu de Jesús, el cual estaba decaído y plagado de pecado:

Mi Hijo eres tú, yo te he engendrado hoy, y otra vez: Yo seré a él Padre, y él me será a mí hijo… Adórenle todos los ángeles de Dios.[100]

Según en el libro de Hebreos, ésas fueron las palabras que Dios declaró cuando resucitó a Jesús. Con esas palabras el Primogénito de Dios regresó a la vida.

---

100 Hebreos 1:5-6

Quizá usted exprese: "Pero, hermano Copeland, ¿acaso esos versículos no se refieren al nacimiento de Jesús en Belén?".

No, Dios no se convirtió en el Padre de Jesús cuando María lo dio a luz; pues Jesús ha sido el Hijo de Dios por siempre. En Belén, Él simplemente tomó forma humana. En ese momento: «...la PALABRA se hizo hombre y vino a vivir entre nosotros...».[101]

Después de separarse de Dios, por medio de la muerte espiritual y por el pecado de la humanidad, Dios expresó: «...y *otra vez:* Yo seré a él Padre, y él me será a mí hijo...». En ese instante, el poder de Dios resucitó el espíritu de Jesús, el cual se encontraba en el infierno y nació de nuevo, convirtiéndose en «...el *Primogénito* de los muertos...».[102]

En ese momento, Jesús recibió vida a través de las palabras de Dios llenas de autoridad, así como Adán la recibió en La Creación. Dios lo llamó *Hijo,* y estremeció el universo con este mandamiento: «... Adórenle todos los ángeles de Dios». Cuando realizó esa declaración, cada ángel, incluyendo a Satanás, se postró a los pies de Jesús. No les gustó la idea, pero de todas maneras debían hacerlo. Toda esa repugnante horda demoniaca se postró ante la presencia de Jesús cuando Su espíritu fue restaurado mediante el poder de la PALABRA de Dios.

En un abrir y cerrar de ojos, la fiesta demoniaca se acabó. Los espíritus de las tinieblas que se estaban deleitando con la idea equivocada de que Jesús había sido eliminado para siempre, se dispersaron y temblaron como los cobardes que son. Jesús los dominó, haciéndose ver como el Dios todopoderoso, hablando con Su propia voz, con ojos que irradiaban Su gloria, siendo exaltado en lo alto y poseyendo un Nombre que es sobre todo nombre:

Para que en el nombre de Jesús se doble toda rodilla de los que están en los cielos, y en la tierra, y debajo de la tierra; y toda lengua confiese que Jesucristo es el Señor, para gloria de Dios Padre.

—Filipenses 2:10-11

---

101 Juan 1:14
102 Apocalipsis 1:5

En ese momento, Jesús comenzó a golpear a algunos demonios. Él luchó contra el infierno, y ganó cada batalla. Él derrotó a *cada* demonio, a *cada* principado y a *cada* potestad.

Luego despojó: «...a los principados y a las potestades, los exhibió públicamente, triunfando sobre ellos en la cruz».[103] Cristo exhibió públicamente al diablo y a sus demonios derrotados. La terminología del Nuevo Testamento lo compara con la forma en que el ejército romano exponía a sus enemigos vencidos desfilando con ellos por todas las calles de Roma. Mientras las multitudes llenas de júbilo celebraban en victoria, los reyes y líderes militares capturados se convertían en el espectáculo, mientras los hacían marchar por toda la ciudad como prisioneros, atados con cadenas y con yugos alrededor de su cuello. Ellos eran exhibidos como trofeos de conquista, a fin de que todos los vieran.

Jesús realizó lo mismo con el diablo. Después de vencerlo y quitarle las llaves de la muerte y del infierno Jesús exhibió al diablo por todas las avenidas del infierno; ante los héroes de la fe, quienes los observaban con asombro desde el seno de Abraham, lugar al cual se le conoce de acuerdo con la Biblia como: *Paraíso*.

Todos los profetas del Antiguo Testamento —los que se encuentran registrados en la lista del salón de la fama de la fe de Hebreos 11— se encontraban ese día en la tribuna, dando efusivos aplausos, cuando Jesús derrotó a Satanás, abolió la muerte y trajo vida e inmortalidad.[104] Ellos debieron sentir muchísimo gozo mientras veían cómo ocurría todo. Casi puedo escucharlos gritar: "¡Pisotéalo, Jesús¡Pégale otra vez!".

Los santos del Antiguo Testamento estaban muy emocionados, no sólo porque estaban ganando la batalla; sino porque la estaba ganando un hombre que había nacido de nuevo —un ser humano como ellos, como usted y como yo—, alguien que había sido arrastrado a lo más profundo del infierno como ninguna otra persona, y que también había llevado *todo* el pecado sobre Sí mismo.

---

103 Colosenses 2:15
104 2 Timoteo 1:10

Este hombre nacido de nuevo ejerció dominio sobre todo el reino demoniaco, destruyendo a aquel que tenía el poder de la muerte, es decir, al diablo; y liberó a todos los que por el temor de la muerte estuvieron durante toda su vida sujetos a servidumbre.[105]

Es más, este hombre que resucitó y nació de nuevo es la segunda persona de la Trinidad. Su aspecto físico no fue transformado cuando ascendió al cielo. Él todavía es un hombre. Y por siempre lo será. Él tiene el mismo cuerpo físico que tenía cuando ministraba en la Tierra. Por supuesto, ahora está glorificado. La sangre que alguna vez fluyó por Sus venas fue derramada cuando se sacrificó por nosotros, y ahora la reemplaza la gloria de Dios; pero es el mismo cuerpo de carne y hueso que Él tenía cuando fue a la Cruz.[106]

Él le demostró a Tomás después de haber resucitado que aún tenía Su cuerpo físico, pues le enseñó sus manos perforadas por los clavos. Esos agujeros son lo suficientemente grandes como para que usted introduzca sus dedos. Los clavos romanos que atravesaron las manos y pies de Jesús, pesaban más de dos libras cada uno, y la cabeza de éstos podía cubrir por completo la palma Su mano.

Después de leer lo anterior, podemos concluir que ésta es la sorprendente verdad del cristianismo: el Hijo de Dios se convirtió en hombre para siempre, y ahora hay un hombre resucitado y glorificado que forma parte de la Trinidad. Él es el campeón de campeones. Él es el victorioso de todos, y es nuestro representante. Tenemos acceso a la Trinidad por medio de Él.

Interesados por lo que le ocurrió al tío Fred

Cuando Jesús derrotó al diablo y a todas sus fuerzas en el infierno, Él les habló a todos los creyentes del Antiguo Pacto, quienes habían estado cautivos por la muerte, y les predicó el Evangelio. Jesús les predicó lo mismo que más tarde les predicaría a Sus discípulos: «...

---

105 Hebreos 2:14-15
106 Lucas 24:39.

Toda potestad me es dada en el cielo y en la tierra».[107] Ellos le creyeron, y nacieron de nuevo.

Después de que ellos nacieron de nuevo, Jesús les dijo: "Familia, ahora salgamos de aquí".[108]

Cuando pienso en ese hecho, me gusta visualizar a Jesús caminando abrazado de David y Abraham, uno de cada lado; marchando junto a los creyentes del Antiguo Pacto quienes cantaban, gritaban y se regocijaban, mientras salían de la cautividad hacia la gloria. Cuando los escoltó hasta las puertas del cielo, el Padre celestial —la Compasión misma— debió haber corrido para encontrarlos, gritando: "¡Están en casa! ¡Están en casa! Al fin, ¡están en casa!". Luego tuvieron la más maravillosa fiesta que pueda imaginarse —una celebración que habían anhelado por 4,000 años—.

Después de ese gran suceso, Jesús regresó a la Tierra y permaneció por 40 días ministrando a las personas.[109] Y no fue el único que regresó. En la Biblia se nos relata que: «...muchos cuerpos de santos que habían dormido, se levantaron; y saliendo de los sepulcros, después de la resurrección de él, vinieron a la santa ciudad, y aparecieron a muchos».[110]

¿Acaso no es grandioso? Sólo piense en lo impactante que sería ver al tío Fred, quien murió hace 25 años, entrar a la casa mientras la familia está desayunando, y que él expresara: "Buenos días, a todos". Creo que la tía Minnie y el primo Jeffrey, y todo aquel que alguna vez se burló de la fe del tío Fred, se interesarían por escuchar su historia.

Puede creer lo que quiera, pero estoy convencido que lo mismo ocurrirá el día del Rapto de la Iglesia. Jesús resucitó y nosotros seguiremos su ejemplo. Durante los 40 días después de que nuestros cuerpos resuciten y sean glorificados, estoy convencido que visitaremos varias veces la Tierra, les predicaremos el evangelio a algunas personas y experimentaremos el mover de Dios más sorprendente que jamás hayamos visto.

---

107 Mateo 28:18
108 Efesios 4:8.
109 Hechos 1:2-3
110 Mateo 27:52-53

Quizá usted se pregunte: "Pero ¿acaso no se nos enseña en la Biblia que seremos arrebatados en un abrir y cerrar de ojos?".

No, ahí se nos afirma que ya no seremos mortales, sino inmortales en un abrir y cerrar de ojos.[111] Ahí no se nos enseña que nos iremos al cielo de inmediato. Pero puede leer la Palabra, estudiarla por sí mismo, y llegar a su propia conclusión al respecto.

Una última petición

A pesar de que Jesús ya había derramado Su sangre para establecer el Nuevo Pacto, también había derrotado al diablo, había quitado la cautividad de los santos, había purificado de la contaminación de Satanás los utensilios celestiales de adoración,[112] eliminando todo rastro del enemigo que había en el cielo; Cristo aún no había terminado por completo la obra de redención. Pues todavía le faltaba cumplir la promesa que les hizo a los discípulos, antes de ir a la Cruz: «Y yo rogaré al Padre, y os dará otro Consolador, para que esté con vosotros para siempre» (Juan 14:16).

Cuando Jesús realizó esa petición, todo cambió para los discípulos —no sólo para quienes se reunieron en el día de Pentecostés en el Aposento Alto en Jerusalén, sino para todo discípulo que siguiera Sus pasos—. Cuando Él pidió: "Padre, envíales el Espíritu Santo", y el Padre respondió: "Será un gran placer para Mí hacerlo"; nada volvió a ser lo mismo. Porque el cielo se derramó sobre la Tierra…

> Y de repente vino del cielo un estruendo como de un viento recio que soplaba, el cual llenó toda la casa donde estaban sentados; y se les aparecieron lenguas repartidas, como de fuego, asentándose sobre cada uno de ellos. Y fueron todos llenos del Espíritu Santo, y comenzaron a hablar en otras lenguas, según el Espíritu les daba que hablasen.
>
> —Hechos 2:2-4

---

111 1 Corintios 15:51-53.
112 Hebreos 9:23-24

Para comprender lo que en realidad ocurrió ese día, observe que el estruendo descrito en esos versículos no fue literalmente el sonido del viento resonando. Fue un sonido que provino del cielo *como* viento recio que soplaba.

El escritor de Hechos lo comparó con un viento recio porque el ambiente en esa época no era tan ruidoso como el entorno en que vivimos hoy. Nadie había oído antes el sonido de un motor de un avión o el de un arma de fuego. Los jóvenes no caminaban por las calles con ningún equipo de sonido resonante, lo suficientemente ruidoso como para hacer vibrar los vidrios de las ventanas. En esos días, una fuerte tormenta era lo más ruidoso que se podía escuchar.

¿Que ocasionó ese estruendoso sonido el Día de Pentecostés?

Estoy convencido que fue el estruendo del poder de Dios llenando la atmósfera de este planeta. Fue el sonido del Espíritu Santo que venía desde el cielo con miles, miles y miles de ángeles. Era el sonido de LA BENDICIÓN llegando a la Tierra, el cual se podía escuchar en cualquier parte del mundo.

Si nunca ha asociado a los ángeles con el Día de Pentecostés, permítame recordarle que en el principio, Dios creó un ejército completo de ángeles; a fin de que ayudaran a la humanidad a cumplir su misión: llenar la Tierra con el huerto de Edén. Los ángeles formaban parte de LA BENDICIÓN. Pero cuando el pecado convirtió LA BENDICIÓN en maldición, ellos fueron expulsados de la atmósfera del planeta. Tuvieron que regresar al cielo porque Satanás, y los ángeles que lo seguían, habían tomado el control.

Desde ese entonces, los ángeles sólo venían a la Tierra para cumplir misiones especificas.[113] Dios los enviaba en ocasiones para ministrar a Su pueblo, pero no de forma regular. Por esa razón, los ángeles que Jacob vio en su sueño debían ir y venir desde el cielo utilizando una escalera espiritual.[114] Debido a que ellos no tenían acceso libre a la Tierra, se creó una vía alterna para que pudieran venir.

---

113 Josué 5:13-14; Jueces 13:3; 2 Reyes 2:12; Daniel 3:25; Lucas 1:19, 26-27, 22:43
114 Génesis 28:12

Por ese motivo, el ángel que vino a entregarle el mensaje al profeta Daniel tuvo que pelear por 21 días (y después recibió ayuda del arcángel Miguel, a fin de vencer las fuerzas demoniacas que se interponían entre él y su destino). Durante esa batalla de tres semanas, Daniel oró, ayunó y esperó. Él no podía interceder, como nosotros lo hacemos ahora, mencionando el nombre de Jesús. Y tampoco podía vencer al diablo con la sangre del Cordero ni con la palabra de Su testimonio. Sino permaneció orando en fe hasta que los ángeles le entregaron el mensaje.[115]

Sin embargo, en el Día de Pentecostés todos esos obstáculos que se le presentaban a los ángeles fueron derribados. Las fuerzas demoniacas que antes dominaban la atmósfera terrestre; fueron derrotadas y puestas por estrado de Sus pies. El pecado ya había sido eliminado. Eran hombres y mujeres que habían nacido de nuevo y, a través de la fe en Jesús, habían heredado LA BENDICIÓN. Entonces cuando Jesús le pidió a Dios que activara el poder de LA BENDICIÓN al enviar al Espíritu Santo, la multitud de ángeles que había esperado 4,000 años, al fin fue liberada para cumplir su propósito. Salieron del cielo e inundaron la atmósfera terrestre.

Los ángeles todavía se encuentran a nuestra disposición para ayudarnos y están listos para servirnos como espíritus ministradores, enviados a proteger a los futuros herederos de la salvación.[116]

Quizá usted argumente: "Si eso fuera cierto, ¿por qué no han estado obrando a mi favor?".

Los ángeles no son seres independientes. Se les asignó la comisión de responder únicamente a la PALABRA de Dios. En Salmos 103:20, leemos: «...que ejecutáis su palabra, obedeciendo a la voz de su precepto». Entonces si ellos no han estado obrando a su favor, quizá sea por que usted no les haya dado las órdenes correctas, ni les haya asignado una misión específica.

Si las órdenes que usted les dio son contrarias a LA BENDICIÓN

---

115 Daniel 10:1-13
116 Hebreos 1:14

o están en desacuerdo con la PALABRA de Dios, entonces sus ángeles permanecerán inactivos, sin poder actuar a su favor. Ellos no obran basados en las palabras de incredulidad. Satanás fue el último ángel que actuó en contra de la Palabra de Dios, y ellos en ningún momento seguirán sus pasos. Pues saben cuál fue su final, y no están dispuestos a seguir su mal ejemplo.

Cuando un creyente expresa: "Me siento muy mal. Creo que me enfermaré de gripe. Todos los años la padezco, y siempre me quedo en cama una semana"; entonces los ángeles no podrán actuar a su favor. En la Palabra no se establece que la gripe sea una promesa para los creyentes. Los ángeles no harán que usted se enferme de gripe. Quizá sólo se rasquen la cabeza, y digan: "Me pregunto por qué esta persona está realizando confesiones de fe negativas para que le dé gripe. Creo que él no disfruta padecer esa enfermedad, pero aún así, sigue declarándola sobre su vida".

No obstante, si desea que sus ángeles entren en acción, entonces empiece a declarar la PALABRA. En lugar de expresar enfermedad, pobreza y derrota; confiese LA BENDICIÓN sobre su vida. Declare: *Soy BENDITO en la ciudad. Soy BENDITO en el campo. Mi cuerpo es BENDITO. Mis hijos son BENDITOS. Todo lo que toca mi mano prospera.* Ésas son confesiones que los ángeles sí pueden llevar a cabo. Éstas pondrán a trabajar a los ángeles, a fin de realizar buenas obras sobre su vida.

Yo nunca he visto a los ángeles que se me han asignado, pero otras personas sí los han visto. En cierta ocasión, un hombre que asistió a una reunión donde yo estaba predicando en Texas vio un ángel a mi lado. Durante un servicio, yo expresé algo que no encajaba muy bien con su manera de pensar, entonces se levantó y se salió de la reunión. Era una iglesia pequeña, entonces no pude evitar verlo cuando se marchó.

Sin embargo, varios días después, él regresó. Al parecer no tenía muchos deseos de estar ahí, pues entró por la puerta trasera y se sentó en la última fila cerca de la salida. Casi a mitad del servicio, sus ojos se sobresaltaron de asombro, se quedó con la boca abierta y se deslizó sobre la silla. Él se quedó sentado de esa forma como una hora, y cuando todo acabó, salió cojeando.

Yo sólo me pregunté: ¿Qué le sucede?

Unos días después, lo supe. Él se me acercó al terminar una de las reuniones, y expresó: «Hermano Copeland, debo pedirle disculpas».

—¿Por qué? —le pregunté.

—Lo que predicó la otra noche me enojó tanto que apenas podía respirar. Juré que regresaría a casa, leería mi Biblia y probaría que usted estaba equivocado. Pero cuando comencé a leer, descubrí que yo estaba equivocado. El SEÑOR me indicó que regresara aquí y me arrepintiera. No quería hacerlo, pero creí que sería mejor obedecer.

—Cuando volví, le dije al SEÑOR que si no hacía algo para demostrarme que sus enseñanzas eran de Dios, nunca más asistiría a una reunión de este tipo. Con certeza, a mitad de su mensaje, Dios abrió mis ojos y vi algo que nunca había visto

—¿Y qué fue? —le pregunté.

—¿Se recuerda del hombre que sale en el comercial de televisión de *Mr. Clean*®. El gran hombre calvo que está parado con sus brazos cruzados y con una gran sonrisa?

—Sí.

—Vi a un hombre parecido a él parado a su lado. ¡Era muy grande! Todo el tiempo que estuvo predicando se mantuvo tan cerca de usted que apenas se podía distinguir una línea de luz entre ustedes.

No me incomoda contarle que me sentí muy feliz de saberlo. Yo era consciente de que ese ángel se encontraba ahí, pero nunca lo había visto. ¡Yo no sabía que tenía la apariencia de *Mr. Clean*®!

Ese hombre me aseguró que cuando yo comenzaba a disminuir la intensidad de mi predicación, el ángel se inclinaba y me decía algo al oído. Y cuando lo hacía, yo me emocionaba y continuaba predicando con fervor.

Luego, él me dijo: «Sé que tal vez me veía ridículo mientras observaba al ángel. Pero lo único que podía pensar era: "¡Gracias a Dios no me involucré en ningún problema con este hombre!"».

No sólo los predicadores tienen ángeles que los acompañan siempre. Dios ha asignado al menos un ángel (o quizá más) para cada creyente. Jesús expresó que nuestros ángeles: «... ven siempre el rostro de mi Padre que está en los cielos».[117] De seguro, millones de ángeles con la apariencia de *Mr. Clean*® entraron a la atmósfera terrestre en el Día de Pentecostés.

¡Con razón, resonó como si un tornado hubiera golpeado el lugar!

Rodeado por el fuego de Dios

Aunque esa afluencia de ángeles fue asombrosa, en realidad no fue lo más emocionante que ocurrió ese día. El fuego que entró al Aposento Alto ese día, fue el momento más especial. Olvídese de las pinturas religiosas que muestran pequeñas llamas ardiendo sobre las cabezas de los discípulos. Ese fuego era la misma gloriosa presencia de Dios descendiendo para rodear a Su pueblo.

El fuego era la misma presencia que emanaba de Dios en el huerto de Edén, cuando le habló al cuerpo sin vida de Adán, y le ordenó: "Hombre, sé a nuestra imagen". Era el mismo fuego que brillaba como una vestidura resplandeciente dentro de Adán y Eva, antes de que éste se extinguiera en ellos a causa del pecado. Y también fue el mismo fuego que surgió ante Moisés en el Monte Sinaí. La diferencia es la siguiente: De acuerdo con el Antiguo Testamento, cada vez que Dios descendía con Su gloria resplandeciente al Monte Sinaí, debía cubrirse a Sí mismo con una nube. De otro modo, Su poder y Su santidad hubieran matado a todos de forma instantánea. Su gloria como rayo, hubiera aniquilado tanto al pecado como al pecador.

Pero en el Día de Pentecostés, Dios no tuvo que cubrirse con una nube. No fue necesario que protegiera a los discípulos de Su gloria, pues ya habían nacido de nuevo. Sus espíritus habían sido renovados, y ahora eran puros y sin pecado; al igual que Dios. Por medio del nuevo

---

117 Mateo 18:10

nacimiento, ellos se habían convertido en Amor, así como Él es amor. Se transformaron en Luz, así como Él también es Luz. Y se habían vuelto un Espíritu con Cristo.[118]

Por primera vez, después del huerto de Edén, Dios tenía la conmovedora libertad de abrazar a Su pueblo. Y eso es exactamente lo que hizo. Él entró al Aposento Alto en la plenitud de Su glorioso ser, y ¡se posó sobre cada uno de ellos! Él no colocó sobre sus cabezas unas simples aureolas doradas, al contrario, Él los cubrió de Sí mismo. Entonces se hizo uno con ellos, iluminándolos desde adentro hacia afuera con Su propio Espíritu resplandeciente. Ellos salieron llenos de ese lugar, rebosando de Su poder y glorificados con la plenitud de LA BENDICIÓN de Dios.

Desde ese día, los discípulos ministraron esa BENDICIÓN al igual que Jesús. Salieron en Su nombre, y manifestaron las condiciones del huerto de Edén sobre todo el que creyera y la recibiera. Las personas nacían de nuevo, recibían sanidad y eran libres de las opresiones demoniacas. Las multitudes se alborotaban para acercarse a Pedro. Las personas enfermas en realidad eran llevadas a la calle, con la esperanza de que su sombra los tocara para que sanaran.

De la sombra de Pedro, no emanaba ninguna virtud ni poder. Ésta sólo era un marco de referencia. El efecto de la unción que se encontraba sobre él, se extendía aproximadamente a la distancia del tamaño de la sombra del cuerpo de Pedro. Por esa razón, cualquiera que se lograra acercar a esa distancia podía recibir su sanidad.

La tradición religiosa le asegurará que eso ocurrió porque Pedro era un apóstol especial o porque fue el primer papa. Pero esa no es la verdad. Pedro sólo contaba con una mayor revelación de LA BENDICIÓN, la cual le pertenecía por medio del nombre de Jesús. Él sabía que al caminar por la calle, LA BENDICIÓN se manifestaría.

Quizá diga: "Hermano Copeland, de seguro no está afirmando que nosotros, como creyentes, podemos tener la misma clase de poder que tuvo el apóstol Pedro".

---

118 1 Corintios 6:17

Yo no tengo que decírselo. El mismo Pedro lo aseguró cuando él y Juan sanaron, unos días después del Día de Pentecostés, al cojo que se encontraba a la puerta del templo. Cuando la gente se aglomeró en asombro por lo ocurrido, Pedro expresó:

> Varones israelitas, ¿por qué os maravilláis de esto? ¿o por qué ponéis los ojos en nosotros, como si por nuestro poder o piedad hubiésemos hecho andar a éste? El Dios de Abraham, de Isaac y de Jacob, el Dios de nuestros padres, ha glorificado a su Hijo Jesús... a quien Dios ha resucitado de los muertos, de lo cual nosotros somos testigos. Y por la fe en su nombre, a éste, que vosotros veis y conocéis, le ha confirmado su nombre; y la fe que es por él ha dado a éste esta completa sanidad en presencia de todos vosotros.
>
> —Hechos 3:12-16

Si usted tradujera esos versículos de la versión *Reina Valera 1960,* al estilo de Texas, los leería de la siguiente manera: "Escuchen, no me vean como si yo hubiera obrado ese milagro gracias a mi santidad o por un llamado especial. No me admiren a mí. Pude lograr que este hombre caminara porque Dios —el Dios de Abraham, Isaac y Jacob, el Dios de LA BENDICIÓN— ha glorificado a Su Hijo, Jesús, y le ha dado un Nombre que es sobre todo nombre. Y debido a la fe en ese NOMBRE, este hombre sanó".

Si algún creyente en cualquier lugar u hora ejerce la misma fe que Pedro depositó en Jesús, podrá realizar las mismas obras que él llevó a cabo. Cualquiera de nosotros que se atreva a creer que LA BENDICIÓN que se encontraba en el primer Adán es la misma que ha venido sobre nosotros por medio del último Adán, podrá ministrar igual que los discípulos.

Con sólo tener fe en el nombre de Jesús, podemos alcanzar cualquier meta con el poder de LA BENDICIÓN. Y éste es el único poder sobre la faz de la Tierra que puede sanar a una raza humana caída, y herida por el pecado.

Capítulo diez

Una raza nacida de nuevo

De modo que si alguno está en Cristo, nueva criatura es; las
cosas viejas pasaron; he aquí todas son hechas nuevas.

—2 Corintios 5:17

Muchos cristianos se sorprenden al pensar que cada
creyente nacido de nuevo, puede obrar en el poder de LA
BENDICIÓN al igual que Jesús y los primeros apóstoles lo hicieron. Se
estremecen cuando se imaginan a sí mismos multiplicando los recursos
naturales (como los peces y los panes), sanando al enfermo o resucitando
a los muertos. Sin embargo, en la Biblia, Jesús enfáticamente declaró
que cualquier persona con sólo tener fe en Él, podía realizar las mismas
obras, y aun mayores:

- «De cierto, de cierto os digo: El que en mí cree, las obras que
  yo hago, él las hará también; y aun mayores hará, porque yo
  voy al Padre» (Juan 14:12).

- «Y todo lo que pidiereis al Padre en mi nombre, lo haré, para
  que el Padre sea glorificado en el Hijo. Si algo pidiereis en
  mi nombre, yo lo haré» (Juan 14:13-14).

- «...si tuviereis fe como un grano de mostaza, diréis a este monte: Pásate de aquí allá, y se pasará; y nada os será imposible» (Mateo 17:20).

- «Y estas señales seguirán a los que creen: En mi nombre echarán fuera demonios; hablarán nuevas lenguas; tomarán en las manos serpientes, y si bebieren cosa mortífera, no les hará daño; sobre los enfermos pondrán sus manos, y sanarán» (Marcos 16:17-18).

Si cree que esas declaraciones son ciertas, quizá se pregunte: "¿Por qué el Cuerpo de Cristo no se apropia de ellas? ¿Por qué los millones de cristianos que asisten a la iglesia cada domingo, durante toda la semana no agitan sus ciudades para Jesús, predicando el Evangelio con señales y maravillas?".

Creo que existe una razón por la cual no lo realizan.

La mayoría de cristianos desconocen quienes son. Han sido influenciados por el diablo para creer que "sólo son viejos pecadores, salvos por gracia". La tradición religiosa los ha convencido de que no son más que seres humanos caídos, y que han sido perdonados por un Dios amoroso. Como resultado, pasan toda su vida cristiana identificándose más con la derrota de Adán que con Jesucristo, su victorioso Señor resucitado.

Usted podría argumentar: "Pero, hermano Copeland, sólo soy un viejo pecador perdonado, salvo por gracia".

¡No, no lo es! Porque o es un pecador o una persona salva por gracia, pero no puede ser ambas cosas a la vez.

Si todavía es un pecador, entonces acepte a Jesús como su Señor, y obtenga la salvación. Si ya es salvo, entonces ya no piense de sí mismo como la persona que era antes de nacer de nuevo. Deseche de su mente y de su boca la frase: "Sólo soy un viejo pecador", pues la ley espiritual afirma que somos lo que declaramos.[119] Si continúa llamándose pecador,

---

119 Marcos 11:23-24; Proverbios 18:21; Romanos 4:17

Satanás se encargará de que su confesión se convierta en realidad. Él enemigo hará que actúe como pecador antes de que termine el día, y a menos que usted cambie su confesión, él se encargará de que se comporte de esa manera por el resto de su vida.

No me malinterprete. No estoy diciendo que sólo porque usted es salvo, vivirá en la perfección sin pecado, pues cometerá errores, y de vez en cuando pecará. A medida que actúe el proceso de renovar su mente con la PALABRA de Dios, a veces mostrará un comportamiento diferente al que siempre tuvo. Sin embargo, esto no cambia el hecho de que usted como creyente nacido de nuevo, no posee una naturaleza pecaminosa. Al contrario, en el Nuevo Testamento se nos afirma lo siguiente:

> De modo que si alguno está en Cristo, nueva criatura es; las cosas viejas pasaron; he aquí todas son hechas nuevas.
>
> —2 Corintios 5:17

La frase *nueva criatura* no se refiere a que algo haya sido renovado. Tampoco describe a un pecador que ha sido perdonado, y limpiado de manera incompleta. En otras palabras, usted es una *nueva criatura,* es decir una nueva especie que nunca antes ha existido.

El viejo pecador que alguna vez fue, ya murió. Murió en la Cruz junto a Jesús, al momento que usted le entregó su vida al Señor. En ese instante fue recreado y se convirtió en una nueva persona en Cristo.

> Al que no conoció pecado, por nosotros lo hizo pecado, para que nosotros fuésemos hechos justicia de Dios en él.
>
> —2 Corintios 5:21

Observe que allí no dice que Dios nos *ha contado* por justicia, ni tampoco que nos acreditó una justicia que en realidad no nos pertenecía. Ése es un concepto del Antiguo Pacto. Él justificó a personas como Abraham, antes de que Jesús viniera a completar la obra de redención. Él consideró cancelada la deuda de pecado que tenían, basándose en lo que Jesús un día haría por ellos. Él los trató como justos, sin importar su condición.

Quizá alguien pregunte: "¿Acaso no es eso lo que Dios realiza por nosotros?".

Claro que sí. Él canceló nuestra deuda de pecado de la misma manera que lo hizo con ellos. Se ha registrado en el Libro de la Vida del Cordero que esos pecados fueron crucificados en el Calvario. Significa que nosotros morimos, bajamos al infierno y sufrimos la pena completa por nuestros pecados. En el cielo se registró que nosotros fuimos resucitados de la muerte en justicia, y sentados en el trono de gracia a la diestra de Dios. Ahora bien, en la Tierra, se registró que Jesús fue quien tomo nuestro lugar. Pero en realidad, ese sacrificio lo acreditaron a nuestro nombre porque Él fue nuestro sustituto. Todo lo que hizo fue por nosotros.

No obstante, como creyentes del Nuevo Testamento, tenemos más que sólo un registro legal de justicia en el cielo. En realidad, hemos sido *hechos la justicia* de Dios en Cristo, sin mancha y sin pecado al igual que Jesús.

A fin de justificarnos, Él tuvo que hacernos *nuevas criaturas.* No podía tomar nuestra vieja y pecaminosa naturaleza, y hacernos justos. De la misma manera que nosotros no podríamos tomar un *Volkswagen* chocado, llevarlo al taller de reparaciones y obtener a cambio un *Cadillac.* Eso sería imposible. Un *Cadillac* tiene que ser fabricado. Pues fue *hecho* para ser un *Cadillac.*

Lo mismo ocurre en lo espiritual. Un hombre verdaderamente justo debe ser creado o fabricado de esa misma manera. Cuando nace de nuevo, su viejo, vil y pecaminoso espíritu, por medio del poder del Dios todopoderoso, es transformado en un Rolls Royce —¡el automóvil de los reyes!— Hablando espiritualmente.

Transformado de adentro hacia fuera

"Si soy un gigante espiritual, entonces ¿por qué continúo lidiando con las mismas luchas que enfrentaba antes de ser un creyente nacido de nuevo?".

Es porque su espíritu fue la parte que se recreó de su ser —o lo que en la Biblia se conoce como: *el hombre interior o lo íntimo del corazón*—.[120] Su espíritu es en realidad quien usted es. En la Biblia, por lo general, se refieren a éste como el *corazón,* pues éste es el centro de quien usted es. Es la vida y el centro de poder de cada ser humano.

Aunque su espíritu ha renacido a la imagen de Dios y es absolutamente perfecto, usted es más que sólo un espíritu. Usted es un ser tripartito: Es un espíritu, tiene un alma y vive en un cuerpo físico. En 1 Tesalonicenses 5:23, se menciona cada una de estas partes de manera individual:

Y el mismo Dios de paz os santifique por completo; y todo vuestro ser, espíritu, alma y cuerpo, sea guardado irreprensible para la venida de nuestro Señor Jesucristo.

Observe que el primero de la lista es el espíritu, luego está el alma y por último el cuerpo. Existe una explicación para este orden. El poder de la nueva creación funciona de adentro hacia fuera. Éste comienza en su espíritu, luego mientras su mente está siendo renovada, conforme a lo que ha ocurrido en su interior, su alma comienza a ser transformada.[121] Y a medida que usted se aferra intensamente a su verdadera identidad en Cristo; sus pensamientos, sus palabras, sus acciones y sus circunstancias externas reflejarán esa identidad.

En 2 Corintios 3:18, se describe mejor ese proceso. En esta cita, se nos afirma que mientras continuemos "...contemplando [en la Palabra de Dios] como en un espejo la gloria del Señor, [nosotros] estamos constantemente siendo transformados a Su misma imagen con

---

120 1 Pedro 3:4
121 Romanos 12:2: «No os conforméis a este siglo, sino transformaos por medio de la renovación de vuestro entendimiento, para que comprobéis cuál sea la buena voluntad de Dios, agradable y perfecta».

un esplendor que siempre aumenta y que va de un grado de gloria a otro...".[122]

Los creyentes que no se ven en el espejo de la PALABRA de Dios, quienes son en Cristo, pueden vivir en derrota por años; sintiéndose más perdedores de lo que fueron antes de ser salvos. Lo sé por experiencia. No tenía idea de que me había convertido en una nueva criatura cuando nací de nuevo. Aunque amaba a Jesús con todo mi corazón, experimentaba muy pocas victorias porque andaba arrastrando mi pasado adondequiera que iba —y mi pasado era muy pesado—.

Cuando era niño, la gente religiosa me decía que nunca lograría nada. Me hicieron enfadar tanto que no deseaba convivir con ellos ni asistir a su iglesia. Pero aún así, creí lo que me dijeron. Pensaba que si era un bueno para nada, entonces podía vivir como el mismo diablo, y así viví durante años.

Gracias a las oraciones de mi madre, de mi esposa Gloria y a la influencia de mi anciana maestra de sexto grado de la escuela dominical, la Sra. Taggart, nací de nuevo antes de llegar a los 30 años. Sin embargo, descubrí que había sido hecho la justicia de Dios después de haber vivido cinco frustrantes años. Ese año, estaba escuchando un mensaje de Kenneth E. Hagin en el reproductor de cintas en mi automóvil. Estaba tan emocionado que casi abro un agujero a patadas en el piso. Para un hombre con un pasado como el mío, descubrir que las cosas viejas pasaron y que todas son hechas nuevas, en realidad ¡son buenas noticias!

Por supuesto que éstas no sólo son buenas noticias para personas como yo, sino también es una información de mucha importancia que cada creyente debería saber. Todo aquel que desee obrar en la plenitud de LA BENDICIÓN, debe entender lo que realmente sucedió cuando fuimos salvos. Necesitamos comprender que el mismo Creador —el Espíritu Santo— se posó sobre nosotros, plantó la semilla de la PALABRA de Dios en nuestro interior; y espiritualmente nacimos de nuevo.

Lo que pasó dentro de nosotros, en lo espiritual, se asemeja a lo

---

que le sucedió a la virgen María en lo físico cuando concibió a Jesús. Así como la PALABRA se transformó en la semilla del esperma sobrenatural en su cuerpo, dando a luz a Jesús; la PALABRA de Dios implantada en nuestro espíritu humano da a luz a Jesús en nuestro interior. Nacimos de nuevo a Su imagen: «no de simiente corruptible, sino de incorruptible, por la palabra de Dios que vive y permanece para siempre».[123]

Uno de los mejores ejemplos de lo que sucede con nuestro espíritu cuando nacemos de nuevo, lo encontramos registrado en Génesis, al momento que Dios creó a Adán soplando aliento de vida divina sobre él, diciendo: «... Hagamos al hombre a nuestra imagen, conforme a nuestra semejanza; y señoree... en toda la tierra».[124] Cuando esa PALABRA entró en Adán, él se iluminó con la misma vida de Dios. Se convirtió en amor, así como Dios es amor. Se volvió luz, así como Dios es luz. Adán, al igual que Dios, era fuego desde el aspecto de sus lomos para arriba, y de sus lomos para abajo (Ezequiel 1:26-27). El mismo resplandor de la gloria de Dios irradiaba de él. Si hubiera visto a Dios y a Adán juntos, no habría podido distinguirlos, pues ambos estaban cubiertos por el mismo fuego.

Es emocionante pensar en esto. Pero es más emocionante saber que ¡lo mismo sucedió con nosotros cuando nacimos de nuevo! El mismo Espíritu del Dios Altísimo sopló nueva vida dentro de nosotros. El SEÑOR iluminó nuestro ser interior con Su presencia, al igual que con Adán en el principio. Él activó en nuestro ser las mismas palabras que declaró en el huerto: «...*¡Hagamos al hombre a nuestra imagen..., y que señoree!...*».

Si pudiera observar dentro de sí mismo a su espíritu en este momento, usted se quedaría absolutamente atónito, pues vería todos los atributos de Dios. Vería amor, gozo, paz, paciencia, poder de resurrección y gloria. Se daría cuenta que así como nació de forma natural con el ADN físico de sus padres, también ha nacido de nuevo con la genética espiritual de Dios. Aquellos atributos no se han desarrollado ni han madurado

---

123 1 Pedro 1:23
124 Génesis 2:7, 1:26

todavía, pero todos se encuentran allí. Al igual que un bebé, al nacer tiene las mismas partes físicas —huesos, órganos y músculos— que sus padres tienen, pero pequeños; usted ya posee en su interior todo lo que necesita para crecer y convertirse (en el interior y en el exterior) en la semejanza de Jesús.

Su hombre interior es Amor, así como Dios es amor. Su espíritu emana la radiante luz de Su gloria. Usted es luz, así como Él es luz.

Quizá usted argumente: "Hermano Copeland, de seguro está exagerando".

Por supuesto que no. En la PALABRA se nos explica de forma muy clara que "Dios es luz",[125] y también aquellos que han sido recreados a Su imagen. En las Escrituras se nos confirma esta verdad una y otra vez:

- «Porque en otro tiempo erais tinieblas, mas ahora sois luz en el Señor; andad como hijos de luz» (Efesios 5:8).

- «Porque todos vosotros sois hijos de luz...» (1 Tesalonicenses 5:5).

- «Porque Dios, que mandó que de las tinieblas resplandeciese la luz, es el que resplandeció en nuestros corazones, para iluminación del conocimiento de la gloria de Dios en la faz de Jesucristo» (2 Corintios 4:6).

- «Pero si andamos en luz, como él está en luz...» (1 Juan 1:7).

- «...resplandecéis como luminares en el mundo;» (Filipenses 2:15).

- «Desechemos, pues, las obras de las tinieblas, y vistámonos las armas de la luz» (Romanos 13:12).

- «...pues como él [¡Jesús!] es, así somos nosotros en este mundo» (1 Juan 4:17).

---

125 1 Juan 1:5

Disfrute con su Padre

Cuando comienza a meditar en versículos como esos, y les permite que saturen su mente con la verdad que hay en ellos; se deshará de las etiquetas de pecado que el diablo ha utilizado para atormentarlo. Llegará al punto donde se sentirá que hablará de manera profana si dice: "Sólo soy un viejo pecador salvo por gracia". Desarrollará una conciencia de justicia en lugar de una conciencia de pecado; y a partir de ese momento comenzará a ¡disfrutar su vida con el SEÑOR!

Sí, leyó bien. Dije empezará a *disfrutar* con Dios. Eso suena casi como una blasfemia para muchos cristianos; no obstante es una verdad bíblica. De acuerdo con la Palabra, Dios desea que tengamos comunión con Él, a fin de llenarnos de gozo.[126] Anhela que tengamos tanta confianza en Él que, aunque Él sea el Santísimo y el Altísimo, podamos entrar a Su presencia confiadamente, y sin ningún remordimiento.

A Él no le ofende cuando entramos ante Su trono con energías, llenos de gozo, y con una sonrisa declarando: *¡Abba, Padre! ¡Vamos a disfrutar de un buen tiempo juntos, sólo Tú y yo!* Por el contrario, Él se emociona.

Sin embargo, la mayoría de cristianos ni siquiera se imaginan que pueden expresar sus sentimientos delante de Él. Piensan que deben mostrar respeto sintiéndose indignos cuando se acerquen a Su presencia. En realidad, ellos con su actitud lastiman el corazón de Dios, pues Él ya pagó un asombroso precio para proveerles el camino para que puedan acercarse confiadamente al trono de Su gracia. Él derramó Su propia sangre, a fin de que cada creyente nacido de nuevo pudiera ser justificado, y tenga acceso al Lugar Santísimo, sin conciencia de pecado alguno.

Y Él ha estado esperando más de 2,000 años para que la Iglesia se acerque.

Quizá usted argumente: "Pero, hermano Copeland, usted no sabe lo difícil que resulta para mí acercarme. En realidad, me he equivocado

---

126 1 Juan 1:3-4

en algunas cosas. No soy un gran ejemplo de cómo ser cristiano. Espiritualmente, sólo soy un don nadie".

¡Usted *no* es un don nadie! Dios lo escogió para que fuera Su hijo antes de la fundación del mundo. No importa cuán indigno se sienta, jamás insulte a Jesús y a la sangre que Él derramó, denigrándose a sí mismo de esa manera.

Seguro que ha cometido errores, todos los hemos cometido. Sin embargo, hace años aprendí de mi padre espiritual, Oral Roberts, a cómo actuar cuando nos equivocamos. Un día, cuando estaba estudiando en *Oral Roberts University* y trabajando para él, viajábamos en su automóvil cuando de repente, me preguntó: «Kenneth, ¿me creerías si te digo que yo nunca he cometido errores?».

No tenía idea a qué se estaba refiriendo, pero no iba a contradecirlo, entonces le contesté: «...¿en serio?»

Su respuesta me dejó pensando por un momento, entonces me volvió a expresar: «Realicé muchas cosas que se convirtieron en errores, pero jamás me levanté en la mañana declarando: "Creo que hoy cometeré algunos errores"».

Luego, antes de que pudiera responderle, me vio directo a los ojos, con un brillo en su mirada *Cherokee,* y me dijo algo que marcó mi vida a partir de ese día: «Una vez que hayas hecho el compromiso de entregarle tu vida al SEÑOR Jesucristo, y estés realizando tu mejor esfuerzo para obedecer Su PALABRA y vivir de manera correcta delante de Él; quizá hagas acciones que se conviertan en errores. Es probable que tropieces con algo, pero siempre recuerda esto: ¡Has sido redimido! No estás predeterminado a cometer un error. No hay condenación para los que están en Cristo Jesús, quienes no andan según la carne, sino según el espíritu.[127] ¡Por tanto recibe tu perdón y sigue adelante!».

Me puse feliz cuando escuché esas palabras, pues hasta ese momento, siempre me había sentido como el *"señor errores"*. Pero después de escuchar esa revelación, me convertí en el *"señor redimido"*. Si usted es un creyente, también es redimido!

---

127 Romanos 8:1

Deje de mendigar, y comience a creer

Usted no sólo fue redimido de sus pecados y de sus fracasos del pasado, sino también fue redimido para recibir de nuevo LA BENDICIÓN. Como resultado de ser Su hijo y coheredero con Jesús, Él ya lo BENDIJO con todo lo bueno que se encuentra en el cielo y con todo lo que Dios puede realizar en el cielo. Entonces esa BENDICIÓN ya le pertenece.

¡Medite en ello! Todo lo que Dios tiene, todo lo que Él es, cada ángel y todos los bienes espirituales gloriosos de los que ni siquiera hemos escuchado hablar, son nuestros en Cristo Jesús. No los recibiremos algún día en el futuro, ni están reservadas para nuestra vida celestial. En la Biblia se nos enseña con claridad este punto:

BENDITO sea el Dios y Padre de nuestro Señor Jesucristo, que NOS BENDIJO *[tiempo pasado]* con toda BENDICIÓN espiritual en los lugares celestiales en Cristo, según nos escogió en él antes de la fundación del mundo, para que fuésemos santos y sin mancha delante de él.

—Efesios 1:3-4

Ahora, como creyentes, debemos comenzar a actuar confiando que esos versículos son verdad. Es tiempo que dejemos de orar de la siguiente manera: "Oh Dios, ¡por favor, bendíceme!". Esa actitud es una absoluta pérdida de tiempo, pues nosotros ya somos BENDECIDOS a plenitud.

En lugar de rogarle a Dios que nos bendiga, necesitamos desarrollar nuestra fe en lo que Él ya realizó por nosotros. Deberíamos estar meditando en las verdades bíblicas de quiénes somos, y en LA BENDICIÓN que se encuentra en nosotros, a fin de que seamos conscientes de ésta todo el tiempo. Es necesario que meditemos en ésta todos los días, que las escribamos en tarjetas pequeñas y las coloquemos en el refrigerador, y en el espejo del baño; a fin de recordarlas y declararlas de manera constante: *Soy tan BENDECIDO como Adán lo fue antes que pecara. Soy tan BENDECIDO como Abraham y como Jesús lo fueron. En conclusión: ¡Soy BENDECIDO!*

A veces, las personas que se consideran como *creyentes gentiles,* sienten incredulidad y no aceptan por completo la segunda declaración. A causa de que ellos no nacieron siendo judíos, piensan que son de alguna manera menos BENDECIDOS que Abraham y sus descendientes de sangre. Pero en el Nuevo Testamento se nos afirma lo contrario:

> Así Abraham creyó a Dios, y le fue contado por justicia. Sabed, por tanto, que los que son de fe, éstos son hijos de Abraham. Y la Escritura, previendo que Dios había de justificar por la fe a los gentiles, dio de antemano la buena nueva a Abraham, diciendo: En ti serán BENDITAS todas las naciones. De modo que los de la fe son BENDECIDOS con el creyente Abraham.
>
> —Gálatas 3:6-9

Según estos versículos, todos los creyentes nacidos de nuevo en la Tierra —sin importar en qué lugar hayan nacido— son tan herederos de Abraham, como si hubieran nacido de forma natural en una familia ortodoxa judía. Todos somos BENDECIDOS como Isaac, Jacob o José, pues cuando nacimos de nuevo, *nacimos* de la misma familia ortodoxa judía. Renacimos de manera espiritual del mismo Padre.

Ya no somos gentiles porque, por definición, los gentiles son personas que no tienen ningún pacto con Dios. Ellos están: «…sin Cristo… ajenos a los pactos de la promesa, sin esperanza y sin Dios en el mundo».[128] Esa descripción era la apropiada para nosotros antes de ser salvos, pero ahora ya no. Pues estamos en Cristo Jesús. Por medio de Cristo hemos sido liberados del pecado y de la maldición que éste conlleva:

> Cristo nos redimió de la maldición de la ley, hecho por nosotros maldición (porque está escrito: Maldito todo el que es colgado en un madero para que en Cristo Jesús LA BENDICIÓN

---

128 Efesios 2:12

de Abraham alcanzase a los gentiles, a fin de que por la fe recibiésemos la promesa del Espíritu.

—Gálatas 3:13-14

Quizá le hayan dicho que *la promesa del Espíritu* en este pasaje se refiere al bautismo en el Espíritu Santo; y que ésa es la única parte de LA BENDICIÓN de Abraham que nosotros, como creyentes no judíos, recibimos.

Me he dado cuenta de que algunas personas tienen esa idea, pero es incorrecta. En este versículo, "la promesa del Espíritu" no se está refiriendo al Bautismo en el Espíritu Santo, sino a la promesa que el Espíritu Santo le hizo a Abraham que, a través de él, todas las familias de la Tierra serían BENDITAS. La restauración de LA BENDICIÓN es la promesa del Espíritu Santo. Desde luego, la BENDICIÓN incluye el bautismo en el Espíritu Santo. También incluye el nuevo nacimiento, la sanidad, la prosperidad financiera, la ministración de ángeles y todo lo que necesitemos para ser fructíferos y para que ejerzamos dominio sobre la Tierra.

No permita que nadie lo convenza de conformarse sólo con recibir una parte de su herencia. Permanezca firme en el hecho de que a través del plan de redención, Jesús ha restaurado *por completo* LA BENDICIÓN en su vida. Luego, active esa BENDICIÓN por fe. Permítale que comience a crear un huerto de Edén en su casa, en su iglesia, en su negocio y en su vecindario. Deje que esta bendición fluya a través de usted hacia las calles donde otras personas la necesitan.

Estoy convencido que a medida que la Iglesia aprenda a vivir a plenitud en LA BENDICIÓN, incluso los políticos y otros que ejercen cargos de influencia en el mundo, comenzarán a buscar a los cristianos, tratando de obtener ayuda de ellos. Descubrirán lo mismo que Potifar y Faraón descubrieron cuando José administraba sus asuntos financieros: cualquier persona BENDECIDA que esté a cargo de sus finanzas los hará prosperar.

La Cabeza y el Cuerpo son uno

Si usted piensa que LA BENDICIÓN nunca podría obrar de esa manera tan poderosa a través de usted, permítame recordarle que, como simiente de Abraham, está calificado bíblicamente para ser de BENDICIÓN para el mundo entero. Usted es coheredero con Jesús.[129] Todo lo que Él es y posee también le pertenece a usted, incluyendo Su nombre.

Como su representante en la Tierra, usted posee Su autoridad. Él lo ha hecho señorear sobre Satanás, la enfermedad y la pobreza. Le dio poder sobre esas maldiciones, y le ordenó que las echara fuera.

Aunque su cuerpo físico aún permanece en esta Tierra, en el ámbito espiritual, usted ha sido resucitado juntamente con Él, y así mismo nos hizo sentar en los lugares celestiales con Cristo Jesús:[130]

Sobre todo principado y autoridad y poder y señorío, y sobre todo nombre que se nombra, no sólo en este siglo, sino también en el venidero; y sometió todas las cosas bajo sus pies, y lo dio por cabeza sobre todas las cosas a la iglesia, la cual es su cuerpo, la plenitud de Aquel que todo lo llena en todo.

—Efesios 1:21-23

Observe que Dios no lo colocó apenas por encima del diablo y todas sus artimañas, sino *muy* por encima de él. Recuérdele de vez en cuando esa verdad al enemigo. Recuérdele lo que sucedió en la Cruz, y que también que usted es coheredero con Jesús. Entonces blanda su espada, y el diablo huirá de usted así como huye de la presencia de Jesús; pues usted forma parte de Su Cuerpo —y la Cabeza y el Cuerpo uno son—.

¡Eso es muy importante! *¡La Cabeza y el Cuerpo son uno!*

En la iglesia, a las personas se les hace difícil creer esto, pero en las calles, todos saben que es verdad. Cuando yo entro a algún lugar, nadie dice: "Allí viene el hermano Copeland y su cuerpo". Eso sería

---

129 Romanos 8:17
130 Efesios 2:6

muy ilógico. Mi cabeza no es lo único que fue incluido en mi nombre. Soy Kenneth Copeland de los pies a la cabeza. Sin mi cuerpo, no puedo hacer nada.

Lo mismo ocurre con Jesús. Él no puede hacer nada en la Tierra sin nosotros, pues somos Sus representantes aquí. Somos Su plenitud, designados por el Señor para gobernar en Su nombre con santidad, bondad y el amor del Dios todopoderoso, el cual ha sido derramado en nuestros corazones por medio del Espíritu Santo.

En términos prácticos, eso significa que si usted es padre o madre, no tiene que tolerar la enfermedad en sus hijos. Cuando el diablo los ataque de esa manera, debe pararse junto a la cama, y confesar: *Satanás, te ordeno en el nombre de Jesús y por el poder del Eterno Dios todopoderoso que quites tus sucias manos de mi hijo. Soy simiente de Abraham. Mis hijos también son simiente de Abraham y son BENDECIDOS —en espíritu, alma y cuerpo—.*

Puede imponer manos sobre su hijo, y declarar: *Jesús, mi hijo esta bajo Tu cuidado. Tú eres el SEÑOR y el Sumo Sacerdote de este hogar, y eres el Sanador. Por fe, derramo de Tu poder de sanidad en el cuerpo de este pequeño. Y lo declaro sano.*

No tiene que llorar y suplicar para que Jesús baje del cielo, y toque a su hijo. No es necesario que llore y gima diciendo: "Oh, SEÑOR, si tan sólo le permitieras a mi bebé tocar el borde de Tu manto, sé que sería sano".

Orar de esa manera, es más comprensible para los creyentes que no tienen idea de quiénes son en Cristo, o de qué les sucedió cuando nacieron de nuevo. Ellos no saben orar de una mejor manera, pues nadie les ha enseñado algo diferente. Suponen que están en la misma posición que aquella mujer en el Nuevo Testamento, quien tenía flujo de sangre y recibió sanidad al tocar el borde del manto de Jesús. Ellos se identifican con las multitudes hambrientas que estaban sentadas a la orilla del Mar de Galilea, quienes se comieron los panes y los peces que Jesús multiplicó.

Pero nosotros no debemos actuar de esa manera. Como discípulos de Jesús, tenemos que identificarnos con *Él.* Al leer aquellas historias del Nuevo Testamento, deberíamos vernos a nosotros mismos realizando Su obra. En lugar de vernos como gente necesitada, tenemos que visualizarnos como personas que suplen necesidades, ya que somos herederos del ministerio de Jesús. Ahora, somos la simiente de Abraham, la cual imparte LA BENDICIÓN.

En Gálatas 3:16, 29, lo leemos de la siguiente manera:

Ahora bien, a Abraham fueron hechas las promesas, y a su simiente. No dice: Y a las simientes, como si hablase de muchos, sino como de uno: Y a tu simiente, la cual es Cristo... Y si vosotros sois de Cristo, ciertamente linaje de Abraham sois, y herederos según la promesa.

La particularidad de la naturaleza de la palabra *simiente* es muy importante en este versículo. Cuando se usa para referirse a Jesús, ésta nos indica que cada promesa de LA BENDICIÓN en el Antiguo Testamento fue entregada específicamente para Él. Él era esa Simiente en particular, por ello LA BENDICIÓN de Abraham le pertenecía.

Pero ése no es el final de la historia. En ese capítulo continuamos diciendo que aquellos que están en Cristo, también son *simiente* de Abraham. Observe que la palabra *simiente* se utiliza para referirse a nosotros de manera tan singular como cuando se utiliza para referirse a Jesús. Eso significa que LA BENDICIÓN está específicamente dirigida hacia nosotros, de la misma manera que para Él; gozamos exactamente de los mismos derechos de vivir conforme a ésta, como Jesús.

Recuerde esta verdad la próxima vez que lea los Evangelios que nos relatan el ministerio de Jesús. Visualícese a través de los ojos de su mente, no como un miembro hambriento de la multitud esperando ser alimentado, sino como el que multiplicó los panes. En lugar de verse como la mujer que se iba abriendo paso a través de la multitud tratando de tocar el manto de Jesús, conviértase en aquel que vestía el manto.

Por fe, póngase la vestidura de LA BENDICIÓN de Jesús, pues como coheredero, esa vestidura ungida le pertenece.

Es tiempo de entrar en el reposo de Dios

Conforme la PALABRA de Dios, el planeta entero le pertenece a usted, a mí y a cada creyente. "A Abraham y a su descendencia, se les prometió heredar el mundo",[131] [132] y ahora es nuestra promesa como herederos de LA BENDICIÓN. A través de Jesús, el último Adán, una vez más se nos ha dado el título de propiedad sobre la Tierra. Por medio de Él, la humanidad ha regresado al huerto.

Quizá usted se pregunte: "Pero ¿acaso en la Biblia no se le llama al diablo *el dios de este mundo* en 2 Corintios 4:4?".

Es cierto, sin embargo la palabra griega traducida como *mundo* se refiere al dominio demoniaco; es decir, el sistema impío del mundo de ésta época.[133] Ésa es la única cosa que el diablo puede reclamar como suya, pues la Tierra ya no le pertenece. Ahora, Jesús tiene toda la autoridad en el cielo y en la Tierra, y esa autoridad es nuestra por medio de Él.

De acuerdo con la cronología del huerto de Edén de Dios, esa verdad nos coloca de nuevo en el séptimo día de la creación. Y hace que nos enfoquemos nuevamente en el acontecimiento que encontramos en Génesis 2, en donde leemos que Dios descansó de Su obra.[134]

Pero los que hemos creído entramos en el reposo, de la manera que dijo:... Y reposó Dios de todas sus obras en el séptimo día... Por tanto, queda un reposo para el pueblo de Dios. Porque el que ha entrado en su reposo, también ha reposado de sus obras, como Dios de las suyas.

—Hebreos 4:3-4, 9-10

Con LA BENDICIÓN nuevamente activa, nosotros como creyentes no tenemos que trabajar, sudar ni esforzarnos para *ganarnos la vida*

---

131 Romanos 4:13, Traducción libre de la versión *Amplified Bible, Classic Edition*
132 *Diccionario expositivo de palabras del Antiguo y del Nuevo Testamento W. E. Vine* (Nashville: Thomas Nelson, 1985) "mundo" que viene del vocablo griego: kosmos, p. 685
133 Ibíd (igual que la referencia anterior) "mundo" que viene del vocablo griego: *aion*
134 Génesis 2:3

como las personas que dependen del sistema impío de este mundo. La Tierra coopera con nosotros cuando la cultivamos, no produce espinas ni cardos cada vez que ponemos nuestras manos sobre ella. ¡La maldición ha sido quitada de nosotros! Y gracias a la obra de Jesús, podemos entrar en el reposo de Dios y activar de nuevo a LA BENDICIÓN a nuestro favor. Podemos dejar de luchar con nuestra propia fuerza, y confiar en que LA BENDICIÓN nos da el poder para cumplir nuestra misión original.

¿Cuál es esa misión? La misma que desde un principio se nos ha encomendado: Crear un huerto de Edén adondequiera que vayamos.

En primer lugar, cumplimos esa misión predicando el evangelio. Compartimos las buenas nuevas de que Jesús vino, pagó el precio por nuestros pecados, y trajo de nuevo LA BENDICIÓN para toda la humanidad. Lo llevamos a cabo enseñándoles a las personas que a través de Jesús, el huerto de Edén está abierto una vez más.

Cuando la gente crea ese mensaje y nazca de nuevo, les ayudaremos a crear las condiciones del huerto de Edén en su vida, instruyéndoles cómo deben andar, hablar y vivir conforme a LA BENDICIÓN, así como Jesús lo hizo. A ese proceso se le llama "hacer discípulos", y una manera en que podemos discipularlos, es dándoles un ejemplo a seguir. Debemos vivir conforme a LA BENDICIÓN, a fin de que ellos puedan seguir nuestro ejemplo, de la misma forma que nosotros seguimos a Cristo. Así nos convertimos en la demostración viva de LA BENDICIÓN llevando compasión, el poder y la gloria de Dios adondequiera que vamos.

Alguien podría decir: "Pero yo no cuento con lo necesario para lograrlo".

¡Por supuesto que sí!

De hecho, usted nació para lograr ese propósito. Nació de nuevo por medio de la PALABRA de Dios, y fue hecho heredero de LA BENDICIÓN con el propósito específico de BENDECIR a todas las familias de la Tierra.[135] Usted posee en su interior, en forma de semilla,

---

135 Génesis 12:3

la capacidad de BENDECIR al mundo entero.

Ahora bien, quizá esa semilla le parezca pequeña, pero si la nutre con la PALABRA de Dios y con fe, ésta crecerá en su interior al igual que Jesús creció dentro del vientre de María. En poco tiempo, comenzará a ver cómo crece y da frutos esa semilla, observará la evidencia de LA BENDICIÓN obrando, no sólo en su propia vida, sino también en la vida de otras personas a través de usted.

Si usted descuida su estudio de la PALABRA y se alimenta de la basura que el mundo le ofrece todo el tiempo, permanecerá enfermo y en bancarrota como en el pasado. Y continuará viviendo conforme las condiciones de este mundo natural, en lugar de vivir conforme al poder de LA BENDICIÓN. Mientras tanto, la pequeña semilla de LA BENDICIÓN quedará inactiva en su espíritu, hambrienta por recibir alimento espiritual, agua y luz.

No es sólo para los predicadores

Si usted le da a esa semilla los nutrientes que necesita, brotará desde su interior. Ése es un principio espiritual inquebrantable: «Sobre toda cosa guardada, guarda tu corazón; porque de él mana la vida».[136]

En nuestro interior se encuentra la imagen de Jesús, es decir, LA BENDICIÓN, la Unción y la gloria de Dios. Llevamos en nuestro interior el huerto de Edén. Si le prestáramos atención a este hecho, y comenzáramos a pensar, a hablar y a actuar de acuerdo con ello, esa imagen interior se reproduciría adondequiera que fuéramos.

Por esa razón, a veces Dios nos envía a los lugares más difíciles del mundo, lugares que se encuentran infestados de demonios y donde crecen espinos. Las personas en esos lugares necesitan con desesperación del huerto; y cuando llegamos a esos lugares, les llevamos el huerto.

No le estoy hablando de una teoría, porque en realidad sí sucede, y en la actualidad, este hecho ha sido comprobado.

Por ejemplo, Gloria y yo vimos un reportaje en la televisión acerca

---

136 Proverbios 4:23, *RVR95*

de un pueblo ubicado en Guatemala de 18,000 personas, llamado Almolonga, donde el 90 por ciento de las personas son cristianas. Los grandes letreros que nos conducen hacia ese pueblo declaran: "¡Jesús es el Señor de Almolonga!".

Hace años, el área era un terreno árido. Pero ahora, los cultivos que se cosechan en esas tierras son sorprendentes. Un promedio de 40 camiones al día salen de Almolonga llevando en ellos toneladas de productos cultivados en cualquiera de sus ocho cosechas anuales.[137]

El equipo de filmación que visitó el lugar, trajo videos que comprobaban la veracidad de ese hecho. Filmaron repollos tan grandes que no cabían en una cubeta de 5 galones, y zanahorias del tamaño de un antebrazo. Los agricultores conducían camiones *Mercedes Benz.* En 1988 clausuraron la última cárcel y la convirtieron en una iglesia, pues dejaron de necesitarlas. Hace una generación, solo había cuatro iglesias, ahora hay más de 23.[138]

Alguien podría decir: "¡Le pediré a Jesús que haga lo mismo en mi ciudad! Oraré para que el Señor eche fuera a los demonios y que todos sean salvos, sanos y prósperos".

Si desea orar, hágalo, pero eso no le servirá de nada. Jesús nunca dijo que Él llevaría el evangelio a su ciudad. Tampoco aseguró que Él echaría fuera a los demonios. Y menos que impondría manos sobre las personas a su alrededor para sanarlas. Él expresó: *Vayan ustedes a todo el mundo y prediquen el evangelio a toda criatura. Echen ustedes fuera los demonios. Impongan las manos sobre los enfermos, y éstos sanarán. Vayan ustedes y Yo iré con ustedes.*

Ésa es otra forma de decir: "Ejerzan su autoridad sobre la Tierra. Sojuzguen y señoreen sobre ésta. Lleven LA BENDICIÓN alrededor de todo el planeta, y llenen todo el lugar con la gloria de Dios".

Ese mandato no sólo se aplica a los predicadores, sino a todos los miembros del Cuerpo de Cristo. Es para todos aquellos que creen.[139]

---

137 *Club 700,* La cadena televisiva Cristiana: *Club 700;* "Almolonga, Guatemala" (20 de noviembre de 2002)
138 Ibíd (igual que la referencia anterior) .
139 Marcos 16:17

Entonces si usted es un creyente, debe confesarlo. Es necesario que actúe conforme a ese mandato. Confíeselo todos los días cuando se levante: S*oy BENDECIDO. LA BENDICIÓN de Abraham es mía. Jesús la puso en y sobre mí, y esa BENDICIÓN fluye de mi cuerpo. Adondequiera que voy, soy una BENDICIÓN para las personas.*

Si continúa declarándolo, con el tiempo LA BENDICIÓN lo conectará con otras personas que también están viviendo conforme a ella; y usted se convertirá en parte de un equipo. El cual causará un impacto que cambiará al mundo. Un equipo conformado por creyentes BENDECIDOS puede realizar cosas que van más allá de lo que alguien pueda imaginar.

Lo sé porque nos sucedió a Gloria y a mí. No contábamos con un equipo de socios cuando comenzamos nuestro ministerio. Sólo contábamos el uno con el otro, nuestros hijos, un automóvil viejo y la casa rentada más fea que jamás haya visto. Pero nos dimos cuenta de que éramos la simiente de Abraham y herederos según la promesa, entonces comenzamos a caminar alrededor de nuestro pequeño dormitorio (no era un recorrido muy largo) confesando: *¡Alabado sea Dios! LA BENDICIÓN de Abraham es mía. Jesús es mi Hermano de sangre. Su unción está en mí y sobre mí.*

Continué confesando eso, y ocurrió lo que usted ya sabe, LA BENDICIÓN empezó a producir resultados. Poco a poco, las cosas comenzaron a cambiar. Primero, obtuvimos el dinero suficiente para salir de la ciudad e ir a otro lugar a predicar.

En aquel entonces, predicaba muchas de las cosas que predico ahora, pero eso ocurrió hace más de 40 años, y todo era totalmente nuevo para la mayoría de la gente. Se sentaban en los servicios y sólo me observaban. Se podía ver la incredulidad en sus rostros.

Por esa razón, debía realizar reuniones que duraban tres semanas. Pues yo necesitaba dos semanas para ayudarlos a salir de su incredulidad, y así tomar sólo una semana para impartir mis enseñanzas de una forma más productiva. LA BENDICIÓN estaba obrando y todo seguía avanzando. Después de un tiempo, se presentó la oportunidad para que otros predicadores y yo pudiéramos enseñar en la radio, y luego en la televisión.

Durante todo ese el tiempo, Dios estuvo obrando para reunir personas de todo el mundo y convertirlos en los más grandes creyentes de la Palabra de Dios, y en el grupo de personas más BENDECIDO que jamás se haya visto. El Señor también formó parte de este equipo. Y las últimas noticias que recibí acerca de los 2,2 mil millones de cristianos de todo el mundo, fue que 648 millones son evangélicos y creyentes de la Palabra.[140]

A eso le llamo un buen equipo, y ¡cada miembro es una manifestación de LA BENDICIÓN!

140 http://christianity.about.com/od/denominations/p/christiantoday.htm;www.globalchristianity.org

Capítulo once

El SEÑOR y el Sumo Sacerdote de LA BENDICIÓN

Mas éste, por cuanto permanece para siempre, tiene un sacerdocio inmutable; por lo cual puede también salvar perpetuamente a los que por él se acercan a Dios, viviendo siempre para interceder por ellos.

—Hebreos 7:24-25

Es algo maravilloso poder contar con un intercesor.

La primera vez que me percaté de ello, fue en mi niñez mientras me encontraba parado detrás de mi padre en un hotel al oeste de Texas. Él me había llevado a uno de sus viajes de negocios, y nos habíamos quedado allí por una noche. Mientras él reservaba la habitación, yo recorrí el lugar, y me encontré a unas personas que estaban jugando *shuffleboard*. No puedo explicarle por qué ese día sentí la necesidad de tomar una de las piezas de ese juego, pero me paré justo a la mitad del juego, me agaché y tomé una.

Nunca me imaginé que eso sería un problema, pero estaba equivocado. Luego me di cuenta que uno de los jugadores se acercó de prisa hacia mí, enrojecido, reclamándome que había echado a perder su juego. Yo era la mitad de su tamaño, y me congelé frente a él como un venado ante las luces de un automóvil en la carretera, pues no tenía idea de qué hacer.

En ese momento, mi papá apareció.

Él fue boxeador en su juventud, y se paró delante de mí; luego vio a mi acusador directo a los ojos, y resolvió la situación con una frase: «Si tiene algo que decirle a mi muchacho, ¡me lo dirá a mí!».

Al instante, el jugador de *shuffleboard* se apartó y comenzó a disculparse. Mientras lo hacía, un maravilloso cambio ocurrió en mí. Sintiéndome a salvo detrás de mi papá, dejé de ser un niño temeroso, y me convertí en un pequeño hombre confiado, y adopté otra actitud. No dije nada en voz alta, pero en mi interior sentí que era John Wayne: *Sí, Señor, ¿quiere pelea? Mi papá y yo podemos golpearlo ¡con una mano atada a nuestra espalda!*

Eso es lo que sucede cuando tiene al intercesor correcto.

Adquiere un nuevo nivel de valentía, pues un intercesor no sólo es alguien que ora por usted. Sino alguien que permanece firme ante la adversidad y siempre está a su lado. Es alguien que lo respalda en situaciones desafiantes.

Al enfrentar adversidades, un intercesor fuerte puede marcar una gran diferencia.

Cuando ese intercesor es Jesús, el Ungido —el victorioso SEÑOR de todo, el Rey de reyes, a quien se le ha otorgado toda autoridad en el cielo y en la Tierra— todo cambia.

Sin embargo, lo lamentable de esto es que muchos cristianos no lo saben. Aunque han leído en la Biblia que Jesús es el gran y Sumo Sacerdote —quien vive por siempre para interceder por ellos—, nunca han aprendido cómo aprovechar por completo esa parte de Su ministerio como intercesor. Jamás les han enseñado cómo conectarse por fe con Su ministerio sacerdotal.

Ése es un gran problema, pues para vivir conforme a LA BENDICIÓN de la forma que Dios desea, cada creyente debe realizar esa conexión. Todos debemos confiar en Jesús, no sólo como nuestro

Señor y Salvador, sino como el: «… apóstol y sumo sacerdote de nuestra profesión, Cristo Jesús».[141]

¿Qué es un Sumo Sacerdote?

Primero debemos comprender qué hace en realidad un sacerdote. En lugar de pensar en él sólo como un religioso que viste una sotana y usa un alzacuello, debemos entender que un verdadero sacerdote es un *ministro;* alguien que ha sido designado legalmente como un agente o persona autorizada que dirige un servicio, brinda ayuda o alguna clase de cuidado. Un ministro es a quien se le ha encargado algo, y es el responsable de ejecutarlo o llevarlo a cabo. El término *administrador* proviene de la palabra *ministro.* Las cualidades que lo describen son: Administrar, conducir, proporcionar, suministrar, ofrecer, distribuir, indicar, controlar, brindar ayuda o estar al servicio.

Algunas naciones utilizan el término *ministro* para referirse a posiciones de autoridad gubernamental. Por ejemplo, la persona a cargo de la tesorería, quizá lo llamen ministro de finanzas; y al responsable de supervisar las relaciones con otros países, ministro de relaciones exteriores.

Jesús, como nuestro Sumo Sacerdote, es el Ministro de LA BENDICIÓN. Él es el jefe administrador a cargo de proveer, suministrar, dirigir, ofrecer, indicar y proporcionar LA BENDICIÓN, por medio de la gracia de Dios al Cuerpo de Cristo.

Por ejemplo, uno de los aspectos de LA BENDICIÓN que Él ministra es el perdón y la pureza. La mayoría de nosotros aprendió a conectarse hasta cierto punto con esa parte de Su ministerio cuando fuimos salvos. Nacimos de nuevo al creer que Jesús, cómo nuestro Intercesor, pagó el precio del pecado por nosotros y nos hizo justos ante Dios.

Sin embargo, ése no es el final de la historia. Jesús no sólo obtuvo el perdón de nuestras transgresiones pasadas ni simplemente nos libró del castigo del pecado, Él derrotó todo el sistema de pecado.

---

141 Hebreos 3:1, *NVI*

Jesús desató la ley del espíritu de vida, y nos hizo libres de la ley del pecado y de la muerte,[142] destruyendo por completo el poder del pecado y del diablo; a fin de que ninguno de éstos pudiera ejercer de nuevo ninguna autoridad sobre nosotros. Luego ascendió a la diestra de Dios, donde habita por siempre para interceder por nosotros como: «... misericordioso y fiel sumo sacerdote en lo que a Dios se refiere, para expiar los pecados del pueblo».[143]

Gracias a que hoy en día Jesús es nuestro Sumo Sacerdote, podemos acudir a Él cuando pequemos. Pues Cristo nos librará del pecado y del sentimiento de injusticia que éste conlleva, ministrándonos la ley del espíritu de vida y borrando ese pecado como si nunca hubiera existido. No debemos ir arrastrándonos por ahí sintiéndonos condenados e indignos, pues:

> Si confesamos nuestros pecados, él es fiel y justo para perdonar nuestros pecados, y limpiarnos de toda maldad.
>
> —1 Juan 1:9

En una ocasión, mientras el SEÑOR me mostraba cómo nos limpia por completo de los pecados que cometemos, me recordó la cabaña que Gloria y yo compramos hace años en las Montañas Rocosas. Fuimos los dueños de ese lugar por casi 16 años, y nuestra familia vivió muchos momentos memorables allí.

—*¿Podrías describirme la cabaña? —me preguntó Él.*

—Claro —le respondí—. Aunque la vendimos hace unos años, recuerdo todo acerca de ésta.

—*Descríbemela detalle a detalle —me pidió.*

Y así lo hice. Le conté acerca del pequeño puente que cruzábamos cuando viajábamos hacia el lugar. Le hablé acerca del camino empinado, y del garaje que Gloria y yo construimos, donde guardaba mi motocicleta. Lo llevé desde la entrada principal, y le describí el pequeño

---

142 Romanos 8:2
143 Hebreos 2:17

guardarropa de la entrada, y luego la sala y la cocina. Le hablé acerca del sótano donde guardábamos nuestros esquís, y le mostré la montaña que se podía ver por la ventana al otro lado de la carretera.

Disfruté mucho describiéndole al SEÑOR esa pequeña cabaña.

Luego, Él me dijo: *Kenneth, ¿sabías que esa casa ya no existe, y que sólo está en tu mente?*

A lo cual respondí: «Claro, ¡ya no existe! Las personas a quienes se la vendimos la derrumbaron. La destruyeron por completo, y edificaron una casa nueva».

Entonces comprendí que lo mismo ocurre con mis pecados. Todo lo malo que alguna vez hice, se borró por completo cuando se lo confesé a Jesús. Él destruyó todos los pecados que cometí, los lanzó al río de Su Sangre y los lavó en la corriente color carmesí.

Al comprenderlo, mi confianza espiritual se elevó hacia un nuevo nivel. Pude depositar mi fe en el ministerio sacerdotal de Jesús, el cual brinda perdón y pureza. De esa manera, pude sacar de mi mente todos los pecados del pasado y la culpa relacionada con éstos, de una vez por todas.

¿Por qué debería recordar esos pecados si Jesús ya no los recuerda? ¿Por qué debo perder mi tiempo pensando en cosas que ni siquiera existen?

No debería hacerlo… ¡y usted tampoco!

Recuerde esto la próxima vez que el diablo intente robarle su confianza en Dios, al recordarle algunos pecados de los que ya se arrepintió. No permita que lo engañe con esa mentira. Cuando empiece a acusarlo de ser un pecador, no le conteste sólo diciéndole que su pecado ha sido perdonado y que está cubierto con la sangre. *¡Pues éste no fue cubierto!* sino borrado, erradicado y destruido por completo; por tanto, abra su boca con valentía y dígale al diablo esas mismas palabras.

Dígale que ese antiguo pecado ya no existe, y que desapareció al 100%. Asegurándole que su Intercesor lo destruyó de una vez por todas, y le entregó LA BENDICIÓN.

Quizá piense: "No lo sé, hermano Copeland. Creo que me sentiría ridículo declarando ese tipo de cosas".

No importa si se siente ridículo o no, debe realizar esa confesión, pues sus palabras de fe activan el ministerio de Jesús como Sumo Sacerdote en su vida. Él, literalmente, es el Apóstol y Sumo Sacerdote de su profesión.[144]

El término *profesión* también puede ser traducido como *confesión*. La palabra griega significa: "decir lo mismo".[145] Esa palabra es utilizada con relación al ministerio sacerdotal de Jesús, pues cuando expresamos lo mismo que Dios —hablando en sintonía con LA BENDICIÓN—, nuestro Sumo Sacerdote respalda nuestras palabras. Él se encarga de que se cumplan. Si no expresamos nada o realizamos confesiones contrarias a la PALABRA, no le estamos entregando nada que pueda administrar.

Por esa razón, no nos beneficia en nada decir: "¡Oh, Jesús! ¿No sabes cuán enfermo estoy? ¿Acaso no te das cuenta de cuánto dolor estoy soportando? ¿Por qué no sólo vienes, y pones Tu mano sobre mi frente para que sane de esta fiebre?".

Cuando declaramos ese tipo de cosas, no podemos participar del ministerio sacerdotal de Jesús. Él no puede hacer nada cuando decimos: "Estoy enfermo", "me duele", o "tengo fiebre". Pues esos síntomas son parte de la maldición, y Jesús ya realizó todo lo que debía hacer con respecto a ésta. Él llevó, por nosotros, hasta la enfermedad más insignificante a la Cruz, y la derrotó por completo a través de Su muerte y de Su resurrección. En otras palabras, Él ya nos libró de esa maldición.

Ahora bien, como nuestro Sumo Sacerdote, Él está listo para hacer cumplir LA BENDICIÓN en nuestra vida; y la lleva a cabo, en respuesta a nuestra confesión de fe. Al momento que declaramos LA BENDICIÓN, Él nos respalda. Cuando confesamos: *Alabado sea Dios, soy sano por la llaga de Jesús. Soy libre de la maldición de la enfermedad. Cada célula de mi cuerpo ¡es BENDITA!;* Él administra todo el poder divino necesario para que esa confesión (la cual es cierta en el ámbito espiritual), sea una realidad en este mundo natural.

---

144 Hebreos 3:1

145 Rick Renner, *Sparkling Gems From the Greek,* (Tulsa: Teach All Nations, 2003) p. 313

La diferencia que existe entre el señorío de Jesús y Su sacerdocio

Quizá usted diga: "Pero ¿qué debo hacer si incluso cuando declaro las confesiones correctas, los síntomas de enfermedad todavía no desaparecen?".

Ésa es una muy buena pregunta, pues en esa situación, debemos conectarnos por fe con otro aspecto del ministerio actual de Jesús: Su ministerio como *Señor.* Comprendo que esto puede escucharse como si estuviera buscándole tres pies al gato, sin embargo, en el Nuevo Testamento se describe una clara diferencia entre el señorío de Jesús y Su sacerdocio. En primer lugar al Referirse a Su exaltación después de la Resurrección, leemos: «*... Dios le ha hecho Señor y Cristo».*[146]

El término *Cristo,* el cual en griego significa: "el Ungido y Su unción",[147] se refiere al ministerio de Jesús como Sumo Sacerdote y Administrador de LA BENDICIÓN. Ahora bien, la palabra *SEÑOR* se refiere a Su posición como Victorioso, Campeón y Rey conquistador, quien puso a la muerte bajo Sus pies. Él es el que tiene un nombre sobre todo nombre; y cuando ese nombre se pronuncia, toda rodilla se dobla y toda lengua confiesa en el cielo, en la Tierra y debajo de la Tierra que Él es el SEÑOR para la gloria de Dios Padre.

Jesús es el Sumo Sacerdote de LA BENDICIÓN y de la ley del espíritu de vida. Él es el Sumo Sacerdote de los dones del Espíritu Santo, de la sanidad y de la prosperidad. Jesús es el SEÑOR sobre la ley del pecado, la muerte y la maldición. Es el SEÑOR sobre la enfermedad, la pobreza y sobre todo lo que este sistema del mundo trate de robarnos, y sobre cualquier parte de nuestra BENDICIÓN. Y, gracias a que hemos sido resucitados y nos hemos sentado con Él en los lugares celestiales, poseemos tanto el derecho como la responsabilidad de permanecer en ese señorío por fe; y resistir al diablo hasta que huya de nosotros.

Y eso es lo que el apóstol Pablo indicó que realizáramos:

---

146 Hechos 2:36
147 *Diccionario expositivo de palabras del Antiguo y del Nuevo Testamento W. E. Vine,* Merrill F. Unger, William White, Jr., editors (Nashville: Thomas Nelson Inc., 1985) "ungir" p. 348

Por lo demás, hermanos míos, fortaleceos en el Señor, y en el poder de su fuerza. Vestíos de toda la armadura de Dios, para que podáis estar firmes contra las asechanzas del diablo. Porque no tenemos lucha contra sangre y carne, sino contra principados, contra potestades, contra los gobernadores de las tinieblas de este siglo, contra huestes espirituales de maldad en las regiones celestes. Por tanto, tomad toda la armadura de Dios, para que podáis resistir en el día malo, y habiendo acabado todo, estar firmes.

—Efesios 6:10-13

Observe que estos versículos no enseñan que Jesús vendrá y peleará contra el diablo por nosotros. ¡Él no tiene porqué hacerlo!, pues ya derrotó a todo el ejército de Satanás. El SEÑOR Jesucristo resucitado es el indiscutible Rey de reyes y SEÑOR de señores; sin embargo, no descenderá en persona desde el cielo a imponer Su señorío sobre todo espíritu demoniaco que nos esté ocasionando problemas.

Jesús nos delegó esa responsabilidad al *convertirnos* en reyes y sacerdotes,[148] y nos encomendó la tarea de recordarle al diablo que es un adversario derrotado. Jesús nos equipó para cumplir esa misión en *el poder de Su fuerza;* dejando a nuestra disposición Su propia armadura —Su vestimenta de guerra— para protegernos. También nos proveyó Su PALABRA y la oración, a fin de que pudiéramos fortalecernos y edificarnos; al punto de que en lugar de que Su armadura nos quede como un traje demasiado grande, nos talle a la perfección.

Él realizó todo por nosotros, pues espera que permanezcamos firmes en fe en Su señorío; y pongamos al diablo bajo nuestros pies, ¡el lugar donde pertenece!

"Pero, hermano Copeland, el diablo no es en realidad mi problema. Es mi jefe quien los provoca. Es mi suegra, mi malvado vecino de enfrente, los chismes que se divulgan por la iglesia, todo esto está arruinando mi vida".

---

148 Apocalipsis 1:6

En ocasiones, pareciera que así fuera; no obstante, de acuerdo con la Biblia, nuestra lucha no es contra sangre ni carne. Las personas no son nuestros enemigos. Claro, algunas tienen actitudes desagradables y malas, pero se debe a que el diablo las está utilizando. El enemigo actúa a través de ellos, tratando de hacernos daño.

Cuando reconocemos que el diablo es la fuente de donde proviene nuestro problema, lo podremos enfrentar de manera apropiada. No podremos echarlo fuera de alguien si esa persona no lo desea; sin embargo, lo que debemos hacer, es tomar autoridad sobre los espíritus demoniacos que operan detrás de ellos e impedirles que nos molesten a nosotros y a nuestra familia. No importa a quién estén poseyendo, esos espíritus no tienen autoridad sobre nosotros.

Somos hijos de Dios y coherederos con Jesús. Somos reyes y señores. Por tanto, cuando resistimos al diablo, él tiene que huir.

Alguien podría decir: "¡Pero lo he resistido y no se ha ido!".

Para creer que esa declaración es verdad, yo tendría que llegar a la conclusión de que la PALABRA de Dios en Santiago 4:7, es mentira; pues en este versículo se aclara a la perfección: «Someteos, pues, a Dios; resistid al diablo, y *huirá* de vosotros». Cuando su resistencia contra el diablo parece no tener éxito, en lugar de asegurar que la PALABRA no funcionó, pregúntele a Dios en qué está usted fallando.

Es lo que yo hago, declaro: *Señor, hay algo en esta situación que no entiendo. Necesito saber qué está sucediendo. Sé que Tu PALABRA es verdad, entonces el problema talvez sea algo relacionado conmigo. Estoy dispuesto a realizar cualquier corrección necesaria en mi conducta, en mi actitud o en mis pensamientos. Por tanto, muéstrame qué está mal.*

Cada vez que le he pedido a Dios que me muestre mis errores, Él me da la sabiduría necesaria en abundancia, sin criticarme por no haberla usado. Y si usted se la pide en fe, Él hará lo mismo por usted.

Blanda su espada y permanezca firme

Una vez que sepa que está resistiendo al diablo de forma correcta, de acuerdo con la PALABRA; todo lo que debe hacer es permanecer firme con fe para mantener derrotado al diablo y fuera de cualquier situación.

Estad, pues, firmes, ceñidos vuestros lomos con la verdad, y vestidos con la coraza de justicia, y calzados los pies con el apresto del evangelio de la paz. Sobre todo, tomad el escudo de la fe, con que podáis apagar todos los dardos de fuego del maligno. Y tomad el yelmo de la salvación, y la espada del Espíritu, que es la PALABRA de Dios; orando en todo tiempo con toda oración y súplica en el Espíritu...

—Efesios 6:14-18

Alguien podría argumentar: "Pero en ocasiones, me canso cuando debo permanecer firme por mucho tiempo".

Usted no se cansará en lo absoluto, si lleva a cabo lo que en esos versículos se le indica. Si continúa: «...*orando en todo tiempo... en el Espíritu*», se fortalecerá a cada minuto, pues se estará edificando a sí mismo sobre su santísima fe.[149] Entonces podrá blandir con poder la espada de la PALABRA, y declarar con autoridad: *Satanás, te recuerdo que el SEÑOR Jesucristo me respalda; el mismo Vencedor que te eliminó y te convirtió en un gran perdedor hace 2000 años cuando resucitó. Ahora, en el nombre de Jesús te ordeno que te vayas, y declaro que desde este momento has huido. Rechazo cada intento tuyo por regresar, pues ya te has marchado para siempre.*

Una vez que haya declarado esta confesión, si aun no ve resultados inmediatos, continúe orando en el espíritu y supervisando la situación. Siga declarando LA BENDICIÓN sobre el problema. Envíe ángeles ministradores para que vayan y acampen alrededor de la circunstancia. Después, alabe y agradézcale a Dios por el cumplimiento de Su PALABRA. Apéguese a ella hasta que el señorío de Jesús se haya

---

149 Judas 1:20

cumplido por completo, y LA BENDICIÓN esté fluyendo de nuevo en esa situación.

Cuando toma ese tipo de postura en el poder victorioso y en la autoridad del SEÑOR Jesús, ningún demonio sobre la Tierra, principado, potestad o gobernador de las tinieblas de este mundo o espíritu inmundo en los lugares celestiales, podrá oponerse a usted. Todos doblarán sus rodillas ante su presencia como lo harían ante Jesús, ya que está actuando en Su nombre.

Lo sé por experiencia propia, pues he tomado esa misma postura en algunas situaciones muy serias relacionadas con demonios. Por ejemplo, hace varios años, recibí una llamada de un predicador amigo mío, diciéndome que su esposa había sufrido un ataque de apoplejía frente a su casa. Alguien que pasaba por ahí la vio, llamó a las autoridades locales y la llevaron al hospital psiquiátrico de la ciudad: «Hermano Copeland, ¿qué haremos? —preguntó él—. ¿Cómo la sacaremos de allí?».

Subí al automóvil, y conduje hasta el hospital para ayudarlo; y durante el trayecto declaré: *Mayor es el que está en mí que el que está en el mundo... Mayor es el que está en mí que el que está en la sección 8 del hospital psiquiátrico... Mayor es el que está en mí que el que la tiene atrapada en ese lugar. El GRAN YO SOY habita en mi interior. La autoridad de Dios reside en mi ser. Poseo el nombre que es sobre todo nombre, y en el nombre de Jesús; te ato ahora, Satanás.*

El lugar donde encerraron a esa dama parecía una cárcel, pues estaba llena de barrotes, puertas con cerraduras y un oficial de guardia. Pero cuando llegué, la revelación de mi autoridad estaba obrando en mí, entonces no me incomodó. Simplemente miré al guardia, y le dije: *¡Abra la puerta!* Él no sabía quién era yo, tampoco me lo preguntó. Sólo abrió la puerta, y me dejó pasar.

Cuando entré, cada demonio en ese lugar se enfureció. Todos sabían que yo me encontraba allí. Uno de ellos ocupaba el cuerpo del hombre más grande que jamás había visto, sólo tenía dos batas puestas, ese gigante se paró frente a mí y enfadado, comenzó a gruñir.

No le dije ni una palabra. Sólo seguí caminando, y él se apartó del camino.

Al final del pasillo, encontré a la esposa del pastor en una habitación. Estaba tan asustada que se había acurrucado tratando de esconderse del terrible lugar donde se encontraba. Casi lloró de alivio cuando me miró, diciendo: «¡Hermano Copeland…!»; y luego tuvo otro ataque de apoplejía.

¡No, no la atormentarás más, Satanás! —le grité—. *No tienes ningún derecho sobre el cuerpo de esta mujer. Pues éste es el templo del Espíritu Santo, y en el nombre del Altísimo, te ordeno que lo abandones y la dejes en paz, ¡ahora!*

Al instante, el ataque se detuvo, ella volvió a la normalidad y me dijo: «Hermano Copeland, sáqueme de aquí, por favor».

Cuando salíamos de la habitación, dirigiéndonos al pasillo, otra dama gritó: "¡Señor, señor! ¿Puede hacer lo mismo por mí?".

Entonces le respondí que sí.

Después de tomar autoridad sobre el enemigo y expulsarlo de ella, realicé la oración de perdón de pecados con aquella mujer. Recibió el bautismo del Espíritu Santo, y de inmediato, comenzó a orar en nuevas lenguas. Luego miré a la esposa del pastor, y le dije: *Vamos. Te llevaremos a casa.*

Salimos por la puerta principal de la misma forma en que entré. El mismo oficial abrió la puerta para mí en ambas ocasiones, sin oponerse.

Incluso la muerte doblará sus rodillas

Incluso el espíritu de muerte huirá de un creyente que esté actuando conforme a la revelación de que Jesús es el Señor sobre todo. He sido testigo de ello, pero no sólo en momentos específicos dentro del ministerio, sino también en mi vida personal. Una de las ocasiones más memorables, ocurrió hace varios años, cuando mi tía Eiley se encontraba en su lecho de muerte. Gloria y yo estábamos de visita en casa de mis padres, cuando mi madre recibió el aviso de que si deseaba ver a mi tía antes que muriera, debía llegar al hospital de inmediato.

Acababa de llegar a casa, y estaba a punto de comerme unos huevos cuando entró la llamada; mi madre se alarmó y me dijo: «Vamos Kenneth, debemos llegar al hospital, ahora».

Antes de que pudiera responder, escuché en mi espíritu las mismas palabras que confesé el día que conduje al hospital psiquiátrico: *Mayor es el que está en mí que el que está en el mundo.*

—Mamá, me comeré primero los huevos, luego nos iremos —le respondí.

—Kenneth, ¡levántate de esa mesa! Debemos irnos. Eiley se está muriendo. ¿Entiendes eso?

Sí lo entendía. Pero también sabía que si me alteraba y permitía que el espíritu de muerte comenzara a tomar el control, la tía Eiley moriría antes que llegáramos al hospital. En cambio, si deseaba detener a ese espíritu de muerte, debía confesar y actuar como una persona que tiene autoridad. No quería comerme esos huevos, pues sabían a suela de zapato. Sin embargo, comí un poco, y luego dije: *Voy a cambiarme la camisa, y nos iremos.*

Mi madre no tenía la misma revelación que yo. Por tanto, ella estaba asustada, y me gritó: «Kenneth, ¿podrías apurarte?».

Mi madre no tenía ni la menor idea de que mi carne deseaba reaccionar igual que ella. Pero si me rendía a ésta, yo hubiera comenzado a agitarme y a retorcerme las manos en angustia, preocupado de que la tía Eiley fuera a morir antes que llegáramos al hospital. Sin embargo, estaba determinado a no ceder ante mi carne. Decidí que andaría en el Espíritu, y que ejercería el señorío de Jesús sobre esa situación.

Así que volví a mi habitación como si tuviera todo el tiempo del mundo. Me cambié la camisa con lentitud, —a propósito— orando en el espíritu todo el tiempo y declarando: *Mayor es el que está en mí que el que está tratando de quitarle la vida a la tía Eiley. No lo permitiré. Espíritu de muerte, te resisto en el nombre de Jesús.*

Durante todo el camino hacia el hospital, continué actuando igual, seguí orando y confesando: *En el nombre de Jesús, tengo autoridad sobre el espíritu de muerte. Tengo autoridad sobre los gobernadores de las tinieblas de este mundo. Yo los gobierno, y no ellos a mí. Vivo bajo la ley del espíritu de vida en Cristo Jesús, y ejerzo dominio sobre la ley del pecado y de la muerte.*

Cuando entramos en la habitación de la tía Eiley, ya había muerto. Sólo estaban esperando que el doctor llegara y firmara el certificado de defunción. En el instante en que la vi, el diablo me dijo: "¿Lo ves? Llegaste demasiado tarde. Ella ya murió".

¿Quién te preguntó? —le respondí—. *Aquí, tú no eres el SEÑOR. Ya no tienes el control sobre el poder de la muerte, en cambio, Jesús sí lo tiene, y yo estoy en Él.*

Ignorando a los miembros de la familia, quienes ya habían comenzado a llorar y a lamentarse por ella, me acerqué a la cama y dije: *Tía Eiley, leeré en mi Biblia los versículos que el SEÑOR me indicó.* Mientras los leía, ella permaneció recostada como un cadáver. Después declaré: *En el nombre de Jesús, tía, yo declaro vida sobre usted. Ahora, abra sus ojos en el nombre de Jesús.*

Sus ojos se abrieron de golpe y manifestó: "¡Alabado sea Dios! Kenneth, ¿qué estás haciendo aquí?".

Sólo vine para ministrarla, le respondí.

Mi mamá señaló una protuberancia en el pecho de mi tía, la cual estaba asfixiándola. Extendí mi mano, la toqué y declaré: *Sal de ella, no le quitarás la vida.*

Y en un instante, desapareció.

La tía ya era una persona mayor. Tenía la suficiente edad para morir en ese momento, pero no de esa forma. Además, aún no estaba preparada. Ella deseaba vivir un poco más, y vivió dos años más en su propia casa, muy saludable como para cuidar de sí misma.

Después de esos dos años, un día mi madre conducía por la ciudad, cuando recibió una palabra del SEÑOR: *Visita a Eiley. Es hora de que ella venga a casa.*

En efecto, cuando mi mamá llegó a su casa, ella estaba sentada en su silla, pensando en ir al cielo. Le manifestó a mi madre que un ángel del SEÑOR la había estado esperando por varias horas para escoltarla a casa, y ella decidió que estaba preparada para irse con él. Mi mamá la ayudó a meterse a la cama, a sacudir sus almohadas, y le dijo: «Ahora, no temas. Sólo recuesta tu cabeza, y puedes irte».

Y así lo hizo la tía Eiley. Se recostó sobre las almohadas, comenzó a orar en otras lenguas, y luego murió. Fue llevada a la gloria, no por el espíritu de la muerte, sino por el espíritu de vida. Ella se marchó al cielo tomada del brazo de un ángel del SEÑOR.

Ahora bien, ¡ésa es la forma de morir!

Es tan sencillo que incluso un niño puede lograrlo

¿Por qué no todos los creyentes abandonan este mundo con esa clase de paz y en victoria?

Porque hemos permitido que la religión nos robe la sorprendente autoridad que tenemos sobre el diablo. Hemos creído en ridículos clichés de funeral como: "El SEÑOR dio y el SEÑOR quitó. Él es el único que puede dar y quitar la vida".

¡Dios no le quita la vida a Sus hijos! Él no se dedica a matar personas. El diablo es el único que roba, mata y destruye,[150] y nosotros tenemos autoridad sobre él, en el nombre de Jesús. Pues ejercemos el poder de la vida y la muerte con el poder de nuestra lengua.[151]

Cuando utilizamos ese poder de forma incorrecta, podemos activar ciertas leyes espirituales que nadie puede cambiar. He conocido cristianos que desde temprana edad comenzaron a declarar que no vivirían mucho tiempo: "No creo que viva más de 50 años". El enemigo se encontraba justo allí para tomar en cuenta sus confesiones. Entonces comenzó a preparar las circunstancias para cumplirlas, y cuando lo consiguió, nadie pudo detenerlas porque ese hijo de Dios autorizó su

---

150 Juan 10:10
151 Proverbios 18:21: «La muerte y la vida están en poder de la lengua, y el que la ama comerá de sus frutos».

temprana muerte con su lengua.

Por otro lado, cuando los creyentes ejercen la autoridad de sus palabras y se ponen de acuerdo con el señorío de Jesús y Su ministerio sacerdotal de BENDICIÓN, incluso hasta un niño pequeño puede detener las acciones de la muerte misma. Mi nieta, Lyndsey, es un testimonio de ello. Ella tenía 11 años cuando una especie de meningitis mortal intentó quitarle la vida. Gloria y yo estábamos fuera de la ciudad cuando la atacó, y para cuando pudimos tomar el vuelo a casa y estar en el hospital, varios niños ya habían muerto a causa de esa enfermedad.

Debido a que toda nuestra familia comprende la autoridad que nos pertenece en el nombre de Jesús, ninguno de nosotros temblaba de miedo. Al contrario, todo el tiempo que Lyndsey permaneció en el área de enfermedades infecciosas del hospital, perdiendo y recuperando la conciencia, todos confesábamos: "Mayor es el que está en mí... no permitiremos que esto suceda. No dejaremos que Lyndsey pierda la vida".

Cuando Gloria y yo entramos a la habitación del hospital en donde se encontraba inconsciente, Dios ya me había indicado mi misión. Sabía qué hacer y qué confesar. Simplemente la toqué con mi dedo índice, y le dije: *Lyndsey, le hablo a la unción que se encuentra en tu interior. Unción, ¡levántate! Quita la carga y destruye este yugo, en el nombre de Jesús, ¡ahora!*

De pronto, sus ojos se abrieron y ella gritó; apretando sus dientes con determinación, dijo: «*Paw-Paw* ¡SOY SANA EN EL NOMBRE DE JESÚS!».

Cuando ella realizó esa confesión, toda la intensa presión que nuestra familia estuvo ejerciendo sobre la enfermedad y la muerte, todo el tiempo que permanecimos en fe y en oración, blandiendo la espada del Espíritu; hizo que el diablo huyera con terror. La declaración de LA BENDICIÓN de sanidad que hizo Lyndsey fue respaldada y administrada por su Sumo Sacerdote; y a la mañana siguiente, ella se encontraba perfectamente bien.

Estableciendo la conexión de pacto

Uno de mis ejemplos bíblicos favoritos del ministerio de Jesús, como el Apóstol y Sumo Sacerdote de nuestra confesión, es el Salmo 91. Éste inicia con una declaración de fe del salmista, quien afirma:

El que habita al abrigo del Altísimo morará bajo la sombra del Omnipotente. Diré yo a JEHOVÁ: Esperanza mía, y castillo mío; mi Dios, en quien confiaré.

—versículos 1-2

Al terminar este versículo, el narrador cambia. Alguien más comienza a hablar en respuesta a la confesión del salmista, y le manifiesta:

El te librará del lazo del cazador, de la peste destructora. Con sus plumas te cubrirá, y debajo de sus alas estarás seguro; escudo y adarga es su verdad. No temerás el terror nocturno, ni saeta que vuele de día.

—versículos 3-5

¿Quién es el segundo narrador? Es Jesús, ¡el Sumo Sacerdote! Él hizo por el salmista lo mismo que hace por nosotros. Cuando confesamos la PALABRA del SEÑOR, Él declara LA BENDICIÓN sobre nuestra vida: "¡Sí, Kenneth! ¡Sí, María! ¡Sí, Juan! Yo administraré esa confesión. Por siempre viviré para interceder por ustedes, les proveeré todo lo que puedan necesitar o desear. Por siempre viviré para asegurarme de que Dios los cubrirá y los protegerá, y no permitirá que les hagan daño. Él les asignará a Sus ángeles para que los cuiden, y los establezcan en las alturas. Les mostrará Su salvación en toda situación, pues ustedes son BENDITOS".

¿Puede comprender el gozo y la emoción que se siente al saber que somos respaldados por el ministerio sacerdotal de Jesús? ¡Es algo absolutamente maravilloso!

"Sí, hermano Copeland, pero por alguna razón no me parece muy verídico. ¿Hay algo que pueda hacer para recibir una mayor revelación de esa declaración?".

Sí, y puede encontrarla en Hebreos. Allí se nos muestra con exactitud cómo conectarnos con el ministerio sacerdotal de Jesús, pues se nos explica: «...hecho sumo sacerdote para siempre según el orden de Melquisedec»,[152] Jesús realizó por nosotros lo mismo que Melquisedec hizo por Abraham. Él nos ministra de acuerdo a ese mismo patrón.

> Porque este Melquisedec, rey de Salem, sacerdote del Dios Altísimo, que salió a recibir a Abraham que volvía de la derrota de los reyes, y le BENDIJO, a quien asimismo dio Abraham los diezmos de todo...
>
> —Hebreos 7:1-2

Ya estudiamos el relato en Génesis de cómo Melquisedec, hablando de parte de Dios, declaró LA BENDICIÓN sobre Abraham. Cuando él manifestó: «Bendito sea Abram del Dios Altísimo, creador de los cielos y de la tierra»,[153] Melquisedec lo convirtió en copropietario del cielo y de la Tierra, y le entregó el dominio que Dios le había dado a Adán en el principio.

Sin embargo, quiero que observe algo: Abraham no sólo recibió esa bendición, y dijo: "Gracias. Aprecio LA BENDICÓN que me has otorgado", y luego se marchó. En Génesis y en Hebreos, leemos que él respondió ante LA BENDICIÓN de una forma específica, igual a la que Dios había planificado que Adán respondiera en el huerto: diezmando.

Éste punto es vital, por tanto, permita que penetre en su interior:

Abraham se conectó con LA BENDICIÓN del sumo sacerdote a través del diezmo, y nosotros lo hacemos de la misma forma.

Eso significa que no sólo deberíamos tirar cheques dentro de la canasta de ofrenda los domingos. No debemos dar unos cuántos billetes a la iglesia de vez en cuando. Sino es necesario que convirtamos

---

152 Hebreos 6:20
153 Génesis 14:19

al diezmo en una parte importante de nuestra comunión con Dios. Necesitamos entregarle a Jesús —nuestro Sumo Sacerdote— nuestros diezmos de una forma devota y con reverencia; y siempre liberar nuestra fe, como una expresión fresca de LA BENDICIÓN.

¡Es cierto! LA BENDICIÓN se expresa a través de dar el diezmo. Porque «... ciertamente reciben los diezmos hombres mortales; pero allí, uno de quien se da testimonio de que vive».[154]

"Hermano Copeland, de seguro no está declarando que Jesús en realidad ¡siguió el ejemplo de Melquisedec!".

No, estoy afirmando que el ministerio de Melquisedec tomó como base el ministerio de Jesús. Melquisedec actuó conforme a la unción de Jesús, al presentarse en el lugar del Sumo Sacerdote, ministrando los elementos de la Santa Cena —el pan y el vino que representan el cuerpo y la sangre de nuestro Salvador—. Él estaba administrando LA BENDICIÓN, tomando como base lo que Jesús iba a realizar, no sólo por Abraham, sino por todas las familias de la Tierra. De acuerdo con la Biblia, cuando Abraham le entregó a Melquisedec los diezmos de todo, en realidad se los entregó a Jesús, pues a Él estaba representando Melquisedec.[155]

Abraham comprendió mejor que muchos cristianos de hoy en día, la importancia de esa interacción de pacto. Él sabía que los elementos de la Santa Cena eran símbolos del pacto de sangre, lo cual significaba que Dios estaba ofreciéndose y haciendo un compromiso de entregar Su propia vida por él. Él entendió que el Padre estaba jurando un pacto que jamás rompería —el SEÑOR tendría que dejar de existir antes de romper Su pacto con Abraham—.

Porque los hombres ciertamente juran por uno mayor que ellos, y para ellos el fin de toda controversia es el juramento para confirmación. Por lo cual, queriendo Dios mostrar más abundantemente a los herederos de la promesa la inmutabilidad de su consejo, interpuso juramento; para que por dos cosas

---

154 Hebreos 7:8
155 Hebreos 7:1-8

inmutables, en las cuales es imposible que Dios mienta, tengamos un fortísimo consuelo los que hemos acudido para asirnos de la esperanza puesta delante de nosotros. La cual tenemos como segura y firme ancla del alma, y que penetra hasta dentro del velo, donde Jesús entró por nosotros como precursor, hecho sumo sacerdote para siempre según el orden de Melquisedec.

—Hebreos 6:16-20

Los elementos de la Santa Cena y LA BENDICIÓN con los cuales Abraham se conectó por medio de la fe cuando diezmó, anclaron por completo su alma a la realidad de que ese pacto con Dios era su fuente. Por tanto, cuando el rey de Sodoma trató de establecer un acuerdo financiero con él, Abraham —quien sobreabundaba de esta revelación— estalló con estas palabras: «… nada tomaré de todo lo que es tuyo, para que no digas: Yo enriquecí a Abram».[156]

Como creyentes del Nuevo Testamento, ¡debemos tomar esa misma actitud! Deberíamos conectarnos con LA BENDICIÓN a través del diezmo, y luego decirle a Satanás: *¡Aléjate de mí, mentiroso! No necesito nada de lo que tienes. Yo poseo un pacto con el Dios todopoderoso, y Él me ha enriquecido en espíritu, alma y cuerpo.*

De esa forma Dios lo planeó desde el principio. Por esa razón, entregó a Jesús, a fin de que se convirtiera en nuestro Sumo Sacerdote. Para que en lugar de que fuéramos guiados por nuestras emociones, y saliéramos corriendo asustados por cada amenaza mentirosa que el diablo inventara, nuestras almas pudieran anclarse a LA BENDICIÓN.

Dios nos juró un pacto —no con la sangre de toros y machos cabríos, sino con la sangre de Su propio Hijo—, a fin de que nosotros, al igual que Abraham, pudiéramos estar plenamente convencidos de que LA BENDICIÓN es nuestra fuente de provisión. Él designó a Jesús para que recibiera nuestros diezmos, con el propósito de que nuestra mente, voluntad y emociones pudieran permanecer en la roca sólida en medio de cualquier tormenta; y para que podamos descansar seguros de

---

156 Génesis 14:21-23

que contamos con un Sumo Sacerdote fiel, quien de manera continua, ministra esa BENDICIÓN sobre nosotros.

Lo emocionante de diezmar bajo la revelación de LA BENDICIÓN

Hace años, cuando comencé a estudiar estas cosas en la Palabra, el SEÑOR me dijo: *Gloria y tú no dedican el tiempo suficiente para presentar sus diezmos. Han adquirido el hábito de llenar cheques, imponer sus manos sobre éstos y orar un poco, para luego enviarlos a alguna parte. Pero eso no es suficiente. Deben hacer que sus diezmos se conviertan en una interacción de pacto.*

Desde entonces, diezmar se ha convertido en un asunto muy serio para nosotros. Ahora tomamos el tiempo suficiente para presentar nuestros diezmos ante Jesús como nuestro Sumo Sacerdote. Nos arrodillamos y participamos de la Santa Cena presentando y pidiendo por nuestro diezmo. Realizamos confesiones sobre éstos, de acuerdo con el patrón que Dios les entregó a los israelitas en Deuteronomio 26.

Por ejemplo, decimos: *Señor Tú eres el dueño de nuestro diezmo; traemos ante Ti estos diezmos con gozo y acción de gracias por todo lo que has hecho por nosotros. Te agradecemos por aquellos que han alimentado nuestro espíritu y por quienes nos han bendecido. Te damos gracias por LA BENDICIÓN de Abraham, la cual es nuestra en Cristo Jesús. Te agradecemos porque somos coherederos con Jesús, y a través de Él, herederos de todo el mundo.* Luego esperamos en Él por un momento, y escuchamos lo que tenga que decirnos.

Cuando diezma de esa manera, el gozo que siente es indescriptible. Y comienza a comprender por qué Dios les dijo a los sacerdotes tacaños en Malaquías 3:10:

Traed todos los diezmos al alfolí y haya alimento en mi casa; y probadme ahora en esto, dice JEHOVÁ de los ejércitos, si no os abriré las ventanas de los cielos, y derramaré sobre vosotros BENDICIÓN hasta que sobreabunde.

Observe que en ese versículo no se afirma que Dios derramará BENDICIONES (en plural), sino una BENDICIÓN (en singular). Esto se refiere a LA BENDICIÓN, la cual incluye todas las demás bendiciones.

Cuando le entregamos los diezmos a nuestro Sumo Sacerdote, no para cumplir con un requisito legalista ni religioso —así como lo hacían los sacerdotes en los días de Malaquías—, sino con una actitud de fe en LA BENDICIÓN, el espíritu de tacañería que en ocasiones intenta entrar en nosotros desaparece, y nos convertimos en dadores alegres. Diezmar se vuelve un privilegio y una emoción, ya que lo hacemos en respuesta al hecho de que el Dios todopoderoso nos ha BENDECIDO con todo lo que Él es y tiene. En lugar de entregarle de mala manera el 10% que a Él le pertenece, se lo damos con gozo; sabiendo que nos ha hecho herederos de todo el mundo.

Cuando diezmamos con esa actitud, nos impacta el hecho de que esa BENDICIÓN sea tan grande ¡al punto que no podemos contenerla! En ese momento, es cuando ésta comienza a brotar de nosotros hacia los demás, expandiendo el huerto de Edén adondequiera que vamos.

Ahora bien, le advierto que la religión intentará disuadirlo de la prosperidad de LA BENDICIÓN, antes de que logre llegar a ese nivel. La religión le dirá que ser pobre demuestra humildad, y que además, a Dios le agrada que usted sea pobre. Ésta lo manipulará tanto, al punto que usted diga cosas ridículas como: "En realidad no necesito ese mensaje de prosperidad. Mi familia y yo podemos subsistir con ingresos modestos. No buscamos enriquecernos".

Sólo existe una palabra para describir esa actitud: *egoísmo.*

Quizá usted y su familia puedan subsistir con el salario mínimo, pero ¿qué sucederá con la obra de Dios? ¿Qué sucederá con su pastor? ¿Qué pasará con el pobre y con el que no tiene hogar? ¿Por qué no le cree a Dios por un ingreso de US$10,000 a la semana, aparta su salario mínimo y siembra el resto en el reino de Dios?

Todos debemos tomar con seriedad esas preguntas, pues una cosa es segura: Si no escogemos vivir conforme a la BENDICIÓN, tendremos que dar cuentas cuando nos encontremos ante el tribunal de Cristo. Todos tendremos que explicarle por qué decidimos dejar que nuestra abundante cosecha se pudriera en el campo, cuando había un mundo lleno de personas que necesitaban esa prosperidad. Todos entregaremos cuentas de por qué actuamos de forma tan egoísta e irresponsable.

Sé que son palabras duras, pero en realidad no son lo suficiente duras. Pues Dios está cansado de que exista una mentalidad de pobreza entre Su pueblo. Él está hastiado de las mentiras de la religión, la cual divulga que el SEÑOR quiere que sean pobres, mientras Él vive en un palacio grande y costoso con calles pavimentadas de oro. Pero como solíamos decir en el Este de Texas: "Ese perro viejo ya no cazará más". Es decir, nosotros ya no caeremos más en esa trampa, pues ya no funcionará. Dios ha derramado la revelación de Su Palabra acerca de la prosperidad en los últimos 50 años; y si no vivimos conforme a esa revelación, seremos responsables ante Él cuando esta era termine.

Esta verdad no sólo se aplica al ámbito financiero, sino también en los demás aspectos de LA BENDICIÓN, ya que existen personas a nuestro alrededor que necesitan los beneficios de esa BENDICIÓN. Necesitan sanidad y liberación. Anhelan experimentar la paz de Dios en algún área de su vida; y Jesús, el Sumo Sacerdote, nos ha enviado como Sus sacerdotes para ministrarles estas bendiciones. Somos BENDECIDOS a través de Él, por tanto, ¡podemos llevarles LA BENDICIÓN!

Cuando vive por Él, usted no tiene límites

Quizá alguien diga: "No comprendo cómo una persona como yo podría ser de gran bendición para alguien más. Pues no tengo mucho que ofrecer".

En nuestras propias fuerzas, ninguno de nosotros tiene algo que ofrecer. Sin embargo, gracias a que hemos nacido en la familia de Dios y somos coherederos de LA BENDICIÓN, ya no vivimos en nuestras propias fuerzas. No estamos limitados por los escasos recursos de este mundo natural, puesto que tenemos acceso a los recursos ilimitados del cielo, pues vivimos por Jesús.

En 1 Juan 4:9, leemos:

En esto se mostró el amor de Dios para con nosotros, en que Dios envió a su Hijo unigénito al mundo, para que *vivamos por él.*

Pero ¿qué significa con exactitud *vivir por Él?*

Imagínese a un bebé abandonado en la calle. Nadie sabe quiénes son sus padres. Fue levantado de la calle como un huérfano. Por sus propios medios, ese bebe no puede obtener un nombre ni una herencia, tampoco un estatus social en la vida.

Pero de pronto cuando alguien lo encuentra, lo lleva a un hospital, ahí lo limpian y llaman a una pareja cristiana adinerada y amorosa que ha deseado un hijo. Ellos se llevan al bebé a su casa, lo adoptan de forma legal y se enamoran de él. Se encuentran tan emocionados que lo llevan a todas partes, y se lo presentan a todos sus amigos, expresando: "¡Éste es nuestro bebé! ¿No es hermoso? ¿Acaso no creen que se parece a nosotros?".

De pronto, ese niño ya no carece de un nombre. Ya no vive en pobreza. Ahora, posee el nombre de sus padres, vive en la casa de ellos y es tan rico como ellos; pues como su heredero, todas sus posesiones le pertenecen ahora a él. Ese niño ya no se encuentra atado ni limitado por las condiciones de su nacimiento natural. Ya no tiene que vivir en la pobreza en la que nació, pues sus padres adoptivos le han dado una vida completamente nueva. ¡Ahora él vive por ellos!

Esa misma verdad se aplica a los creyentes nacidos de nuevo. Fuimos adoptados por la familia de nuestro Padre. Y lo mejor es que hemos nacido de nuevo en ésta, y ahora somos copropietarios y herederos de todo el poder y la riqueza de nuestro Padre, el cual recibimos a través de Jesús. Ahora, vivimos en riqueza, gracias a Él.

Nunca vuelva a considerar la idea de que no tiene mucho que ofrecer. Usted ¡tiene de todo para ofrecer! Posee la riqueza de LA BENDICIÓN a su disposición —24 horas al día, siete días a la semana—. Y no sólo cuenta con el privilegio de disfrutar todos los beneficios de esa BENDICIÓN para sí mismo, pues Dios le ha ordenado que la derrame sobre todos los demás.

Un ministro que captó la revelación de esta verdad fue Kenneth E. Hagin. En ocasiones, cuando estaba predicando y la unción de Dios se encontraba sobre él, caminaba entre la congregación señalando a las personas, diciéndoles: "¡Sean BENDECIDOS! ¡Sean BENDECIDOS!". Y a menudo, el poder de Dios fluía a través de él con tanta fuerza que dos filas de personas caían al mismo tiempo.

En esa época, no comprendía muy bien el poder de esa frase, pero me agradaba, y sabía que Kenneth Hagin intentaba comunicarnos algo cuando lo hacía. Luego una noche mientras lo observaba, el SEÑOR me habló: *Kenneth, Mi pueblo no se da cuenta de que posee el mismo poder que yo tengo para BENDECIR.*

Cuando escuché eso, comprendí: «¡De allí provienen esas viejas tradiciones religiosas! Por esa razón, algunas denominaciones realizan el ritual de bendecir a las personas». Este ritual comenzó con los creyentes que comprendieron que eran distribuidores de LA BENDICIÓN de Dios. Sin embargo, a través de los años, el ritual se ha vuelto, para la mayoría, una apariencia de piedad, pero que niega la eficacia de LA BENDICIÓN.[157] Sin embargo, dio inicio con las personas que creyeron que habían sido designadas por Dios para BENDECIR a otros, ministrándoles el poder que quita la carga y destruye el yugo.

Hoy en día, es poco común encontrar cristianos que crean y ministren LA BENDICIÓN de esa manera, pues el diablo ha disuadido a la mayor parte de la Iglesia para que no lo realice. El enemigo le ha vendido esa mentira religiosa a muchas personas, al punto que éstas se ofenden en gran manera si un creyente común declara: "Yo sano este cuerpo enfermo en el nombre de Jesús". No pueden comprender cómo alguien, a excepción de Jesús mismo, puede expresar las palabras: *Yo sano.*

Sin embargo, es casi lo mismo que expresó Pedro cuando sanó al hombre cojo en la puerta del templo. Él no dijo: "Bien, no soy nada.

---

157 2 Timoteo 3:5

Soy un don nadie; no me prestes atención. Sólo Jesús posee el poder para sanar, por tanto, pidámosle que nos ayude". ¡Al contrario! Cuando Pedro y Juan comenzaron a ministrarle sanidad a ese hombre:

> Pedro, con Juan, fijando en él los ojos, le dijo: Míranos. Entonces él les estuvo atento, esperando recibir de ellos algo. Mas Pedro dijo: No tengo plata ni oro, pero lo que tengo te doy; en el nombre de Jesucristo de Nazaret, levántate y anda.
>
> —Hechos 3:4-6

Debido a que la religiosidad ha infundido temor en las personas, debemos ser cautelosos cuando los ministremos de esa forma hoy en día. Si decimos: "Lo sanaré"; es probable que se asusten tanto que no nos dejarán tocarlos. Luego se alejarán pensando: "¿Quién se cree que es?".

Pero incluso si no lo decimos de forma tan explícita para no ahuyentar a las personas, podemos seguir viviendo en esa clase de autoridad. Podemos ministrarles sanidad, basando nuestra fe en el hecho de que Jesús ya compró y pagó por la sanidad de ellos. Esto forma parte de LA BENDICIÓN, y como coherederos de esa BENDICIÓN, hemos sido enviados para ministrarla.

Si esa revelación fuera el fundamento de nuestra fe al orar por los enfermos e imponer manos sobre ellos, todo sería mucho más sencillo. No pensaríamos que tendríamos que orar por tres días, clamándole y suplicándole a Dios para que sane a alguien. Sólo sonreiríamos, impondríamos nuestras manos sobre ellos y declararíamos: *¡Dios te BENDIGA! En el nombre de Jesús, sé sano.*

Muchos de nosotros no tenemos ninguna duda con respecto a orar con ese tipo de simplicidad para que alguien nazca de nuevo. En ningún momento, pensamos que sea extraño declarar: "Vamos, hermano. Permítame guiarlo en oración, y podrá ser salvo". Hace algunos años, la gente se desmayaba ante esa idea. Pues creían que se debía saltar toda clase de "pruebas" religiosos antes de que Dios salvara a alguien. Pero gracias a Dios, ahora hemos aprendido mucho más que antes en relación a la ministración del nuevo nacimiento; y estamos aprendiendo la misma lección en el área de la sanidad y la liberación.

Más divertido que cualquier otra cosa sobre la Tierra

Debemos establecer este hecho en nuestra mente: Administrar LA BENDICIÓN no debe ser algo difícil. Pues ¡para ello hemos nacido! Si tan sólo nos atreviéramos a creerlo, podríamos disfrutar del mejor momento de nuestra vida.

Descubrí esta revelación a comienzos de mi ministerio, durante algunas reuniones en Lubbock, Texas; las cuales se convirtieron en algunas de las más divertidas que he tenido. Aunque debo admitir que no comenzaron de esa forma. En los primeros días, parecía que todo sería un fracaso. Muchas personas no asistían porque todos los pastores de la ciudad se habían reunido, y les habían anunciado a sus congregaciones que no debían asistir.

Acudí a Jesús en oración para preguntarle al respecto: «Señor, ¿qué debemos hacer en cuanto a esta situación?».

Y Él me respondió con una pregunta: *¿Recuerdas que en Mi PALABRA establecí que cuando celebres un banquete, no sólo debes invitar a tus amigos y vecinos; sino que también debes ir a las carreteras y a los caminos, a llamar a los pobres, a los cojos y a los ciegos?*

—Sí —respondí.

—*Entonces hazlo* —me replicó.

—Muy bien —le dije. Llamé a un agente de bienes raíces de esa ciudad, y le pedí que me llevara a la zona más pobre y en peor estado. Me llevó a dicho lugar para que pudiera hacer un estudio de éste. Más tarde, después de volver a mi habitación para orar y ejercer mi autoridad como creyente sobre esa zona; llamé al personal de nuestro ministerio, y les expliqué el plan.

Tocaremos las puertas, pero no con el propósito de anunciar nuestras reuniones —les dije—. *Simplemente les preguntaremos si hay alguien en casa que necesite oración porque, si es así, nos gustaría orar por ellos. Después de orar, si están interesados en saber más, les contaremos acerca del servicio de sanidad que realizaremos el sábado en las instalaciones de la feria.*

Jerry Savelle y yo formábamos un equipo. Gloria y una dama, otro. Las otras seis u ocho personas que estaban con nosotros se distribuyeron en parejas. Todos invadimos las calles, y Dios se movió en todo el vecindario. ¡Hablando de momentos muy sorprendentes! ¡Fue grandioso!

En una casa que Jerry y yo visitamos, una pequeña dama abrió la puerta, como si tuviera miedo de quien pudiera estar allí. Después que le ofrecimos orar, ella preguntó: "¿Son ustedes pentecostales?".

—Sí, señora, lo somos.

—Pasen adelante —dijo ella, abriendo toda la puerta—. Este viejo vecindario se ha vuelto tan malo que ni siquiera puedo salir para asistir a la iglesia. Pero he estado orando para que Dios enviara a alguien a orar por una mujer que conozco. Ella perdió la razón. ¿Podrían orar por ella?

Caminamos por un callejón hacia la casa de esa mujer, y la hallamos sentada en la sala con los ojos cerrados, en una especie de trance, completamente fuera de sí. Jerry se paró a un lado de ella, y yo al otro. Tomamos autoridad en el nombre de Jesús, y comenzamos a orar en el espíritu. Mientras lo hacíamos, el SEÑOR me habló acerca de la situación, entonces me paré frente a ella, y realicé lo que Él me había indicado.

Entonces expresé: *Hasta aquí llegaste, diablo. Esta mujer no te pertenece, ella le pertenece al SEÑOR Jesucristo. Ahora, en el nombre de Jesús, ¡déjala!*

En ese momento, sus ojos se abrieron y miró a la dama que nos había llevado allí para orar: "¿Quiénes son ellos?" —le preguntó.

—¿Puedes ver? —le preguntó, sorprendida.

—Sí, puedo ver —le contestó.

Al final, resultó que, además de haber perdido la razón, había quedado ciega años atrás, debido a la diabetes. Desde entonces, había permanecido sentada en esa silla la mayor parte del tiempo, ciega y sin ningún pensamiento cuerdo. Cuando oramos por ella y recibió su sanidad, ella no tenía idea de que habían transcurrido dos años.

La otra dama, quien se encontraba a su lado, exclamó con gozo: «¡Gracias, Jesús! ¡Gracias, Señor! ¡Cielos, oh Dios!». Por otro lado, la mujer que había sufrido por tanto tiempo, no tenía la menor idea de que un asombroso milagro había sucedido. Ella sólo nos agradeció por nuestra oración, y nos ofreció un refresco.

El sábado siguiente, todo el estacionamiento del área estaba lleno de personas, y tuvimos un glorioso servicio de sanidad. Todos los miembros de las iglesias se lo perdieron, sin embargo, quienes asistieron, recibieron sanidad y experimentaron un derramamiento del Espíritu Santo. Descubrieron qué era ser BENDECIDO, y nosotros descubrimos qué era ministrar LA BENDICIÓN.

Y puedo asegurarle que ¡es más divertido que cualquier otra cosa sobre la Tierra!

Capítulo doce

Siguiendo la fe de Abraham

Cristo nos redimió de la maldición de la ley, hecho por nosotros maldición (porque está escrito: Maldito todo el que es colgado en un madero), para que en Cristo Jesús la bendición de Abraham alcanzase a los gentiles, a fin de que por la fe recibiésemos la promesa del Espíritu.

—Gálatas 3:13-14

La primera pregunta que surge cuando comprende la asombrosa magnitud de LA BENDICIÓN es la siguiente: "¿Cómo logro que esa BENDICIÓN obre en mi vida?".

Todos debemos conocer esa respuesta, pues como ya hemos visto, LA BENDICIÓN contiene todo lo que necesitamos: salud y sanidad, victoria y dominio sobre cualquier área de nuestra vida, abundancia —para nuestro espíritu, alma y cuerpo—, y el poder para BENDECIR a todas las familias de la Tierra.

Todos estos beneficios nos pertenecen desde que nacimos de nuevo, pues en ese momento recibimos LA BENDICIÓN de Abraham por medio de Jesucristo, y fuimos BENDECIDOS: «… con toda bendición espiritual en los lugares celestiales en Cristo».[158]

---

158 Efesios 1:3

Como coherederos con Jesús, —*ahora*— somos poseedores de todo lo que se encuentra en el cielo y en la Tierra. Cada promesa que Dios le hizo a Abraham y a su Simiente, ha sido cumplida en Cristo Jesús,159 y ha sido depositada en nuestra cuenta celestial. Sin embargo, debemos descubrir cómo ejercer nuestros privilegios para acceder a ellas y lograr que se manifiesten aquí en la Tierra.

En Gálatas 3:14, se nos explica, con una frase corta, cómo lograrlo:

Recibimos la promesa del Espíritu *por fe.*

Esas dos simples palabras son la clave para abrir la puerta de LA BENDICIÓN.

* *Por fe,* nacemos de nuevo y nos convertimos en la simiente de Abraham.

* *Por fe,* nos volvemos legalmente herederos de LA BENDICIÓN.

* Y *por fe,* logramos que ésta obre en nuestra vida.

La *fe* de Abraham fue la que activó su BENDICIÓN, y todavía continúa activándola. Por esa razón, Dios expresó que sin fe es imposible agradarlo a Él.[160] Desde el principio, Su voluntad ha sido que vivamos conforme a LA BENDICIÓN, y debido a que la fe nos conecta con esa BENDICIÓN, no podemos complacerlo sin fe.

Es posible que alguien exprese: "Pues, yo no lo veo de esa manera. Creo que ser bendecido se relaciona más con obedecer los mandamientos de Dios que con la fe. Si usted los cumple, será bendecido. Y si no, entonces no lo será".

No llegará muy lejos con esa mentalidad, pues sin importar cuánto se esfuerce, nunca podrá abrirse camino hacia LA BENDICIÓN, porque se frater de un regalo de Dios para Sus hijos, y no podemos

159 2 Corintios 1:20: «porque todas las promesas de Dios son en él Sí, y en él Amén, por medio de nosotros, para la gloria de Dios»..
160 Hebreos 11:6

hacer nada para ganarla por nuestros propias fuerzas.

Puedo comprender este principio, hasta cierto punto, gracias a mi relación con mi hijo John, y con mis hijas: Terri y Kellie. Ellos no pueden ganarse mi BENDICIÓN, pues ya la tienen. Les pertenece porque son mis hijos, y nada puede cambiar ese hecho.

Un día, cuando John tenía como 16 años, me senté con él y le pedí que ordenara su vida. Él había realizado algunas cosas de las cuales no se encontraba muy orgulloso, y yo me había disgustado con él al respecto. Él sabía que yo estaba muy molesto, y como resultado, dudó de cuál era su posición ante mí. Cuando el SEÑOR me mostró cómo se sentía mi hijo (me corrigió por ser duro con él, por no haberle demostrado amor y misericordia como debí hacerlo), lo busqué y resolvimos la situación.

Entonces le dije: *Hijo, escúchame, y nunca olvides lo que voy a decirte. Si cometieras el crimen más atroz en la historia de la humanidad, y te encerraran en la celda más oscura de una prisión, donde no pudieras ver la luz del día; jamás te desharías de mí. Si te metieras en problemas, oraría por ti y te ayudaría en todo lo que pudiera. Nunca te dejaría ni te abandonaría, ni aunque fuera el fin del mundo. Jamás me alejaré de ti, porque yo soy tuyo y tú eres mío. Tú y yo no sólo somos padre e hijo, también somos hermanos en Cristo.*

Esa clase de relación no es algo que se pueda ganar, porque es una relación de pacto de sangre, la cual nos ha beneficiado a ambos. Hoy en día, John y yo somos los mejores amigos, y está a cargo de todos los asuntos de los Ministerios Kenneth Copeland. Él es un buen hombre, es maduro en el SEÑOR, trabaja duro y realiza lo correcto como servidor de este ministerio. Sin embargo, él no desempeña esas funciones para ganarse mi bendición. Pues las realiza, sabiendo que ésta ya le pertenece.

Como hijos de Dios, debemos actuar de la misma forma. Hagamos lo correcto, porque es lo correcto; y además, debemos hacerlo bien —pero no debemos llevarlo a cabo con el propósito de ganarnos LA BENDICIÓN del Padre—. Realicémoslo con gozo y amor, sabiendo que ya somos BENDECIDOS. Así fue como vivió Abraham. Él vivió conforme a LA BENDICIÓN, por fe, y no por cumplir una lista de mandamientos religiosos.

> Porque si Abraham fue justificado por las obras, tiene de qué gloriarse, pero no para con Dios. Porque ¿qué dice la Escritura? Creyó Abraham a Dios, y le fue contado por justicia. Pero al que obra, no se le cuenta el salario como gracia, sino como deuda; mas al que no obra, sino cree en aquel que justifica al impío, su fe le es contada por justicia... Porque no por la ley fue dada a Abraham o a su descendencia la promesa de que sería heredero del mundo, sino por la justicia de la fe. Porque si los que son de la ley son los herederos, vana resulta la fe, y anulada la promesa.
>
> —Romanos 4:2-5, 13-14

Aunque estoy por completo a favor de que debemos obedecer los mandamientos de Dios (después explicaré más al respecto), no obstante el hecho es, que si alguien sigue las reglas y no tiene fe, obedecer un mandamiento no le producirá ningún beneficio. Pues nadie puede guardar los mandamientos de Dios sin tener fe. Quizá puedan obedecer algunos mandamientos por un tiempo, y ser amables sólo cuando los demás los observan; pero si no viven por fe, se equivocarán antes de que el sol se oculte.

Por ese motivo, la religión no funciona.

Quizá usted pregunte: "Hermano Copeland, ¿por qué dice eso? Si el cristianismo ¡es una religión!".

No, más bien, convirtieron el cristianismo en una religión, pero el verdadero cristianismo lo integran Dios y Su familia —una familia formada por personas salvas, hechas justicia del Padre y BENDECIDAS *por fe,* que viven, no por una serie de reglas religiosas; sino por el amor de Dios y por el mismo tipo de fe que Abraham tuvo—.

En Gálatas 3:8-9, 11, leemos:

> Y la Escritura, previendo que Dios había de justificar por la fe a los gentiles, dio de antemano la buena nueva a Abraham,

diciendo: En ti serán benditas todas las naciones. De modo
que los de la fe son bendecidos con el creyente Abraham... Y
que por la ley ninguno se justifica para con Dios, es evidente,
porque: El justo por la fe vivirá.

Trasladando las cosas del cielo a la Tierra

Podemos pensar que si Dios desea que vivamos por fe, así como
Abraham lo hizo; entonces Él también nos explicará con exactitud cómo
lograrlo. De no ser así, Él estaría siendo injusto. Por consiguiente, no
es de sorprenderse que toda la Biblia se encuentre llena de revelaciones
acerca de la fe.

Por ejemplo, podemos leer que: «Por la fe... el universo fue
formado por la PALABRA de Dios...».[161] Este único versículo nos
revela cuán importante y poderosa es la fe. Todo el universo fue creado
por la PALABRA de Dios. Todo lo que existe, fue trasladado del mundo
espiritual al mundo natural, por medio de la fe. Todo lo que Dios creó
—el césped, los árboles y el algodón del que está hecho su camisa— es
fe transformada en materia tangible.

Esto quiere decir que todas las cosas creadas son el producto de
la fe de Dios, activada por medio de SU PALABRA. En Génesis 1
cuando el SEÑOR expresó: «...Sea la luz...», Él habló por fe. Cuando
declaró: «...Haya expansión en medio de las aguas...», lo dijo por fe. Al
momento en que declaró: «...Hagamos al hombre a nuestra imagen...»,
también lo confesó por fe.

La PALABRA de Dios, la cual está llena de fe, es el mecanismo
que traslada las cosas espirituales de las bodegas celestiales, y las hace
realidad en la Tierra, donde nosotros podemos utilizarlas. Es decir, Su
PALABRA de fe es el medio de transporte. Por esa razón, en el idioma
Hebreo el término para *cosa* y *palabra* es el mismo.[162] Para Dios, la
palabra es la *cosa,* pues cuando Él declara Su PALABRA se convierte

---

161 Hebreos 11:3, *NVI*
162 *Concordancia exhaustiva de la Biblia* Strong (Nashville: Thomas Nelson Publishers, 1984) H1697

en lo que ha sido declarado. Así como leemos en Juan 1:1-3, 14, *NTV:*

En el principio la PALABRA ya existía. La PALABRA estaba con Dios, y la PALABRA era Dios. El que es la PALABRA existía en el principio con Dios. Dios creó todas las cosas por medio de él, y nada fue creado sin él... Entonces la PALABRA se hizo hombre y vino a vivir entre nosotros. Estaba lleno de fidelidad y amor inagotable. Y hemos visto su gloria, la gloria del único Hijo del Padre.

Lea una vez más las primeras palabras del último versículo: «...la PALABRA se hizo...». Esa frase es tan importante que deseo que usted la grabe en su memoria repitiéndola en voz alta ahora: *La PALABRA se hizo.*

Si deseamos seguir el ejemplo de Abraham, y obrar en la fe al igual que él, debemos percatarnos que la PALABRA de Dios siempre *se cumple* cuando se declara en fe. Ésta *se lleva a cabo...* porque en sí misma conlleva el poder para materializarse. En otras palabras, la PALABRA de Dios posee la energía creativa de Dios mismo.

Cuando usted la declara por fe, esa PALABRA desata la misma fuerza que creó el polvo de la tierra, con el cual fue formado el cuerpo de Adán. La PALABRA toma las cosas que existen en el cielo, las que son tangibles y reales —el reino que se encuentra por encima de la línea de la luz— para que pueda manifestarse en el reino natural —el cual está por debajo de la línea de la luz—.

Si piensa que es muy ilógico y muy difícil de creer, le tengo noticias. Como hijo de Dios, usted ya ha comprobado que ese principio es real. Pues, ¡así fue como usted recibió la salvación! Cuando confesó por fe la PALABRA de Dios referente a la salvación, esa PALABRA se *convirtió* en la salvación para su vida, y usted nació de nuevo. Con el simple hecho de creer, en su corazón y confesar con su boca que Jesús es el Señor, trajo el poder del cielo a la Tierra, y usted se convirtió en una nueva criatura.

En Romanos 10:6-10, se nos explica esa verdad con claridad:

Pero la justicia que es por la fe dice así: No digas en tu corazón: ¿Quién subirá al cielo? (esto es, para traer abajo a Cristo); o, ¿quién descenderá al abismo? (esto es, para hacer subir a Cristo de entre los muertos). Mas ¿qué dice? Cerca de ti está la PALABRA, en tu boca y en tu corazón. Esta es la PALABRA de fe que predicamos: que si confesares con tu boca que Jesús es el SEÑOR, y creyeres en tu corazón que Dios le levantó de los muertos, serás salvo. Porque con el corazón se cree para justicia, pero con la boca se confiesa para salvación.

O como leemos en 2 Corintios 5:21: «Al que no conoció pecado, por nosotros lo hizo pecado, para que nosotros fuésemos *hechos* justicia de Dios en él».

Su vida cristiana inició al momento que declaró la palabra de fe, y esa palabra de fe se activó cuando usted liberó la misma acción y la misma fuerza milagrosa que creó el universo. Cuando usted confesó la PALABRA por fe al expresar: "Recibo a Jesús como mi SEÑOR y mi Salvador"; esa PALABRA *se hizo* justicia en usted.

Lo expresé antes, y lo repetiré: Eso es lo que siempre hace LA PALABRA —La PALABRA se hace—. LA PALABRA *se hace* sanidad, la PALABRA *se convierte* en liberación, la PALABRA *se transforma* en prosperidad, la PALABRA de BENDICIÓN *se vuelve* LA BENDICIÓN en nuestra vida.

Quizá usted piense: "Pero yo creía que Dios es quien nos BENDICE".

Eso es cierto. Pero lo hace ¡a través de Su PALABRA!

Por esa razón, su Biblia debería ser lo más valioso en su vida; pues no sólo es "un buen Libro", sino es ¡EL LIBRO! Éste se encuentra por encima de cualquier otro libro, que no tiene comparación. Algunos han descubierto que la Biblia es veraz, incluso cuando la han leído de atrás hacia adelante. Ésta contiene códigos que deslumbran la mente humana.

No importa de que forma la vea, la Biblia ¡está viva! No es sólo un libro que habla acerca de Alguien, sino **es** Alguien. Es Dios manifestándose a Sí mismo a través de Su PALABRA, a fin de que podamos leerla, creerla y confesarla.

El manual de su Hacedor: La autoridad final

Tengo tanto respeto, reverencia y una fe absoluta en la PALABRA de Dios que algunos me acusan de enfatizarla *demasiado*. Ellos expresan: "Hermano Copeland, lo que necesitamos es tener fe en Dios mismo. La Biblia ocupa el segundo lugar después de Su soberanía".

Quizá esa opinión se escuche muy espiritual, pero es una declaración por completo anti bíblica. En la Biblia leemos que Dios ha engrandecido Su PALABRA *sobre* Su nombre.[163] Eso significa que Él ha escogido, *en Su soberanía,* ponerse a Sí mismo por debajo de la autoridad de Su PALABRA.

Es más, es imposible tener fe en alguien (incluyendo a Dios) sin saber qué ha dicho. Es cuestión de tener sentido común.

Por ejemplo, si alguien depositara su fe en mí, creyendo que pagaré la mensualidad de su renta, no importaría cuántas veces confiese: "El hermano Kenneth pagará mi renta, tengo fe que así será"; si yo nunca se lo prometí, esa persona no tiene el derecho de creer que sí pagaré su renta. Pues esa promesa carece de un fundamento para que él pueda ejercer una fe verdadera.

Por otro lado, si yo me comprometiera por escrito con esa persona, asegurándole que sí pagaré, su fe estaría bien fundamentada. Si hubiera firmado, y luego, al igual que un pacto de sangre, hubiera cortado mi brazo y derramado unas gotas de sangre sobre el documento, él tendría la completa seguridad de que yo pagaría su renta. Y tendría toda la razón para creer en mí y en la promesa que le hice.

Eso es exactamente lo que Dios ha hecho por nosotros. Nos ha dado Su PALABRA asegurándonos que nos BENDECIRÁ. Él nos ha jurado, a través de Su pacto de sangre que, gracias a nuestra unión con Jesús, todo aquello que le prometió a Abraham, también es nuestro a plenitud.

---

163 Salmos 138:2.

Él ha entablado un pacto con nosotros y nos ha garantizado que cada promesa que se encuentra escrita en la Biblia (todo lo que se relaciona con Jesús) nos pertenece pues Él es nuestro Hermano de sangre.

No sé si eso tenga tanto significado para usted como para mí, pero esa revelación en realidad me emociona, pues soy descendiente en parte de un indio americano (sé que el término correcto es *nativo americano*, sin embargo, prefiero llamarme a mí mismo indio). Quizá sea por mi origen, pero siempre le he guardado mucho respeto a los pactos de sangre. Incluso de niño, deseaba tanto un hermano de sangre que apenas podía soportar no tenerlo.

Cuando descubrí que la Biblia es un libro de pacto de sangre, y que el Nuevo Testamento es en realidad el Nuevo Pacto establecido en la sangre de Jesús, mi fe en Dios se incrementó en gran manera. A medida que descubría lo que Él afirma para mi vida en el libro de Su pacto de sangre, más aumentaba mi capacidad de creer en Él y en todo lo que Él haría por mí.

Fue en ese momento que empecé a experimentar la verdad que se describe en Romanos 10:17: «Así que la fe es por el oír, y el oír, por la PALABRA de Dios».

Quizá usted exprese: "No entiendo. He leído la Biblia toda mi vida, y ésta no ha inspirado mucha fe en mí".

Yo pensaba igual hasta que tomé la decisión de calidad (una decisión en la que no hay marcha atrás ni existe discusión alguna) de que la PALABRA de Dios sería la autoridad final de mi vida. Ése es el primer paso para activar su poder. Establezca en su corazón, de una vez por todas, que creerá en ella y realizará cualquier instrucción que en ella encuentre.

Debe decidir que de ahora en adelante, en lugar de ajustar LA PALABRA a su estilo de vida; ajustará su vida a LA PALABRA. Si piensa de cierta manera con respecto a algo, y después descubre que en la PALABRA se enseña de manera diferente, entonces, sus propias preferencias y opiniones no cuentan. En La PALABRA siempre encontrará lo que es correcto. Y usted debe vivir conforme a las verdades escritas en ella.

Hace años, asistí a una escuela de aviación, allí conocí a un instructor quien tenía una mejor perspectiva de ese principio de la que muchos cristianos tienen. Durante la primera clase, a las 8:00 a.m., él mostró un gran libro con la palabra: *Lockheed* escrita sobre la portada. Entonces, cada estudiante del salón prestó atención porque estábamos por aprender a volar un avión *Lockheed JetStar,* y la mayoría de nosotros no sabía nada acerca de ese avión. En lo personal, apenas sabía cómo abrir la puerta, y estaba empezando desde cero mi entrenamiento para saber cómo pilotearlo.

Entonces, cuando el instructor nos mostró el libro y lo identificó como el manual de vuelo para dicho avión, todos le prestamos atención; y expresó: «Cualquier información que reciban de cualquier otra fuente, forma, ya sea que la escuchen de mí, la lean en otro manual o la escuchen en otra clase; si no concuerda con este libro, será información equivocada. Todo lo que lean en este libro, es información correcta. Por el contrario, si no lo leyeron en este libro no será información veraz».

Como creyentes, debemos adoptar esa misma actitud con respecto a la Biblia, si deseamos que su poder obre en nuestra vida. Tratémosla como el manual del Hacedor, creamos en cada PALABRA que en ella está escrita y actuemos conforme a sus instrucciones. Entonces —y sólo entonces— comenzaremos a vivir en éxito.

Cuando comprendí esa revelación, la PALABRA se convirtió en mi prioridad. Y, literalmente me enamoré de ella. Eso sucedió hace más de 40 años, y hasta el día de hoy, no existe ningún otro libro que me interese más que la Biblia. De vez en cuando, leo una autobiografía o un libro de historia que llama mi atención, y pienso: *Disfrutaré leyendo este material.* Y paso un buen tiempo mientras lo leo, sin embargo, no puedo evitar leer algo sin asociarlo con un versículo en particular. Minutos después, abro mi Biblia y comienzo a escudriñarla, y disfruto aún más leyéndola.

¿Por qué disfruto tanto esa lectura? Porque la PALABRA es mi vida. Adondequiera que voy y en todo lo que hago, primero pienso en la PALABRA. Pues es mi salvación, mi salud, es el reposo para mi espíritu y es mi riqueza. Hoy en día, soy un hombre adinerado gracias a la PALABRA. No obtuve mi riqueza de la gente ni de los proyectos; tampoco la obtuve de ninguna fuente natural.

¡La PALABRA es mi fuente! Y he descubierto que mientras más le permita a la PALABRA actuar en mi vida, mas respeto siento por ella. Por consiguiente, tengo reverencia hacia ella, la amo, la creo y vivo por ella. Siempre la mantengo en el primer lugar de mi vida.

Siembre la semilla, y ¡ésta crecerá!

Una vez que usted haya tomado la decisión de calidad de convertir la PALABRA como su autoridad final, el siguiente paso que debe dar en el proceso de fe, es seguir las instrucciones que Dios nos transmite en Proverbios 4:20-22:

Hijo mío, está atento a mis palabras; inclina tu oído a mis razones. No se aparten de tus ojos; guárdalas en medio de tu corazón; porque son vida a los que las hallan, y medicina a todo su cuerpo.

Para que la PALABRA produzca resultados en su vida, usted debe prestarle atención dedicándole el tiempo necesario para estudiarla y para meditar en ella.

Pero quizá se pregunte: "¿Y cuánto tiempo debo dedicarle a la PALABRA, hermano Copeland?".

Eso depende de los resultados que desee ver en su vida. Diez por ciento de tiempo invertido en la PALABRA, producirá diez por ciento de resultados. Cincuenta por ciento de tiempo en la PALABRA, producirá 50 por ciento de resultados. Cien por ciento en la PALABRA, producirá 100 por ciento de resultados.

Cuando inicié mi aprendizaje acerca de la fe, como estudiante de *Oral Roberts University,* necesitaba con urgencia ver resultados más significativos en mi vida, entonces le dediqué el 100 por ciento de mi tiempo a la PALABRA. Utilicé una técnica llamada *inmersión total.* Había leído que el gobierno de los Estados Unidos utilizaba esa técnica para entrenar a los traductores de la Segunda Guerra Mundial. Al inicio de la guerra, no había el tiempo suficiente para preparar a los traductores, a un ritmo normal de estudios, para que hablaran con fluidez. Entonces para acelerar el proceso, los rodearon, a tiempo completo, del idioma que estaban aprendiendo. Las investigaciones demostraron que si ellos escuchaban y hablaban ese idioma todo el tiempo, de forma literal, se formaban nuevas ranuras en su cerebro y podían hablar con fluidez en seis semanas o menos.

Mientras recordaba ese método de estudio, el SEÑOR me habló y dijo: *Hijo, si haces lo mismo, si te sumerges por completo en la PALABRA y te entregas a ella por tan sólo una semana, ésta transformará todo tu futuro, cambiará el rumbo de tu vida, tu fe alcanzará un nuevo nivel y nunca disminuirá.*

Entonces decidí poner a prueba ese método. Tomé mi Biblia, un cuaderno para anotar y las pocas cintas de audio de enseñanzas que tenía de Kenneth E. Hagin, y luego preparé un lugar de estudio en nuestro pequeño garaje. Después, le dije a Gloria: *Si me llamas para comer, y no llego en cinco minutos, mejor come con los niños que yo me estaré alimentándo de la PALABRA.*

Me encerré en ese lugar durante siete días. Sólo entraba a la casa para dormir y de vez en cuando, para comer. Y cuando entraba, si hablaba con Gloria, de lo único que hablábamos era de la fe y de la PALABRA. No conversábamos de ningún otro tema.

Cuando escuchaba una prédica de Kenneth E. Hagin, y él mencionaba algún versículo, detenía la cinta de audio y leía todo el libro donde se encontraba ese pasaje bíblico. Luego volvía a encender la grabadora y continuaba escuchando. Al final de ese periodo de siete días, ocurrió lo que el SEÑOR me había indicado. La PALABRA convirtió en el fundamento sólido de mi vida.

. En tan sólo una semana, la PALABRA había cambiado mi mentalidad y revolucionó por completo la perspectiva que tenía de las cosas. Aunque todavía no sabía mucho de la Biblia, pero lo que sí sabía, se había enraizado tanto en mi corazón que nadie podía arrancarme ese conocimiento ni a golpes usando un bate de béisbol. Desde entonces, la fe se convirtió en mi estilo de vida. Dejé de vivir por fe de vez en cuando o sólo cuando me encontraba en algún punto decisivo de mi vida; vivía por fe a diario.

Algunos piensan que Dios simplemente me dio la habilidad de vivir por fe sólo porque soy predicador. Aseguran que tengo un don especial para tener fe. Pero eso no es cierto, pues la fe que poseo ahora vino por el oír... y el oír... y el oír la PALABRA de Dios.

En lo personal, me gusta llamarle a ese tiempo que invertimos escuchando y meditando en la PALABRA: *edificación*. La edificación nos lleva a un nuevo nivel de fe, nos prepara para avanzar en fe, y desata su poder creativo.

Durante el tiempo de *edificación,* haga todo lo que pueda para alimentarse de la PALABRA. Escuche y vea enseñanzas y ungidas predicaciones referentes a su situación. Si está creyendo para ser libre de deudas, entonces busque mensajes relacionados a ese tema. Tome su concordancia, y realice una lista de versículos bíblicos que hablen acerca de la deuda y la prosperidad, luego léalos y medite en ellos. Además, consiga algún aparato para grabar esas escrituras para que después pueda escucharlas una y otra vez. Escuche las grabaciones cuando se vaya a dormir por la noche, así podrá oír la PALABRA mientras duerme.

Quizá usted piense: "Bien, pero no entiendo qué beneficio pueda obtener si escucho esos versículos una y otra vez".

No tiene que entenderlo. Sólo debe creer y actuar conforme a ello. Si toma esa actitud, la PALABRA obrará en su vida, ya sea que comprenda o no cómo funciona. Jesús afirmó ese hecho en la parábola del sembrador, cuando se refirió a la PALABRA como la *semilla:*

...Así es el reino de Dios, como cuando un hombre echa semilla en la tierra; y duerme y se levanta, de noche y de día, y la semilla brota y crece sin que él sepa cómo... Es como el grano de mostaza, que cuando se siembra en tierra, es la más pequeña de todas las semillas que hay en la tierra; pero después de sembrado, crece, y se hace la mayor de todas las hortalizas, y echa grandes ramas, de tal manera que las aves del cielo pueden morar bajo su sombra.

—Marcos 4:26-27, 31-32

La PALABRA es la semilla de fe. Si continúa sembrándola en su corazón (y no la desentierra con palabras de duda e incredulidad), ésta crecerá. No es asunto suyo descubrir cómo crecerá, sin embargo, debe inclinar su oído y abrir su corazón, declarando: *¡Sí, amén! Dios me lo prometió, y yo creo que recibo. Esa promesa es mía.*

Cuando usted reacciona de esa manera, activa la clave principal que Jesús les enseñó a Sus discípulos. Un día, ellos le pidieron que les aumentara la fe, entonces Él les respondió:

Si tuvierais fe como un grano de mostaza, podríais decir a este sicómoro: Desarráigate, y plántate en el mar; y os obedecería.

—Lucas 17:6

Jesús fue bien claro: "Si quieren más fe, no desperdicien su tiempo orando para recibirla. En lugar de ello, tomen la fe que ya tienen (puede estar seguro que usted ya tiene algo de fe, pues en la PALABRA se nos enseña: «…conforme a la medida de fe que Dios repartió a cada uno»),[164] siémbrenla y ésta crecerá; y será mucho más grande que cualquier problema que enfrenten en su vida, pues mayor es (la PALABRA) el que está en ustedes que el que está en el mundo".

Si desea vivir por fe en LA BENDICIÓN, deposite la semilla prestándole atención a lo que se le enseña en la PALABRA, y declare: *Creo que soy BENDITO.* Incluso, si pareciera que disfrutar de una vida de BENDICIÓN estuviera tan alejado de usted, así como el sueño más alocado que haya tenido, continúe declarándolo una y otra… y otra… y otra vez… pues aunque parezca algo muy simple, esas palabras activan

---

164 Romanos 12:3

su espíritu, a fin de que éste pueda realizar lo que se le ha designado llevar a cabo: creer en la PALABRA de Dios.

Su espíritu fue creado para digerir la PALABRA y así, generar fe; este proceso es muy parecido al que utiliza su sistema digestivo, el cual digiere el alimento y después lo transforma en energía para su cuerpo. Cuando usted decide comer algo, su estómago, por sí solo comienza a trabajar. Puede tomar una manzana para darle una mordida, y su sistema digestivo de inmediato inicia su labor. Primero, comienza a segregar saliva y las enzimas se activan. No es necesario que presione varios botones para que inicie la digestión. Sólo tiene que expresar: "Creo que le daré una mordida a esta manzana", y entonces todo se pone en marcha.

Su espíritu obra de la misma manera. Cuando lee una promesa en la PALABRA, y declara: *Creo que recibo,* su espíritu comienza a digerir esa PALABRA, y luego produce fe —incluso cuando su *mente* esté en contienda con usted con respecto a esa promesa, y le diga: "Yo no la creo ni veo que se cumpla"—.

Cuando su mente intente ocasionarle problemas de ese tipo, no se preocupe por eso, ya que ésta no puede evitar actuar de esa manera. Pues no fue creada para creer en nada. Ésta sólo fue formada para estar de acuerdo con algo y para tomar decisiones. Por supuesto, su mente puede aceptar ideas, analizarlas y producir un tipo de fe natural. Por ejemplo, puede determinar que una silla es lo bastante sólida y resistente para sostenerlo a usted, y decirle: "Sí, puedes sentarte en esa silla que todo estará bien". Pero esa clase de fe, no es verdadera fe.

La verdadera fe surge cuando cree en la PALABRA de Dios, a pesar de que exista una contraria evidencia natural. La verdadera fe cree que usted es sano, incluso cuando todavía se siente enfermo. La verdadera fe proviene de su espíritu por medio de la PALABRA de Dios, y expresa: *Sé que no me siento sano, tampoco parezco estar sano. Sin embargo, creo que estoy sano porque en la PALABRA se establece que lo soy.*

Cuando su mente se resista, y exclame: "¡Yo no creo esas palabras!"; su espíritu deberá responder: *Lo sé. Tú no estás equipada para creerlas, pero yo sí. Por tanto, tomo autoridad sobre ti. Pronto verás la evidencia de mi sanidad, y mientras ésta se manifiesta, te ordeno que mantengas cerrada tu incrédula boca. Desde ahora en adelante, yo tengo el control, y sólo confesaré palabras de fe.*

Siga confesando palabras de fe, hasta que sobreabunde

Declarar la PALABRA es una parte importante de la *edificación*, pues lo que expresamos, es lo que nos sucede. Nuestras palabras crean nuestro futuro. Lo que hablamos hoy, obtendremos mañana. Le guste o no, no podemos evitar esta verdad, pues vivimos en un ambiente basado, creado y gobernado por las palabras.

«La muerte y la vida están en poder de la lengua, y el que la ama comerá de sus frutos» (Proverbios 18:21). O, como Jesús lo ejemplifica en Marcos 11:23:

Porque de cierto os digo que cualquiera que dijere a este monte: Quítate y échate en el mar, y no dudare en su corazón, sino creyere que será hecho lo que dice, lo que diga le será hecho.

Aunque no podamos cambiar el hecho de que las palabras gobiernan nuestra vida, sí podemos escoger qué clase de palabras determinarán el curso de nuestra vida. Podemos escoger palabras de fe, así como también, palabras de BENDICIÓN. Si las escogemos, entonces tendremos BENDICIÓN.

Suena muy sencillo, ¿verdad?

Y lo es, sin embargo, existe una verdad que debemos comprender: «…Porque de la abundancia del corazón habla la boca».[165]

Cuando recién iniciamos nuestra vida de fe, Gloria y yo descubrimos que esa verdad es muy cierta. La primera vez que tomamos la decisión de expresar únicamente palabras de fe, comprendimos que actuar de esa forma en realidad no era tan fácil. Durante muchos años, estuvimos llenando nuestro corazón de duda e incredulidad, por ello, muchas veces

---

165 Mateo 12:34

expresábamos palabras contrarias a la PALABRA sin darnos cuenta.

Entonces hicimos un pacto entre los dos. Si uno de los dos escuchaba al otro expresar algo relacionado con la maldición, y no con la BENDICIÓN; nos llamaríamos la atención diciendo: "Ésa es tu confesión, y creo que cada palabra que expresaste se cumplirá".

Para mí, cumplir ese pacto fue más difícil, pues yo hablaba más de la cuenta que Gloria. Ella siempre me sorprendía expresando algo que no debía. En esos días, ella casi no habló, así que le fue más fácil cumplir su parte del pacto. Y eso me molestaba. Algunas veces cuando ella me corregía, quería decirle al SEÑOR lo mismo que Adán expresó: "¡Esa mujer que me diste!".

Sin embargo, al final, me sentí agradecido que me corrigiera, pues eso me obligó a aprender a hablar conforme a mi espíritu, y no según mi carne. Sus correcciones me ayudaron a entrenarme para expresar: *Soy sano,* incluso cuando sentía dolor; y también a decir: *Él suple todas mis necesidades conforme a Sus riquezas en gloria,* incluso cuando mi mente gritara: "No tienes suficiente dinero para pagar las cuentas".

Se requiere de esfuerzo para desarrollar el hábito de hablar de esa manera, pero le recomiendo que lo haga. Hay ocasiones en las que nosotros mismos necesitamos, de forma figurada, tomarnos de la oreja, obligarnos a doblar nuestras rodillas ante la PALABRA de Dios, y ordenarle a nuestra carne: *¡Cállate! Ya no te permitiré hablar más incredulidad. ¡Se acabó!* Si deseamos vivir conforme a LA BENDICIÓN, debemos disciplinar nuestra carne, tomar autoridad sobre todo pensamiento contrario y declarar la PALABRA de Dios —ya sea que les guste o no a nuestro cuerpo y a nuestra mente—.

Cuando se propone a pensar y a confesar la PALABRA, con el tiempo ésta se guardará en su corazón de forma tan abundante que comenzará a brotar desde su interior como si fuera un gran chorro. En ese momento la PALABRA obra, pues surge bañada de fe. Y hasta alcanzar ese punto, continúe con su *edificación.* Siga poniendo la PALABRA ante sus ojos, en sus oídos y en su boca. Continúe alimentando su espíritu con ésta.

Si es diligente en llevarlo a cabo, puede descansar con la seguridad de que un día usted llegará al lugar donde, incluso, su mente y su cuerpo estarán de acuerdo con la PALABRA; y sabrá con cada fibra de su ser que obtendrá lo que ha estado declarando.

Llame las cosas que no son como si fueran

Y sin lugar a dudas, Abraham, el padre de nuestra fe, nos demostró esa verdad con su ejemplo, ya que no existió ni tan siquiera una sombra de duda en él y permaneció edificando su fe hasta que llegó al punto en que pudo estar *plenamente convencido* —a pesar de las circunstancias adversas— de que él y su anciana y estéril esposa tendrían un bebé. Y se convenció, al seguir el proceso que anteriormente le describí.

Él comenzó, tomando la decisión de calidad de creer en la PALABRA de Dios. En Romanos 4:3, leemos: «...Creyó Abraham a Dios, y le fue contado por justicia». Él meditó en esa palabra de BENDICIÓN, y la declaró una y otra... y otra... y otra vez, al llamarse a sí mismo *padre de multitudes,* hasta que esa palabra de BENDICIÓN tomó por completo el control de su mente.

En los versículos 16-21, se describe de la siguiente manera:

...Abraham, el cual es padre de todos nosotros... delante de Dios, a quien creyó, el cual da vida a los muertos, y llama las cosas que no son, como si fuesen. El creyó en esperanza contra esperanza, para llegar a ser padre de muchas gentes, conforme a lo que se le había dicho: Así será tu descendencia. Y no se debilitó en la fe al considerar su cuerpo, que estaba ya como muerto (siendo de casi cien años), o la esterilidad de la matriz de Sara. Tampoco dudó, por incredulidad, de la promesa de Dios, sino que se fortaleció en fe, dando gloria a Dios, plenamente convencido de que era también poderoso para hacer todo lo que había prometido.

Observe, Abraham tuvo que realizar lo mismo que Dios hizo, a fin de vivir por fe. Fue necesario que llamara las cosas que no eran como si fueran.

Pero ¿quién se lo enseñó?

Dios.

Abraham no tenía a nadie más que le enseñara. En esa época no existían los predicadores de la palabra de fe. Entonces Dios mismo instruyó a Abraham mientras se encontraba en el proceso. El SEÑOR le enseñó cómo pensar y hablar conforme a LA BENDICIÓN. Le pidió que se alejara de su parentela y de los demás, quienes adoraban a la luna, que vivían en su pueblo natal; y después le mostró un nuevo estilo de vida. La manera de obrar de Dios hizo que Abraham pareciera alguien extraño ante los demás; sin embargo, al final, todos estuvieron de acuerdo con el extraño comportamiento de Abraham porque sí producía resultados.

Si usted vive por fe, las personas también creerán que es alguien extraño, por consiguiente, será mejor que se prepare a ser tratado como alguien extraño. Cuando empiece a llamar las cosas que no son como si fueran, se reirán de usted. Y si les explica que sólo está realizando lo mismo que Abraham y Dios hicieron, quizá hasta se enojen con usted.

Yo también viví esa experiencia. Las personas en realidad se molestaban conmigo, y expresaban: "¿Quién se cree usted para andar por todos lados como si fuera un pequeño Jesús?".

Si esas personas hubieran estado dispuestas a escuchar, les habría podido explicar quién soy. Soy un seguidor de Cristo, sigo las instrucciones establecidas en Efesios 5:1: «Sed, pues, imitadores de Dios como hijos amados».

La palabra *imitadores,* la cual se utiliza en ese versículo, proviene del término griego que significa: *copiar.*[166] Debemos copiar la manera de ser de Dios, de la misma forma que los hijos copian la manera de ser de sus padres. Por consiguiente, si Él llama las cosas que no son como si fueran, entonces nosotros también deberíamos hacerlo. Pues hacerlo forma parte del proceso de fe, y si queremos vivir conforme a LA BENDICIÓN, debemos convertirla en nuestro estilo de vida.

---

166 James Strong, LL.D, S.T.D, *Concordancia exhaustiva de la Biblia, Strong* (Nashville: Thomas Nelson Publishers, 1984) G3402

Es necesario que actuemos igual que lo hizo Abraham, no debemos considerar las circunstancias de nuestra vida que contradigan las promesas de Dios. Gloria y yo, practicamos esa verdad y declaramos: *Yo no me muevo por lo que veo, tampoco por lo que siento. Sólo me muevo por lo que creo, y yo creo en la PALABRA de Dios.*

Quizá en ocasiones, Abraham pensó de esa forma cuando veía su cuerpo de 100 años y miraba a su esposa estéril de 90 años. Al verse a sí mismo, probablemente expresaba: "Anciano, tú no cuentas. Tampoco tú, anciana. Tendremos un bebé porque Dios me llamó *Abraham,* el padre de multitudes. ¡Él nos ha asegurado que tendremos un hijo!".

Al pensar y expresarse de esa manera, Abraham logró estar plenamente convencido. Él llegó al punto en que ya no se sorprendía de la promesa de Dios.

Saber eso debería ser un estímulo para nosotros. Es posible que no estemos creyendo por las mismas cosas que él, pero nuestros desafíos en la fe, algunas veces parecen ser tan grandes como los que él enfrentó. Hablando en lo natural, puede ser difícil creer que recibiremos cierta cantidad de dinero si estamos en quiebra; o creer que por Sus heridas somos sanos cuando enfrentamos una enfermedad mortal. Situaciones como ésas, pueden parecer imposibles al igual que tener un hijo a los 100 años. Pero si seguimos el ejemplo de Abraham, y continuamos edificando nuestra fe al punto de estar plenamente convencidos; al final, podremos vivir el cumplimiento de las promesas de Dios, al igual que Abraham. Y seremos BENDECIDOS.

Hay un milagro en su boca

Quizá alguien pregunte: "Hermano Copeland, no sé si pueda actuar como Abraham. Él era alguien especial. Él era único".

No, en realidad no lo era. La Biblia se encuentra llena de relatos de personas que vivieron conforme a ese tipo de fe. Ya estudiamos a varias de esas personas, por ejemplo: Isaac, Jacob y José. En el capítulo 11 de Hebreos, se nos muestra un auténtico salón de la fama, ahí hallamos una lista de personas que le creyeron a Dios de la misma manera que

Abraham. Y esa lista aún no está completa. En la Biblia encontramos otros relatos de personas que realizaron sorprendentes obras por medio de la fe, y que no se mencionan en Hebreos 11.

Una de mis historias favoritas es la de la mujer sunamita, la cual se encuentra en 2 Reyes 4. Al parecer, ella sólo era una persona ordinaria, cuya única característica sobresaliente era su reverencia a la PALABRA de Dios. Ella le tenía tanta fe y la respetaba tanto que preparó un aposento en su casa, a fin de que el profeta Eliseo pudiera hospedarse con ella y con su esposo cuando llegara a predicar a su ciudad.

Como resultado de su fe, la BENDICIÓN de Dios se manifestó en cada área de su vida, prosperó su hogar y también sus finanzas. Incluso le profetizó, a través de Eliseo, que después de tantos años de ser estéril, tendría un hijo. Y como era de esperar, al siguiente año dio a luz un niño.

Por un tiempo, todo marchó bien. Sin embargo, varios años después del nacimiento de su hijo, la sunamita enfrentó una situación que pudo debilitar su fe. Su hijo sufrió de insolación mientras se encontraba en el campo con su padre, y luego murió.

Si no hubiera sabido cómo actuar en fe conforma a LA BENDICIÓN, talvez habría reaccionado como cualquier otra madre. Ella se hubiera derrumbado, y habría comenzado a gritar: "¡Mi bebé murió! ¡Mi bebé murió!".

En lugar de ello, sólo tomó su abrigo, sin pronunciar una palabra, y salió a buscar a Eliseo. Cuando su esposo le preguntó por qué salía, ella sólo respondió: «...paz...».

Después hizo enalbardar el asna, y dijo al criado: Guía y anda; y no me hagas detener en el camino, sino cuando yo te lo dijere. Partió, pues, y vino al varón de Dios, al monte Carmelo. Y cuando el varón de Dios la vio de lejos, dijo a su criado Giezi: He aquí la sunamita. Te ruego que vayas ahora corriendo a recibirla, y le digas: ¿Te va bien a ti? ¿Le va bien a tu marido, y a tu hijo? Y ella dijo: Bien.

—2 Reyes 4:24-26

Medite en esa serenidad. Aunque su hijo yacía muerto en su casa, ella se rehusó a declarar algo contrario a LA BENDICIÓN. La única palabra que salió de su boca fue: «...¡Bien!». Ésa era la palabra que la gente utilizaba para decir que eran BENDITOS.

En ese momento, las circunstancias de la sunamita no aparentaban ser BENDITAS. En lo emocional, no era BENDECIDA; pero ella creyó que si lo era. Entonces llamó las cosas que no eran como si fueran, se arrodilló y se aferró a los pies de Eliseo, negándose a soltarlo hasta que él estuviera de acuerdo con acompañarla a su casa para ministrar a su hijo.

Recuerde que en esa época, el profeta era quien llevaba la PALABRA de Dios. Él representaba el poder y la verdad de la PALABRA. En esencia, esta mujer se estaba aferrando a la PALABRA. Y por fe, se sujetó con fuerza a LA BENDICIÓN, y se rehusó a soltarla a pesar de las circunstancias.

Cuando Eliseo llegó a su casa, encontró al niño muerto sobre la cama:

Entrando él entonces, cerró la puerta tras ambos, y oró a Jehová. Después subió y se tendió sobre el niño, poniendo su boca sobre la boca de él, y sus ojos sobre sus ojos, y sus manos sobre las manos suyas; así se tendió sobre él, y el cuerpo del niño entró en calor. Volviéndose luego, se paseó por la casa a una y otra parte, y después subió, y se tendió sobre él nuevamente, y el niño estornudó siete veces, y abrió sus ojos.

—versículos 33-35

¿En su opinión, qué fue lo que le permitió a Eliseo resucitar a ese niño? ¿Acaso fue su papel de profeta?

No. Fue la fe que la mujer sunamita tenía en LA BENDICIÓN.

Ella creyó en ésta y la confesó. Permaneció conectada a LA BENDICIÓN en fe, hasta que su poder fluyó a través de Eliseo y resucitó a su hijo.

La actitud de esa mujer nos da un claro ejemplo de cómo la fe en LA BENDICIÓN obra en tiempos de crisis. La fe abre su boca y confiesa la verdad de la PALABRA, en relación a la situación. y por consiguiente, la fe declara: "Bien".

Cuando el diablo ataque su vida con algún tipo de circunstancia engendrada por la maldición, no es suficiente quedarse sentado en silencio e intentar pensar en LA BENDICIÓN. Si reacciona de esa manera, no logrará nada. Si intenta luchar en silencio contra los pensamientos de opresión y llenos de temor que lo asedian en momentos tan difíciles como los de que vivió esa mujer, su fe caerá. Al final, terminará expresando frases insensatas como: "No lograré vencer esta situación. ¡Esta circunstancia me matará! La PALABRA, simplemente no funciona para mí".

¿Cómo puedo estar seguro que así será? Porque he aprendido por medio de la PALABRA y por experiencia, que no se pueden vencer pensamientos con pensamientos. Así no es como funcionan las cosas. La única manera de derrotarlos es con palabras. Los pensamientos negativos no tienen defensa alguna contra las palabras llena de fe.

Sus palabras de fe son tan poderosas que, de acuerdo con lo que Jesús expresó, usted será justificado o condenado por lo que diga, y tendrá que dar cuentas al respecto en el día del juicio. Así de vitales son las palabras para Dios.

Jamás olvidaré una situación en particular, cuando empecé a conocer la clase de poder que conlleva vida o muerte, BENDICIÓN o maldición, el cual puedo liberar a través de mis palabras. Lo descubrí en los inicios de este ministerio en el área financiera, pues ésta representaba un desafío diario. Un día, mientras caminaba de un lado a otro, le estaba clamándo a Dios al respecto.

«SEÑOR, he tocado fondo. No tengo los recursos económicos para continuar con lo que me pediste que realizara. Puedo leer en Tu PALABRA que Tú suplirás todas mis necesidades, pero necesito Tu sabiduría para recibir esa provisión porque no sé qué hacer».

En el instante que expresé esa declaración, el SEÑOR me habló:

¿Has notado, a través de la historia, que Yo no respondo al clamor de Mi pueblo enviándole Mi respuesta desde el cielo? Yo llamo y designo a un hombre para que ministre en Mi nombre.

Cuando Mi pueblo clamó en Egipto, envié a Moisés. Cuando Mi pueblo clamó para que los liberara de la opresión de sus enemigos en la Tierra Prometida, envié a personas como Gedeón, Barac y Sansón. Y continué obrando de esa forma todo el tiempo, hasta que incluí a Jesús. Y a Él lo envié para que te salvara de la condenación eterna.

—¡Aleluya! Eso significa que en alguna parte, tienes a un hombre que me ayudará en lo financiero. Entonces clamaré para que venga — expresé saltando y gritando.

—*No, no me refiero a eso. No estoy diciéndote que haya alguien que te ayudará, te estoy indicando que tú seas ese hombre. Te estoy pidiendo que te coloques en la posición de una persona BENDECIDA y próspera, a fin de que puedas ir y ministrar LA BENDICIÓN a quienes claman Mi nombre —me contestó el SEÑOR.*

—¿Y cómo se supone que me colocaré en esa posición? —le pregunté.

Él me indicó que Su respuesta se encontraba en Romanos 10:8: «... Cerca de ti está la PALABRA, en tu boca y en tu corazón». *No necesitas que un hombre venga de fuera para suplir tus necesidades. Lo que necesitas se encuentra en la PALABRA, y ésta se encuentra tan cerca de ti: en tu corazón y en tu boca.*

Unos días después, alguien me obsequió un pequeño libro de John Osteen, referente a los milagros que se encuentran en nuestra boca.[167] Ese libro, junto a las instrucciones que el SEÑOR me dio, me deslumbraron como si me hubiera impactado un tren de carga. Nunca lo olvidé, y ¡jamás quiero olvidarlo!

Desde ese día, sé que mi milagro se encuentra justo en mi boca. No debo buscarlo en ningún otro lado. Tampoco se encuentra en nadie más ni en la cuenta bancaria de otra persona, sino en la PALABRA de Dios.

---

167 John Osteen, *There Is a Miracle in Your Mouth* (Houston: John Osteen Publications, 1972)

Y si yo deposito la PALABRA en mi corazón y la confieso con mi boca, producirá el resultado que espero, así como el que Dios obtuvo cuando expresó:«Sea la luz».

La decisión, la edificación y el cumplimiento

Una vez que está construida la *edificación* y la confesión de la PALABRA, ambas lo llevarán al punto de estar plenamente convencido, y estará listo para dar el siguiente paso en el proceso de la fe, al cual yo le llamo: *el cumplimiento.*

Cuando llega el momento del *cumplimiento,* algo ocurre en su espíritu. Quizá en el exterior las cosas no parezcan haber mejorado. Es posible que los síntomas o las circunstancias que ha estado enfrentando no hayan cambiado ni un poco. Pero en el momento menos esperado, y casi sin pensarlo, la declaración de fe saldrá de su boca con tanto poder que usted sabrá que la victoria ya es suya.

Y en ese instante, lo que alguna vez pareció imposible de hacer en su mente natural, ahora es lo más fácil del mundo. En ese momento:

- Usted sabe que la buena batalla de la fe, se ha ganado.

- Sabe sin lugar a duda que es más que vencedor por medio de Aquel que lo ama.

- El diablo se arrodilla ante las ordenes del León de la tribu de Judá, y se aparta de su camino.

- Aquello por lo cual ha estado creyendo comienza a manifestarse.

Me emociono demasiado cuando llega el momento del *cumplimiento.*

La primera vez que experimenté y comprendí qué es el *cumplimiento,* estaba trabajando con Oral Roberts en una de sus reuniones de sanidad. Como era costumbre, al terminar la predicación yo debía ir al área donde se encontraban los inválidos, darles un resumen de su mensaje y prepararlos para que recibieran su sanidad, mediante la imposición de manos.

En esa ocasión, cuando entré al lugar, me impactó ver la condición en la que se encontraba la gente. Padecían todo tipo de enfermedades. Algunos ya estaban agonizando. Yo no tenía idea de cómo ayudarlos, entonces, simplemente seguí las instrucciones que se me habían dado. Tomé mi cuaderno de notas, y les repetí los puntos principales de la enseñanza de Oral Roberts. Luego, cuando él entró, me callé y me aparté de su camino.

Creí que mi parte había concluido, pero estaba equivocado. Oral Roberts se me acercó, me tomó por el hombro y me haló hacia él, diciéndome: «¡Tú orarás!».

Pude sentir cómo empalideció mi rostro, y pensé: *¿Orar? No sé cómo orar por personas tan enfermas como éstas. Son los peores casos que he visto.*

Él sabía lo que estaba pensando, y me expresó: «No te preocupes, yo estaré a tu lado. Si cometes algún error, lo corregiré. Pero no los toques hasta que estés listo para liberar tu fe».

Entonces pensé: Liberar mi fe, ¿qué significa eso? Todo lo que sabía hasta ese momento era que el nombre de Jesús era poderoso, entonces decidí que cuando dijera Su nombre liberaría mi fe de la mejor forma que sabía.

Oral Roberts me indicó que primero orara por una mujer tendida en una vieja camilla militar. La habían llevado en ambulancia, pesaba sólo 75 libras y tenía un tumor maligno tan grande en su estómago que parecía estar embarazada. Ella se encontraba tan cerca de morir que ni siquiera podía sentarse.

Cuando empezamos a orar por ella, me sentí emocionado. No tenía ni la menor idea de qué debía realizar, pero estaba feliz por tener la oportunidad de ver a Dios obrar en una situación como ésa. Extendí mi mano hacia ella, y expresé: «En el nom...», pero antes de que pudiera terminar, escuché la voz de Oral Roberts rugir tan fuerte como si el

León de la tribu de Judá hubiera rugido justo detrás de mí: «Tú, espíritu inmundo y nauseabundo que has tomado la vida de mi hermana, quita tus manos de la propiedad de Dios, en el nombre de Jesús, a quien yo pertenezco y a quien sirvo».

Ese rugir de fe se encontraba tan lleno del poder de Dios que me estremeció. Y justo frente a mis ojos, la mujer expulsó por su boca el tumor que la estaba matando. Éste tenía el tamaño de mi puño, y parecía una medusa, pues le colgaban pequeños tentáculos. Ella lo sacó por la boca, y luego salió corriendo del lugar.

Eso fue algo espectacular. La pequeña dama que hacía unos momentos ni siquiera podía sentarse, ahora corría... corría... y corría.

Eso, mi estimado amigo, es el *cumplimiento*. Y se manifiesta después de tomar una decisión de calidad. Surge después de edificarse a sí mismo en la PALABRA, confesándola y meditándola; al punto que ésta se convierte en algo tan grande en su interior que ya no pueda contenerla.

Cuando usted se encuentre listo para el *cumplimiento,* nadie le dirá qué debe hacer. Sino simplemente tomará su posición confesando la PALABRA y actuando conforme a ésta; y pondrá todo en orden en el reino espiritual. Se levantará y comenzará a segar su cosecha, porque sabrá que el momento ha llegado.

No se coma su cosecha antes de que esté madura

Cuando Jesús habló del tiempo de la cosecha en la parábola del sembrador, lo explicó de la siguiente manera:

> Así es el reino de Dios, como cuando un hombre echa semilla en la tierra; y duerme y se levanta, de noche y de día, y la semilla brota y crece sin que él sepa cómo. Porque de suyo lleva fruto la tierra, primero hierba, luego espiga, después grano lleno en la espiga; y cuando el fruto está maduro, en seguida se mete la hoz, porque la siega ha llegado.

—Marcos 4:26-29

Observe que usted no debe sacar su hoz e intentar cosechar su cultivo en el momento que aparece la primera espiga de fe. Sea paciente, y permita que la PALABRA termine su obra. Es necesario que espere hasta que su cosecha de fe esté madura.

Cuando es paciente y espera, comienza a ver con mayor claridad, con los ojos de su corazón, aquello por lo cual ha estado creyendo. Empezará a recibir confirmaciones y revelaciones del SEÑOR con respecto a su cosecha. Él le mostrará dónde se encuentra la propiedad por la cual ha permanecido creyendo en fe. Él le mostrará el edificio, la casa o cualquier cosa que le ha estado pidiendo conforme a Su PALABRA.

Es muy emocionante cuando esas cosas empiezan a suceder. Sin embargo, también es un tiempo en el que debe mantenerse lleno de fe, confiando en que LA BENDICIÓN está obrando en su vida. Sea paciente y crea que ésta seguirá obrando —ya sea que vea el resultado o no, que lo sienta o no—. Usted debe mantenerse firme y en la misma dirección, ya que el diablo realizará todo lo posible para presionarlo, a fin de que usted se adelante al tiempo de Dios e intente procurar que su cosecha se manifieste mucho antes. El enemigo lo presionará en gran manera para que se coma su cultivo cuando éste aún se encuentra verde.

Mucha gente cede ante la presión, y ése es un grave error. Así es como las personas acaban enfrentando problemas financieros. Intentan comprar antes de tiempo el edificio, la casa o el automóvil que Dios les prometió; en lugar de esperar, las instrucciones de Dios, a fin de que Él les revele con exactitud cómo desea que las reciban.

En más de una ocasión, cada uno de nosotros ha cometido esa equivocación. Todos podemos recordar el sabor amargo de una mazorca verde. Pero en lo personal, no deseo tener una dieta constante de mazorcas verdes, así que un día le pregunté al SEÑOR: «¿Cómo podemos saber con toda certeza que nuestra cosecha ya está madura?».

Y Él me respondió: *He puesto en el corazón de cada ser humano un asombroso sentido del tiempo. Poseen una habilidad innata para saber cuándo es el momento exacto.*

De inmediato, me di cuenta que esa afirmación es muy cierta. Por ejemplo, cualquier persona, sin conocimientos de agricultura, sabe de inmediato cuando algo en el supermercado está o no maduro. Pues no se comerá la fruta inmadura, a menos que no tenga nada más para comer, ya que su sabor no es agradable.

Una forma de saber que el fruto ya está maduro, es ver que ha caído del árbol por sí solo. Ésta es una verdad que se aplica, tanto en lo natural como en lo espiritual. Cuando haya llegado el tiempo de recoger su cosecha de fe, las cosas comenzarán a darse por sí solas. Las circunstancias se alinearán de forma milagrosa. Y la gente entregará lo mejor de sí para ayudarlo en esa área. Y el resultado será obvio: LA BENDICIÓN ha realizado su obra, por consiguiente, ha llegado el momento de segar.

Gloria y yo conocemos ese proceso, pues lo hemos experimentado una y otra vez. Por ejemplo, cuando las cosas se alinearon para que pudiéramos comprar la propiedad de 1,520 acres [615 hectáreas] donde ahora se encuentran nuestras oficinas centrales; ya llevábamos 10 años sembrando y creyendo por ésta, y sabíamos que Dios nos la había prometido, por tanto, no intentamos realizar nada en lo natural para comprarla. Año tras año, simplemente esperamos y permanecimos firmes en el proceso de fe hasta que finalmente, una mañana, el SEÑOR me dijo: *Quiero que vayas a ver al propietario de esas tierras, y dile que el SEÑOR la necesita.*

«Muy bien —le respondí».

No conocía al dueño, pero hice una cita con él, llegué a su casa y obedecí con exactitud las instrucciones de Dios y le expresé: «El SEÑOR necesita esta propiedad».

El dueño —un hombre astuto de 89 años— me respondió: «Bien, está en venta».

No me considero diferente a las demás personas. Por tanto, supuse que si Dios me había enviado a ese lugar, el propietario me respondería: "Si el SEÑOR la necesita, entonces te la daré". Pero ésa no fue su respuesta. Él sólo me dijo que la propiedad estaba en venta, y luego se quedó sentado mirándome.

Y debido a que el SEÑOR no me indicó que le expresara algo más, me quedé ahí mirándolo. Permanecimos sentados por 15 minutos sin manifestar una palabra, escuchando las manecillas del reloj: Tic, tac, tic, tac, tic, tac. Entonces finalmente él expresó: «Está en venta».

Y yo le respondí: *No tengo nada de dinero. Pero sé que el SEÑOR me lo dará.*

Él permaneció sentado y en silencio unos minutos más, y luego expresó: «Regrese a verme otra vez». (Ahora bien, aquí algo que debemos recordar: Si usted se queda callado en ese tipo de situaciones, LA BENDICIÓN obrará a su favor. Pero si habla y comienza a mostrar su propia sabiduría, intentando hacer que las cosas funcione con sus propias fuerzas y por su propia cuenta, todo le saldrá mal).

Unos días después, regresé a verlo; nos sentamos en el mismo lugar y, una vez más, después de un largo tiempo de silencio, en el cual ni siquiera sonrió por un instante, me señaló y me dijo: «Seré testigo de cómo logran obtener esta propiedad».

Entonces le expresé al propietario de las tierras: *Gracias, señor. Pero usted debe saber que yo no pido dinero prestado. No es correcto hipotecar algo que no me pertenece, y este ministerio no me pertenece a mí; sino al SEÑOR.*

Y él contestó: «Regrese a verme».

La siguiente vez que me reuní con él, lo acompañaba otro hombre; pero esa vez nos reunimos en un lugar distinto. Él me dijo: «Ustedes necesitan ocupar esa propiedad, ¿verdad?».

—Sí, señor —repliqué.

—¿Tiene algo en contra de pagar renta? —Preguntó.

—No, señor. Estoy pagando la renta del lugar donde ahora nos encontramos.

—Muy bien, entonces le rentaré la propiedad, y no le cobraré ningún interés. (Cuando me dio el precio del alquiler me impactó mucho, pues era una cuota muy baja). Así no me deberá nada. Si Dios le habla y le pide que deje la propiedad, sólo avíseme; y se podrá marchar y llevar a cabo lo que Dios le indique. Eso es todo lo que necesito saber. Sólo llámeme para avisarme que se marchará.

—Ahora bien, si se queda, a medida que el SEÑOR lo bendiga, y le provea el dinero para pagarme un cuarto de la propiedad, yo les entregaré una escritura legal por esa parte de la propiedad. Y todo el dinero que paguen de renta servirá para pagar las tres partes restantes de tierra. ¿Le parece bien?

—Claro que sí. En realidad me gusta mucho ese plan de pago.

Luego se dirigió al otro hombre, y le expresó: «Redacte el documento así como lo dije».

Después de redactarlo, me lo entregó y lo firmé. Luego él lo firmó y se lo entregó al otro hombre, y expresó: «Ahora, descuéntele un millón de dólares al precio de la propiedad, pues quiero ser el primero en donar». Después de ello, le pegó una palmada al contrato, sonrió y me dijo: «Una compañía que vende cemento y gravilla me ha estado contactando, pues desea que le venda el mineral de esa tierra, pues se encuentra en toda la propiedad. Pero les informé que ahora debían comunicarse con usted».

No estaba seguro de estar entendiendo, así que le pregunté: *Se refiere a que me contactarán después de que le haya comprado una parte de la propiedad, ¿verdad?*

Y él me contestó: «No, hijo. Ya les cedí los derechos de propiedad sobre el mineral. Vendan algo de gravilla y con el dinero paguen la propiedad».

Al final, obtuvimos más de un millón de dólares de ganancias vendiendo gravilla.

Así se ven las cosas cuando LA BENDICIÓN está obrando y su cosecha ¡ya está madura!

Las grandes cosas comienzan como semillas pequeñas

Quizá al escuchar una historia como ésa, piense que algo así, jamás podría ocurrirle a usted. Pensar en un millón de dólares, se ve tan inalcanzable que no puede concebir cómo ser BENDECIDO con todo ese dinero. Sin embargo, debemos recordar lo siguiente: Toda la tierra que Dios nos dio para este ministerio y cada dólar que surgió para pagarla, comenzó con una semilla de fe, la cual no era más grande que una semilla de mostaza.

Gloria y yo, no iniciamos este ministerio con cosechas de un millón de dólares. Empezamos depositando nuestra fe en la PALABRA de Dios. Sembramos la PALABRA en nuestro corazón, la declaramos con nuestra boca y nos negamos a arrancarla con palabras de incredulidad; y con el tiempo, la PALABRA realizó lo que siempre hace: creció y se volvió más grande. Creció más que nuestras deudas, y las sacó de nuestras vidas el primer año que empezamos a creer. Fue mayor que nuestra necesidad de adquirir el equipo para el ministerio. Y creció tanto que, después de 40 años, siguió creciendo más, al punto que no sólo suplió nuestras necesidades y deseos, sino que también cumplió nuestros sueños.

Y sucedió literalmente, de esa manera. Cada mañana despierto en una casa que es más de lo que pude pensar o pedir, y es sorprendente. Vivo en la manifestación de uno de los sueños de Gloria.

Ella sembró la semilla para la casa de sus sueños hace muchos años mientras vivíamos en una casucha en Tulsa; en tan malas condiciones que al momento de mudarnos, Gloria se rehusó a desempacar por dos semanas. Hablando en lo natural, ella no tenía esperanza alguna de vivir en una casa bonita en ese entonces. Estábamos atrapados en las deudas, nuestros ingresos económicos era muy reducidos y le habíamos prometido a Dios que jamás volveríamos a pedir dinero prestado. Sin embargo, Gloria había leído un libro de Oral Roberts referente a no permitir que nadie robe sus sueños, y ella decidió que ése era un consejo sabio. Ella actuó conforme a lo que aprendió en el libro, y realizó una lista de todos sus sueños, con sus respectivas promesas bíblicas que los respaldaban. El primer sueño escrito en la lista fue: «Una casa para mi familia y para nuestro ministerio».

La prioridad principal de Gloria en su itinerario siempre ha sido el estudio y la meditación de la PALABRA; y pasaba su tiempo libre elaborando la casa de sus sueños. Ella tenía un archivo de imágenes donde guardaba todas sus fotografías y recortes favoritos que veía en revistas de decoración. Al transcurrir los años, ese archivo se expandió, a fin de incluir planos de los ambientes de la casa, ideas para amueblarla y cualquier otra cosa que pueda imaginar.

Durante años, uno de sus pasatiempos favoritos era sacar lo que había guardado, y empezar a planificar y a diseñar. Compraba papel milimetrado y sobre éste dibujaba planos de habitaciones. Incluso aprendió a realizar dibujos arquitectónicos. Ella disfrutaba maravillosos tiempos de comunión con el SEÑOR hablándole de su proyecto, y diciéndole: «SEÑOR, gracias por nuestra casa».

Con el paso de los años, Dios nos permitió mudarnos a una casa mejor que la anterior. Disfrutamos vivir en cada una de ellas, y estábamos agradecidos. Aunque, durante todo ese tiempo, Gloria siguió trabajando en su sueño.

Finalmente, ella escogió un lugar ubicado en *Eagle Mountain Lake,* el cual se encontraba cerca de las oficinas centrales de nuestro ministerio, y deseaba que ahí se construyera la casa. Algunas veces íbamos al lago en nuestro bote, y observábamos el lugar; y yo le decía: *Gloria, cuéntame una vez más cómo será la casa.* Ella la describía, y yo sólo respondía: *Cielos...¡imagínatela!* Luego, alabábamos al SEÑOR mientras regresábamos.

Un día, ella me dijo: «Kenneth, esta casa se hace cada vez más grande, no sé qué hacer al respecto. No sé cómo reducirla».

—*¿Qué quieres quitarle, mujer? Esa casa es un sueño. ¡Sigue soñando! Si los planos cubren todo el piso de la sala, está bien, no me importa.* —Le repliqué.

—¿Hablas en serio? —me preguntó.

—Claro. ¡Continúa soñando!

Un par de años después, me habló otra vez del tema, y me dijo: «Tendremos que orar por la casa. Se está haciendo tan real dentro de mí que si no la construimos, tendré que renunciar a ella».

Así que nos tomamos una semana e invertimos tiempo orando, pidiéndole sabiduría a Dios. Lo primero que Gloria le dijo fue: «SEÑOR, si me dices que no es Tu voluntad para mí que construya esta casa, dímelo y nunca más hablaré al respecto. No me arrepentiré. Ése será el final de mi sueño. Simplemente continuaré con mi vida, y seré tan feliz como me sea posible».

Esa oración fue el cimiento de todo un proceso. Durante la semana, el SEÑOR nos dio varias confirmaciones, asegurándonos que era Su voluntad que la construyéramos. En la mañana que recibimos la completa revelación; la unción y la PALABRA del SEÑOR vinieron sobre mí. Y Él me indicó: *Impón manos sobre Gloria, y minístrale esa casa. Porque esa casa forma parte de toda su prosperidad y quiero que ella la tenga.* Luego me dio un versículo específico para que se lo leyera.

Cuando lo leí, ella comenzó a llorar y expresó: «Ése es el mismo pasaje bíblico que el SEÑOR me dio hace varios años cuando empecé a soñar respecto a la casa. Ha estado en mi corazón por 30 años».

Ella nunca me había dicho nada al respecto. Pero el SEÑOR lo sabía, y utilizó ese versículo para asegurarle a ella que el tiempo de la cosecha había llegado. Su esperanza se había sostenido en la fe de obtener esa casa. El proceso de fe se había completado, y era el tiempo del *cumplimiento.* Por esa razón, ella se había inquietado por la situación. Ella sintió que ya era el momento de que esa casa naciera.

Quizá usted se pregunte: "Hermano Copeland, ¿quiere decir que se requirió de 30 años para que la PALABRA se convirtiera en esa casa?".

Sí, pero esperar ese tiempo no nos importó, pues Dios nos permitió vivir en lugares muy bonitos mientras llegaba ese tiempo. Es más, estábamos muy ocupados realizando otros proyectos. Pues estábamos enfocados en la obra del SEÑOR. Primero, nos encargamos de cuidar de

Su casa y de Sus asuntos. Mientras lo hacíamos, Él estaba preparando una casa que iba más allá de lo que podíamos soñar.

La verdad es que esa casa me impactó la primera vez que la vi. Yo no me involucré mientras la construían. El SEÑOR me indicó que me mantuviera al margen, y que dejara que Gloria se encargara de todo. El día que la vi terminada por completo, me dejó boquiabierto. Se me erizó todo el cuerpo y se me debilitaron las rodillas. Me senté a la orilla del lago, y comencé a adorar al SEÑOR, y le dije: *¡Aleluya! LA BENDICIÓN se manifestó, y nuestro huerto de Edén ha comenzado.*

Esa noche, casi no pude dormir, pues continuaba alabando a Dios. Sólo seguí diciendo: *Ésta es la obra del SEÑOR, y ante mis ojos, es maravillosa. LA BENDICIÓN de Jehová es la que enriquece, y no añade tristeza con ella.*[168] Si hubiéramos intentado construir esa casa con nuestras propias fuerzas, habríamos adquirido grandes deudas y también, muchos problemas más. Pero no hay tristeza con esa casa, porque ¡es una obra hecha por Dios! Ésta se produjo a través de la fe de Gloria y del poder de LA BENDICIÓN.

Una noche, después de habernos mudado a la casa, salí de nuestra habitación para tomar un poco de agua; y al final, comencé a meditar mientras recorría la casa, regocijándome en el SEÑOR por ésta. Cuando volví a la habitación, Gloria me preguntó: «¿Por qué tardaste tanto? ¿Te fuiste de safari por la casa o algo así?».

Y le respondí: *¡Sí, porque pareciera que ir de la habitación hasta la cocina es todo un safari!*

Luego el espíritu de risa nos invadió a ambos, y nos reímos hasta el cansancio; y desde entonces hemos estado riendo, llenos de gozo porque, al igual que todo lo bueno que poseemos, esa gran casa empezó con la semilla de la PALABRA. E inició leyendo versículos como el que encontramos en Isaías 54:2-3:

Ensancha el sitio de tu tienda, y las cortinas de tus habitaciones sean extendidas; no seas escasa; alarga tus cuerdas, y refuerza

---

168 Proverbios 10:22

tus estacas. Porque te extenderás a la mano derecha y a la mano izquierda...

La PALABRA creció, y se convirtió en la casa de nuestros sueños.

Abra su Biblia y sueñe

La PALABRA de Dios hará lo mismo por usted. Como simiente de Abraham en Cristo Jesús, usted es tan BENDITO como nosotros. Por tanto, tome su Biblia y comience a soñar. Si padece de alguna enfermedad, sueñe con fuerza, salud y vida para su cuerpo físico. Si sus hijos se han apartado del SEÑOR, sueñe que se convertirán en una fuerza poderosa en el reino de Dios. Si por años ha vivido en la quiebra o en escasez, sueñe con tener tanta abundancia que tendrá lo suficiente para disfrutarla y para compartirla a plenitud con los demás.

Desarrolle en su interior una imagen, en la cual la PALABRA de Dios se esté cumpliendo y Su BENDICIÓN se esté manifestando en su vida. Sumerja su imaginación en la PALABRA hasta que la esperanza surja en usted y se aferre a la fe. Requerirá algo de tiempo, pero vale la pena el esfuerzo, pues mientras edifica su esperanza y su fe, está construyendo su futuro: en el que todos sus sueños se cumplen.

Conozco a un hombre que empezó a soñar con recibir BENDICIÓN financiera durante el peor momento de su vida. Él perdió su empleo, bien remunerado, a una edad en la que es difícil comenzar de nuevo en el mundo corporativo. Había adquirido muchas deudas, y no tenía ahorros en el banco. Un día, se sentía destrozado, y sin la menor idea de qué hacer.

Aunque era un buen hombre que amaba a Dios y asistía a la iglesia, no sabía mucho acerca de LA BENDICIÓN hasta que leyó el libro: *Las leyes de la prosperidad*.[169] Cuando lo leyó, pensó: «Cielos, eso es lo que necesito. Necesito tener fe en la PALABRA de Dios con respecto a mis finanzas».

Tomaba su Biblia y el libro, e iba a *Burger King*®, compraba una

---

169 Kenneth Copeland, *Las leyes de la prosperidad* (Fort Worth: Kenneth Copeland Publications, 1974)

taza de café (porque no podía comprarse una hamburguesa), y día tras día los estudiaba. Después de un tiempo, consiguió unas cintas de enseñanzas y comenzó a escucharlas. En algún momento de su estudio, comprendió que la PALABRA era la fuente de su prosperidad —y no una corporación o un empleo, sino la PALABRA de Dios—.

Él expresó: «En ese lugar, decidí que un día ofrendaría un millón de dólares en los Ministerios Kenneth Copeland».

Y lo cumplió en menos de ocho años.

Amigo mío, Dios no hace acepción de personas. Su PALABRA obra de la misma manera para cualquiera que deposite su fe en ella. Por tanto, tome su Biblia, sumérjase en la presencia de su Padre celestial, y busque un sueño.

Capítulo trece

Rompiendo la conexión con el temor

«… No temas, cree solamente» (Marcos 5:36).

Todo aquel que ha vivido por fe en la PALABRA de Dios, y se ha atrevido a motivar a otros para que hagan lo mismo, de seguro se ha encontrado con alguien que le ha dicho: "Yo ya probé la PALABRA, y ¡no funcionó!".

Un amigo mío tiene una magnífica respuesta para este tipo de personas. Él declara: «No, la PALABRA lo probó a usted, y *usted* no funcionó».

Quizá le parezca una respuesta descortés, pero es la verdad. Dios jamás se equivoca. Él nunca falla en cumplir Su Palabra, pues en Jeremías 1:12, nos manifiesta: «… yo apresuro mi palabra para ponerla por obra»; ésa es Su actitud todo el tiempo.

Ahora bien, eso no quiere decir que cuando nos equivocamos no prolonguemos la manifestación de lo que estamos pidiendo. Significa que cuando las cosas dejan de funcionar y el proceso de fe parece detenerse, debemos aprender a preguntarnos con sinceridad: "¿Qué está evitando que reciba? ¿Cuál es el problema?".

Evidentemente, no es que Dios retenga las cosas (Ésa es una excusa de la religión, y una mentira del infierno). Por consiguiente, si no estamos recibiendo y disfrutando LA BENDICIÓN en nuestra vida, y tampoco estamos gozando de la manifestación de las promesas de la PALABRA; quiere decir que de alguna manera estamos causando un corto circuito en el poder de la fe. Todos, en algún momento, hemos provocado ese corto circuito sin siquiera percatarnos de ello.

Yo cometí ese error muchas veces, en especial, durante los primeros años de mi vida en la fe. Una de las ocasiones que más recuerdo fue cuando mi hijo, John, tenía tres o cuatro años, y se enfermó gravemente de escarlatina. Su piel se tornó de color rojo púrpura, y se volvió tan seca y áspera como una lija desde el cuello hacia abajo; era más notable en su estómago. Cada vez que su piel era expuesta a cualquier tipo de luz, le ocasionaba ardor, fiebre y dolor.

Gloria, los niños y yo estábamos de viaje. Yo predicaba varias veces durante el día, y en la noche imponía mis manos sobre John, creyéndole a Dios por su sanidad. Cuando oraba, su piel comenzaba a curarse. Podía verla mejorar frente a mis ojos. Sin embargo, a la mañana siguiente, ya estaba tan seca y áspera como al principio.

Esa situación había durado tres días, y eso me preocupó, pues cuando oraba por mis hijos, no pasaba más de dos días y medio para que sanaran. Entonces me presenté delante del SEÑOR y le dije: «Señor, estoy fallando al orar por la sanidad de John. Tú no puedes fallar. Tú nunca fallas. Cuando oramos por sanidad, ésta siempre se manifiesta. John no puede ser quien esté fallando, él es sólo un niño. Entonces algo no está bien aquí, y ése soy yo. Me quedaré callado, y esperaré que me muestres el problema».

Con certeza, después de un momento, el SEÑOR me dio las instrucciones que necesitaba: *Estás ejerciendo tu fe e impones manos sobre él. Lo haces bien y la sanidad comienza a manifestarse, pero después lo apartas de Mis manos.*

—¿Cómo? —le pregunté.

—*Te levantas a medianoche, y vas a revisarlo. Eso estaría bien si actuaras en fe, pero no lo estás haciendo. Lo revisas porque temes que tu oración no esté obrando. Cuando actúas así, lo apartas de Mis manos.*

En ese entonces, todavía no había aprendido lo que ahora sé acerca de cómo el temor contamina la fe. No entendía cuánto puede estropear un pequeño temor. No obstante, esa noche cuando oré e impuse manos sobre John, declaré: «Señor, esta vez lo entrego en Tus manos en el nombre de Jesús, y allí lo dejaré».

A las dos de la mañana, me desperté, justo como lo había hecho las noches anteriores; y sin pensarlo, salté de la cama para revisar a John. Di un par de pasos, luego me detuve, y expresé: «Perdóname, Señor. Yo entregué toda la preocupación de la situación sobre Ti, y no voy a entrometerme. Yo creo que he recibido su sanidad, y permanezco firme por fe».

Tan pronto como salieron las palabras de mi boca, el diablo comenzó a presionarme diciendo: "¿Qué clase de padre eres? Será mejor que vayas a ver si se encuentra bien".

Y le respondí: *Escúchame diablo. Como padre, lo más responsable es dejar a mi hijo en las manos de Dios. Yo no puedo sanarlo, sólo puedo ministrarle sanidad. Puedo creer y recibir con él, sin embargo, el poder le pertenece a Dios. Él es quien sana, y yo confío en Él; por tanto, no iré a su habitación.*

Aún declarando eso, la presión no disminuyó. El diablo continuó hostigándome. Su voz no era audible, pero en mi mente la escuchaba con claridad: "Será mejor que vayas a revisar a John. Él se quitó las sábanas, y necesitas cubrirlo de nuevo".

Entonces le respondí: *Si se quitó sus sábanas, los ángeles volverán a cubrirlo. Yo no iré a revisarlo.*

Cerré mis ojos e intenté dormir, sin embargo, el enemigo siguió acosándome; entonces tomé mi Biblia, me fui a otra habitación, y cerré la puerta para evitar que Gloria despertara, y declaré: *Satanás, tomaré la espada del Espíritu y te cortaré por completo.*

Luego comencé a orar en lenguas tan fuerte y tan rápido como pude. Tuve la sensación de haber obtenido la victoria, y sabía que el enemigo se estaba marchando; sin embargo, la situación comenzó a tornarse divertida al punto que manifesté: *No. Aún no te irás. Regresa, ponte debajo de mis pies, y escucha esto.* Después de pasar 45 minutos con un pie sobre su cuello en el nombre de Jesucristo de Nazaret, declarándole la verdad de la PALABRA, le dije: *Ahora, ¡vete de aquí!*

Si nunca le ha hablado al diablo de esa forma, le sugiero que comience a hacerlo. Como creyentes, tenemos la autoridad que Dios nos ha dado sobre el enemigo. A veces, necesitamos enfadarnos lo suficiente para sacarlo de nuestros hogares y de nuestros asuntos. No lo escuchemos, y saquémoslo de nuestra vida.

Esa noche, cuando volví a la cama, la presión ya había desaparecido y dormí bien. A la mañana siguiente, me levanté, me vestí y fui a la reunión a predicar. Después que el servicio terminó, estaba guardando mis cosas cuando sentí que me halaron de mi abrigo, entonces volteé a ver; era John, y me dijo: «Papi...».

Yo estaba concentrado en lo que hacía, y le dije: *John, hijo, estoy ocupado. Déjame terminar esto.*

Mis palabras no lo hicieron desistir, y haló de nuevo mi abrigo, pero esta vez, me gritaba: «¡Papi! ¡Mírame! ¡Estoy sano!».

Lo miré de nuevo, y comprobé que tenía razón. Tenía puesto su traje de baño, entonces pude ver que desde su cuello hasta su estómago, se encontraba completamente sano.

En esa ocasión, aprendí una gran lección. Pude comprobar por qué en la Biblia dice 110 veces: *¡No teman!*; pues nuestra conexión con la LA BENDICIÓN depende de ello.

Tolerar el temor contamina la fe

Ahora bien, quizá usted exprese: "Pero, hermano Copeland, en algunas situaciones es inevitable sentir temor, ¿cierto? ¿Acaso no hay ocasiones en las que no podemos evitar sentir temor?".

No, no las hay. Como creyentes nacidos de nuevo, jamás debemos temer.

Jesús aclaró este punto en Marcos 5, cuando se dirigió a Jairo, quien se le acercó buscando sanidad para su agonizante hija. Si usted es padre, sabe que no existe situación más aterradora que ésa. La mayoría de padres preferiría enfrentar la muerte ellos mismos que ver morir a sus hijos.

Dejando a su hija en su lecho de muerte, Jairo fue a buscar a Jesús. Se abrió paso para llegar al frente de la multitud que se había aglomerado a la orilla del lago para esperar la llegada de Jesús. Al momento que Jesús bajó de la barca, Jairo se arrodilló a sus pies, diciendo: «Mi hija está agonizando; ven y pon las manos sobre ella para que sea salva, y vivirá» (versículo 23).

La confesión de fe de Jairo fue: *Vivirá*. Él creyó que eso sucedería. Había cambiado la imagen interna de que su hija sería víctima de la muerte, y la reemplazó con una imagen de Jesús yendo a su casa e imponiendo manos sobre ella. Declarando las cosas que no eran como si fueran expresó: «... *para que se sane y viva» (NVI)*.

Fue, pues, con él; y le seguía una gran multitud, y le apretaban.

—versículo 24

Por unos minutos, todo aparentaba marchar conforme al plan de fe de Jairo. Pero entonces alguien intervino, y las cosas comenzaron a suceder de una forma que él no había previsto.

Pero una mujer que desde hacía doce años padecía de flujo de sangre, y había sufrido mucho de muchos médicos, y gastado todo lo que tenía, y nada había aprovechado, antes le iba peor, cuando oyó hablar de Jesús, vino por detrás entre la multitud, y tocó su manto. Porque decía: Si tocare tan solamente su manto, seré salva. Y en seguida la fuente de su sangre se secó; y sintió en el cuerpo que estaba sana de aquel azote.

—versículos 25-29

Si Jesús hubiera seguido caminando cuando eso ocurrió, la situación habría sido diferente para Jairo. Pero Él se detuvo, y preguntó quién lo había tocado:

Sus discípulos le dijeron: Ves que la multitud te aprieta, y dices:

¿Quién me ha tocado? Pero él miraba alrededor para ver quién había hecho esto. Entonces la mujer, temiendo y temblando, sabiendo lo que en ella había sido hecho, vino y se postró delante de él, y le dijo toda la verdad.

—versículos 31-33

¿Cuánto tiempo cree usted que le tomó a esa mujer contarle *toda la verdad* acerca de sus 12 años de enfermedad, incluso de todos los médicos que había visitado y que no pudieron ayudarla, y de todo el dinero que había gastado en el proceso? Ésa era una larga historia —y ¡debió tardarse mucho!—.

Todo el tiempo que ella habló, Jairo permaneció allí esperando, sabiendo que su hija estaba en condición crítica. Cada segundo contaba. Sin embargo, al parecer Jesús no tenía prisa. Cuando la mujer terminó de contar su historia, Él comenzó a ministrarla.

Mientras él aún hablaba, vinieron de casa del principal de la sinagoga, diciendo: Tu hija ha muerto; ¿para qué molestas más al Maestro?

—versículo 35

En ese momento, Jairo escuchó las peores y más aterradoras palabras que cualquier padre pueda escuchar. Pero Jesús ni siquiera le dio tiempo para que él reaccionara. Tan pronto como escuchó las palabras que le dijeron a Jairo, Él respondió: «...No temas, cree solamente» (versículo 36). O como leemos en Lucas 8:50: «...No temas; cree solamente, y será salva».

Si medita en esa declaración, se dará cuenta que es ¡sorprendente! La mayoría de personas en esa situación le hubiera dicho lo contrario a Jairo. Lo habrían consolado y le hubieran dicho: "Vamos, si quieres llorar, hazlo. Sabemos que en este momento estás asustado y triste, y lo comprendemos muy bien. Sólo expresa tus sentimientos".

No obstante, Jesús sabía algo que la mayoría de personas no sabían: *Tolerar el temor contamina la fe.* Él sabía que es imposible sentir temor, y tener fe a la vez. Y puesto que la vida de la hija de Jairo dependía de su conexión de fe con Jesús, Él le ordenó que no temiera.

Si hubiera sido imposible para Jairo obedecer esa orden —no sentir temor—, la instrucción de Jesús habría sido injusta. Pero no era imposible, aun encontrándose en esa situación de mucha presión. Y tampoco es imposible para nosotros. De hecho, gracias a que Jesús venció por completo el poder del temor a través de Su obra de redención; es más fácil para nosotros —como creyentes nacidos de nuevo— que para Jairo, *no temer.*

Sin embargo, aun sin el beneficio del nuevo nacimiento, Jairo no tuvo temor. Con Jesús a su lado, halló una forma de obedecer. Se rehusó a sentir temor, y como resultado, su historia tuvo un final feliz.

Jesús fue a la casa de Jairo, y les explicó a las personas —quienes ya habían comenzado a lamentarse y a armar un alboroto por la niña— que ella no estaba muerta, sino dormida:

> Y se burlaban de él. Mas él, echando fuera a todos, tomó al padre y a la madre de la niña, y a los que estaban con él, y entró donde estaba la niña. Y tomando la mano de la niña, le dijo: Talita cumi; que traducido es: Niña, a ti te digo, levántate. Y luego la niña se levantó y andaba, pues tenía doce años. Y se espantaron grandemente
>
> —Marcos 5:40-42

No se conecte al temor

El temor es un asunto muy serio, pues así como la fe es la conexión espiritual con Dios y con LA BENDICIÓN; el temor es la conexión espiritual con el diablo y con la maldición.

Ya hemos visto en toda la Biblia, que la fe activa LA BENDICIÓN y desata la unción de Dios sobre la vida de las personas. Cuando Jesús ministraba sobre la Tierra y predicaba el mensaje de *paz (Shalom:* lo cual incluye sanidad, liberación, prosperidad y una vida sin que nada le falte ni esté incompleta), quienes creían ese mensaje se conectaban con Él y recibían esa paz. Obtuvieron sanidad, liberación de demonios, y comieron panes y peces hasta saciarse.

Y aquellos que no creían, no establecían esa conexión. Por ejemplo, la gente de Nazaret no recibió mucho de Jesús. Él anhelaba tanto ayudarlos que aún así impuso manos sobre ellos. Realizó Su mejor esfuerzo para que al menos recibieran una pequeña parte de LA BENDICIÓN. Pero no pudo hacer mucho por ellos, pues en lugar de establecer la conexión de fe, se enfadaron con Él e intentaron matarlo.

Y ¿qué los enojó tanto? Él dijo algunas cosas acerca de su religión, y eso los asustó. Les recordó que durante la época de hambruna, descrita en el Antiguo Testamento, cuando muchas mujeres quedaron viudas en Israel, Dios no les envió un profeta. Sino que le envió un profeta a una viuda gentil que respondería con fe a Sus palabras.

La idea de que ser judíos no era suficiente para asegurar el favor de Dios, les causó temor. Ese temor los separó de Jesús, por consiguiente, Él no pudo realizar milagros entre ellos.

Sin embargo, en la mayoría de los lugares que Él visitaba, las personas creían lo que enseñaba, y la fe de ellos, le abría la puerta a Jesús para ir: «… haciendo bienes y sanando a todos los oprimidos por el diablo, porque Dios estaba con él».[170]

El término *oprimidos* es una palabra bíblica importante. En la Biblia se utiliza para describir todas las manifestaciones de la maldición que Satanás envió sobre los seres humanos. Por ejemplo, la enfermedad es una opresión satánica, al igual que la pobreza. El diablo utiliza las manifestaciones de la maldición para oprimir. En Isaías 54:14, se nos muestra con exactitud qué le abrió la puerta al temor. En ese versículo, el Espíritu de Dios, profetizándole al Cuerpo de Cristo que LA BENDICIÓN sería nuestra a través de Jesús, expresó:

Con justicia serás adornada; estarás lejos de opresión, porque no temerás, y de temor, porque no se acercará a ti.

---

170 Hechos 10:38

Observe que en este versículo se afirma: «... estarás lejos de opresión, porque no temerás...». En otras palabras, el temor es la conexión espiritual con la opresión. Éste lo conecta con las enfermedades y las dolencias; con la pobreza y con cada manifestación de la maldición.

También podemos explicarlo de esta forma: El temor lo conecta con el espíritu de temor, así como la fe lo conecta con el espíritu de fe. El espíritu de temor es el diablo mismo. El apóstol Juan se refirió a este espíritu como el espíritu del anticristo.[171]

Para comprender por completo el término *anticristo,* debe entender que *Cristo* no es el apellido de Jesús. Tampoco es Su título. *Cristo* es una palabra griega que significa: "la unción[172] o el Ungido". La unción que se encuentra sobre Jesús es el poder del Espíritu Santo que vino sobre Él en el río Jordán. Es el poder que le otorgó el derecho a declarar:

El Espíritu del Señor está sobre mí, por cuanto me ha ungido para dar buenas nuevas a los pobres; me ha enviado a sanar a los quebrantados de corazón; a pregonar libertad a los cautivos, y vista a los ciegos; a poner en libertad a los oprimidos; a predicar el año agradable del Señor.

—Lucas 4:18-19

De acuerdo con Isaías 10:27,[173] el yugo (u opresión) del diablo se *destruye* a causa de la unción. Por consiguiente, yo le llamo a la unción: *el poder de Dios que quita la carga y destruye el yugo.* Observe que no es el poder que *quiebra* el yugo, sino el que *destruye* el yugo. La palabra hebrea traducida como *destruir,* se refiere a *corroer* u *oxidar.* ¿Sabe usted qué produce el óxido en el acero? Lo desintegra. Si deja que se oxide, ¡no quedará nada de acero!

Lo mismo hace la unción con el yugo de opresión. Lo deja inservible para el uso del diablo. Si sólo lo quebrara, se podría reparar. Pero la unción, lo convierte en polvo. Cuando la unción interviene, deja al

---

171 1 Juan 4:3
172 *La nueva concordancia exhaustiva de la Biblia, James Strong* (Nashville: Thomas Nelson Publishers, 1984) G5547
173 Isaías 10:27: «Acontecerá en aquel tiempo que su carga será quitada de tu hombro, y su yugo de tu cerviz, y el yugo se pudrirá a causa de la unción».

diablo desnudo, sin nada. Por esa razón, es el *anti*-Cristo. El enemigo está en contra de esa unción y en nuestra contra. Como creyentes nacidos de nuevo, formamos el *Cuerpo* de Cristo —¡el Cuerpo de esa unción en la Tierra!—.

Así como la fe en Jesús nos conecta al Espíritu de la unción, el temor nos conecta al espíritu de la anti-unción. Si no lo cree, medite en lo que le sucedió a Job. Por años, permaneció conectado a LA BENDICIÓN de Dios; pero de pronto, se vio a sí mismo conectado a la opresión del diablo. Job era un buen hombre, amaba y reverenciaba al SEÑOR. Pero de alguna manera, Satanás halló la forma de colocarle su yugo en el cuello y destruir todo lo que tenía.

Job nos relata en sus propias palabras cómo sucedió: «Porque el temor que me espantaba me ha venido, Y me ha acontecido lo que yo temía. No he tenido paz, no me aseguré, ni estuve reposado; No obstante, me vino turbación».[174]

¿Ya notó qué estaba sucediendo en su vida? Él no estaba descansando en fe. Tampoco reposaba. Todas las noches permanecía despierto, alimentando su temor en relación a sus hijos. Pensaba que quizá preocuparse por ellos lo ayudaría. No se percató que al preocuparse, en realidad le estaba abriendo la puerta a los problemas.

Hoy día, las personas hacen lo mismo. Personas buenas que aman a Dios, intentan controlar a sus hijos por medio del temor. ¿Alguna vez se ha preguntado por qué existe la maldición generacional? Existe porque los niños son educados por sus padres, y ellos les transmiten sus temores.

Hace años, vi como esto sucedió en la vida de un ministro que conozco. A mediana edad, comenzó a padecer problemas del corazón, y asistió a uno de los estudios bíblicos que compartía mi madre para pedirle que orara por él. Él le explicó su situación: «Hermana Copeland, mi padre murió por problemas del corazón y mi abuelo también. Ninguno de ellos vivió para festejar su cumpleaños número 60. Ahora, yo padezco de presión arterial alta y problemas del corazón. Mi madre

---

174 Job 3:25-26

siempre me dijo que los hombres de nuestra familia morían jóvenes a causa de problemas del corazón, y al parecer tenía razón».

Mirándolo directo a los ojos, mi mamá le dijo: «Cuéntame la verdad al respecto».

Confundido, le respondió: «Acabo de contarle la verdad»; entonces, comenzó a relatarle de nuevo toda la historia.

Ella lo interrumpió: «¡Te pedí que me contarás la verdad!».

Esta vez, se enfadó, respondiéndole: «Señora, acabo de *contarle* la verdad».

Más tarde, describiéndome todo el incidente, él me comentó: «Kenneth, en ese momento, ella literalmente ¡me golpeó los oídos! Tomó mi cabeza con sus manos, la sacudió y preguntó: "¿Has leído Isaías 53?"».

—Sí —le respondí.

—Bueno, entonces ¿qué dice allí?

—Se afirma que por Sus llagas soy sano.

—¡Correcto! —respondió—. Y ésa es la verdad de tu situación.

Luego, ella me contó que cuando él entró, pudo ver el espíritu de muerte sobre él. Ella sabía que él necesitaba entenderlo pronto, pues estaba muriendo. Estaba matándose a sí mismo, al igual que su padre y su abuelo. ¿Por qué? Debido a lo que su madre le había dicho. Por años, ella alimentó en él ese temor, pues temía que él muriera, y eso casi lo mató.

Unos años después, lo encontré en una tienda de motocicletas. Cuando entré, él estaba hablando por teléfono. Después de colgar, dijo: «Copeland, siéntate aquí. Quiero contarte esta historia». Habló por un momento acerca de cómo mi madre había orado por él. Luego sonrió, y manifestó: «Acabo de hablar con el médico que me realiza un examen físico cada año. Este año cumplo 60, y me aseguró ¡que tengo el corazón de un muchacho de 16 años!».

Pasamos un buen tiempo juntos alabando al SEÑOR, pues la

maldición generacional de temor y la enfermedad cardiaca habían sido destruidas. La verdad ungida de la PALABRA de Dios había destruido el yugo del diablo, e hizo libre a mi amigo.

El temor tiene malas compañías

Si lo anterior no es suficiente para convencerlo de "no temer". Le daré un argumento más que terminará de convencerlo: El temor es pecado.

"Oh, hermano Copeland, ¡no puede estar hablando en serio!".

Hablo con toda la seriedad del caso.

Pecado es todo aquello que lo desconecta de LA BENDICIÓN, y lo conecta con la muerte. Muchas de las cosas que la gente cree que son pecado, en realidad no lo son. Por ejemplo, algunos creen con todo su corazón que utilizar desodorante es pecado (en lo personal, me inclino más por creer que ¡es pecado *no* usarlo!). Sin embargo, esas mismas personas se deleitan en el temor por años, sin percatarse de que están desobedeciendo de forma directa a la PALABRA. Al parecer, jamás le han prestado mucha atención a estos versículos:

El que venciere, recibirá todas las cosas por heredad; y yo seré su Dios, y él será mi hijo. Mas a los temerosos, e incrédulos, a los abominables, y homicidas, a los fornicarios y hechiceros, y a los idólatras, y a todos los mentirosos, su parte será en el lago ardiendo de fuego y de azufre, que es la muerte segunda.

—Apocalipsis 21:7-8, *RV-2000*

En esos versículos, se coloca al temor junto a muy malas compañías. Lo enlistan junto a la incredulidad, el homicidio y la fornicación. Por esa razón, me impresiono cuando escucho que pastores de iglesias y predicadores, quienes deberían saberlo muy bien, aseguran: "Bueno, todos le temen a algo. Un poco de temor puede ser bueno".

¿En serio piensa eso? ¿En realidad cree que un poco de temor es bueno?

"Sí, amén. Ésa es la verdad".

Entonces, ¿estaría bien tener un poco de incredulidad? Es probable que eso también sea algo bueno, ¿cierto? ¿Y que tal un poco de abominación, homicidio o mentira? ¿Qué tal un poco de fornicación? ¿Cree que su esposa estaría de acuerdo con que eso es algo bueno?

El temor, en cualquier proporción, es inaceptable. No hay diferencia entre mirar una película de miedo y ver pornografía. No es correcto. Eso lo conectará a un espíritu con el que usted, como hijo de Dios, no debería conectarse. Eso *no está bien*. Es pecado porque en éste hay muerte.

Si profundiza el tema, se dará cuenta que el temor en realidad es tener fe en la muerte. Sentirle miedo a un animal peligroso es tener fe en la habilidad que ese animal tiene para hacerle daño o matarlo. El temor a la enfermedad es tener fe en el poder de esa enfermedad para destruir su cuerpo. Temerle a la muerte es tener fe en el poder y la autoridad de ésta.

El objetivo del temor es crear incredulidad. Su meta es lograr que usted crea algo diferente a lo que Dios ha declarado acerca de su situación, no es simplemente desear que usted *sienta* miedo. De hecho, es posible estar lleno de temor con respecto a algo, sin tener una sola sensación de nervios y escalofríos que normalmente asociamos con tener miedo.

Entonces ¿cómo podemos reconocer al temor cuando intente entrar en nosotros?

De acuerdo con 1 Juan 4:18: "… el temor lleva en sí tormento" (traducción libre de *King James Version)*.

Si hay temor, también hay tormento. La preocupación y la ansiedad son tormento.

El tormento es el elemento que Satanás utiliza para hacerlo pensar que Dios no lo ayudará esta vez. El tormento hace que piense: "Sí, la PALABRA funciona, *pero* no para mí". O: "Sé que en la Biblia se afirma que por Su llaga soy sano, *pero* el médico me acaba de llamar y me aseguró que los resultados de mis análisis son malos". O bien: "Seguro, Dios declaró que supliría todas mis necesidades conforme a Sus riquezas en gloria, *pero* ¿y si esta vez no las suple?".

Quiero que observe que cada una de esas declaraciones contienen la palabra *pero,* la cual indica que todo lo que se ha dicho con anterioridad es incorrecto y queda sin efecto. En declaraciones como las anteriores, la palabra *pero* es la insignia de la incredulidad, y ésta es completa y totalmente dependiente del temor. Para deshacerse del tormento y del castigo que éste conlleva, debe quitar de su vida el *pero.*

¿Comprendió lo que acabo de decir? No le dije que debía *sobrellevar* el temor. Tampoco le aseguré que sólo debía *controlarlo.* No, ¡le dije que se deshiciera de él!

Existe una gran diferencia entre sobrellevar el temor y no temer. Aun las personas inconversas pueden sobrellevar el temor. Por ejemplo, un vaquero del rodeo ejerce una profesión muy peligrosa. Su trabajo es montarse en un toro grande, enfadado y malvado, sin ser lastimado ni morir. Es obvio que para llevarlo a cabo debe controlar su temor, y es probable que lo haga tan bien, que si lo observa en el rodeo, parece ser alguien muy intrépido.

Sin embargo, ese mismo vaquero al subirse a su camioneta, para dirigirse al siguiente evento, podría estar preocupado todo el tiempo pensando en su matrimonio. Sintiéndose muy tonto porque su esposa podría dejarlo. Él controla el temor en un área, pero éste persiste en otra área.

Cualquiera puede sobrellevar el temor si cuenta con el suficiente entrenamiento. Los pilotos de aviones lo controlan todo el tiempo. En la escuela de aviación, ellos practican en un simulador que reproduce condiciones de emergencia especialmente diseñadas para probar su nivel de temor. Si controlan una emergencia, el instructor seguirá enviándoles más, una crisis tras otra, hasta que el piloto fracase y estrelle el avión.

Ésa es la función de un simulador. Es exactamente igual a un avión, y ayuda a los pilotos a desarrollar sus habilidades hasta que su preparación concluye; y son capaces de controlar el temor en situaciones de emergencia.

No obstante, eso no es lo que Dios desea para nosotros. Cuando les ordena a los creyentes del Nuevo Testamento que no teman, no nos está pidiendo que controlemos nuestro temor; sino que lo erradiquemos por completo y lo expulsemos de nuestra vida.

Quizá usted se pregunte: "Y ¿cómo lo logramos?".

Me alegra que lo haya preguntado.

Redimidos de la maldición del temor

Primero, debemos adquirir la plena y sólida convicción bíblica de que, a través del poder de la redención, Jesús nos libró de una vez por todas de la esclavitud del temor.

Quizá no nos *sintamos* tan libres del temor pero no importa; pues en la Biblia se especifica con claridad que ya fuimos libres de la esclavitud del temor. Este tema se explica muy bien en la descripción de lo que Jesús realizó por nosotros a través de Su muerte, Su sepultura y Su resurrección, leemos:

> Por tanto, ya que ellos son de carne y hueso, él también compartió esa naturaleza humana para anular, mediante la muerte, al que tiene el dominio de la muerte —es decir, al diablo—, *y librar a todos los que por temor a la muerte estaban sometidos a esclavitud durante toda la vida.*
>
> —Hebreos 2:14-15, *NVI*

Cada temor existente, de una forma u otra, se basa en el temor a la muerte; y de acuerdo con la PALABRA, ya hemos sido librados del temor. Jesús despojó al temor de su poder al pagar el precio por el pecado, llevando sobre Sí sus mortales efectos; es decir, la maldición. Él paralizó por completo al diablo y lo sacó del juego. El enemigo es el vil autor de la muerte. Al triunfar sobre la muerte y convertirse en nuestro Campeón y SEÑOR, Jesús nos libró de una vez por todas, de toda clase de temor.

En Gálatas 3:13, leemos: «Cristo nos redimió de la maldición de la ley, hecho por nosotros maldición (porque está escrito: Maldito todo el que es colgado en un madero)».

306 LA BENDICIÓN del Señor

Muchos creyentes no se han percatado de que el temor forma parte de la maldición. Deuteronomio 28 lo confirma. Ahí se les advirtió al pueblo de Israel acerca de qué les sucedería si se desconectaban de LA BENDICIÓN, y le abrían la puerta a la maldición:

> Y ni aun entre estas naciones descansarás, ni la planta de tu pie tendrá reposo; pues allí te dará Jehová corazón temeroso, y desfallecimiento de ojos, y tristeza de alma; y tendrás tu vida como algo que pende delante de ti, y estarás temeroso de noche y de día, y no tendrás seguridad de tu vida. Por la mañana dirás: ¡Quién diera que fuese la tarde! y a la tarde dirás: ¡Quién diera que fuese la mañana! por el miedo de tu corazón con que estarás amedrentado, y por lo que verán tus ojos.
>
> —versículos 65-67

Ésa es una perfecta descripción del tormento a plenitud, pero —¡*gracias a Dios!*— en el Calvario, Jesús nos libró del tormento. En Isaías 53:5, leemos: «Mas él herido fue por nuestras rebeliones... ». La referencia de otra versión, sustituye la palabra *herido* por *tormento.*

Jesús fue atormentado para que nosotros no sufriéramos tormento.

Por lo general, cuando pensamos en el tormento que Jesús sufrió, creemos que sólo lo padeció en la Cruz. No obstante, el diablo comenzó a presionarlo y atormentarlo desde antes. Cuando Jesús estuvo en el huerto de Getsemaní, le envió tanta presión que sangre brotó de Sus poros. Y en esas últimas horas, Satanás trató de hacer que Él desobedeciera a Dios. Y lo presionó para que pecara. Pero Jesús resistió, y le pidió al Padre: «... si es posible, pase de mí esta copa; pero no sea como yo quiero, sino como tú» (Mateo 26:39).

Cuando se encontraba en la Cruz, parecía que el diablo en realidad había triunfado, pues en ese lugar, Jesús finalmente había cedido ante el peso del pecado y ante la maldición que el enemigo intentó poner sobre Él. Sin embargo, Jesús no cayó presa de esa maldición ya que si lo hubiera hecho, habría pecado. Se entregó a Sí mismo por fe en obediencia a Dios.

Jesús jamás había permitido que el temor viniera y permaneciera en Él, sino hasta ese momento. Él nunca, ni una sola vez, lo había albergado en Su interior. Por esa razón, pudo expresar una noche antes de ir a la Cruz: «... viene el príncipe de este mundo, y él nada tiene en mí».[175]

Debido a que Jesús no tenía miedo, el diablo tampoco pudo enviar sobre Él el resto de la maldición. Nunca pudo atacarlo con enfermedades y dolencias, ni con la muerte. El Señor vivió en tanta libertad del temor que al momento de que la gente de Nazaret intentó lanzarlo por el precipicio, no lo lograron. Simplemente permaneció en la luz de Dios, y ésta los cegó por completo que no pudieron verlo. Sólo se alejó de ellos, en amor y fe.

Sin embargo, cuando fue a la Cruz, por primera vez en Su vida, Jesús recibió temor, junto con todo el pecado, la enfermedad, el castigo y la muerte que éste conlleva. Con tanta razón expresó: "Mi Dios, ¿no existe alguna otra forma?". Eso era algo horrible, no obstante, lo hizo por nosotros.

Él recibió el temor para que nosotros, por fe, pudiéramos recibir la completa y eterna liberación de éste. Permitió que el temor realizara su terrible obra y lo conectara con las tinieblas, a fin de que usted y yo jamás volviéramos a temerle a algo. Jesús lo llevó a cabo para que pudiéramos creer y declarar con valentía junto con los escritores del Nuevo Testamento:

- «Pues no [hemos]...recibido el espíritu de esclavitud para estar otra vez en temor, sino... el espíritu de adopción, por el cual clamamos: ¡Abba, Padre!» (Romanos 8:15).

- «Porque no nos ha dado Dios espíritu de cobardía, sino de poder, de amor y de dominio propio» (2 Timoteo 1:7).

- «... El Señor es mi ayudador; no temeré...» (Hebreos 13:6).

---

175 Juan 14:30

Deshágase del temor con amor

Una vez que entienda que Jesús ya compró su completa y absoluta liberación del temor, llevará una vida libre de temor. Usted posee una sólida base bíblica para resistir el temor. Pero esta base, por sí sola, no se deshará por completo de éste. El poder del amor es el que lo expulsará. En la vida de un creyente, el amor comienza con la revelación de que somos amados por Dios.

En 1 Juan 4:10, 16-18, leemos:

En esto consiste el amor: no en que nosotros hayamos amado a Dios, sino en que él nos amó a nosotros, y envió a su Hijo en propiciación por nuestros pecados... Y nosotros hemos conocido y creído el amor que Dios tiene para con nosotros. Dios es amor; y el que permanece en amor, permanece en Dios, y Dios en él. En esto se ha perfeccionado el amor en nosotros, para que tengamos confianza en el día del juicio; pues como él es, así somos nosotros en este mundo. En el amor no hay temor, sino que el perfecto amor echa fuera el temor; porque el temor lleva en sí castigo. De donde el que teme, no ha sido perfeccionado en el amor.

La mayoría de las personas sabe que la Biblia afirma que Dios las ama. Si les pregunta al respecto, le responderán: "Claro, de tal manera amó Dios al mundo que dio a Su Hijo unigénito". Sin embargo, cuando comienzan a orar, piensan: "¿Por qué Dios se interesaría en perdedores como yo?". Ellos poseen un entendimiento intelectual de lo que se afirma en las Escrituras acerca del amor de Dios; no obstante, no han conocido ni creído en el amor que Dios tiene para ellos.

Entiendo esa actitud porque yo solía ser así. Antes de nacer de nuevo, atravesé tantas circunstancias difíciles que dejé por completo de creer en el amor. Llegué al extremo de no manifestar una respuesta emocional ante nadie. Según yo, no existía tal cosa como el amor verdadero. Pensaba que era algún tipo de estado mental. Y, si era real, yo era incapaz de sentirlo.

Luego, conocí a Gloria. Ella hizo desaparecer por completo esa idea en cinco segundos. La primera vez que la vi, mi cinismo emocional comenzó a derrumbarse y me enamoré de ella perdidamente. Después de casarnos y de entregarle mi vida al SEÑOR, recibí un poco más de revelación acerca del amor de Dios. Sin embargo, aún me encontraba muy lejos de conocer y creer toda la verdad al respecto.

No fue hasta que nos mudamos a Tulsa que comprendí mejor la realidad de esa verdad la cual, me impactó. Estaba caminando en nuestra pequeña habitación, leyendo mi Biblia y meditando en las verdades que estaba aprendiendo, y me sentí tan emocionado por ello que apenas podía estar de pie. Ese día en particular, estaba leyendo Juan 17, donde se relata la oración que Jesús realizó por Sus discípulos justo antes de ir a la Cruz. Yo sabía que la oración también era para mí, pues Él, de forma específica declaró que no sólo oraba por los primeros 12 apóstoles; sino por todos los que creerían en Él a través de Su Palabra.[176] Me imaginé que eso abarcaba a todos los cristianos que han existido —incluyéndome a mí—.

Entonces cuando leí los versículos 22 y 23; me quedé asombrado. En ellos, Jesús manifiesta:

La gloria que me diste, yo les he dado, para que sean uno, así como nosotros somos uno. Yo en ellos, y tú en mí, para que sean perfectos en unidad, para que el mundo conozca que tú me enviaste, *y que los has amado a ellos como también a mí me has amado.*

Y pensé: ¡Santo cielo! Allí se afirma que Dios me ama tanto como ama a Jesús. De seguro, eso no fue lo que Jesús quiso decir. Debí haber leído mal.

Los leí de nuevo, y en efecto, ¡eso era lo que estaba escrito!

Revisé en dos o tres versiones más para comparar, y todas afirmaban lo mismo.

---

176 versículo 20

Entre más pensaba en ello, más me percataba de la veracidad de esas palabras: *Después de todo, si Dios amó tanto al mundo que envió a Su Hijo unigénito por mí, debe amarme tanto como a Su Hijo. Y como ésa es la verdad, comenzaré a confesarlo: ¡Dios me ama tanto como a Jesús!*

La primera vez que lo declaré, mis rodillas temblaron. Y mi mente me decía: "¿Quién te crees que eres para permanecer ante el Dios todopoderoso y afirmar que Él te ama tanto como a Jesús?".

Sin embargo, le respondí de inmediato: *Tengo todo el derecho de hablar esas palabras porque están escritas aquí en mi Biblia en color rojo. Tengo derecho a confesar todo lo que está escrito en color rojo porque Jesús es mi Sumo Sacerdote.*

En ese momento, mis rodillas dejaron de temblar y un nuevo nivel de valentía estaba surgiendo en mi interior. Comencé a caminar de nuevo en esa pequeña habitación. Daba unos pasos, y decía: *¡Mi Padre celestial me ama tanto como ama a Jesús!* Volvía a dar otros pasos, y expresaba: *¡Aleluya! Lo creo y lo recibo. Acepto esa verdad por fe al igual que recibí la salvación. Confieso ante Dios: ¡Mi Padre celestial me ama tanto como ama a Jesús!*

En los días siguientes, continué confesándolo. Subía a mi automóvil, y declaraba: *Oh, Señor, hoy conduciré mi automóvil creyendo que Tú me amas tanto como a Jesús. Sé que Tú vas conmigo adondequiera que voy. Ni siquiera tengo que pedirte que estés conmigo porque ya has prometido que jamás me dejarás ni me desampararás, incluso hasta los confines del mundo.*

Después de repetir esas palabras por un momento, el SEÑOR me dijo: *¿Por qué no lees el resto del capítulo?* Entonces tomé mi Biblia, busqué Juan 17 y comencé a leer a partir del versículo 24:

Padre, aquellos que me has dado, quiero que donde yo estoy, también ellos estén conmigo, para que vean mi gloria que me has dado; porque me has amado desde antes de la fundación del mundo. Padre justo, el mundo no te ha conocido, pero yo te he conocido, y éstos han conocido que tú me enviaste. Y les he dado a conocer tu nombre, y lo daré a conocer aún, para que el amor con que me has amado, esté en ellos, y yo en ellos.

—versículos 24-26

Después de leer esos versículos, el SEÑOR me detuvo.

«¿Qué deseas que vea, Señor? —le pregunté—. Al parecer esos versículos afirman lo mismo: Tú me amas con el mismo amor con el que amas a Jesús».

No, no estás comprendiendo —respondió—. Léelos de nuevo.

Cuando lo hice, comprendí esa verdad. «¡Cielos! —exclamé—. Jesús está expresando que el mismo amor con el que lo amas, el mismo amor que creó este universo, el amor del mismo Dios todopoderoso, ¡se encuentra en mí!».

De pronto, recordé Romanos 5:5: «... porque el amor de Dios ha sido derramado en nuestros corazones por el Espíritu Santo que nos fue dado».

Todos los suministros del equipamiento del amor de Dios se encuentran en mi interior, también dentro de usted, y en cualquier persona que haya confesado a Jesús como el SEÑOR de su vida. Dios nos ha dado a cada uno Su poderosa compasión, y nos autorizó amar a las personas con Su amor.

"Eso es fantástico, hermano Copeland, pero ¿qué relación tiene esto con deshacerse del temor?".

¡Se relaciona mucho! Cuando conocemos y creemos en el amor que Dios tiene por nosotros, y luego le manifestamos a los demás el amor que Él ha puesto en nuestro interior; el temor no puede establecerse en nosotros. Debe marcharse porque «...¡el perfecto amor echa fuera el temor!».

El amor, literalmente, elimina el temor de nuestro sistema. Cuando activamos el amor al recibirlo de Dios, le correspondemos a Él, y luego amamos a nuestro prójimo como a nosotros mismos; la ola de amor sigue creciendo hasta arrasar con el temor como si fuera una inundación.

En ese momento, usted puede reprenderlo, y éste huirá de su vida.

Predíquese a sí mismo todos los días

Quizá uste diga: "He sido una persona terrible. ¡Es difícil para mí sentir que Dios me ama!".

No se preocupe por ello. Con el tiempo, sus sentimientos se alinearán. Mientras tanto continúe alimentando su fe en el amor que Dios tiene por usted, leyendo y meditando en lo que se afirma en la Palabra al respecto. Cada vez que piense en Jesús, recuérdese a sí mismo lo que Él declaró: «Como el Padre me ha amado, así también yo os he amado...».[177]

Tome su concordancia y busque versículos referentes al amor y a la misericordia de Dios. Busque la frase: "Antes de la fundación del mundo", y lea acerca de cómo Dios lo conocía y lo amaba desde antes que la Tierra fuera creada. Él sabía su nombre y profetizó su futuro. Dios lo amó antes que el diablo realizara algo —antes que el pecado existiera—. Él lo amaba a usted antes de que el tiempo empezara, y Él nunca cambia.

Cuando lea estas gloriosas verdades, repita en voz alta: *Yo lo recibo en el nombre de Jesús. Por fe, me aferro al amor que Dios tiene por mí, y no lo soltaré. Su amor no se basa en mis sentimientos, sino en Su Palabra, y en ella se afirma que Él me ama. ¡Siempre me ha amado y siempre me amará!*

Cuando realiza este tipo de confesiones, en realidad se está predicando a sí mismo. Y no existe nada mejor que una buena prédica, basada en la Palabra acerca del amor de Dios para edificar su fe, al punto que ésta eche fuera al temor. Jesús lo sabía mejor que nadie. Por esa razón, se enfrentó de esa forma al gadareno.

¿Recuerda lo que se relata en la Biblia acerca de ese hombre? Estaba poseído con tantos demonios que infundió temor en toda la región donde vivía. ¡Si queremos hablar de un hombre con un pasado terrible, éste es

---

177 Juan 15:9

un buen ejemplo! El diablo lo utilizaba para controlar a las personas por medio del temor.

Debido a que no dormía, todos sabían que había algo anormal en él. Gritaba de día y de noche. Se cortaba a sí mismo y lloraba. Asustaba tanto a la gente que lo encadenaron, pero rompió las cadenas. Lo aprisionaron, pero escapó. Finalmente, las personas sintieron mucho miedo de acercársele. Creían que él los mataría —y lo habría hecho—.

Quizá usted piense que todos se emocionaron cuando Jesús lo ministró y echó fuera a todos los demonios que lo poseían. Tal vez crea que en el momento en que esos 2,000 cerdos poseídos por demonios se lanzaron al mar, y ese hombre volvió a la normalidad, las personas del pueblo estarían agradecidas y felices. Sin embargo, estaban tan asustadas que no pensaban con claridad (eso es lo que el miedo produce en la gente).

En lugar de celebrar, se molestaron porque el diabólico dios al que adoraban había perdido su poder. Comenzaron a pensar en el impacto económico por la pérdida de esos cerdos. Éstos representaban una pérdida financiera. Por tanto, ¡le pidieron a Jesús que se fuera!

Y lo hizo, Él no replicó: "No, Yo soy el ungido de Dios y voy a impartirles algunas enseñanzas en esta área". Al contrario, sólo se subió a Su barca con Sus discípulos y se marcharon.

Pero antes de partir, se volvió hacia el hombre que había liberado, y le dijo: «…Vete a tu casa, a los tuyos, y cuéntales cuán grandes cosas el Señor ha hecho contigo, y cómo ha tenido misericordia de ti».[178]

Jesús envió a ese hombre de regreso a su ciudad natal para que predicara acerca de la compasión de Dios; pues ¡el perfecto amor echa fuera al temor!

Supongo que las personas de ese pueblo también lo escucharon, y quizá pensaron: "Será mejor que nos quedemos sentados, y prestemos atención a lo que tiene que decir; puede que sufra una recaída, y ¡no queremos que se enfade!".

---

178 Marcos 5:19

Después de terminar de predicar el mensaje de compasión en esa área, las cosas cambiaron. La siguiente vez que Jesús llegó, experimentaron un gran derramamiento del poder de Dios.

Duerma como un bebé, por fe

Una vez que el poder del amor haya eliminado el temor de su vida, no permita que regrese, repréndalo y resístalo cada vez que intente asomar su horrenda cabeza. Niéguese rotundamente a cederle un lugar en su mente. En el momento en que un pensamiento de temor intente entrar a su vida, empiece a derribar: «argumentos y toda altivez que se levanta contra el conocimiento de Dios, y llevando cautivo todo pensamiento a la obediencia a Cristo».[179]

Algunas personas aseguran que no pueden evitar el temor y la ansiedad. Pero yo no lo creo, pues en la Biblia se nos enseña:

- «Por nada estéis afanosos, sino sean conocidas vuestras peticiones delante de Dios en toda oración y ruego, con acción de gracias. Y la paz de Dios, que sobrepasa todo entendimiento, guardará vuestros corazones y vuestros pensamientos en Cristo Jesús» (Filipenses 4:6-7).

- «… todo lo que es verdadero, todo lo honesto, todo lo justo, todo lo puro, todo lo amable, todo lo que es de buen nombre; si hay virtud alguna, si algo digno de alabanza, en esto pensad» (versículo 8).

Si la Biblia nos ordena que hagamos estas cosas, significa que podemos llevarlas a cabo. Podemos ser selectivos con respecto a lo que pensamos. Si realiza el siguiente experimento, le demostraré que sí puede: En este momento, comience a contar en silencio de uno hasta diez. Mientras cuenta, diga su nombre en voz alta. ¿Notó lo qué sucedió

---

179 2 Corintios 10:5

cuando mencionó su nombre? Su mente dejó de contar para escuchar lo que su boca tenía que decir.

Ésa simple solución le ayudará a tomar autoridad sobre sus pensamientos. Cuando sus pensamientos comiencen a tomar el rumbo equivocado, utilice su boca para llevarlos hacia la dirección correcta. Cualquier pensamiento negativo y de temor que tenga, puede someterlo y vencerlo, confesando la PALABRA. Usted puede dejar al diablo tan indefenso como a un gatito, contradiciéndolo con las palabras de su boca y negándose a aceptar los pensamientos que él le envíe.

Yo lo aprendí de mi hija, Kellie, cuando ella tenía aproximadamente cuatro años. Estaba determinado a hacerla limpiar su armario, entonces la tomé de la mano, le mostré que parecía una zona de desastre y le pedí que lo limpiara. Ella lo observó por un momento, me soltó la mano, y sólo dijo: "Ese pensamiento no es mío".

Cuando ella expresó eso, me impresioné porque a pesar de que yo era el doble de su tamaño, si ella se negaba a aceptar ese *pensamiento,* no había nada en este mundo que yo pudiera hacer al respecto. Mientras reflexionaba en la situación, el SEÑOR me habló: *Necesitas aprender a pensar así en lo que al diablo respecta.*

Y así he pensado desde entonces. Cuando el enemigo intenta preocuparme con algo, le digo: *Ese pensamiento no es mío, diablo. No voy a aceptar esa idea en mi mente.* Luego me presento ante el SEÑOR, y hago lo que se me indica en 1 Pedro 5:7: echo la ansiedad sobre Él. Le digo: P*adre, te entrego este problema. Ahora Tú lo tienes y realizaré lo que me pidas con respecto a la situación, no me preocuparé caminando por todas partes, retorciéndome las manos. No voy a preocuparme. Iré a la cama y dormiré profundamente, creyendo que LA BENDICIÓN obrará a mi favor. Descansaré en la PALABRA.*

Quizá alguien diga: "Usted no comprende mi situación. No puedo evitar preocuparme. La carga sobre mí pesa tanto que no puedo dormir".

Si ése es el caso, se encuentra en pecado; será mejor que se arrepienta y corrija su error. Sé que esas palabras suenan muy rudas, sin embargo, preocuparse es una manifestación extremadamente seria del temor, y sentir temor es pecado. Por tanto, deshágase de éste, y después vaya a dormirse por fe.

Puedo asegurarle por experiencia propia que es posible dormir por fe, pues he aprendido cómo lograrlo. Cuando era joven, mi patrón de sueño se alteró, y en ocasiones pasaba tres o cuatro días sin dormir. Luego dormía como si alguien me hubiera noqueado, y dormía por horas. Pero ¡ahora ya no me ocurre eso!

Descubrí que en Salmos 127:2, se nos enseña: «En vano madrugan ustedes, y se acuestan muy tarde, para comer un pan de fatigas, porque Dios concede el sueño a sus amados» *(NVI)*. Ahora, cuando voy a dormirme por la noche, comienzo a declarar: *Alabado sea Dios, ¡Él le concede el sueño a Sus amados! Echo toda la ansiedad de este día sobre mi Padre, quien me ama tanto como a Jesús. Recibo Su amor y Su regalo de dormir bien.* Luego me voy a la cama, y duermo como un bebé.

En ocasiones, me despierto a mitad de la noche y oro en voz alta: *Gracias Dios, LA BENDICIÓN está obrando, y obra para mí ahora; preparando mi día. Mi Dios me ama...* Luego me doy vuelta, y sigo durmiendo.

¡Qué forma de vivir! ¡LA BENDICIÓN lo llevará a la victoria en todo!

Supe la historia de una dama que vivía en Inglaterra, quien dormía por fe todas las noches durante los bombardeos en la Segunda Guerra Mundial. Ella nunca se preocupó por ir al refugio antiaéreo.

Cuando sus vecinos notaron que no se encontraba allí, fueron a buscarla porque temían que hubiera sido asesinada. Al encontrarla, le preguntaron: "¿Por qué no bajas con nosotros?".

—Porque no me gustan esos refugios —les respondió—. Huelen mal y son espantosos.

—Pero ¿no tienes miedo? —le preguntaron.

—No. Leí en la PALABRA que Dios nunca duerme ni se adormece, entonces pensé que de nada serviría que ambos nos quedáramos despiertos. Por consiguiente, decidí que me quedaría en mi propia cama y dormiría; con la seguridad de que el Señor cuidaría de mí.

Antes que la guerra terminara, cada una de las casas en la manzana donde vivía fueron eliminadas de la faz de la Tierra por las bombas alemanas. Todas las casas, excepto una. Su pequeño hogar permaneció intacto mientras ella dormía durante los ataques.

La protección divina es para todos

Ese no fue sólo un incidente aislado. Cosas como éstas ocurren todo el tiempo en la vida de las personas que aprenden a vivir conforme al amor de Dios y libres del temor. Un amigo mío puede contarle docenas de ejemplos. Él pastorea una iglesia en el antiguo edificio de la bolsa de valores de Nueva York, ubicado frente al *World Trade Center.* Antes de los ataques del 11 de septiembre de 2001, el personal de su iglesia pasaba todos los días por allí.

Él y su esposa han mantenido una comunicación con Gloria y conmigo durante mucho tiempo. Los consideramos nuestro hijos espirituales. Y, claro está, les enseñan a los miembros de su iglesia lo que han aprendido de nosotros.

La mayoría de los miembros de su congregación trabajaban en o cerca del *World Trade Center;* sin embargo, ninguno de ellos murió ni resultó herido cuando esos edificios se derrumbaron. Ese día, casi todos llegaron tarde al trabajo. Uno de ellos era muy estricto con la puntualidad. Su esposa afirma que si él ya va tarde, ni siquiera se detiene para darle un beso de despedida, pues no soporta llegar tarde. Pero esa mañana, simplemente no pudo prepararse a tiempo, y él llegó tarde.

Un miembro de la iglesia, cuya oficina se encontraba en ese edificio, se dirigía hacia el lugar, y en su espíritu escuchó al SEÑOR decirle: *¡Corre!* Y comenzó a correr. Llegó a la entrada del subterráneo, y en ese momento se escuchó una explosión. Él vivió la realidad de Isaías 54:14, el terror no se le acercó.

Ése fue el testimonio de muchos durante ese día. Muchas más personas llegaron tarde al trabajo la mañana del 11 de septiembre de

2001, algo que jamás había ocurrido en la historia de *Wall Street*.

"Bueno, ¿no comprendo por qué Dios no le habló a los demás, así como a los miembros de esa iglesia?".

Sí les habló. Él les habló a todos los que se encontraban allí.

"Entonces ¿por qué no todos se salvaron?".

Porque allí se encontraban tres diferentes tipos de personas. Había quienes no habrían reconocido a Dios aunque llevara un rótulo alrededor de Su cuello, ni siquiera si se hubiera puesto en la puerta principal diciendo: "Yo soy Dios. Salgan ahora". Pues jamás le habían prestado atención; entonces esas personas sólo hubieran dicho: "¿Quién es ese tonto que asegura ser Dios?", luego lo hubieran ignorado.

También estaban los que sí escucharon la voz de Dios, y no obedecieron. Éstos son como las personas del Nuevo Testamento quienes escucharon a Dios hablarle a Jesús, y pensaron que había sido un trueno. Simplemente se quedaron sin hacer nada.

El tercer grupo, fueron aquellos que sí lo escucharon y obedecieron Sus instrucciones. Ellos sí salieron del lugar.

Una dama de la iglesia de mi amigo había abandonado el edificio, pero regresó porque los encargados les aseguraron que ya todo estaba seguro. Sin embargo, escuchó al SEÑOR en su corazón decirle: *Sal de aquí y lleva contigo a todo el que te siga*. Así que se dio la vuelta, y los llamó a todos: "¡Vamos, debemos salir!".

—Pero afirmaron que podíamos volver —respondieron.

—No me importa lo que hayan dicho. Dios me ordenó que saliera, y eso haré. Ustedes pueden hacer lo que deseen —muchas personas la siguieron y llegaron a salvo a sus casas ese día.

Pero recuerde, usted no permanece bajo esa clase de protección sólo porque sea una buena persona. Usted no se conecta con esa protección sólo por ser cristiano. Quizá sea salvo, esté bautizado en el Espíritu Santo y lleve su Biblia adondequiera; pero si tolera el temor y lo confiesa, al igual que el mundo, se saldrá de Su protección divina.

Dios ha puesto a disposición de todos esa protección. Él le ha prometido: «… estarás lejos de opresión, porque no temerás, y de temor, porque no se acercará a ti» (Isaías 54:14), a todo el que la reciba por fe y viva de acuerdo con ella. Jesús compró y pagó esa protección para que todos tomáramos ventaja de ella. El problema radica en que algunos la aprovechan, y otros no.

Uno de los ejemplos más sorprendentes que he visto de alguien que sí tomó toda la ventaja de esa protección fue una mujer de fe (colaboradora de nuestro ministerio). Ella fue secuestrada por un asesino en serie en San Antonio, Texas, hace algunos años. Este hombre ya había asesinado a más de 20 mujeres cuando la secuestró, y la policía estaba buscándolo. Él la atacó en un parqueo, la metió en un automóvil, y le dijo: «Cierra la boca o te mataré».

Si ella hubiera estado llena de temor, habría muerto allí. Pero estaba llena de fe en la PALABRA. Se encontraba llena de amor y, en lugar de gritar de terror, expresó: «No, no lo harás. Tú no asesinarás a la única persona en el mundo que te ha amado».

Llevaba consigo un libro con versículos, y comenzó a declarar la PALABRA. Cuando él le pidió que se volviera a callar, ella le respondió: «Está bien. Si no puedo hablar, ¿puedo escuchar este casete?».

Él le respondió: «Señora, no me importa qué escuche si permanece con la boca cerrada. Estoy cansado de escucharla».

Ella comenzó a escuchar el casete, el cual contenía uno de mis mensajes de fe. Después de un momento, él expresó: «¡Algo me está sucediendo! ¿Qué es todo esto?».

Ella empezó a hablarle acerca del amor de Dios, pero él no podía creerlo: «Usted no sabe lo que he hecho», le dijo.

—Usted tiene un hijo pequeño, ¿cierto? —le preguntó.

La pregunta lo dejó asombrado. Entonces le preguntó: «¿Cómo lo sabe?».

—El Espíritu Santo me reveló que usted tiene un hijo de cinco años. ¿Ama usted a ese niño?

—Sí, lo amo. Lo amo mucho.

—¿Le gustaría que él fuera como usted? —le preguntó.

—¡Por supuesto que no! ¡Un millón de veces, no!

—Si usted tuviera el poder para cambiarlo y llevarlo por un mejor camino, lo haría, ¿no es así? Pues bien, eso hizo Dios por usted. Por medio de Jesús, Él puede cambiarlo ahora mismo —luego le compartió el plan de salvación.

Stephen Morin le entregó su vida a Jesús justo en ese automóvil. Vació su revólver, y le entregó a la mujer todas las balas. Con temor de que la policía lo matara al verlo, manifestó: «Cree usted que el hermano Copeland aceptaría mi arma, y me llevaría a algún lugar para entregarme si voy con él».

—Supongo que sí —le contestó ella.

Sin embargo, antes de traerlo conmigo, la policía lo atrapó. Cuando lo arrestaron, simplemente alzó sus manos, y se rindió. Y no lo lastimaron en lo absoluto.

Un tiempo después, visité la cárcel *Bexar County* en San Antonio, y lo bauticé en agua. Fui el último que lo visitó antes que lo ejecutaran. Disfrutamos de un tiempo maravilloso, justo antes de que él partiera a la presencia del SEÑOR.

La historia de esa dama habría tenido un final muy diferente si ella no se hubiera preparado para vivir en amor y permanecer libre del temor. Pero gracias a Dios, ella estaba preparada cuando el problema se presentó. Tenía el amor de Dios en su mente. Había edificado su fe al punto que al encontrarse en medio de una situación que amenazaba su vida, pudo responder con la PALABRA, no con temor.

No espere hasta que el diablo esté a su puerta

Como creyente nacido de nuevo, usted posee la capacidad de realizar lo mismo. Ha sido librado del temor por la sangre de Jesús, y el amor de Dios ha sido derramado sobre su corazón. Pero si es sabio, no esperará hasta tener en frente a un asesino en serie o enfrentar un ataque terrorista para edificarse a sí mismo en ese amor. No espere hasta que algo malo suceda para comenzar a entrenarse.

Ése no es el momento adecuado.

Imagínese a un hombre gordo en camiseta (una con agujeros) recostado sobre un sofá. En una mano sujeta una lata de cerveza y en la otra un cigarro; mirando un juego de fútbol. De pronto, un hombre grande derriba la puerta del frente, camina hacia él, le quita de un golpe el cigarro y la cerveza, lo golpea en la mandíbula y le dice: "Saca tu horripilante ser de esta casa, en este instante. Ahora yo me quedaré con tu esposa, con tus hijos y con todo lo que posees".

Es muy tarde para que el señor "camiseta" comience a buscar las barras de sus pesas, ¿cierto? Es demasiado tarde para que empiece a ejercitarse y a desarrollar sus músculos para lograr contraatacar. Él necesitaba estar en forma antes de que el señor "grandulón" apareciera.

Quizá sienta que en lo espiritual ya cometió ese error. El diablo ha derribado su puerta, y usted no es demasiado fuerte en la fe para enfrentarlo. Si ése es el caso, busque algunos creyentes fuertes en la fe y pídales que oren y crean junto con usted. Permítales que lo ayuden a quitarse de encima al diablo.

Luego, ocúpese invirtiendo tiempo en la PALABRA y en oración. Busque una iglesia donde se predique la Palabra y se edifique su fe, luego congréguese allí. Fortalézcase en el Señor y en el poder de Su fuerza, a fin de que la próxima vez que el diablo se entrometa en su vida, usted pueda enfrentarlo.

Ahora mismo tome la decisión de sacar el temor de su vida, a fin de que pueda permanecer conectado con LA BENDICIÓN.

Capítulo catorce

La ley real del Reino

«El amor nunca deja de ser...» (1 Corintios 13:8).

Para vivir conforme a LA BENDICIÓN, todo debe depender del amor. La fe que nos conecta con LA BENDICIÓN: «...obra por el amor»,[180] y el amor echa fuera el temor, el cual nos desconecta de ésta. Vivir en amor nos mantiene en la luz de LA BENDICIÓN, y alejados de las tinieblas de la maldición: «El que ama..., permanece en la luz, y en él no hay tropiezo».[181]

Cierto día, mientras estaba orando, recibí una visión de parte del SEÑOR, la cual me ayudó a comprender como nunca antes cuán cierta es esa verdad. En el espíritu, vi a un hombre que estaba tratando de colgar unas cortinas enormes y pesadas en una pared muy grande, y esa tarea le resultaba muy difícil. Colgaba una pieza, la aseguraba y luego agarraba otra. Sin embargo, antes de que pudiera colgar la segunda cortina, la primera caía sobre él. Entonces puso la segunda, luego se dio la vuelta para colocar la primera, y la que ya había colgado le cayó encima otra vez.

Entre más se esforzaba, más se enredaba en esas cortinas. Esa situación parecía una comedia, entonces dije: *¡Miren a ese hombre!*

---

180 Gálatas 5:6
181 1 Juan 2:10

Mientras yo me reía entre dientes por la difícil situación que él estaba atravesando, me di cuenta de algo: Cada cortina tenía un nombre escrito. Una cortina se llamaba: "fe", y la otra "justicia". Las otras incluían: "sanidad", "prosperidad" y los "dones del Espíritu".

Después de luchar por un momento, el arduo trabajo agotó a ese pobre hombre y se desplomó sobre una pila de cortinas que se encontraba en el piso. Luego el SEÑOR me acercó a ese hombre, y yo escuché el clamor de su corazón. Pero sus palabras no causaban alegría, pues él exclamaba: "¿Qué está mal con mi fe? Creo que tengo fe, pero ésta no funciona. Creo en la sanidad, y estoy enfermo. Creo en la prosperidad, y no puedo pagar mis cuentas". Yo sabía cómo se sentía, pues podía recordar aquellos momentos en que clamaba de la misma manera.

De repente, volví a mirar las cortinas y vi pequeñas serpientes deslizándose dentro y fuera de ellas. Estaban mordiéndole los talones. Eso me molestó y exclamé: «Un momento, ¡ésos son los dones de Dios!, ¿qué les están haciendo esas serpientes?».

En ese momento, el SEÑOR dirigió mi atención a la esquina de la habitación. Allí, vi una varilla enorme, era tan grande que parecía formar parte de un puente; la cual era de oro sólido. Y a un lado tenía escrito Mateo 22:37-40:

…Amarás al SEÑOR tu Dios con todo tu corazón, y con toda tu alma, y con toda tu mente. Este es el primero y grande mandamiento. Y el segundo es semejante: Amarás a tu prójimo como a ti mismo. De estos dos mandamientos depende toda la ley y los profetas.

Cuando vi esa varilla, escuché la voz del SEÑOR, Él estaba gritando: *¡Toma la varilla, no las cortinas! Las cortinas están sujetas a la varilla.*

Active la ley del espíritu de vida

Ese día, esa visión me impactó de una forma tan diferente como nunca antes, porque vivir en amor no sólo es una buena idea. Tampoco es solamente una sugerencia. El amor es EL mandamiento de Dios, pues el amor es LA ley que gobierna la obra de LA BENDICIÓN.

Para entender de una mejor manera lo que esto significa, usted debe recordar que la palabra *ley* puede definirse de dos maneras. Primero, existen leyes irrefutables como las de la naturaleza. Esas leyes son certeras. Éstas no pueden ser cambiadas, y obran cada vez que se activan. Las leyes de la física forman parte de esa categoría, y lo mismo ocurre con las leyes de la matemática.

No importa qué gobierno se encuentre en el poder o qué clase de normas logre crear la humanidad; las leyes irrefutables no pueden alterarse. El Congreso puede aprobar una ley que declare que dos más dos es igual a cinco, pero estarían equivocados. La Corte Suprema puede declarar que la ley de la gravedad ha sido anulada, pero eso no importaría. Pues las cosas seguirían cayendo al piso cuando las suelte, ya que la gravedad siempre va a funcionar; y ningún gobierno en la Tierra podrá cambiar esa verdad.

Aunque la mayoría de personas piense que las leyes irrefutables sólo se aplican al reino natural, el ámbito espiritual también es gobernado por esa misma clase de leyes. El mundo espiritual no es un lugar donde cualquier cosa pueda suceder. Incluso sus leyes son más exactas que las naturales, es decir, las leyes físicas. Por esa razón no nos sorprende que Dios, quien es Espíritu, haya creado toda la materia terrestre. Él estableció el mundo físico basado en el mundo espiritual.

Ya hablamos acerca de una ley espiritual: *«Así que la fe es por el oír, y el oír, por la PALABRA de Dios»*. En Romanos 3:27, le llaman: "La ley de la fe". Ésta se activa cuando dos elementos se unen: un oidor y la PALABRA de Dios. Y ésta siempre produce lo mismo: fe. No importa quién sea usted, quiénes sean sus padres, si es mujer u hombre, o cuál sea su color de piel; la ley de la fe funciona de la misma manera para todos, todo el tiempo.

Alguien podría argumentar: "No estoy muy seguro de eso, hermano Copeland. Creo que la fe a veces surge cuando enfrentamos circunstancias difíciles o atravesamos terribles experiencias".

Si éste fuera el caso, todos en la Tierra serían gigantes en la fe. Sin embargo, no lo son, pues la fe viene por oír la PALABRA. Las personas que utilizan esa clase de fe, vencerán de una mejor manera y con más fuerza los problemas. Pero aquellas que no tengan fe, prevalecerán.

Existe una ley que obra juntamente con *la ley de la fe,* y la encontramos en Gálatas 5:6: «...*la fe... obra por el amor*». Es una interesante e inalterable verdad, pues ésta no conlleva nada religioso ni abstracto. La fe obra por el amor, al igual que un automóvil funciona con gasolina. Sin gasolina, no funciona. Sin amor, no hay fe; y sin fe, no se recibe aquello en lo cual ha estado creyendo. Al igual que la ley de la gravedad, *la fe que obra por el amor* es una ley espiritual irrefutable.

El segundo tipo de ley que existe en ambos reinos es: la ley gubernamental. Las leyes gubernamentales son mandatos que se ponen en práctica y son ejecutados por las autoridades judiciales de la Tierra. Es posible quebrantarlas, pero si lo hace, experimentará las consecuencias. Si se pasa un semáforo en rojo, obtendrá una multa. Si roba un automóvil, irá a la cárcel.

A las leyes gubernamentales de Dios se les llama: mandamientos. Las personas pueden quebrantarlas y, de hecho, lo hacen, y a esa acción se le denomina *pecado.* Como ya he dicho, han surgido grandes y absurdos debates con respecto a qué es qué y no es pecado. No obstante, la definición verdadera es sencilla. Pecado es quebrantar las leyes establecidas por Dios.

El enemigo trata de convencernos que Dios estableció esas leyes, porque el SEÑOR está molesto con nosotros, y no desea que nos divirtamos. Sin embargo, eso es mentira. Dios nos las dio para impedir que nos matemos. Él las puso en vigencia para protegernos porque sabe, aunque nosotros no, que «...la paga del pecado es muerte».[182]

Las personas pueden argumentar todo lo que deseen en contra del pecado. Pueden burlarse de los peligros del pecado, y decir que no hay nada malo con éste. Sin embargo, eso no cambia las consecuencias. El

---

182 Romanos 6:23

pecado siempre producirá justo lo que Dios indicó. Éste activa *la ley del pecado y de la muerte.*[183]

El pecado siempre lo llevará hacia la muerte, pues muerte es lo que produce en el espíritu. Por ejemplo, el adulterio mata, porque produce muerte en una familia. Algo sucede en el espíritu, en el alma y en el cuerpo de una persona, cuando honra a Satanás entregándole el dominio sobre cierta área de su vida. La gente se convence a sí misma que puede soportar el daño causado por el pecado. En realidad, al abrirle la puerta a un sólo pecado, le está entregando al diablo el acceso total en su vida.

El enemigo tomará ventaja de esa entrada, pues él siempre actúa de esa forma. Si usted lo deja en el asiento trasero, cuando se dé cuenta él ya estará manejando. Una vez que se ocupe el lugar del piloto, lo matará porque ése es su objetivo.

Quizá usted se pregunte: "Entonces ¿qué debemos hacer? ¿Debemos vivir de manera constante tratando de evitar cada pecado?".

No, gracias a Dios, no. En lugar de concentrarnos en la lista, de la ley del Antiguo Pacto, de lo que *sí debemos y no debemos hacer;* necesitamos enfocarnos sólo en vivir en amor.

Porque: No adulterarás, no matarás, no hurtarás, no dirás falso testimonio, no codiciarás, y cualquier otro mandamiento, en esta sentencia se resume: Amarás a tu prójimo como a ti mismo. El amor no hace mal al prójimo; así que el cumplimiento de la ley es el amor.

—Romanos 13:9-10

La ley del amor es la única ley del Nuevo Pacto. El apóstol Santiago la llamó: "la ley real" del reino de Dios.[184] El amor es la ley del espíritu de vida, y «…la ley del Espíritu de vida en Cristo Jesús me ha librado de la ley del pecado y de la muerte».[185]

---

183 Romanos 8:2
184 Santiago 2:8
185 Romanos 8:2

No tropiece, ¡encienda la luz!

La razón por la cual el amor y la vida están estrechamente conectados, se debe a que Dios el Autor y Consumador de toda la vida, es Amor. Debido a que Dios es amor, los primeros versículos de Juan 1, pueden ser de forma distinta:

En el principio la PALABRA ya existía. La PALABRA estaba con el Amor, y la PALABRA era el Amor. El que es la PALABRA existía en el principio con el Amor. El Amor creó todas las cosas por medio de él, y nada fue creado sin el Amor.

—Juan 1:1-3, *NTV*

Cada célula de su cuerpo, cada molécula en este Universo físico y material, cada puñado de tierra, cada ave que vuela, cada pez en el mar y el mar mismo —todos éstos fueron creados por la PALABRA del Amor—. El Amor lo creó a usted, fue el Amor quien sopló vida dentro de su interior. Por tanto, todo lo que esté en contra del Amor, va en contra de su misma sustancia. Toda palabra de discordia profana la forma en que usted fue creado. Palabras, pensamientos y acciones sin amor, distorsionan los nervios y las células de su cuerpo físico. (Por esa razón, en Proverbios 14:30 se describe la envidia como: *carcoma de los huesos).* ¡Con razón, Jesús dijo que el amor es el primer mandamiento! Por ese motivo, creó el siguiente *mandamiento:* «...Amarás al SEÑOR tu Dios con todo tu corazón, y con toda tu alma, y con toda tu mente... Amarás a tu prójimo como a ti mismo» (Mateo 22:37, 39).

Cuando peleamos y entramos en contienda con otros, nos convertimos en nuestro peor enemigo. Y comenzamos a autodestruirnos. Sin embargo, cuando vivimos en amor, no sólo BENDECIMOS a los demás, sino también nos edificamos a nosotros mismos.

En Efesios 6:8, leemos: «sabiendo que el bien que cada uno hiciere, ése recibirá del SEÑOR, sea siervo o sea libre». En otras palabras, cada acto de amor, cada palabra de bondad, cada gesto amoroso, nos da vida. Las células de nuestro cuerpo y nuestra mente reaccionan ante esos actos de amor. Nuestro espíritu crece en nuestro interior, fortaleciéndonos y preparándonos para vivir conforme a la unción que el SEÑOR nos otorgó.

Cuando damos un paso fuera del amor, avanzamos hacia las tinieblas. Y ahí se encuentra la maldición, y nosotros, como creyentes, no pertenecemos a ese lugar. Nuestro lugar se encuentra en la luz. Somos nacidos de la Luz, pues nacimos de Dios; y así como Dios es amor, Dios es luz.[186]

Porque en otro tiempo erais tinieblas, mas ahora sois luz en el SEÑOR; andad como hijos de luz.

—Efesios 5:8

Esto no sólo es teología, es un hecho académico. La ciencia nos ha comprobado que la luz es el máximo poder del universo. Toda la materia tiene luz en el centro de su estructura molecular. (La primera cosa que Dios dijo en la Creación fue: *¡Sea la luz!* Por eso, su cuerpo físico funciona con electricidad, y la fuente de su batería es la luz.

Debido a que la luz es la fuente de nuestro poder físico, cada acción de las tinieblas debilita ese poder. Cada paso que damos fuera del amor, es decir, fuera de la luz, instantáneamente afecta cada célula de nuestro ser. Entonces cada palabra de desanimo, cada palabra de maldición, cada palabra sin amor que sale de la boca de alguien; afecta su cuerpo de una manera negativa. En la Biblia se nos enseña: «Porque donde hay celos y contención, allí hay perturbación y toda obra perversa».[187] La contienda representa las tinieblas, y las tinieblas hacen caer todo nuestro sistema —espíritu, alma y cuerpo— en confusión.

Un día, cuando el SEÑOR me estaba hablando acerca de este tema, Él me recordó 1 Juan 2:10: «El que ama a su hermano, permanece en la luz, y en él no hay tropiezo».

---

186 1 Juan 1:5
187 Santiago 3:16

Luego me preguntó: Kenneth, ¿qué persona insensata entra a una habitación, apaga la luz, y al caminar comienza a tropezar con todo lo que se encuentra allí?

—Quizá alguien como yo —contesté.

Sí, de ti estoy hablando. Tú tienes Mi Luz en tu interior, no obstante, la mantienes apagada; y luego te andas tropezando por todos lados. Tú muy bien podrías andar en la luz al igual que Jesús.

Después de que Él me dijo eso, me puse a pensar en cómo la luz nos mantiene alertas de lo que en realidad está sucediendo a nuestro alrededor. La luz impide que tengamos miedo, y nos mantiene confiados y seguros. A Satanás se le hace difícil hacernos tropezar cuando andamos en la luz.

Recuerdo las veces en que me quedaba despierto, estudiando a altas horas de la madrugada, cuando todavía estaba oscuro y todos estaban durmiendo. Había tanta calma que casi podía escuchar el sonido del silencio. Luego escuchaba un sonido que provenía del exterior. ¡Bum!

Me preguntaba: «¡¿Qué fue eso?!». Pero nunca me dio curiosidad por averiguar de dónde provenía ese ruido. Después de todo, afuera estaba oscuro. ¿Quién querría investigar en la oscuridad? ¿Por qué tendría que hacerlo? Cualquier cosa me podría suceder.

Lo curioso es que si hubiera estado estudiando a plena luz del día, y si hubiera escuchado ese mismo ruido; no le habría prestado atención. Y si lo hubiera hecho, sólo habría dado un vistazo para ver qué estaba sucediendo, y luego hubiera continuado con lo que estaba realizando.

Ésa es la diferencia entre la oscuridad y la luz. El temor habita en la oscuridad. Lo que en la oscuridad nos asusta, no nos molesta a plena luz del día. Por tanto, la clave para vivir libre de temor es: Permanecer en la luz y andar en amor.

Eso hizo Jesús, Él no sólo pudo vivir libre de temor, sino también libre de pecado; al guardar de continuo el mandamiento del amor. Al final de Su ministerio terrenal, Él le dijo a Sus discípulos:

Como el Padre me ha amado, así también yo os he amado; permaneced en mi amor. Si guardareis mis mandamientos, permaneceréis en mi amor; así como yo he guardado los mandamientos de mi Padre, y permanezco en su amor. Estas cosas os he hablado, para que mi gozo esté en vosotros, y vuestro gozo sea cumplido. Este es mi mandamiento: Que os améis unos a otros, como yo os he amado.

—Juan 15:9-12

Me gusta parafrasear este versículo de la siguiente manera: "Muy bien, amigos. Haré más fácil esto para ustedes. Sé que hay muchos mandamientos, pero les daré solo uno. Vivan en amor, y LA BENDICIÓN obrará en su vida".

Obedezca las órdenes generales sin importar qué suceda

El mandamiento del amor que dio Jesús no es negociable. Usted puede compararlo con las órdenes que recibí cuando presté servicio militar en 1957. Mi madre estaba tan afectaba por mi reclutamiento que decidió prepararme todas mis comidas favoritas antes de irme. Habría sido bueno si yo hubiera tenido dominio propio, y no me lo hubiera comido todo; pero no fue así. Por tanto, subí mucho de peso antes de partir.

El primer día que vestí mi uniforme, estaba parado en la fila con otros soldados y vi que el entrenador se estaba acercando hacia mí. Él era el hombre con el aspecto más malvado que había visto en mi vida. Él se detuvo frente a mí, sonrió, me dio un golpe en el estómago, y dijo: «¡Te vamos a tener que sacar el aire! Bienvenido al ejército de los Estados Unidos de América!».

Él no estaba mintiendo. Desde ese día, me convertí en su proyecto. Todo lo relacionado conmigo empezó a cambiar. El ejército cambió mi aspecto físico. Comenzaron con mi cabello. Después de eso, se deshicieron de la ropa que llevaba, y me dieron nueva ropa; también cambiaron mi alimentación. Básicamente transformaron toda mi vida.

Una de las primeras cosas que me enseñaron fue que todos debíamos obedecer ciertas órdenes, sin importar el rango que tuviéramos. Cualquiera que no las obedeciera iría a prisión. Sin importar el rango.

Además de esas órdenes, existían las del oficial superior. (Para mí, eso significaba que todos eran mis superiores, pues me encontraba en el rango más bajo). Luego, estaban las órdenes del día. En éstas se nos indicaban qué uniforme debíamos vestir ese día, qué ejercicios de entrenamiento debíamos realizar, etc. Pero si usted no obedecía las órdenes generales, era mejor que se olvidara de las órdenes de un superior y de las del día; pues las órdenes del día las recibiría en la cárcel. Así de importantes son las órdenes generales.

¿Puede imaginar el desastre que ocurriría si las personas en la milicia ignoraran las órdenes generales... o siguieran sus propias ordenes? Por ejemplo, supongamos que el ejército envía a un soldado a Fort Huachuca en Arizona, para recibir su entrenamiento básico, y que a él no le agradara ese lugar, y expresara: "Cielos este lugar es deprimente, es tan caluroso que se sienten 46 grados centígrados en la sombra, y los cuarteles no tienen aire acondicionado. ¿Acaso no tenemos una base militar en Hawaii? Creo que me iré a esa base, de todas formas a mi parecer puedo servir en la milicia en cualquier base. Ahora bien, ¿Qué le pasaría a ese soldado si empacara sus cosas y se fuera a Honolulu?

No es necesario que sea un experto en leyes militares para saber que si ese soldado se va a Hawai, en una hora ya estaría encerrado en la prisión militar. ¿Por qué? Porque se ausentó sin permiso e infringió la ley, pues no debía escoger donde prestar su servicio. Este soldado forma parte de una operación más grande que sus propias decisiones; y el comandante es el único que puede decidir.

Ese mismo principio es válido para los creyentes. Ya no somos civiles. Estamos en el ejército del SEÑOR. En la Biblia se nos enseña que debemos sufrir necesidades como buen soldado de Jesucristo.188 Se nos han dado órdenes directas de nuestro comandante general. Dios sabe qué es lo mejor para nosotros y para todo el Cuerpo de Cristo. Él

---

188 2 Timoteo 2:3

nos creó. Sabe quiénes somos y qué somos. Él sabe en que lugar nuestro gozo será intensificado, y Él nos ha guiado hacia ese lugar a través de una serie de órdenes generales: *Ama al SEÑOR tu Dios con todo tu corazón, con toda tu alma, con toda tu mente y con todas tus fuerzas; y ama a tu prójimo como a ti mismo.*

Alguien podría argumentar: "Hermano Copeland, amo a Jesús y sé que esas son Sus órdenes, sin embargo, no puedo llevarlas a cabo todo el tiempo".

Entonces, en realidad no lo ama.

"¿Qué? ¡Sí, lo amo!".

No, no lo ama. Jesús dijo: «El que tiene mis mandamientos, y los guarda, ése es el que me ama...».[189] Eso no es tan difícil de comprender, ¿o sí? Es sencillo y directo. Amar al SEÑOR significa guardar los mandamientos del amor. Dios hizo de éste un mandamiento porque sabía que no podríamos guardarlos si Él sólo nos lo presentaba como una sugerencia. Entonces el SEÑOR no nos dio alternativa o excusa para transgredir la ley del amor.

No estoy diciéndole que jamás tendremos razones para quebrantarla, pues sí las tendremos. Sin embargo, debemos corregir esas razones o ignorarlas, pues Jesús aseguró que si lo amábamos, obedeceríamos Sus mandamientos.

Eso significa que si nuestros sentimientos están lastimados y nos sentimos tentados a actuar fuera del amor, debemos ordenarle a nuestra carne qué hacer. Es necesario que le hagamos saber a nuestra mente qué debemos pensar; y a nuestra boca, qué decir. De lo contrario, al final terminaremos dándole a alguien "un lugar en nuestra mente". Y le cederemos nuestro lugar en la sobreabundante BENDICIÓN de Dios, pues no podemos operar en contienda y al mismo tiempo en LA BENDICIÓN.

Esta razón por sí sola es suficiente para alejarnos de la contienda. Debemos eliminar la contienda como si fuera una serpiente

---

189 Juan 14:21

escabulléndose en nuestra casa. Eliminémosla antes de que se manifieste, porque no vale la pena entrar en contienda. Pues Sacrificar LA BENDICIÓN, sería un precio demasiado alto que pagar.

Cuando el ladrón le robe su abrigo, déle un par de zapatos para que le combinen

Una de las razones por las cuales sé que no debemos permitir la contienda en nuestra vida, se debe a que algunas veces he entrado en contienda, y he experimentado los problemas que conlleva. Por ejemplo, a principios de nuestro ministerio cuando nuestros niños eran pequeños, cometí el error de convertirme en una persona débil en lo espiritual. Predicaba todos los días, sin tomarme el tiempo necesario para alimentar mi propio espíritu con la PALABRA. Trataba de sobrevivir en lo espiritual sólo con la Palabra que Dios me daba para ministrar.

Como resultado, me volví una persona muy irritable. Actuaba y me expresaba de forma descortés. Reaccionaba mal con los niños y con Gloria, e incluso, utilizaba palabras toscas cuando me dirigía hacia ella. Por supuesto que me arrepentía por hacerlo, pero después de dos horas actuaba de la misma manera. Me di cuenta que cada vez que entraba en contienda, aunque fuera sólo un poco, mi sistema nervioso se alteraba.

Años más tarde aprendí que esto es un hecho médicamente comprobado. La contienda, la ansiedad, la ira y otras emociones similares causan reacciones químicas que, con el tiempo, son mortales.190 El cuerpo humano es una verdadera planta química, y cualquier forma de contienda envía ondas que impactan todo nuestro cuerpo. La química del cuerpo puede desestabilizarse al punto que podría causar un daño cerebral. Cuando esto sucede, nuestra perspectiva se altera, dándole lugar a los pensamientos equivocados.

Y por supuesto que el diablo tomará ventaja de la situación. Primero, es necesario que reconozca que hay un espíritu demoniaco siguiéndole todo el tiempo, lanzándole basura. Debido a que su cerebro ha sido

---

190 Don Colbert, M.D., *Deadly Emotions, Understand the Mind-Body-Spirit Connection That Can Heal or Destroy You* (Nashville: Thomas Nelson Publishers, 2003).

alterado, esa basura comienza a cobrar sentido para usted. Si usted no se vuelve a la PALABRA y corrige su mentalidad, comenzará a creer esa basura demoníaca. Ésa es la causa primordial por la que muchos cristianos caen en depresión y en otros desórdenes mentales.

Estaba a punto de caer en esa trampa, y lo sabía; entonces busque al SEÑOR para solucionar el problema. Tomé la decisión de averiguar con Su ayuda, cómo detener la contienda en mi vida, pues ya no quería que ésta anidara más en mí. Un día, el SEÑOR me dijo: *No practiques más, la ira.*

—¿A qué te refieres? —le pregunté.

—*Tú te enojas por todo* —me respondió.

En el momento que me lo dijo, me di cuenta que era cierto; pues no lo había notado. Incluso algunas veces me enojaba con mi automóvil o con mis herramientas.

Practicas tanto la ira que ya forma parte de tu vida. Ésta se activa antes de que puedas detenerla. Revierte esa actitud. Comienza a poner en práctica Mi amor. Sé consciente de MI amor al punto que esté siempre presente en ti y listo para ser liberado. Practícalo y piensa en éste continuamente.

Poco tiempo después, descubrí que al practicar el amor comenzamos a vivir la buena vida. En ese momento, la vida se torna dulce. Entonces llegamos al punto donde ni siquiera notamos lo malo que está ocurriendo a nuestro alrededor. Sólo lo hace a un lado y continúa caminando.

Aplico este principio cuando las personas hablan cosas desagradables de mí. La gente a veces me pregunta si me molesto por las críticas que salen en los artículos del periódico, y en libros que se han escrito acerca de nuestro ministerio. En realidad, no sé qué dicen esos artículos y esos libros, pues no los he leído. Ni pagaré para leer esas cosas, soy muy sensato para hacerlo.

Además, ya cuento con un Libro que declara todo lo que necesito saber acerca de mí. Siempre lo llevo conmigo, adondequiera que voy. Si alguien dice algo desagradable, sólo busco en el Libro y en su lugar encuentro algo bueno. Después de más de 40 años practicándolo, no me interesa lo que ellos digan. Puedo permanecer firme y sonreír cuando las personas expresan cosas negativas ante mí. En lugar de escucharlas, sólo pienso: «Ayúdalos, SEÑOR. Si, me conocieran como Dios me conoce, ¡me amarían!».

Usted podría expresar: "Hermano Copeland, ¿está diciendo que sólo ignora a sus enemigos?".

No, no los ignoro, los amo; pues eso nos enseñó Jesús:

…Amad a vuestros enemigos, haced bien a los que os aborrecen; bendecid a los que os maldicen, y orad por los que os calumnian. Al que te hiera en una mejilla, preséntale también la otra; y al que te quite la capa, ni aun la túnica le niegues. A cualquiera que te pida, dale; y al que tome lo que es tuyo, no pidas que te lo devuelva. Y como queréis que hagan los hombres con vosotros, así también haced vosotros con ellos. Porque si amáis a los que os aman, ¿qué mérito tenéis? Porque también los pecadores aman a los que los aman. Y si hacéis bien a los que os hacen bien, ¿qué mérito tenéis? Porque también los pecadores hacen lo mismo. Y si prestáis a aquellos de quienes esperáis recibir, ¿qué mérito tenéis? Porque también los pecadores prestan a los pecadores, para recibir otro tanto. Amad, pues, a vuestros enemigos, y haced bien, y prestad, no esperando de ello nada; y será vuestro galardón grande, y seréis hijos del Altísimo; porque él es benigno para con los ingratos y malos. Sed, pues, misericordiosos, como también vuestro Padre es misericordioso.

—Lucas 6:27-36

De acuerdo con este pasaje, podemos hacer dos cosas con nuestros enemigos: Amarlos u odiarlos. Podemos hacerles el bien o tomar represalias contra ellos. Entonces debemos decidir qué escogeremos. No podemos ser indecisos al respecto. Ni tampoco despertarnos en la mañana, y decir: "Bien, hoy haré mi mejor esfuerzo para ser amable con todos". No llegaremos ni al medio día con este tipo de actitud.

Entraremos en contienda con alguien cuando estemos en el tráfico, antes de que lleguemos al trabajo.

Necesitamos realizar un compromiso firme de vivir en amor, sin importar qué suceda; pues ése es el mandamiento de Dios. Ese compromiso está respaldando con la seguridad de que Dios es nuestra Fuente, nuestro Proveedor y nuestro Protector. Él es quien nos BENDICE, y Su BENDICIÓN transformará cualquier situación para nuestro bien.

Una vez que establezcamos firmemente nuestra fe en el hecho de que LA BENDICIÓN viene a nosotros a través de Cristo Jesús, y que ésta es nuestra fuente; lo que nuestros enemigos hagan no hará ninguna diferencia. Cuando digan algo malo o vengan en nuestra contra, no los contraatacaremos, pues seremos conscientes del hecho de que LA BENDICIÓN es más importante que la venganza. Nos diremos a nosotros mismos: "Ellos no me pueden lastimar, a menos que esté dispuesto a dejar ir LA BENDICIÓN, pero no lo haré. Cumpliré el mandamiento del amor. No reaccionaré al igual que ellos, maldiciendo. Sólo descansaré en la verdad de que a una persona BENDECIDA por Dios, ¡nadie la puede maldecir!".

Cuando toma esta actitud, comienza a darse cuenta que no es relevante si alguien le roba su abrigo o sus pertenencias. LA BENDICIÓN le repondrá cualquier cosa que le hayan robado. Es más, ante Dios, el ladrón es más valioso que su abrigo y sus pertenencias. El corazón de Dios late por ese ladrón. Él lo ama y desea salvarlo, pero no tiene conexión con él. Por esa razón, es tan importante para Dios que *usted* lo ame. Pues¡Usted es la conexión entre Dios y el ladrón!

Si piensa de la siguiente manera, no está viendo las cosas desde la perspectiva de Dios: "¿Cómo protegeré lo que tengo? Si él me roba algo, contrataré un buen abogado, lo demandaré y recuperaré lo que me robó". Dios lo ve a usted como su conexión con la persona que ha estado hablando mal de usted. Usted es Su conexión con la humanidad. Es la conexión de Dios con quienes han tratado de involucrarlo en pleitos y en contienda.

Por esa razón, en los versículos anteriores, Jesús utilizó la frase: «...¿qué mérito tenéis?...». Él deseaba hacernos entender que si le abrimos la puerta del amor de Dios a esa clase personas, orando por ellos y BENDICIÉNDOLOS, Dios dice: "¡Gracias! Había estado intentando alcanzar a esa persona para revelarle Mi amor. Su mamá había estado orando por ella. Realmente aprecio tu actitud. Cuando él trató de robarte tu abrigo, y tu le diste ese bonito par de zapatos que le combinan; se abrió la puerta para que Yo me moviera en su corazón. ¡Gracias!".

La muestra de agradecimiento de Dios no termina con una palmadita en la espalda. Jesús continuó diciéndonos que si vivíamos en esa clase de amor, las recompensas sobreabundarían de forma absoluta en nuestras vidas. Él declaró:

No juzguéis, y no seréis juzgados; no condenéis, y no seréis condenados; perdonad, y seréis perdonados. Dad, y se os dará; medida buena, apretada, remecida y rebosando darán en vuestro regazo; porque con la misma medida con que medís, os volverán a medir.

—Lucas 6:37-38

Cuando reciba la revelación del amor de Dios, disfrutará su vida amando sin medida a quienes intentan dañarlo. Comenzará a orar y a BENDECIR a la persona que se le cruce en la autopista, en lugar de quejarse de ella.

Un día, cuando estaba paseando en mi motocicleta, una persona se ofendió conmigo por algo que hice. Me estacioné en una gasolinera, y me siguió; entonces comenzó a gritarme. Con un rostro enrojecido por el enojo, me gritó la razón por la que se había ofendido.

Con una gran sonrisa en el rostro, le expresé: «Sí, pero usted me perdonará, ¿verdad?».

La primera vez que lo dije, él ni siquiera me escuchó. Porque seguía maldiciéndome. Y yo en ningún momento pensé en responderle de la misma manera. Aunque si este hecho hubiera ocurrido en el pasado, lo había maldecido. Hace años, hubo una época en la que en una situación así, habría terminado golpeándolo a puñetazos. Sin embargo, sé que existe una mejor solución, entonces continué sonriendo, y le dije una vez más: "Sí, pero usted me perdonará, ¿verdad?".

Él seguía gritándome.

Luego le contesté: "Sí, pero usted tendrá que perdonarme, pues Jesús ya me perdonó, y sinceramente le pido disculpas por haberlo hecho enojar. No fue mi intención".

Él seguía hablando, y los amigos que iban en el automóvil con aquel hombre, empezaron a reírse. Uno de ellos se volteó hacia él, y le dijo: "¿Por qué no te callas y escuchas lo que este hombre te está diciendo?".

"Vamos" dijo otro. "¿Por qué no lo perdonas como te lo está pidiendo".

Toda esta situación me causó gracia, a pesar de que eran los amigos del hombre que me estaba gritando, estaban de mi lado.

Mientras tanto, comencé a prepararme para regresar a la autopista. Finalmente, el hombre dijo: "¡Diablos!".

Entonces le contesté: «¡No, cielos! ¡Aleluya! Te perdono, amigo. Te amo y Dios también te ama». Luego encendí mi motocicleta, y conduje hacia la autopista, alabando a Dios. Pues a pesar de esa situación, mantuve mi BENDICIÓN intacta, y sembré la semilla del amor de Dios y del perdón en la vida de aquel hombre y sus amigos, creyendo que la semilla de la PALABRA nunca regresa vacía. Le agradecí al SEÑOR y Él me agradeció a mí, ambos pasamos un momento glorioso.

¡Qué grandiosa manera de vivir!

¿Por qué el amor va a la guerra?

En cuanto al tema de amar a sus enemigos, hay algo más que debo decirle. Que Dios le ordene amar, no significa que nunca llamará a los cristianos a enlistarse para la guerra. Pues sí, el SEÑOR no sólo llama a algunos creyentes al servicio militar, sino también los unge para que sean servidores y cumplir el propósito específico de castigar a los que hacen lo malo.[191]

Por impactante que parezca, Dios cree en la guerra. Llegará el tiempo en los eventos de la humanidad en que los aborrecibles e impíos asesinos opriman tanto a otros que la policía local ya no podrá manejar la situación. En esos tiempos, el Príncipe de Paz se convertirá en un hombre de guerra para detener ese problema.[192] Él no sólo autoriza la guerra bajo esas condiciones, sino también le enseña a Su pueblo a pelear;[193] y quienes peleen la guerra como Él les indique, la ganarán.

¿Recuerda qué sucedió cuando Quedorlaomer secuestró a Lot, el sobrino de Abraham? Abraham supo la noticia y fue tras él, y con 318 siervos, a quienes había entrenado y armado, derrotó al gran y poderoso ejército de Quedorlaomer; de forma tan devastadora que en la versión bíblica en inglés se refiere a ésta como: "una masacre". En el capítulo 5 de este libro, leímos que fue LA BENDICIÓN la que les enseñó a los sirvientes de Abraham a pelear de esa forma. Fue LA BENDICIÓN en acción la que les mostró técnicas y estrategias militares. Contaban con la tecnología operativa que la gente de Quedorlaomer no poseía, pues Dios mismo les enseñó cómo pelear.

Alguien podría decir: "¡Pero yo creía que LA BENDICIÓN sólo se refería al amor!".

Por supuesto, pero el amor pelea para proteger a sus hermanos de pacto.

Por ejemplo, el amor de Dios en mí, podría hacerme pelear contra cualquiera que intente herir a Gloria. Lo amaría, pero haría lo que fuera necesario para protegerla, pues tengo un pacto con ella. Prometí delante de Dios cuidarla.

Cada creyente que vive bajo la unción militar de Dios, ya sea un oficial de policía, un bombero, un oficial de investigación o un solado; debería aprender a conducirse en combate y permanecer en amor todo el

---

191 Romanos 13:4
192 Éxodo 15:3:«Jehová es varón de guerra; Jehová es su nombre».
193 Salmos 144:1: «Bendito sea Jehová, mi roca, quien adiestra mis manos para la batalla, y mis dedos para la guerra».

tiempo. Aquellos que van a la guerra y odian a sus enemigos, se colocan en una posición peligrosa, ya que se están saliendo del permiso bíblico que tienen para matar.

Alguien podría decir: "¿Qué? No puede existir un permiso bíblico para matar. Pues en la Biblia se ordena ¡No matarás!".

No, no dice eso. En el idioma hebreo leemos: "No asesinarás".[194] En la Biblia también se nos confirma que si un hombre va a la guerra bajo la dirección de Dios, él es inocente de la sangre de otros hombres que debe ser derramada en batalla.[195] Él no es el responsable de esas muertes, ya que está actuando como siervo de Dios. Sin embargo, si empieza a odiar a su enemigo, el se sale de la cobertura de su permiso. Entonces se convierte en un asesino, no en un protector.

Un soldado cristiano jamás debe actuar de esa forma. Él debe matar en tiempos de guerra por una sola razón: Porque la maldad y la violencia se han desenfrenado entre la humanidad, y debe detenerla para que la gente viva en paz. Dios cuidará de los hombres y mujeres en la milicia, quienes han sido llamados para ayudar en esta tarea. De acuerdo con el Salmo 91, los guerreros de Dios (como también aquellos que sirven bajo la autoridad de ellos) pueden vivir bajo la protección divina, al punto que puedan caer 11,000 a sus pies, y ellos no saldrían heridos. Si ellos viven en amor se convertirán en un ejército que no podrá ser derrotado.

Limpie la tubería y deje fluir la gloria

Para permanecer fuera de la contienda, no sólo debemos aprender cómo lidiar con nuestros enemigos en amor cuando vengan en nuestra contra, sino también necesitamos aprender a tratar a nuestros hermanos y hermanas en Cristo cuando nos hagan daño. Jesús confrontó este asunto de manera directa. Refiriéndose a nuestras relaciones con otros

---

194 James Strong, *La nueva concordancia exhaustiva de la Biblia* (Nashville: Thomas Nelson Publishers, 1984) H7523

195 Números 32:20-22:«Entonces les respondió Moisés: Si lo hacéis así, si os disponéis para ir delante de Jehová a la guerra, y todos vosotros pasáis armados el Jordán delante de Jehová, hasta que haya echado a sus enemigos de delante de sí, y sea el país sojuzgado delante de Jehová; luego volveréis, y seréis libres de culpa para con Jehová, y para con Israel; y esta tierra será vuestra en heredad delante de Jehová»

creyentes el SEÑOR expresó:

Por tanto, si tu hermano peca contra ti, ve y repréndele estando tú y él solos; si te oyere, has ganado a tu hermano. Mas si no te oyere, toma aún contigo a uno o dos, para que en boca de dos o tres testigos conste toda palabra. Si no los oyere a ellos, dilo a la iglesia; y si no oyere a la iglesia, tenle por gentil y publicano.

—Mateo 18:15-17

En otras palabras, si existe un problema entre usted y otro creyente, usted debe dar el primer paso. No se quede sentado, esperando a que él se disculpe. No importa quien tenga la razón, pues lo más importante es resolver el problema, a fin de que LA BENDICIÓN pueda fluir sin obstáculos sobre ustedes y entre ustedes. Si usted busca a la persona, y ésta no lo escucha porque tiene una raíz de amargura y no olvida lo sucedido, entonces busque a otro hermano en el SEÑOR para que lo acompañe. Haga lo que sea necesario para estar en paz y poner las cosas en orden.

Si esto no funciona, entonces presente el caso en la iglesia. Esto no significa que debe pararse frente a la congregación para contarles a todos su triste historia. A eso no se refería Jesús. Preséntele su problema al pastor o al líder asignado para ayudar en este tipo de situaciones. Exprésele: "Necesito que me ayude con este problema. Hice lo que la PALABRA declara, y todavía no he podido resolver el asunto".

Entonces el pastor puede explicarle al hermano que aunque lo aman, la iglesia no puede darse el lujo de permitir que esa contienda interrumpa la oración de acuerdo y LA BENDICIÓN; la cual proviene de un cuerpo de creyentes en unidad. Si el hermano ofendido insiste en seguir en contienda, entonces la iglesia deberá mantener su distancia con esa persona. Pero no significa que deban sacarlo de la iglesia. Jesús nunca dijo que se deshicieran de él por completo. Sino expresó: *No entren en contienda, sólo continúen orando por él. Quiten ese desacuerdo del camino, a fin de que no destruya el funcionamiento de LA BENDICIÓN.*

¡Eso provoca la contienda en la iglesia! Ésta impide que fluya la BENDICIÓN de todos. Si el diablo logra que nosotros, tanto como individuos y como un Cuerpo, dejemos de actuar en amor, y contendamos unos con otros, él nos hará caer en su trampa. Podrá tomar ventaja de nosotros como lo hace con los impíos, y salirse con la suya. Podrá lanzar la enfermedad en medio nuestro, robarnos en nuestras finanzas, apagar nuestra fe y contaminar los dones del Espíritu; al punto de que si aún funcionan, se encuentren, a un nivel tan bajo que no puedan resistir ese ataque.

Algunos creyentes piensan que el amor no tiene relación alguna con las manifestaciones de los dones del Espíritu —o la falta de éstos—. Sin embargo, en el Nuevo Testamento la conexión que existe entre ellos queda muy clara:

> Procurad, sin embargo, los dones mejores. Ahora yo os muestro un camino mucho más excelente... Si yo hablara lenguas humanas y angélicas, y no tengo amor, vengo a ser como metal que resuena o címbalo que retiñe. Y si tuviera profecía, y entendiera todos los misterios y todo conocimiento, y si tuviera toda la fe, de tal manera que trasladara los montes, y no tengo amor, nada soy. Y si repartiera todos mis bienes para dar de comer a los pobres, y si entregara mi cuerpo para ser quemado, y no tengo amor, de nada me sirve. El amor es sufrido, es benigno; el amor no tiene envidia; el amor no es jactancioso, no se envanece, no hace nada indebido, no busca lo suyo, no se irrita, no guarda rencor; no se goza de la injusticia, sino que se goza de la verdad. Todo lo sufre, todo lo cree, todo lo espera, todo lo soporta. El amor nunca deja de ser...
>
> —1 Corintios 12:31-13:8, *RVR95*

El amor y los dones del espíritu están unidos, porque los dones son parte de LA BENDICIÓN. Entre más vivamos en amor, más obrarán en nuestra vida —no sólo cuando estemos en la iglesia, sino todo el tiempo—. Sin embargo, si tratamos de obrar en los dones, sin arrepentirnos por transgredir el mandamiento del amor el cual es el más importante de nuestra vida, hablar en lenguas será inútil. Como resultado, nuestras profecías serán vanas y nuestras ofrendas no nos harán prosperar.

¿Por qué? Porque ninguno de estos dones obrará sin el amor de Dios. El amor es la fuerza que los impulsa, y éste nunca falla.

...pero las profecías se acabarán, cesarán las lenguas y el conocimiento se acabará. En parte conocemos y en parte profetizamos; pero cuando venga lo perfecto, entonces lo que es en parte se acabará.

—versículos 8-10, *RVR95*

La religión ha malinterpretado la última porción de estos versículos, y le ha enseñado a la gente que estamos en una nueva dispensación, y que ya no necesitamos profecías. Pero ¡eso es ridículo! En las Escrituras se nos enseña que la profecía es para la edificación, la exhortación y la consolación. Entonces es obvio que todavía la necesitamos. Por tanto, en esos versículos no se está asegurando lo que ellos piensan.

Inserte la frase: "en otras palabras", y entenderá de qué se trata. Después de decirnos en los versículos del 1 al 8 cómo la falta de amor les roba a los dones su verdadero poder, y nos describe el comportamiento del amor, este versículo continúa diciendo: "En otras palabras, si trata de profetizar sin el amor de Dios, su profecía caerá al suelo, y no servirá de nada. Ésta fallará. Y aunque sea verdad, no ayudará a las personas que la escuchen, pues el amor no se manifiesta en ella. No hay poder allí, sino muerte. Sin amor, llegará al punto en el que ya ni le interesará hablar en lenguas. Las lenguas cesarán. Los dones del Espíritu se desvanecerán, y nunca los tendrá de nuevo".

Un día, el SEÑOR me mostró con exactitud cómo sucede esto, mientras Él estaba tratando con algunas áreas de mi vida. Esto ocurrió hace 20 años. Yo me estaba preparando para predicar en una reunión, y estaba sentado en medio de la cama en la habitación del hotel, orando y alabando al SEÑOR. Ya tenía preparado mi mensaje, pues el SEÑOR ya me había revelado lo que deseaba compartir esa noche.

De repente, en mi espíritu obtuve de una forma tan clara como nunca antes, una visión de una pieza de tubería de 18 centímetros de diámetro por 1.22 metros de largo. Ésta se encontraba suspendida en el aire aproximadamente a 60 centímetros de mí. Un fluir torrencial que se veía como agua, entraba en un extremo de la tubería, y yo sabía por el Espíritu que era la gloria de Dios viniendo del cielo.

La gloria estaba brotando en abundancia, golpeando la entrada de la tubería y regándose por todas partes. Sin embargo, al otro extremo de la tubería apenas caía una pequeña corriente la cual sólo salpicaba, y eso caía sobre mi rostro. Sentía como si alguien estuviera disparándome en la nariz con una pistola de agua. Era muy molesto.

Entonces pregunté: «SEÑOR, ¿qué está sucediendo aquí?».

Él me contestó: La tubería está sucia, se encuentra llena de cieno.

El cieno es un lodo blando o fino que forma depósito en ríos o lagos. Queda suspendido sobre el agua, y poco a poco se va hundiendo hasta el fondo. Si al transcurrir los años no se hace nada al respecto, el cieno llenará el lago y sólo quedará un agujero lleno de barro.

Luego le pregunté: «¿Qué representa esa tubería?».

Él me respondió: Es tu espíritu, está lleno de cieno espiritual, el cual se ha ido deslizando poco a poco. Se está tapando tanto que Mi gloria no puede fluir a través de ésta. (Aunque en aquel entonces no lo sabía, ahora sé que la gloria de Dios representa LA BENDICIÓN).

Sin palabras, me senté allí y me quedé mirando la tubería, después le argumenté: «¿Qué clase de suciedad hay allí?».

Él me contestó: Falta de arrepentimiento por transgredir la ley del amor. Tú no le pusiste mucha atención a esta situación, y a través de los años se fue acumulando, hasta que finalmente se obstruyó tu espíritu. Si tú no lo limpias, tu ministerio y la unción estarán en problemas. También enfrentarás crisis financieras, a causa de toda esa basura, la cual está obstaculizando el camino. No podré obrar financieramente lo que deseo en tu vida y en tu ministerio.

Entonces le expresé: «SEÑOR, ¿de qué clase de transgresiones me estás hablando? Muéstrame lo que he hecho para que pueda arrepentirme de ello».

De pronto, recordé algo que había sucedido el día anterior. Se proyectaba ante mí como una película en una pantalla.

Gloria llegó a casa con una bolsa de papel llena de melones, la cual le había comprado a un vendedor en la calle. Complacida con su compra, ella dejó la bolsa sobre la mesa para mostrármela. Luego me dijo: «Este hombre vende los mejores melones».

Y con toda certeza, el melón que estaba encima era hermoso, pero mientras ella halaba los otros que estaban abajo, nos dimos cuenta que estaban podridos.

Le pregunté: «Gloria, ¿a qué tipo de sinvergüenza le compraste esto».

Ella respondió: «No sé cómo me los cambió. No se veían así cuando los puso en la bolsa».

Me molesté mucho, tomé la bolsa con melones y me dirigí hacia la puerta.

Gloria me preguntó: «¿Adónde vas?».

Le respondí: «Voy a alimentar con estos melones podridos al sinvergüenza que te los vendió. Vuelvo en seguida, ya sea que regrese con melones en buenas condiciones o con parte del cabello de este hombre en mis manos».

Tirando la bolsa en el automóvil, me fui a buscarlo. Por supuesto, cuando llegué al lugar donde había estado, él ya se había marchado, así que refunfuñé en todo el camino de regreso a casa. Había decidido desquitar mi ira con los melones. Los lancé todos a la basura.

—¿*Te arrepentiste de eso?* —me preguntó el SEÑOR.

—No, SEÑOR. No lo hice.

—*Ése es el problema. Tu espíritu está lleno de ese tipo de basura. No le das la importancia que merece al mandamiento del amor como para buscarle una solución a ese problema.*

En ese momento, la palabra *mandamiento* me impactó. Me percaté de cuán serio es esto, y comencé a arrepentirme de inmediato. Le dije al SEÑOR que me recordara de todo lo que necesitaba arrepentirme, y lo haría. Cuando terminó. Fui consciente de que debía realizar muchas llamadas telefónicas, disculparme con muchas personas y escribir algunas notas de arrepentimiento. Limpié la tubería, y la gloria de Dios se manifestó esa noche en la reunión.

¡Y desde entonces, las cosas han mejorado!

No beba el veneno

Quiero ser muy claro con esto. Cuando dije que me arrepentí, no quise decir que me lastimé a mí mismo y que me auto compadecí por lo que había hecho. Yo no grité, ni lloré expresando: "Oh, Jesús, lo lamento. Soy un perro, no soy bueno, soy indigno". Eso no es arrepentimiento, sino auto condenación; y eso, no le hace bien a nadie. Ni a usted ni a Dios, ni a la persona a quien le ha hecho daño. Por tanto, nunca manifieste su arrepentimiento de esa manera.

En lugar de eso, siga las instrucciones que Dios nos dejó en 1 Juan 1:9:

Si confesamos nuestros pecados, él es fiel y justo para perdonar nuestros pecados, y limpiarnos de toda maldad.

Simplemente diga: *SEÑOR, confieso este pecado con la plena confianza de que Tú eres mi Abogado y el Sumo Sacerdote ante el Padre. Tú me perdonas, y me limpias de toda injusticia. Sé que Tú me amas, SEÑOR Jesús. Sé que mi Padre celestial me ama y creo que, justo ahora, Su sangre está lavándome desde la coronilla de mi cabeza hasta la planta de mis pies. Nunca hablaré de este pecado otra vez. Ya no me pertenece. Ha desaparecido, y yo fui perdonado.*

Quizá todavía se sienta culpable. Es posible que sienta que un martillo golpeó sus emociones. Pero no actúe basado en lo que siente.

Sólo crea LA PALABRA. Ordénele a esos síntomas de condenación que lo dejen, y continúe regocijándose en Jesús. Cada vez que recuerde ese pecado, destrúyalo por medio de la fe. Después de un tiempo, su conciencia y emociones serán libres de ésta. Se dará cuenta que esa fe en la verdad del perdón de Dios lo ha hecho libre.

No espere, al igual que yo, que el cieno se acumule en su espíritu para arrepentirse. En el momento que se salga del amor, arrepiéntase. No lo posponga hasta que tenga tiempo para orar. Deténgase de inmediato, y declare: *Dios, perdóname. Me arrepiento. Me niego a actuar de esa manera. Recibo Tu perdón y ahora mismo retomo mi vida de amor.*

Si dijo o realizó algo que afectó a otra persona, soluciónelo en ese momento. Sin importar lo que alguien piense o diga de usted. Pues ése no es el punto. Lo importante es que saque el veneno de su espíritu, alma y cuerpo. Deshágase de esa toxina espiritual antes de que ésta empiece a obrar en su vida.

Alguien podría decir: "Bien, no me importa pedirle perdón a alguien por lo que hice mal; pero sí me molesta que las personas que me han ofendido, no me pidan perdón".

Si va a vivir en amor, tendrá que superar ese aspecto. Deberá perdonar a esas personas, ya sea que se lo pidan o no. Negarse a perdonar es una transgresión al mandamiento del amor. También es una de las cosas más absurdas que podría hacer. Pues aferrarse a una ofensa en contra de alguien es como si uno mismo se tomara el veneno, esperando que éste mate a los demás. Ése es un pensamiento insensato, pero separados del amor, cometemos ese error.

Por otro lado, perdonar libera vida y salud. Es lo más poderoso que puede realizar, a fin de que el amor y el poder de Dios fluyan con libertad través de usted. Por tanto, invierta tiempo de vez en cuando para realizar esto.

Límpiese a sí mismo, y pídale al SEÑOR que le recuerde a quien necesita perdonar. Imagine a la persona en su mente, y comience a crear pensamientos de amor hacia ella. Declare: *SEÑOR, sé que Tú amas a esa persona tanto como a mí, por tanto, yo la perdono y cambio mi actitud hacia ella. SEÑOR Jesús, sé que Tú envuelves con Tus brazos de amor a esa persona. Me doy cuenta que Tú la perdonaste, y le demuestras cuánto la amas. No me importa lo que piense de mí. Simplemente la amaré a través de Ti.*

Si ve a esa persona tres o cuatro días después, y se da cuenta que los sentimientos negativos que tenía contra ella vuelven a surgir, no permita que éstos le hagan desistir de permanecer firme en su fe. Pues aquellos sentimientos sólo están en su carne, no en su espíritu. Así que tome autoridad sobre ellos y exprese: *No me rendiré ante esos pensamientos de falta de perdón. Yo ya perdoné a esa persona en el nombre de Jesús, y la amo.*

Luego acérquese, y dígale: *Te amo, amigo.*

Él quizá le dé la espalda y se marche, pero eso ya no será su asunto. Mientras usted mantenga esa actitud de perdón y amor, estará fortaleciendo la obra de LA BENDICIÓN en su vida. Cuando usted hace el sacrificio de perdonar a las personas que lo han tratado mal, cosas buenas comenzarán a sucederle. Cuando se acerquen a usted, sólo sonría, ámelas y exprese: "¡Dios te BENDIGA hermano!", entonces en ese momento, será más que vencedor a través de Dios quien lo ama.

Cuanto más tiempo viva de esa manera, más fuerte será el poder del amor y de la fe en usted. Al final, llegará un punto donde el fluir del amor será tanto que no podrá contenerlo. Éste comenzará a fluir de usted y controlará la atmósfera a su alrededor. Algunas personas no podrán contenerse, cuando usted llegue a algún lugar. Le tomarán la mano, y le dirán: "¡Ore por mí! Me redarguyó de mi pecado".

En realidad, eso me sucedió hace algunos años. Fuimos a predicar a una ciudad del Medio Oeste de Estados Unidos, y alguien nos invitó, a Gloria y a mí, a cenar. Cuando llegamos, conocimos a uno de los demás invitados, el pastor de una iglesia muy grande, quien había estado criticando abiertamente nuestro ministerio. No lo conocía en persona, pero sabía que había dicho algunas cosas feas acerca de nosotros.

En lugar de que me molestara, sólo lo amé y fui amable con él. No fue necesario sentir una calidez emocional y efusiva por él, sólo obré en el amor de Dios hacia él por fe. (Pensé que actuar en amor era mejor que patearle la espinilla debajo de la mesa). Durante la conversación que tuvimos a la hora de la cena, él hacía comentarios hirientes, pero no dejé que me afectaran y los ignoré.

Cuando la noche terminó, los seis nos dirigimos hacia la puerta – nuestros anfitriones, el pastor y su esposa, Gloria y yo— entonces comenzamos a despedirnos para marcharnos; de pronto, el pastor literalmente cayó de rodillas al piso. Me tomó la mano, la puso sobre su cabeza, y dijo: "¡Ore por mí! He tratado de construir mi iglesia con arduo trabajo y no con oración; espiritualmente estoy seco".

Yo no esperaba que actuara de esa forma, sino que a última hora inventara algo rápido para poderse ir. Sin embargo, el amor de Dios lo tocó, y cuando eso sucede, se da cuenta de cuán amorosas son en realidad las personas. En este caso, se hizo evidente que era un buen hombre que había estado bajo mucha presión. Mientras más grande era su iglesia, más pesada era la carga, pues estaba tratando de manejar la situación con sus propias fuerzas. Cuando se percató de ello, se sentía tan deseoso de arreglar las cosas que estaba dispuesto a pedir oración de la misma persona que un día había criticado.

¡El amor nunca falla! Si lo pone a obrar por fe, éste producirá maravillosos resultados.

No obstante, le advertiré algo. Nunca use el amor para tratar de cambiar a las personas, pues ése no es su trabajo. El SEÑOR me mostró esa revelación de una manera tan clara que jamás la olvidaré. Sucedió una noche, cuando cometí el error de quejarme acerca de algo que Gloria había dicho. Acababa de llegar a casa después de haber realizado una serie de reuniones y estaba muy cansado. Ella se encontraba en otra habitación, y me llamó pidiéndome ayuda. Y en lugar de levantarme e ir a ver que necesitaba, sólo murmuré: "No iré, pues de todas maneras, ella no tiene cuidado de mí".

No lo dije lo suficientemente fuerte para que ella lo escuchara, pero el SEÑOR sí lo escuchó, me sacudió la pereza y me dijo: *No te tiene que importar si ella te cuida o no. No es tu problema si alguien cuida o no de ti. Es tú responsabilidad cuidar de ella y de otros.*

«Sí SEÑOR, —respondí—. No tendrás que volver a repetírmelo».

Aprendí la lección en ese momento, y nunca más intenté hacer que otros cambiaran. Si ellos necesitan cambiar, ese es un asunto entre ellos y Dios. No desperdicie el tiempo orando de la siguiente manera: "¡Oh SEÑOR, cambia a mi esposo! ¡Cambia a mi esposa!". Sólo ocúpese de lo que Dios le ha mandado a realizar a usted. Ocúpese de amar a esas personas.

Es sorprendente lo que sucede cuando usted actúa de esa forma, pues su perspectiva comienza a cambiar. Tampoco le llevará meses o años. Pues ocurre más rápido de lo que usted espera. De pronto, lo que otros piensan de usted, dejará de importarle. Estará rodeado del amor de Dios, y sorprendido por el hecho de que Dios lo ama tanto como ama a Jesús, y tan ocupado expresando Su amor hacia otros, que nada será más importante que actuar en amor.

El poder del amor lo limpiará de la suciedad de este mundo que está guiando a todos los demás, y lo llevará a un mejor lugar. El poder del amor lo levantará a tal punto que podrá comenzar a ministrar a otros que sí están sufriendo. Pronto, el amor fluirá tanto de usted que siempre buscará a quién BENDECIR. En lugar de pensar en qué pueden hacer los demás por usted, dirá: "¡Amigo! ¿Puedo ayudarlo en algo? ¿Habrá algo que pueda hacer por usted?".

Antes de que naciera de nuevo, pensar de esa manera era lo último que podía pasar por mi mente. Amar se oponía por completo a mi estilo de vida. Estaba enojado con todos, menos con Gloria. Pero poco tiempo después de que fui salvo, el SEÑOR tuvo que enderezar mi camino en ese aspecto. Un día, cuando estaba orando y en comunión con Él, me dijo: *Kenneth, te amo, pero tu actitud no es muy agradable.*

—¡¿Por qué, SEÑOR? —le pregunté.

—*Tú haces y dices cosas que son contrarias a Mis deseos. Cuando te molestas y le hablas bruscamente a las personas, no puedo involucrarme en esa situación. No puedo formar parte de eso. No puedo inmiscuirme en ciertas áreas de tu vida, y tampoco que me dejes fuera de ellas. Quiero formar parte de todo lo que se relacione contigo. Deseo BENDECIR todo lo que hagas, todo lo que digas y adondequiera que vayas. Y me manifestaré todo el tiempo, si aprendes a vivir en amor.*

Después de más de 40 años, puedo asegurarle que Él ha cumplido Su promesa. Mientras más aprendo a vivir en amor, más se manifiesta Él en mi vida —en cualquier lugar y en todo tiempo—. Hoy en día, mi vida es mejor de lo que jamás soñé —y todo gracias al amor—.

Agite su mente para recordar

Quizá usted argumente: "Pero, hermano Copeland, mi pasado es terrible. No creo que tenga la capacidad de vivir en esa clase de amor".

¡Sí, claro que puede vivir una vida de amor! Como creyente nacido de nuevo, ha nacido del Espíritu de Compasión. Ha sido recreado a la semejanza del Amor del Padre. Usted no es sólo un viejo pecador perdonado. Es una nueva especie. Su viejo pasado ya no existe, y todas las cosas son hechas nuevas. Usted está formado de amor. Toda la misericordia de Dios, Su bondad, Su amor, Su gozo, Su paz y Su mansedumbre han sido conferidas dentro de su espíritu.

Usted cuenta con la misma capacidad de amar que Dios tiene, pues Su propio amor ha sido derramado en su corazón por medio del Espíritu Santo. Sólo debe activar esa capacidad, dándole la prioridad al amor. En primer lugar, es necesario que decida ser un cumplidor del mandamiento de amor.

Quizá usted sea un esposo, una esposa, un padre o una madre, un predicador o un hombre de negocios. Por más importantes que sean estos roles en su vida, su prioridad principal es cuidar y cumplir ese mandamiento. Manténgalo en su boca, en sus ojos, en sus oídos y frente a usted; a fin de que pueda ser el esposo, la esposa, el padre, la madre, el predicador o el hombre de negocios que debería ser delante de Dios.

Es sorprendente, pero la mayoría de personas en el Cuerpo de Cristo no lo cumple. Me preguntaba por qué. Sabía que no era por falta de conocimiento, pues puede preguntarle a mil creyentes nacidos de nuevo de cualquier parte y en cualquier momento del día, si saben que deben amarse unos a otros; y todos le responderán que sí. Ninguno le dirá: "No sé. Jamás había escuchado nada acerca de ese tema".

El mandamiento del amor es tan básico que todos lo saben. Sin embargo, la gran mayoría no lo practica. No somos famosos por la forma en que nos amamos unos a otros. Más bien, somos conocidos por nuestras peleas. ¿Por qué sucede eso?

Porque no es el amor quien gobierna nuestros pensamientos. Es más ¡nos olvidamos de éste!

El SEÑOR sabía que vivir sería un problema para nosotros. Por esa razón, inspiró al apóstol Pedro para que escribiera:

Amados, esta es la segunda carta que os escribo, y en ambas despierto con exhortación vuestro limpio entendimiento, para que tengáis memoria de las palabras que antes han sido dichas por los santos profetas, y del mandamiento del SEÑOR y Salvador dado por vuestros apóstoles.

—2 Pedro 3:1-2

Con frecuencia, permitimos que el mandamiento de amor que nos dio nuestro Salvador se nos escape de las manos, pues no lo hemos grabado en nuestra mente. ¿Cómo evitamos olvidar el mandamiento del amor? Recordándonos de ese mandamiento todo el tiempo. Haciendo de éste nuestro primer pensamiento en la mañana, y recordándolo todo el día. Declarando versículos como el que hallamos en 1 Corintios 13:

El amor de Dios está en mí, por tanto, soy paciente y amable. El amor de Dios está en mí, por eso no tengo envidia ni soy soberbio. El amor de Dios está en mí, por tanto, no me comporto de manera ruda o egoísta. El amor de Dios está en mí, entonces no me irrito ni guardo rencor. Por medio del amor de Dios que habita en mí, todo lo sufro, todo lo creo, todo lo espero, todo lo soporto. El amor de Dios en mí nunca falla.

Si usted está comprometido a guardar el mandamiento del amor, debería realizar ese tipo de confesiones todo el tiempo. Conduzca por la calle con una mano en el volante y otra apuntando hacia el cielo, diciendo: *Amo a mi vecino como a mí mismo, pues eso agrada a mi Padre. Dios me ama tanto como a Jesús, y yo vivo en el poder de Su amor.* Entonces si un automóvil se le atraviesa, usted no sonará la bocina ni tratará de pincharle los neumáticos de atrás, para luego arrepentirse de esa mala actitud. Al contrario, responderá en amor y no con una ofensa. Dirá: *Dios mío, bendice a esa persona,* pues usted ya está disfrutando una vida de amor. Usted es una BENDICIÓN lista para manifestarse en cualquier lugar.

Cuando el amor se arraigue en usted de esa manera, podrá andar conforme a éste en cualquier circunstancia. No importa qué clase de maldad o perjuicio enfrente, podrá tomar autoridad sobre su carne y su mente, y obrar conforme a su espíritu en el amor de Dios.

Sin embargo, para mantener ese tipo de fuerza espiritual debe pasar tiempo con el SEÑOR. Invierta tiempo en Su PALABRA y llénese de ésta de continuo. Un servicio a la semana, no será suficiente. Su comunión con el SEÑOR debe ser a diario; pues algunos días, su carne se levantará del lado equivocado de la cama. Ésta no deseará mostrar amor por nada ni por nadie. Se sentirá como si hubiera fallado—como una persona vil, arrastrada, deprimida y en la calle—.

Ministrar al SEÑOR es la mejor forma de vencer esos sentimientos. Lo primero que debe hacer cada mañana es decirle cuánto lo ama. Exprésele cuánto aprecia que Él lo ame, y cuán emocionado se siente por todo lo que Él ha hecho en su vida. Demuéstrele que usted no sólo está dispuesto, sino también ansioso por hacer Su voluntad a lo largo del día. Siga las instrucciones escritas en Efesios 5:19-20:

...hablando entre vosotros con salmos, con himnos y cánticos espirituales, cantando y alabando al SEÑOR en vuestros corazones; dando siempre gracias por todo al Dios y Padre, en el nombre de nuestro SEÑOR Jesucristo.

Esto preparará su bomba para luego dejar fluir el amor. Entonces, estará listo para ir y demostrar ese amor a los demás, hablándoles del amor.[196] Estará preparado para realizar lo que en la Biblia se nos ordena:

Quítense de vosotros toda amargura, enojo, ira, gritería y maledicencia, y toda malicia. Antes sed benignos unos con otros, misericordiosos, perdonándoos unos a otros, como Dios también os perdonó a vosotros en Cristo. Sed, pues, imitadores de Dios como hijos amados. Y andad en amor, como también Cristo nos amó, y se entregó a sí mismo por nosotros, ofrenda y sacrificio a Dios en olor fragante

—Efesios 4:31-32; 5:1-2

Viva donde el maligno no pueda tocarlo

Cuando usted vive en amor, LA BENDICIÓN obra de contínuo a su favor. No tiene que esforzarse y sudar realizando las cosas por sí mismo. No debe preocuparse por nada. Sólo debe guardar el mandamiento de amor, y permanecer en el pacto. Ame, crea, obedezca... y será BENDECIDO.

A través de los años, he aprendido más y más a vivir de esa manera. Cuando Dios me dice que dé, yo doy. Cuando me indica que vaya, yo voy. Él es el Jefe, cumplo Sus órdenes, me mantengo a la expectativa de ser BENDECIDO. Espero ser BENDECIDO cuando salgo y cuando regreso. No importa si la gente me trata bien o no. Soy BENDECIDO adondequiera que voy.

No me incomoda decirle que lo disfruto. Sin embargo, lo mejor de todo esto es que mientras más me establezco en el amor, comprendo mejor a mi Padre celestial y entiendo mejor Su corazón, Sus propósitos y Sus planes.

Quizá usted exprese: "Hermano Copeland, en realidad ¡nadie puede comprender a Dios! Él es incomprensible".

---

196 Efesios 4:15

Pero en la Biblia no se nos enseña que Dios sea incomprensible. Sino leemos que *podemos* comprenderlo si estamos arraigados y cimentados en amor. De hecho, el apóstol Pablo oró para que la iglesia hiciera lo mismo:

Por esta causa doblo mis rodillas ante el Padre de nuestro SEÑOR Jesucristo, de quien toma nombre toda familia en los cielos y en la tierra, para que os dé, conforme a las riquezas de su gloria, el ser fortalecidos con poder en el hombre interior por su Espíritu; para que habite Cristo por la fe en vuestros corazones, a fin de que, arraigados y cimentados en amor, seáis plenamente capaces de comprender con todos los santos cuál sea la anchura, la longitud, la profundidad y la altura, y de conocer el amor de Cristo, que excede a todo conocimiento, para que seáis llenos de toda la plenitud de Dios.

—Efesios 3:14-19

La comprensión es más grande que el entendimiento. Comprender es tener un conocimiento práctico de algo. Por ejemplo, usted puede entender que si compra un boleto y se sube a un avión, éste lo llevará hacia algún lugar. Sin embargo, esa comprensión no lo califica para que sea usted quien lo haga volar. Para lograrlo, debe recibir entrenamiento como piloto con un alto nivel de comprensión de los principios y leyes de la aviación, y conocimiento práctico del aeroplano, lo cual lo calificará en un nivel completamente diferente.

Alcanzamos ese tipo de comprensión al vivir en amor. Y éste nos lleva a un nivel más alto de comprensión en Dios. Nos da un conocimiento práctico de quién es Él y cómo obra; en lugar de ser esclavos de los miserables elementos de este mundo natural, podremos remontar el vuelo con Él. Y esa clase de conocimiento, nos elevará al lugar donde estaremos tan cubiertos por Su amor y por Su luz; y tan libres del temor que el maligno no nos tocará.[197]

---

197 1 Juan 5:18: «Sabemos que todo aquel que ha nacido de Dios, no practica el pecado, pues Aquel que fue engendrado por Dios le guarda, y el maligno no le toca»

Eso le sucedió a Juan y a Pablo. Ellos llegaron al punto de estar tan lejos del alcance del diablo que nadie podía matarlos sin la autorización de ellos.

"¡Yo creía que Pablo había sido decapitado!".

Sí, pero no antes de que él dijera: "Estoy listo para ser ofrecido". Él entregó su vida a propósito. Él terminó su carrera y escogió el martirio, pues deseaba tener otra clase superior de resurrección. Estudie usted mismo el tema. Pablo ya había vencido a la muerte en varias ocasiones. Él había sobrevivido naufragios, prisiones y toda clase de peligros. Incluso una vez fue apedreado hasta la muerte, pero Dios le devolvió la vida, y él se sacudió el polvo y regresó a su trabajo.[198]

El apóstol Juan tiene un testimonio similar. Sus oponentes intentaron matarlo de todas las maneras que usted pueda imaginar. La historia nos relata que él fue hervido en aceite, y aún así no murió. Entonces lo sacaron, llevándoselo a la Isla de Patmos, con la esperanza de callarlo; pero él escribió ahí el libro de Apocalipsis.

Otro discípulo que vivió el tipo de amor que desafía la muerte fue Esteban. Él poseía tanta revelación de este tipo de amor que al momento de ser apedreado expresó: "SEÑOR, perdónalos. No les tomes en cuenta este pecado".

La mayoría de personas piensa que la lapidación mató a Esteban, pero ellos están equivocados. Mientras lo apedreaban, los cielos se abrieron; entonces él vio a Jesús parado a la diestra del Dios todopoderoso listo para recibirlo, y "se quedó dormido".[199] Jesús lo sacó de su cuerpo mientras le lanzaban piedras. Él le dijo: "vamos a casa, Hijo". Y Esteban se salió de su cuerpo. Él se fue para estar con el SEÑOR, y su carne sólo cayó muerta. Ellos no lo mataron con las rocas. Usted no puede matar a alguien que ya está muerto.

LA BENDICIÓN nos coloca en el lugar donde el maligno no nos puede tocar. Todavía no hemos llegado allí, pero vamos en camino. Con cada paso de amor que tomemos, estamos cada vez más cerca; y LA

---

198 Hechos 14:19-20
199 Hechos 7:60

BENDICIÓN nos está cubriendo más y más.

¿Qué sucederá si se apodera por completo de nosotros? LA BENDICIÓN comenzará a cambiar las cosas en nuestra vida, dando como resultado una réplica del huerto de Edén. Ésta cambiará la enfermedad en salud, la pobreza en riqueza. Todas las BENDICIONES de Dios vendrán a nosotros, y comenzaremos a disfrutar días celestiales sobre la Tierra.[200]

Cuánto más avancemos juntos por el camino de LA BENDICIÓN, viviremos una BENDICIÓN más fuerte y más gloriosa. Lo sé porque he visto cuando los creyentes transitan por ese camino juntos. Esto supera lo que usted haya visto alguna vez.

Por ejemplo, hace algunos años, un amigo creyente se acercó a Gloria y a mí, y nos preguntó si le podíamos vender un pequeño aeroplano de un solo motor. «¿Cuánto cuesta?», nos preguntó. Después de indicarle el precio, él contestó: «No quiero pagar esa cantidad».

Lo cual no me sorprendió. Pues ya había escuchado ese tipo de respuestas, y me imagino que usted también.

Pero luego, todo cambió. Él dijo algo que ningún otro me había dicho. ¡Él le subió al precio US$15,000!

—No —le respondí—. Eso es mucho.

—Pero ése es mi trato —replicó—. Esa esa es la cantidad que deseo pagar.

Después de discutir sobre esto un rato, tuve que reírme. Ésta había sido la conversación más alocada que jamás había tenido. Pero esta es la razón por la cual sucedió todo esto: Ambos entendimos y obramos en LA BENDICIÓN. Estaba tratando de BENDECIRLO, al venderle el avión por menos de lo que yo normalmente pedía. Y él estaba intentando BENDECIRME, pagando más de lo que yo deseaba por éste. Entonces le dije: «El resto del mundo jamás creería que tuvimos esta conversación».

Al final, él ganó. Le permití que me pagara el dinero extra. Eso

---

200 Deuteronomio 11:21

ocurrió hace algunos años, y hoy en día, él está volando un jet mucho más costoso que aquel pequeño avión que nos compró —y lo pagó al contado gracias a LA BENDICIÓN—.

No hay nada que el mundo le ofrezca que pueda compararse con esa clase de vida. No sólo cuento con la PALABRA de Dios, sino también con cuatro décadas de experiencia que lo comprueban. Gloria y yo, hemos vivido en LA BENDICIÓN desde hace mucho tiempo, por tanto, confiamos en ésta. Ya no permitimos que las cosas nos afecten, y ustedes tampoco deberían permitirlo. Y si cualquier cosa se levanta en nuestra contra —ya sea dolor en nuestro cuerpo, alguien hablando mal de nosotros o cualquier otra cosa— sólo nos mantenemos viviendo en amor y confiando en LA BENDICIÓN.

No lo hacemos sólo cuando estamos predicando, sino también en nuestra vida diaria, y ¡es divertido!

Cierta vez, estábamos viajando en nuestra motocicleta, nos detuvimos en un restaurante, y conocimos a la peor de las meseras del mundo. Queríamos algo de comer, pero notamos que ella haría todo lo que pudiera para impedir que nos sintiéramos cómodos y felices. Ella estaba muy furiosa y se molestó porque uno de nosotros no quería hielo en la bebida, y por otras cosas insignificantes.

Le di un poco de tiempo para que se calmara, pero como no lo hizo, le dije: «Has tenido un día difícil hoy, ¿verdad?».

Sólo eso se requirió para que me contara toda su historia. Ella me contó lo que su cuñada le había hecho… estaban planeando una boda… y que todo les estaba saliendo mal. Todo el tiempo que habló, yo oré por ella en el espíritu (Yo no estaba escuchando lo que decía. ¡Su historia también me hubiera disgustado! Así que entraba por un oído y salía por el otro).

Cuando terminó su relato, tomé su mano y le dije: «Vamos a orar».

Entonces ella respondió: «Bueno, supongo que está bien».

Todos oramos por ella, y después de eso, se puso feliz. Prácticamente estaba bailando alrededor de la mesa, esperando para tomar la orden de todos. Se olvidó de su cuñada, y cuando salimos, nos dio las gracias de todo corazón; y nos dijo que nos aseguráramos de regresar.

Como creyentes, ese es nuesto llamado. Estamos llamados a andar en amor —ya sea en situaciones grandes o pequeñas—; y llevar LA BENDICIÓN adondequiera que vayamos. Nuestro llamado implica establecer las condiciones del huerto de Edén a nuestros hogares, lugares de trabajo, restaurantes y vecindarios. No es difícil, pues a través de Jesús, LA BENDICIÓN ya está en nosotros. Ésta se encuentra en cada célula de nuestro cuerpo y en cada paso que damos. Está con nosotros, en nosotros y fluye a través de nosotros.

Mientras más amemos a Dios y a otras personas, más obrará LA BENDICIÓN. Si permanecemos con ella, ésta se esparcirá cada vez más y más hasta que alcance a todo el mundo. Las personas vendrán al reino de Dios, a causa de LA BENDICIÓN que emana de nuestra vida.

Ahí es cuando en realidad disfrutaremos de la buena vida, pues para eso nacimos.

Capítulo quince

Ven, y siéntate conmigo

Pero Dios, que es rico en misericordia, por su gran amor con que nos amó, aun estando nosotros muertos en pecados, nos dio vida juntamente con Cristo (por gracia sois salvos),y juntamente con él nos resucitó, y asimismo nos hizo sentar en los lugares celestiales con Cristo Jesús.

—Efesios 2:4-6

Cuando era niño, siempre me metía en problemas. Con frecuencia, mi mamá se daba cuenta y hacía que me arrepintiera, diciéndome: "Espera que tu papá llegue a casa".

Sentía que todo mi mundo se venía abajo cuando me hacía esa advertencia, pues yo vivía anhelando el momento en que mi padre volviera a casa. Debido a sus negocios, él viajaba casi toda la semana, y permanecía lejos del hogar durante mucho tiempo. Regresaba el viernes por la tarde, entonces ese día se convertía en el día más feliz para mí… a menos que supiera que las primeras noticias que él recibiría de mi madre fueran quejas de mi mal comportamiento.

Sin embargo, a pesar de las circunstancias, mi padre tenía una manera pacífica de resolverlas. En lugar de regañarme, sólo me decía: «Acércate, hijo. Siéntate a la par de tu papi». Entonces, sin temor me acercaba a él, y me colocaba su gran brazo a mi alrededor, expresando:

«Hijo, todo saldrá bien. Vamos a hacer algo al respecto. Tu papá te va a ayudar».

Al escuchar esas palabras, mi mundo volvía a ser mejor.

Hace poco, durante mi tiempo de oración, escuché esas mismas palabras en mi espíritu. Había corrido al trono de la gracia en busca de ayuda en un tiempo de aflicción, y claramente escuché a mi SEÑOR y Salvador decirme: *Kenneth, acércate y siéntate aquí en el trono, junto a Mí. Todo saldrá bien. Mis ángeles están obrando a tu favor. Mi poder sigue actuando en tu beneficio. LA BENDICIÓN está obrando para ti, hijo. Así que sólo siéntate y descansa. Todo estará bien.*

Esto les expresaría el SEÑOR a todos sus hijos si tan sólo nos acercáramos y nos sentáramos a Su lado el tiempo suficiente para escucharlo. Pero a menudo, no lo hacemos. Al contrario, sólo invertimos tiempo preocupándonos por los problemas que parecen no tener solución. Damos vueltas en la cama durante toda la noche, preguntándonos qué haremos. Terminamos exhaustos, intentando —y fracasando en— hallar la solución.

Sin embargo, si le prestáramos atención a las promesas escritas en la PALABRA, al surgir los problemas y las preocupaciones no reaccionaríamos de esa forma. Nos basaríamos en las Escrituras para solucionar esas situaciones —lo cual nos daría buenos resultados—.

Si buscamos las respuestas en la Palabra, sólo nos queda permanecer sentados.

Sentarnos. Aunque parezca asombrosa, ésa es la orden exacta que Dios nos ha dado a los creyentes nacidos de nuevo. Él desea que triunfemos en cada prueba y cada tribulación que el diablo traiga a nuestro camino. Él nos afirmó: «Siéntate a mi diestra, hasta que ponga a tus enemigos por estrado de tus pies».[201]

Quizá usted diga: "Pero, hermano Copeland, yo creía que esa Palabra era para Jesús".

Así fue. Sin embargo, esa promesa se aplica tanto para nosotros

---

201 Salmos 110:1

como para nuestro SEÑOR resucitado; pues no sólo Jesús está sentado a la diestra de Dios. Pues su voluntad es que también nosotros nos sentemos junto a Él. Esa verdad es asombrosa, pero es cierta. Dios no sólo nos ha vivificado juntamente con Jesús, sino también nos ha resucitado y nos ha sentado junto a Él en lugares celestiales.

Nadie se sienta ante la presencia del Dios todopoderoso, excepto Su familia. Ni los ángeles pueden entrar a la habitación del trono para sentarse. A ellos no se les permite hacerlo, pero a nosotros sí. Dios mismo nos ha invitado: «Acerquémonos, pues, confiadamente al trono de la gracia, para alcanzar misericordia y hallar gracia para el oportuno socorro».[202] Contamos con el derecho bíblico no sólo para acercarnos a ese trono, sino también para sentarnos junto al Padre. Somos los vencedores,[203] y Jesús afirmó de nosotros: «Al que venciere, le daré que se siente conmigo en mi trono, así como yo he vencido, y me he sentado con mi Padre en su trono».[204]

Entonces ¿por qué muchos creyentes se sienten indignos de acercarse al trono? ¿Por qué se acercan a Dios como si fueran mendigos, y le suplican que los ayude e incluso tratan de resolver las cosas en sus propias fuerzas?

Eso sucede, porque ellos piensan que sentarse y confiar en Dios de esa manera, es demostrar una actitud presuntuosa e irresponsable, y expresan: "No puedo ignorar ese caos. Sería pedir demasiado esperar que Dios se haga cargo de todos mis asuntos. De seguro, ¡Él espera que yo haga algo al respecto!".

Ellos no comprenden que Dios espera que nos sentemos y entremos en Su reposo; es más, Él se entristece cuando no lo hacemos. En el libro de Hebreos, se nos muestra una explicación más clara:

Por lo cual, como dice el Espíritu Santo: Si oyereis hoy su voz, no endurezcáis vuestros corazones, como en la provocación, en el día de la tentación en el desierto, donde me tentaron vuestros

---

202 Hebreos 4:16
203 1 Juan 5:5: «¿Quién es el que vence al mundo, sino el que cree que Jesús es el Hijo de Dios?»
204 Apocalipsis 3:21

padres; me probaron, y vieron mis obras cuarenta años. A causa de lo cual me disgusté contra esa generación, y dije: Siempre andan vagando en su corazón, y no han conocido mis caminos. Por tanto, juré en mi ira: No entrarán en mi reposo.

—Hebreos 3:7-11

¿Se enojó Dios porque los israelitas esperaban mucho de Él? ¿Estaba molesto porque en lugar de preocuparse y trabajar duro para satisfacer sus propias necesidades, y pelear sus propias batallas, esperaban que Él se ocupara de ellos? ¿Le irritó que a ellos sólo les importara poseer muchas tierras?

No. Al SEÑOR le disgustó que ellos no aceptaran lo que les había ofrecido. Dios les había ofrecido toda una vida de descanso divino en la Tierra Prometida; sin embargo, continuaron argumentando: "No podemos lograrlo, hay gigantes en esa tierra. Somos pequeñas langostas ante sus ojos, ¡ellos acabarán con nosotros!".

Los israelitas ni siquiera habían visto a esos gigantes. Simplemente creyeron las malas noticias que los espías les dieron. Dios ya les había confirmado: «Yo les he entregado la tierra». Esa declaración tenía que ser suficiente para ellos sólo debían descansar en la promesa de Dios —con o sin gigantes—. Pero ellos endurecieron su corazón. Se negaron a creer que LA BENDICIÓN de Dios era poderosa para darles la victoria; por tanto, murieron en el desierto.

Nosotros, podemos aprender una valiosa lección del error que ellos cometieron; pues Dios hoy nos declara lo mismo. Él afirma: "¡Ustedes son BENDECIDOS! Descansen en esa verdad, y entren a la tierra de victoria que Yo les he prometido". En otras palabras, Él nos expresa:

Mirad, hermanos, que no haya en ninguno de vosotros corazón malo de incredulidad para apartarse del Dios vivo; antes exhortaos los unos a los otros cada día, entre tanto que se dice: Hoy; para que ninguno de vosotros se endurezca por el engaño del pecado. Porque somos hechos participantes de Cristo, con tal que retengamos firme hasta el fin nuestra confianza del principio, entre tanto que se dice: Si oyereis hoy su voz, no endurezcáis vuestros corazones, como en la provocación. ¿Quiénes fueron los que, habiendo oído, le provocaron? ¿No fueron todos los que salieron de Egipto por mano de Moisés? ¿Y con quiénes estuvo él disgustado cuarenta años? ¿No fue con los que pecaron, cuyos cuerpos cayeron en el desierto? ¿Y a quiénes juró que no entrarían en su reposo, sino a aquellos que desobedecieron? Y vemos que no pudieron entrar a causa de incredulidad.

—Hebreos 3:12-19

La incredulidad nos mantiene alejados del descanso de Dios. Ésta se acerca de manera sigilosa por medio de palabras religiosas llenas de temor: "Algunas veces, Dios responde a nuestras oraciones, y otras no. Nunca se sabe lo que Dios realizará".

Esas mentiras no provienen de la Biblia sino de las personas que tuvieron más fe en sus experiencias que en la PALABRA de Dios. Por alguna razón, fracasaron en aferrarse a las promesas del SEÑOR para su vida; entonces, al igual que los espías israelitas, llevan malas noticias y desalientan el corazón de otras personas.

Si usted cree en esas afirmaciones, está actuando igual que los israelitas que vagaron en el desierto: endureciendo su corazón con incredulidad. Quizá no sea su intención, pero si no cree en lo que Dios le ha dicho; está dudando, ya sea que se lo haya propuesto o no. Está permitiendo que la incredulidad le impida entrar a su Tierra Prometida; y ante de los ojos de Dios, eso es pecado.

Siéntese, la PALABRA nos ha cubierto

En Hebreos 4:1-12, se nos advierte que no desobedezcamos el mandato de entrar en Su reposo:

Temamos, pues, no sea que permaneciendo aún la promesa de entrar en su reposo, alguno de vosotros parezca no haberlo alcanzado. Porque también a nosotros se nos ha anunciado la buena nueva como a ellos; pero no les aprovechó el oír la PALABRA, por no ir acompañada de fe en los que la oyeron. Pero los que hemos creído entramos en el reposo, de la manera que dijo: Por tanto, juré en mi ira, no entrarán en mi reposo; aunque las obras suyas estaban acabadas desde la fundación del mundo. Porque en cierto lugar dijo así del séptimo día: Y reposó Dios de todas sus obras en el séptimo día. Y otra vez aquí: No entrarán en mi reposo. Por lo tanto, puesto que falta que algunos entren en él, y aquellos a quienes primero se les anunció la buena nueva no entraron por causa de desobediencia, otra vez determina un día: Hoy, diciendo después de tanto tiempo, por medio de David, como se dijo: Si oyereis hoy su voz, no endurezcáis vuestros corazones. Porque si Josué les hubiera dado el reposo, no hablaría después de otro día. Por tanto, queda un reposo para el pueblo de Dios. Porque el que ha entrado en su reposo, también ha reposado de sus obras, como Dios de las suyas. Procuremos, pues, entrar en aquel reposo, para que ninguno caiga en semejante ejemplo de desobediencia. Porque la PALABRA de Dios es viva y eficaz, y más cortante que toda espada de dos filos...

Crea en Dios y entre en Su reposo. Incluso en medio de las circunstancias más difíciles, ésas son las instrucciones que Dios nos da. Aún cuando enfrentemos a nuestros gigantes, Él desea que dejemos de luchar en nuestras propias fuerzas, que ya no corramos en círculos, y que hagamos lo que Él realizó en el séptimo día de la Creación. Dios también quiere que confiemos en que LA BENDICIÓN se hará cargo de las circunstancias de nuestra vida. Él desea que estemos al lado de Jesús... y que nos sentemos.

¿Cómo podemos lograrlo?

Lea de nuevo los últimos versículos del pasaje anterior. En ellos se nos afirma que podemos lograrlo PORQUE la PALABRA de Dios es...

...viva y eficaz, y más cortante que toda espada de dos filos;

y penetra hasta partir el alma y el espíritu, las coyunturas y los tuétanos, y discierne los pensamientos y las intenciones del corazón. Y no hay cosa creada que no sea manifiesta en su presencia; antes bien todas las cosas están desnudas y abiertas a los ojos de aquel a quien tenemos que dar cuenta.

—Hebreos 4:12-13

Podemos sentarnos, pues sin importar qué clase de situación estemos enfrentando, o cuán peligrosa o confusa parezca; la PALABRA de Dios se ocupará. La Palabra verá a través del interior de ésta y nos revelará la respuesta para vencerla. La PALABRA viva de Dios, penetrará las dificultades más tenebrosas y dispersará luz sobre las situaciones que parecen imposibles de resolver.

Podemos sentarnos y descansar a la par de Jesús con el Libro de Su sabiduría sobre nuestro regazo, sabiendo que todo está resuelto y claro para Él. No importa si cada ciudad de este mundo está en guerra, o si todos hablan pesimismo o que haya problemas a nuestro alrededor. No importa si acabamos de perder nuestro empleo y que la economía se haya derrumbado. Podemos sentarnos y gritar: "¡Aleluya! La PALABRA se encargara de mis necesidades. ¡Todo saldrá bien!".

Siéntese. La sabiduría de Dios está en camino

Quizá usted se pregunte: "Pero ¿qué sucede si mi situación amerita que yo intervenga? ¿Cómo puedo sentarme y descansar en fe, cuando no sé qué hacer?".

Siga las instrucciones que se nos imparten en Santiago 1:2-6; en lugar de agonizar por la situación que atraviesa:

… tened por sumo gozo cuando os halléis en diversas pruebas, sabiendo que la prueba de vuestra fe produce paciencia. Mas tenga la paciencia su obra completa, para que seáis perfectos y cabales, sin que os falte cosa alguna. Y si alguno de vosotros tiene falta de sabiduría, pídala a Dios, el cual da a todos abundantemente y sin reproche, y le será dada. Pero pida con fe, no dudando nada; porque el que duda es semejante a la onda del mar, que es arrastrada por el viento y echada de una parte a otra.

Si usted supiera qué hacer, entonces ya no sería una prueba. Por tanto, enfrente esa situación con gozo y siéntese en el descanso de Dios, creyendo que Su sabiduría ya viene en camino. Ya no se angustie tratando de encontrar una solución por todas partes.

Necesitamos dejar a un lado nuestro repetitivo razonamiento humano. También, debemos dejar de preguntarnos a *nosotros mismos* qué deberíamos hacer. En lugar de eso, preguntémosle a Dios. Él siempre nos responderá si se lo pedimos con fe, y nos mostrará qué hacer en medio de cada prueba y tribulación —incluso en aquellas que hayamos provocado por nuestra propia insensatez—.

Por supuesto, el diablo intentará convencernos de lo contrario, diciéndonos: "Muy bien, como tú lo estropeaste, ahora tú tienes que arreglarlo, antes de que debas rendirle cuentas a Dios". Pero cuando él intente colocar su basura en nuestra mente, mostrémosle la salida. Digámosle: *Fuera de mi casa, ¡mentiroso! Si Dios escondiera Su sabiduría de nosotros debido a nuestras faltas, ninguno de nosotros podría enmendar sus errores. Dios no causó el problema en el que me encuentro; sin embargo, Él está más que dispuesto a enseñarme a salir de éste. Por tanto, diablo, apártate del camino. Me sentaré junto a Jesús y descansaré en fe, pues Su sabiduría ya viene en camino.*

Cuando realice una confesión como ésa, apéguese a ella en fe. No dude. No sea una persona de doble ánimo que ora un minuto y se preocupa al siguiente. Dios no puede darle nada cuando actua de esa manera. Por tanto, permanezca firme. No se altere. Demuestre que puede ser paciente y permanezca sentado en paz, a la par del SEÑOR, con la expectativa de vencer esa prueba de manera perfecta y plena, sin que nada falte. Si la respuesta que necesita no llega en ese momento, no se sienta nervioso. Simplemente recuérdese a sí mismo lo que Jesús afirmó en Juan 16:13:

Pero cuando venga el Espíritu de verdad, él os guiará a toda la verdad; porque no hablará por su propia cuenta, sino que hablará todo lo que oyere, y os hará saber las cosas que habrán de venir.

Observe que en ese versículo no se menciona que el Espíritu Santo *podría* mostramos la verdad, ahí dice que lo *hará.*

El 8 de octubre de 2008, durante un tiempo de comunión con el SEÑOR, estaba leyendo esa escritura, me pareció que las palabras: *nos hará,* saltaron de la página y se aferraron a mi corazón. En ese momento el SEÑOR me dijo: *Yo soy tu SEÑOR y Salvador, y Yo soy responsable de tu vida delante del Dios todopoderoso como lo soy con el resto de Mi Cuerpo. Yo soy responsable del bienestar diario de todos los que han venido a Mí y me han hecho su SEÑOR.*

A pesar de que ya lo sabía, le agradecí mucho por recordármelo. Siempre es agradable tener la seguridad de que Jesús nos está cuidando. Pero es más emocionante saberlo cuando todo el mundo está retorciéndose las manos, preocupándose por no quedar en la quiebra. Y esa mañana en particular, era justo lo que estaba por suceder. La bolsa de valores estaba a punto de experimentar un descenso. Los bancos estaban a punto de quebrar. La economía de este mundo empezaba a derrumbarse en proporciones masivas. Todas "las personas sabias" de este mundo estaban a punto expresar: "No sabemos qué hacer".

El SEÑOR me estaba preparando para esa situación, pues no deseaba que yo cayera junto con la economía. Él quería que yo escuchara, y que recibiera Sus indicaciones para saber cómo manejar lo que estaba por suceder. Así que después de recordarme que Él era el responsable de mi bienestar a diario, me guió a Juan 16:13, y me habló acerca de la comunicación que el Espíritu Santo tiene con nosotros.

Dios me indicó: *El Espíritu Santo no tiene ningún problema auditivo. Yo estoy hablando todo el tiempo, cada día... Yo declaro la PALABRA. El Espíritu Santo la escucha y Él te la transmite a ti, pero tú te mantienes muy ocupado de modo que no escuchas lo que digo la mitad de las veces.*

Al escuchar esas palabras, de inmediato me arrepentí, y expresé: *Perdóname, SEÑOR. A partir de este momento, ¡mantendré atentos mis oídos a Ti!*

Mientras el SEÑOR continuaba hablándome, me reveló lo que sucedería, y me dio instrucciones de cómo superarlo. Me mostró que el cimiento, hecho de arena, de la economía del mundo se había desplomado. Y también me reveló que los políticos intentarían añadirle más arena para que se mantuviera firme, pero eso no funcionaría; pues había demasiada inflación y este sistema se derrumbaría. Él afirmó:

No prestes atención ni hagas ningún plan basado en las afirmaciones de los medios de comunicación ni de los políticos. Permanece firme en Juan 16. Te guiaré, te hablaré y te mostraré qué ocurrirá. Todo lo que el Padre tiene es mío, y todo te lo daré a ti...

Préstale atención a Mis palabras. Te guiaré en los tiempos de angustia, pues ya tengo EL plan para tu vida y es muy bueno. Síguelo. Éste no sólo te guiará, sino también te colocará en un lugar muy alto —un lugar de riqueza—; un lugar firme de victoria.

Disciplínate a ti mismo y sé diligente para escucharme. Todas las demás voces tendrán un plan, una palabra, una idea para tu futuro y para tu seguridad. No escuches el sistema babilónico porque éste se está derrumbado. Pero Mi sistema está más fuerte que nunca. Mi Reino es próspero, y LA BENDICIÓN es el lugar donde debes estar.

Mantén tu mirada en Mi PALABRA. Escúchala. Te guiará, y Yo la cumpliré. Ámame. Ama a Mi pueblo como yo lo hago... el Amor nunca falla, y tampoco Mi plan.

Esa PALABRA del SEÑOR, no sólo es para mí; pues es lo que Él nos promete a todos en la Biblia, por tanto, podemos descansar en esa promesa.

Quizá usted diga: "Pero hermano Copeland, ¿qué debo hacer si atravieso un problema y me es difícil mantener mis oídos atentos para escuchar la voz de Dios?".

Le explicaré qué hacemos Gloria y yo cuando enfrentamos este tipo de circunstancias: Tomamos un tiempo, dejamos a un lado nuestras actividades normales, e invertimos unos días orando por la situación que estemos pasando. Algunas veces, oramos juntos y otras, separados. Pero siempre actuamos en fe, creyendo que las palabras de Jesús son verdaderas: *Mis ovejas escuchan Mi voz.*[205]

En esos tiempos de oración, sólo oramos por esa situación en particular durante dos o tres días. Por lo general, pasamos mucho tiempo orando en el espíritu, ya que en nuestro entendimiento no sabemos por qué orar. Sabemos que necesitamos obtener sabiduría de nuestro espíritu, y expresamos: "Recibo la sabiduría de Dios para saber cómo actuar en esta situación…", y luego comenzamos a orar en el Espíritu.

En 1967, aprendí a pedir sabiduría mientras estudiaba en *Oral Roberts University;* y desde entonces, he pedido sabiduría de esa manera. Oro con respecto a situaciones muy serias —salud, finanzas, ministerio, hijos y familia—; y nunca he tenido que orar más de tres días para recibir la respuesta que necesito. Al tercer día, o incluso al final del segundo, obtengo la sabiduría del SEÑOR, y siempre me regocijo y le agradezco por Su respuesta. A partir de ese momento, sé qué debo hacer y decir; luego me gozo observando cómo obra Dios.

Siéntese, y deshágase de las preocupaciones de este mundo

No estoy diciendo que jamás volví a ser tentado a preocuparme por esa situación. Cuando una circunstancia requiere de cierto tiempo para ser resuelta, el diablo intenta aumentar la presión y hacerme sentir temor. Sin embargo, sé que no es momento de bajarme del trono de la gracia y caer al suelo, y empezar a quejarme ante Dios por lo mal que están las cosas.

---

205 Juan 10:2-4

Está bien orar en fe por una situación. Es bueno confesar la PALABRA y permanecer en comunión con el SEÑOR orando en el espíritu. Pero he aprendido que, y espero que usted también, no es correcto retorcerse las manos ni estar ansioso ni abandonar el reposo de Dios. Una vez que se haya sentado al lado de Jesús, creyendo que la PALABRA lo tiene cubierto, permanezca en su asiento celestial y obedezca las indicaciones que Él le dio en Juan 14:1, 27: «No se turbe vuestro corazón; creéis en Dios, creed también en mí... La paz os dejo, mi paz os doy; yo no os la doy como el mundo la da. No se turbe vuestro corazón, ni tenga miedo».

"¡Pero usted no sabe las circunstancias que estoy enfrentando!".

Es cierto, pero sí entiendo esta verdad: Jesús nos entregó Su propia paz, y Él espera que la usemos. El SEÑOR nos indicó que no nos atribuláramos ni temiéramos, eso significa que podemos vivir en paz y libres de temor en cualquier situación. Entonces será mejor que ya no discutamos con Él y que le obedezcamos. Si nuestras emociones están muy alteradas, podemos calmarnos nosotros mismos al escuchar y expresar: *Boca, deja de contradecir la PALABRA. Corazón, cálmate y recibe por fe la paz que Jesús te ha dado. Mente, deja de pensar en las circunstancias, y comienza a meditar en la verdad de la PALABRA de Dios. Me niego a atribularme. Tendré paz porque Jesús así me lo indicó, y le obedeceré.*

Es posible que aún se sienta mal mientras realiza esa confesión. Quizá se sienta agitado y destrozado por dentro. Sin embargo, no vivimos conforme a nuestros sentimientos, sino conforme a la fe que tenemos en la eterna PALABRA de Dios. Por tanto, anule sus sentimientos, tome su lugar en el reposo de Dios; y dígale al diablo que no se acerque ni lo moleste. Usted se encuentra en el lugar secreto del Dios Altísimo, en Su trono, a puerta cerrada.

Si actúa de esa forma, de inmediato, la paz de Jesús obrará en su interior. Y antes de que lo note, toda esa confusión interna desaparecerá. La inquietud que parecía no desaparecer jamás, se evaporará, y pronto estará de pie con una gran sonrisa; alabando a Dios. Sé que así sucederá porque lo he experimentado más veces de las que puedo contar. Al superar una adversidad, le doy gritos de júbilo al SEÑOR; y el nudo que amenaza con atarme de manera permanente, desaparece en un instante. Sigo gritando: ¡Aleluya!, y me pregunto por qué me incomodé tanto.

En 1 Pedro 5:5-9, encontramos la clave para experimentar esa clase de rompimiento:

...revestíos de humildad; porque: Dios resiste a los soberbios, Y da gracia a los humildes. Humillaos, pues, bajo la poderosa mano de Dios, para que él os exalte cuando fuere tiempo; echando toda vuestra ansiedad sobre él, porque él tiene cuidado de vosotros. Sed sobrios, y velad; porque vuestro adversario el diablo, como león rugiente, anda alrededor buscando a quien devorar; al cual resistid firmes en la fe, sabiendo que los mismos padecimientos se van cumpliendo en vuestros hermanos en todo el mundo.

¿Se ha puesto a pensar que si nos preocupamos por las situaciones, lo que en realidad estamos haciendo, es ponernos en contra de Dios? Así es, pues adoptamos una postura de orgullo, en la cual intentamos ser sabios en nuestra propia opinión y actuamos como si todo dependiera de nosotros. Cuando nos encontremos en esa posición, cambiemos nuestra actitud y vistámonos de humildad.

Vestirse a sí mismo es un acto de voluntad propia. No es algo que ocurre de forma automática. Cuando se levanta por la mañana, su ropa no sale del armario y salta sobre su cuerpo. Usted debe decidir qué vestirá. Luego debe actuar y ponerse la ropa.

Lo mismo sucede cuando se trata de echar las ansiedades sobre el SEÑOR. Usted debe decidir hacerlo, y después, actuar conforme a esa decisión. También, es necesario que esté dispuesto a despojarse de las penas de este mundo, entregándoselas a Jesús. Deposítelas en Sus manos, llevando cautivo cada pensamiento a la obediencia de Cristo.

Sin embargo, deshacerse de esas cargas no siempre es fácil, pero lo puede lograr si tan sólo recuerda que al entregarle sus preocupaciones a Jesús, Él las recibe. Cuando entrega en Sus manos la situación que lo preocupa, y le dice: "SEÑOR, ¿te harías cargo de esto por mí?". Entonces Él responde: "¡Por supuesto que lo haré!". [206]

Un día, mientras le entregaba la preocupación de una situación en particular al SEÑOR, me dijo lo siguiente: *Kenneth, Yo me haré cargo de esa situación. Yo seré quien te cuide.* Me indicó que si yo contrataba a alguien para que cuidara una propiedad bonita, con bellos jardines y vallados; no escogería a cualquier persona que tuviera un cortacésped, sin conocimientos de jardinería. Buscaría a alguien capacitado y equipado para que se hiciera cargo del trabajo. Contrataría a alguien que pudiera cuidar esa propiedad mejor que yo. Una vez que lo contrate, dejaría de preocuparme, y le dejaría la propiedad en sus manos.

De esa misma manera debemos actuar con Jesús. Dejemos que el sea nuestro Cuidador, pues Él es capaz de realizar el trabajo. Relajémonos y entremos en Su descanso.

"Pero, Hermano Copeland, ¡en este momento no puedo relajarme! Mi familia atraviesa una crisis financiera que nos podría arruinar por completo. Sería irresponsable de mi parte no preocuparme".

Cuando usted toma esa actitud, está intentando ser su propio dios, y usted no califica para ocupar esa posición. Debería estar en paz y mantener su corazón libre de tribulaciones. Y, también libre de los afanes, pues las preocupaciones de este mundo obstruirán su fe; y sin fe es imposible que reciba cualquier cosa de parte del SEÑOR. Jesús profundizó ese tema en la parábola del sembrador:

> Los que fueron sembrados entre espinos son los que oyen la PALABRA, pero los afanes de este siglo, el engaño de las riquezas y las codicias de otras cosas, entran y ahogan la PALABRA, y la hacen infructuosa.
>
> —Marcos 4:18-19, *RVR95*

De acuerdo con la declaración de Jesús, las preocupaciones son espinas espirituales. Éstas pueden ser cargas mentales y asuntos

---

206 Lucas 5:13

emocionales desgastantes —es decir, preocupación—. Si permitimos que entren en nuestro corazón, éstas sofocarán la PALABRA y la harán infructuosa en nuestra vida. Descubrí esa verdad cuando nuestro ministerio televisivo tenía una deuda de US$6 millones. Permití que esa situación me preocupara. Me molestaba pensar que aunque estaba creyéndole a Dios todo el tiempo para vivir libre de deudas, debía US$6millones.

Mientras más me inquietaba, más crecía la deuda. La presión era tan intensa que me acerqué al SEÑOR y le dije: «Comenzaré a vender las propiedades del ministerio para salir de esta deuda».

Él me respondió: *¿En serio? Y ¿qué vas a vender el mes siguiente?*

Sabía que Él tenía razón. Ésa no era la respuesta a mi situación. Sólo estaba hablando sin pensar.

Los meses trascurrían mientras la situación continuaba, y yo estaba muy molesto al respecto. Al final, tuve una reunión con la junta directiva, en la cual debía explicar la situación del ministerio. Temía levantarme y admitir delante de esas personas el terrible trabajo que había realizado. Nuestro director ejecutivo había recopilado un informe de fin de año de varios jefes de departamento, el cual necesitaba leer antes de la reunión; sin embargo, eso era lo último que deseaba llevar a cabo. Creía que todo el reporte sería un desastre. Entonces no lo abrí hasta una noche antes de la reunión.

Cerca de media noche, lo abrí y me obligué a leerlo. Mientras veía cada página, me emocionaba más: «Gloria, ¡ven a ver esto! Éste ha sido el mejor año que el ministerio ha tenido, y no lo sabía. Cada departamento ha funcionado libre de deudas… excepto el departamento de televisión».

En ese instante, el SEÑOR me habló tan fuerte que casi me botó de la silla, y me dijo: *Sí, cada departamento en este ministerio ha experimentado su mejor año —todos, excepto ese, por el cual te preocupaste—. Tu departamento está en dificultades. Será mejor que te deshagas de esa preocupación, y permitas que Yo me haga cargo.*

Entonces le respondí: «SEÑOR ¡perdóname! He pecado, me

arrepiento y recibo Tu perdón». Luego, le tomé la mano a Gloria y comenzamos a orar. Al terminar, escribí una confesión en una hoja de papel: «SEÑOR, en el nombre de Jesús, echo toda la preocupación de esta deuda y de todas las finanzas de este departamento sobre Ti. Mientras viva, nunca escribiré una carta de súplica. No le pediré dinero a las personas. Siembro mi semilla y creo en Ti, ya no llevaré más esta preocupación. Desde este momento, la rechazo por completo de mi vida».

Escribí la hora y la fecha, y luego Gloria y yo firmamos esa declaración.

Después de eso, cada vez que el pensamiento de esa deuda venía a mi mente, lo echaba fuera. Abría mi boca, y exclamaba: «Esa preocupación no es mía, ya se la entregué a Jesús». Después de dos semanas, sólo pensaba al respecto un par de veces al día. En la tercera semana, recordaba la deuda de US$6 millones, sólo si alguien la mencionaba.

Tres meses después, la deuda se canceló por completo. ¿Por qué? Porque ya no me preocupaba al respecto, pues Jesús se había hecho cargo.

Dos sistemas financieros

Quizá alguien argumente: "Es cierto, pero usted es un predicador. Posee una fe especial para creerle a Dios por dinero. No es necesario que salga al mundo, y trabaje para vivir como lo hago yo".

Soy como cualquier otra persona cuando se trata de creerle a Dios por dinero. No tengo ningún equipo especial de fe. Aunque sí poseo una revelación de cómo Dios desea que los creyentes manejen sus asuntos financieros: Él no desea que salgamos al mundo y trabajemos para vivir. Sin importar cuál sea nuestra vocación —no tenemos por qué depender del desplomado sistema del mundo para nuestro sustento—, no poseemos como fundamento ningún negocio que dependa de este sistema mundial en ruinas. En el reino de Dios LA BENDICIÓN de Jehová es la que enriquece, y no añade tristeza con ella.[207]

---

207 Proverbios 10:22

Existe una gran diferencia entre vivir por fe en LA BENDICIÓN (a la cual yo llamo el sistema del Edén) y vivir en el sistema financiero del mundo. El sistema del mundo está enraizado en la maldición. Y dicho sistema entró en vigor después que Adán le dio la espalda a LA BENDICIÓN, y Dios le dijo:

> ...maldita será la tierra por tu causa; con dolor comerás de ella todos los días de tu vida. Espinos y cardos te producirá, y comerás plantas del campo. Con el sudor de tu rostro comerás el pan hasta que vuelvas a la tierra...
>
> —Génesis 3:17-19

Cuando Adán escuchó esas palabras, fue un impacto desgarrador para él, pues no había sido creado para pasar su vida buscando comida. Él tenía un propósito mucho más glorioso. Le fue encomendada la tarea mundial de BENDECIR toda la Tierra y extender el huerto de Edén, hasta llenar todo el planeta. Además de esa tarea, Dios también le entregó: «...toda planta que da semilla, que está sobre toda la tierra, y todo árbol en que hay fruto y que da semilla; os serán para comer».[208]

Adán no debía preocuparse si sentía hambre, pues la comida lo rodeaba. LA BENDICIÓN había creado un huerto lleno de comida. No debía trabajar para obtenerla. Sólo debía recibirla y disfrutarla. Sin embargo, cuando pecó y perdió LA BENDICIÓN, también perdió esos beneficios. Adán debía olvidar la misión mundial que Dios le había encomendado; y enfocarse en obtener sus propias provisiones. Nunca dejó de trabajar, pues pasó su vida intentando llevar comida a su mesa y ropa a su cuerpo. Debía trabajar y sudar para vivir, pues se encontraba bajo la maldición.

Después de la muerte de Adán, los hijos de Noé, Cam y Jafet, intentaron lidiar con esa maldición a su manera. Al darle la espalda a LA BENDICIÓN que Dios había declarado sobre la vida de su padre después del diluvio; ellos siguieron los pasos de Adán y se apartaron de los caminos de Dios. En lugar de confiar en Él y en LA BENDICIÓN para ser prósperos, inventaron su propio sistema para comerciar, el cual se convirtió en el sistema donde se valen por sí mismos; se aplica la ley del más fuerte, se miente, se engaña y se roba. Y ése es el sistema que vemos en el mundo de hoy.

En ese sistema, la gente intenta satisfacer sus propias necesidades sin la ayuda de Dios. Creen que para ser bendecidos, deben ser ricos; así que pasan toda su vida luchando para obtener dinero. De acuerdo con lo escrito en Salmos 73:12: «Así son los impíos; sin afanarse, aumentan sus riquezas» *(NVI)*. Observe, en el versículo leemos que ellos aumentaron sus riquezas. En lugar de buscar a Dios para prosperar, ellos idearon alternativas para incrementar sus riquezas por sí mismos.

A ese sistema de comercio lo llamo: sistema babilónico, pues se escribió de él en las escrituras durante la edificación de la torre de Babel —y está destinado divinamente a fracasar—. Para descubrirlo, sólo debe observar a las primeras personas que utilizaron ese sistema. A diferencia de la mayoría de gente de hoy en día, ellos comprendían la forma en que Dios obraba. Conocían Su método de creación: *imaginarlo, creerlo y declararlo*. Sólo había un problema: ellos creían que ese método funcionaría con o sin la ayuda de Dios, así que decidieron llevarlo a cabo sin Su ayuda.

Y dijeron: Vamos, edifiquémonos una ciudad y una torre, cuya cúspide llegue al cielo; y hagámonos un nombre, por si fuéremos esparcidos sobre la faz de toda la tierra. Y descendió Jehová para ver la ciudad y la torre que edificaban los hijos de los hombres. Y dijo Jehová: He aquí el pueblo es uno, y todos éstos tienen un solo lenguaje; y han comenzado la obra, y nada les hará desistir ahora de lo que han pensado hacer. Ahora, pues, descendamos, y confundamos allí su lengua, para que ninguno entienda el habla de su compañero. Así los esparció Jehová desde allí sobre la faz de toda la tierra, y dejaron de edificar la ciudad.

—Génesis 11:4-8

Dios hizo mucho más que sólo confundir el lenguaje de los que construían la torre. Él estableció confusión en medio de su impía manera de realizar las cosas. Limitó su habilidad de imaginar y mezcló entre ellos sus ideas. La comunicación que tenían entre sí se derrumbó, a tal punto que no sabían qué hacer, entonces se dispersaron dejando una torre a medias como un monumento a su fracaso.

Desde ese día hasta hoy, lo mismo le ha sucedido a cada grupo de personas desobedientes e impías que ha intentado utilizar su propio poder humano para crear y mantener sus reinos terrenales. Esos grupos han podido construir sus propias torres, ciudades, naciones y sistemas económicos sólo hasta determinado punto; pues luego se presenta la confusión y las cosas comienzan a derrumbarse.

Sucedió antes, y ocurrirá de nuevo. El sistema babilónico está destinado a fracasar.

No obstante, los creyentes no tenemos ese destino. Dios nos ha liberado de un sistema impío. El problema es que, históricamente, la Iglesia no ha estado por completo segura de su liberación. Los creyentes no han confiado por completo en LA BENDICIÓN, así que intentan combinar el sistema de Dios con el de Babel. Como resultado, han tomado el camino financiero equivocado. Se han desorientado y se han confundido en el ámbito financiero.

La confusión crea desorden en la mente. Se manifiesta en nuestra vida cuando intentamos mezclar los caminos de Dios con los del mundo, ¡y el resultado es un desastre! En Proverbios 14:12, se nos explica de la siguiente manera: «Hay camino que al hombre le parece derecho; pero su fin es camino de muerte».

Los creyentes confundidos toman malas decisiones. Hacen cosas que parecen correctas y lógicas ante los ojos del mundo, sin comprender que esos actos los apartan de LA BENDICIÓN, y le abren la puerta a la maldición en su vida. Por ejemplo, cuando la economía se torna difícil, dejan de diezmar. Y escuchan a sus amigos, quienes no viven conforme al corazón de Dios: "¿Diezmo? En este momento no puedes gastar tu dinero, de esa manera, será mejor que lo conserves. ¿No te das cuenta que estás a punto de perderlo todo?".

Al combinar la perspectiva del mundo con su pensamiento, pierden de vista esta verdad: diezmar es lo mejor que cualquier persona puede realizar cuando están limitados en sus finanzas. El diezmo mantiene abierta la puerta de las promesas de provisión de Dios. Por esa razón, en Malaquías 3:10-11, leemos:

Traed todos los diezmos al alfolí y haya alimento en mi casa; y probadme ahora en esto, dice Jehová de los ejércitos, si no os abriré las ventanas de los cielos, y derramaré sobre vosotros bendición hasta que sobreabunde. Reprenderé también por vosotros al devorador, y no os destruirá el fruto de la tierra, ni vuestra vid en el campo será estéril, dice Jehová de los ejércitos.

El que diezma es el último que pierde su empleo —y si lo pierde, Dios siempre tiene uno mejor en algún lugar—. Hablando de seguridad financiera, ¡el que diezma es el único que de verdad la posee!

¿Por qué el mundo no se da cuenta de esa verdad?

Porque está confundido. Han vivido en esa confusión desde lo sucedido en la torre de Babel, pues Dios mezcló sus pensamientos en ese lugar. Aunque eso ocurrió hace miles de años, en la actualidad, las personas que aún no son salvas o los cristianos carnales no pueden controlar sus pensamientos.

No me refiero a *usar* sus pensamientos. Simplemente hablo de que tienen dificultad para controlarlos. Se visualizan perdiendo su empleo, su hogar, su salud, y su vida antes de cumplir 50 años. Se preocupan y meditan en esa clase de pensamientos hasta que lo creen; luego lo repiten una y otra vez, más tarde se preocupan y lo vuelven a repetir, hasta que se vuelve realidad.

Después se lamentan diciendo: "¿Por qué estas cosas siempre me suceden a mí?". Y una vez más terminan llorando, cambian de manera de pensar y comienzan a correr tras el dinero; intentando, de alguna manera, ser BENDECIDOS.

Jesús llamó a ese sistema *Mamón,* y claramente afirmó:

Ninguno puede servir a dos señores; porque o aborrecerá al uno y amará al otro, o estimará al uno y menospreciará al otro. No podéis servir a Dios y a las riquezas.

—Mateo 6:24

Ningún creyente verdadero, podría servir, de manera consciente, al dios de las riquezas del mundo: Mamón. Sin embargo, cuando nos preocupamos acerca de las finanzas y luchamos para satisfacer nuestras propias necesidades, eso es exactamente lo que hacemos. Nos atamos al sistema del mundo —el cual conlleva aflicción—, con todas sus carencias. En ese sistema, cada vez trabajamos más y más duro, y aún así, fracasamos. Si encontramos una manera para prosperar, pagamos un alto precio, sacrificando el tiempo que le dedicamos a la PALABRA de Dios, la relación con nuestra familia o nuestra salud. Mientras ese dinero aparece en nuestras cuentas bancarias nos indica que nos estamos enriqueciendo, pero en realidad nos estamos volviendo más pobres.

Así funciona el sistema económico mundial. De una U OTRA manera, siempre hay tristeza en éste, pues se encuentra bajo la maldición. Sin embargo, como creyentes, ¡ya no nos encontramos bajo esa maldición! Pues Jesús ya nos redimió de la maldición. No debemos ganarnos la vida con trabajo y con sudor. Pues LA BENDICIÓN es la que nos enriquece.

A diferencia del mundo, no somos bendecidos porque seamos ricos, sino ¡somos ricos porque somos BENDECIDOS! Poseemos el glorioso privilegio de simplemente confiar en Dios y llevar a cabo lo que Jesús nos indica en Mateo 6:26-33:

Mirad las aves del cielo, que no siembran, ni siegan, ni recogen en graneros; y vuestro Padre celestial las alimenta. ¿No valéis vosotros mucho más que ellas? ¿Y quién de vosotros podrá, por mucho que se afane, añadir a su estatura un codo? Y por el vestido, ¿por qué os afanáis? Considerad los lirios del campo, cómo crecen: no trabajan ni hilan; pero os digo, que ni aun Salomón con toda su gloria se vistió así como uno de ellos. Y si la hierba del campo que hoy es, y mañana se echa en el horno, Dios la viste así, ¿no hará mucho más a vosotros, hombres de poca fe? No os afanéis, pues, diciendo: ¿Qué comeremos, o qué beberemos, o qué vestiremos? Porque los gentiles buscan todas estas cosas; pero vuestro Padre celestial sabe que tenéis necesidad de todas estas cosas. Mas buscad primeramente el reino de Dios y su justicia, y todas estas cosas os serán añadidas.

"Pero, hermano Copeland, de seguro no me está diciendo que por ser cristiano, ¡ya no tengo que trabajar más!".

No, no estoy asegurándole que ya no deba trabajar. Sino estoy diciéndole que no debe trabajar para ganarse la vida. Usted, al igual que Adán antes de pecar, ya no tiene por qué sudar ni esforzarse para ganar dinero. Hacer dinero no es su trabajo, ése es el trabajo de LA BENDICIÓN. Su trabajo es buscar el reino de Dios, rendirle cuentas a su Padre celestial todos los días, y declarar: *Padre, estoy dispuesto a realizar lo que me pidas. ¿Qué te gustaría que hiciera por Ti hoy? Estoy a Tus órdenes.*

Puedo asegurarle, basado en La PALABRA y en mi experiencia, que si actúa de esa manera, Dios lo mantendrá ocupado. (Él nos ha mantenido a Gloria y a mí con un ritmo de vida acelerado por más de 40 años). Es más, el SEÑOR le pagará mucho más de lo que usted podría ganar. No sólo suplirá sus necesidades, sino que también le dará lo que desea.[209] Él hará: «…que abunde en vosotros toda gracia, a fin de que, teniendo siempre en todas las cosas todo lo suficiente, abundéis para toda buena obra».[210]

La promesa de Dios, de darnos lo que deseamos y anhelamos, asusta a algunas personas. Les da miedo creerlo, pues piensan que se volverán materialistas. Pero el materialismo no se define con poseer bienes materiales. Si fuera así, Dios no hubiera afirmado que nos daría todas las cosas en abundancia para que las disfrutemos.[211] El materialismo es

---

209 Salmos 23:1: «Jehová es mi pastor; nada me faltará»
210 2 Corintios 9:8
211 1 Timoteo 6:17

intentar satisfacer las necesidades espirituales con bienes materiales. Es decir: "Debo tener ese automóvil o no seré feliz". Hablar de esa manera, además de ser materialismo, es codicia y es tomar la actitud equivocada.

Sin embargo, no hay nada de malo en creerle a Dios por un automóvil nuevo. Él se deleita dándonos ese tipo de bienes. Pero desea que lo obtengamos a Su manera, no conforme a la manera del mundo. Dios quiere que echemos esa carga sobre Él, y declaremos: *SEÑOR, he sembrado mi semilla, sé exactamente cómo es el automóvil que deseo. Confío en Ti que lo obtendré a su debido tiempo. Mientras tanto, lavaré este BENDITO automóvil que tengo ahora, y seguiré agradeciéndote por tenerlo. Ha sido una bendición, y estoy agradecido.*

¡Hablar así es una manera dulce de prosperar! Usted se levanta cada mañana pensando: "¿Qué hará Dios por mí hoy?". Cada vez que el teléfono suena, piensa: "¡Qué bien! ¡Dios está a punto de BENDECIRME de nuevo!". Llevo décadas viviendo de esta manera. Aún me emociona cuando el teléfono suena, pues siempre estoy a la expectativa de recibir algo.

De regreso al sistema del Edén

Es imposible sentir esa clase de emoción cuando usted trabaja sólo para ganarse la vida. Además, sin importar cuán duro trabaje, no podrá obtener la clase de riqueza que LA BENDICIÓN le ofrece. Sin embargo, muchos creyentes intentan obtener sus riquezas de esa forma. A pesar de la clara enseñanza que tenemos en la PALABRA, donde se nos afirma que Él es quien nos prospera, ellos se aferran a la convicción de que deben trabajar para ganarse la vida, pues esa idea está muy arraigada en su interior, y es difícil arrancarla.

Yo luché conmigo mismo con respecto a esa idea durante mucho tiempo. Pero el SEÑOR me liberó cuando leí Romanos 4:3-4:

...Creyó Abraham a Dios, y le fue contado por justicia. Pero al que obra, no se le cuenta el salario como gracia, sino como deuda.

Un día, mientras leía esos versículos, el SEÑOR me indicó que no podemos ganar ninguno de los beneficios de LA BENDICIÓN, pues éstos se reciben por gracia. Luego me preguntó: *Kenneth, ¿podrías ganarte el nuevo nacimiento por tus propios méritos?*

—Por supuesto que no. No podríamos trabajar lo suficiente para ganarnos la salvación. El nuevo nacimiento sólo puede recibirse por fe a través de la gracia. —le respondí.

—*¿Será necesario que trabajes para ganarte la sanidad?* —me preguntó.

—No, la sanidad divina es un regalo de gracia que fue comprado para nosotros, por medio de las llagas de Jesús. No podemos ganárnosla. Al igual que el nuevo nacimiento, debe recibirse simplemente por fe.

—*¿Y qué sucede con el bautismo del Espíritu Santo?*

—Lo mismo ocurre con el bautismo. Por años, las personas luchan e intentan ser lo suficientemente buenos con tal de ganarse el bautismo del Espíritu Santo, y se dan cuenta de que no funciona. Al final descubren, que al igual que cualquier otro beneficio de LA BENDICIÓN, el bautismo se recibe por fe a través de la gracia.

—*Kenneth, si no tuviste que trabajar para ganar tu salvación, tu sanidad y el bautismo del Espíritu Santo; entonces ¿por qué deberías esforzarte para ganar tu prosperidad?*

Para mí, esas palabras resolvieron el problema para siempre. Comprendí con absoluta claridad que así como Jesús se hizo pecado por nosotros para que pudiéramos ser justos; así como llevó nuestras enfermedades en la Cruz para que pudiéramos ser sanos; Él también se hizo pobre por nosotros para que por medio de Su pobreza, pudiéramos ser ricos.[212] Ningún creyente que deposite su fe en la plenitud de lo que el SEÑOR ha hecho por nosotros, tendrá que trabajar para ganarse la vida.

Jesús ya restauró el sistema del Edén. Y gracias a que nos ha devuelto LA BENDICIÓN, podemos abandonar la corrompida

---

212 2 Corintios 8:9

mentalidad de Mamón, el dios de las riquezas, y dejar de intentar suplir nuestras necesidades. Podremos ocuparnos de cumplir nuestra tarea en el huerto de Edén, y comenzar a disfrutar LA BENDICIÓN. Podemos pasar nuestra vida cumpliendo la voluntad de nuestro Padre, y ser de BENDICIÓN a cualquier lugar que nos envíe. Si nos manda a trabajar como conserje en una escuela, podemos hacerlo, no para ganarnos la vida; sino porque Dios nos ha ordenado que llevemos Su reino a ese lugar. Podemos llevar la gloria y el poder de Dios —y realizar un trabajo de calidad mientras barremos el piso y lavamos las ventanas de ese edificio—.

Es probable que alguien diga: "¡Pero no podría vivir con el salario de un conserje!".

¿Quién dijo que debía vivir con el salario de un conserje? No espere vivir de ese sueldo. ¡Sino permanezca a la expectativa de compartirlo! Actúe conforme a lo que está escrito en Efesios 4:28: «El que hurtaba, no hurte más, sino trabaje, haciendo con sus manos lo que es bueno, para que tenga qué compartir con el que padece necesidad».

Utilice ese salario de conserje para ministrar BENDICIÓN financiera a otra persona. Inviértalo en el Reino de Dios. Si lo hace, en la Biblia se afirma que el SEÑOR Jesús, el Sumo Sacerdote celestial, multiplicará y prosperará los frutos de la cosecha, hasta que sea enriquecido para toda liberalidad.[213] Un conserje que es enriquecido en toda liberalidad, no es un hombre pobre; sino rico. Y puede tener un avión si así lo desea.

Quizá se pregunte: "¿Para qué desearía un conserje un avión?".

¡Depende de lo que haga los fines de semana! Yo conozco un granjero que hace años quería un aeroplano para viajar a todos lados, y predicar el evangelio cuando no estuviera trabajando en su granja. Dios se lo concedió, y le permitió bendecir a tantas personas, que con el tiempo sólo se dedicó a predicar. Ahora, vuela a todas partes, predicando a tiempo completo.

Incluso si usted no tiene el llamado para predicar, Dios desea hacer lo mismo por usted: Él anhela BENDECIRLO en cada área de su vida

---

213 2 Corintios 9:11

más allá de sus sueños más extraordinarios, incluyendo sus finanzas. Él también puede prosperarlo sin importar la situación de la economía. Puede multiplicar sus recursos cuando todo indique lo contrario. Incluso puede enviarle prosperidad sobrenatural, en las situaciones más insólitas.

Una mañana en el Mar de Galilea, Jesús demostró esa verdad. Después de predicar desde la barca de Pedro, expresó: «...Boga mar adentro, y echad vuestras redes para pescar».[214] ¡Hablando de situaciones insólitas de prosperar! Todo buen pescador sabe que no puede atrapar peces con una red durante el día. Es más, Pedro y sus amigos habían ido de pesca toda la noche, sin tener éxito. Simplemente no hallaron peces. Entonces cuando salió el sol, se dieron por vencidos, lavaron sus redes (una tarea difícil) y se prepararon para volver a casa.

Pedro era judío, por tanto, era simiente de Abraham, heredero de LA BENDICIÓN. Sin embargo, no entendía lo que le pertenecía y no comprendía que Jesús deseaba BENDECIRLO. Aún pensaba que debía trabajar para ganarse la vida, entonces le respondió a Jesús: «Maestro, toda la noche hemos estado trabajando, y nada hemos pescado; mas en tu PALABRA echaré la red».[215]

Pedro no se imaginaba que estaba a punto de ser BENDECIDO. Debido a su mentalidad, quizá en lo único que pensaba era cuánto trabajo le tomaría volver a lavar las redes, y en la pérdida de tiempo que representaría. Sin embargo, Pedro honró la posición espiritual de Jesús, aunque para él era obvio que Jesús no sabía nada referente a la pesca. Entonces realizó su tarea religiosa, pero con el menor esfuerzo. Lanzó una red vieja y podrida, pensando que después de sacarla —sin duda vacía—, no le molestaría tanto lavarla de nuevo.

Ésa fue una mala elección.

Pensar de esa manera es el problema de tener una mentalidad de trabajar duro para ganarse la vida, y a la vez, le impide ver LA BENDICIÓN de Dios. Si aún está viviendo bajo una mentalidad basada

---

214 Lucas 5:4
215 versículo 5

en la maldición de trabajar para ganarse la vida, su BENDICIÓN podría estar frente a usted y aún así no la vería. Aunque intente ser respetuoso con la PALABRA de Dios, tomará malas decisiones justo ante la presencia de Dios.

Pedro actuó de esa manera. Él fue a pescar con Jesús, y como se suponía que no pescaría nada, lanzó una red podrida; y cuando los peces comenzaron a llenarla, ésta se rompió. Él había dejado todas sus redes buenas en la orilla. Entonces tuvo que pedirle a sus amigos que llegaran en otra barca para ayudarlo: «...y vinieron, y llenaron ambas barcas, de tal manera que se hundían».[216]

Por lo general, vemos esa historia como un milagro. Pero en realidad era LA BENDICIÓN obrando. Los peces huían del trabajo duro, pero ¡corrieron hacia LA BENDICIÓN! Y debido a que LA BENDICIÓN se encontraba en Jesús, los peces saltaron hacia la red de Pedro, incluso cuando la luz del sol brillaba.

La misma BENDICIÓN se encuentra en los creyentes hoy en día, y obra a nuestro favor en cualquier momento y en cualquier lugar, al igual que en los tiempos de Pedro. A LA BENDICIÓN no le importa cómo se encuentre la economía ni le interesa que la bolsa de valores esté alta, baja o estable; o si las personas que pronostican proclaman recesión o depresión. Simplemente continúa obrando, nos enriquece sin añadirnos tristeza.

Si colocamos nuestra fe en esa BENDICIÓN y entramos al descanso de Dios, podremos dejar de preocuparnos por nuestras finanzas de una vez por todas. Podremos dejar de trabajar sólo para ganarnos la vida y reportarnos delante de nuestro Padre celestial para que nos asigne nuestra tarea diaria. Podremos levantarnos cada mañana y proclamar: *Alabado sea Dios, mis peces financieros están por venir más rápido de lo que pueda atraparlos. Estoy a punto de hundirme en una barca llena de abundancia. ¡Soy BENDECIDO!*

---

216 versículo 7

¡Siéntese... declarándola!

Ya hemos discutido la importancia de la confesión de fe, pero vale la pena repetirlo. Si desea vivir en el descanso de Dios, debe declarar de continuo la PALABRA. No permanezca sentado y en silencio. ¡La fe habla! Por tanto, aférrese a su confesión de fe.

Siéntese, declarando la PALABRA de Dios referente a su situación y no diga nada más. Siéntese, adorando con sus labios, y declare: *El SEÑOR es mi refugio y mi fortaleza. Mi Dios, en quien confiaré. Tengo un Padre, y Él es Dios. Él es mi fuerza y mi fuente de poder desbordante. Él es quien sostiene mi vida. No temeré cuando ande en valle de oscuridad, pues Dios está conmigo, y Él es el más grande. ¡No tengo ninguna preocupación en el mundo, pues Él cuida de mí!*

Sé que no siempre es fácil expresar esas palabras. Cuando los síntomas de enfermedad le gritan a usted o a su cuerpo que siente dolor, lo último que su carne desea, es expresar algo positivo. Sería mejor hablar acerca de lo terribles que están las cosas y de cuán enfermo se siente. Pero no se rinda ante esa presión, mejor siéntese en el lugar secreto del Altísimo; el cual se encuentra justo a la par de Jesús, y continúe declarando la PALABRA.

Hace unos años, el SEÑOR me ayudó a expresar declaraciones positivas cuando sentía tanto dolor que literalmente no podía ver bien. Llevaba cierto tiempo de padecer una enfermedad degenerativa de las articulaciones sin saberlo. Cuando fui con el médico para averiguar cuál era el problema, me dolía tanto que en ocasiones mi visión era borrosa. La resonancia magnética que me realizaron mostró que uno de los discos en mi espina dorsal había explotado y que había hernias en varios discos. La vista transversal de mi vértebra mostró un área grande donde el hueso se había degenerado.

Médicamente, el diagnóstico fue malo. El médico me aseguró que no había manera de sanar y que lo mejor era intentar controlarlo. Yo no estaba dispuesto a creer en ese diagnóstico, pues era lo opuesto a la PALABRA de Dios. Entonces, en ese momento, comencé a declarar: «Soy redimido de la maldición».

En lo natural, mi cuerpo no sentía ni un poco de redención. De hecho, unos días antes de comenzar a realizar esas declaraciones de fe, me encontraba acostado boca abajo, con la sensación de que alguien me había apuñalado la espalda. Nunca había sentido un dolor así en mi vida. En la resonancia magnética había visto que una gran parte del disco obstruía el canal de un nervio, entonces sabía que eso me causaba el dolor.

Mientras estaba acostado, el SEÑOR me afirmó: *Tú vencerás esta situación.* Entonces confié en Su PALABRA y continué enfocado en entrar a Su reposo. Me propuse aumentar mi confesión de la PALABRA. Creo que la repetí miles de veces. «LA BENDICIÓN está obrando en mi vida. LA BENDICIÓN de Abraham ha llegado a mí a través de Cristo Jesús. Esa BENDICIÓN está sacando la maldición de mi cuerpo».

Lo repetía cada mañana, Y durante el día. Conducía por la autopista, declarando: *Soy BENDECIDO en mi entrada y en mi salida. Mis huesos son fuertes así como se afirma en la PALABRA de Dios.* Lo repetí muchas veces, oré en el espíritu al respecto y lo declaré a gran voz al punto que aprendí cómo ser agradecido con Dios por medio de la fe; incluso en medio del dolor. Llegué al punto de despertarme por la noche y declarar en voz alta: *LA BENDICIÓN está obrando en mi vida en este momento. Está purificando mis huesos y trayéndoles sanidad.*

Después de 18 meses, me realicé otra resonancia magnética, la cual mostró que el disco que había estallado se encontraba de nuevo en su lugar, funcionando bien. No había hernias en ningún otro disco de mi espalda y ninguna señal en mi cuerpo de la enfermedad degenerativa de las articulaciones. ¡Cada rastro de la enfermedad había desaparecido!

¿Qué sucedió?

¡Me senté *declarando* LA BENDICIÓN! Y al desatar esa BENDICIÓN y aplicarla de manera intensa, ésta llevó a cabo su trabajo. Echo esa maldición fuera de mi cuerpo, y hoy en día, soy un hombre saludable.

Siéntese, confiando en su fiel y Sumo Sacerdote

Por lo cual debía ser en todo semejante a sus hermanos, para venir a ser misericordioso y fiel sumo sacerdote en lo que a Dios se refiere, para expiar los pecados del pueblo.

—Hebreos 2:17

Lo último que le diré acerca de *sentarse* es lo siguiente: Hágalo, confiando que Jesús ha hecho Su trabajo como el Sumo Sacerdote de su vida. Siéntese, creyendo que Jesús lo reconcilió con Dios por completo, y que todo lo que existe entre usted y el Padre, es perfecto amor y perfecta paz.

No importa cuántas veces pudo olvidar esa verdad. Ni tampoco, cuántas veces se haya equivocado en el pasado. Si ya se arrepintió, todas esas cosas malas fueron lavadas por la sangre de Jesús. Dios no sólo lo perdonó, sino también se olvidó de cada pecado que alguna vez cometió. Él los borró de Su memoria para siempre. Ahora, usted es tan inocente ante Sus ojos como si fuera un bebé recién nacido.

Un amigo se aferró a esa revelación mientras estaba en prisión. Se encontraba ahí con justa razón, pues había cometido un crimen por el cual estaba pagando una condena. El sistema legal de los Estados Unidos de Norteamérica, lo había declarado culpable. Él admitió su delito. Pero cuando comenzó a ver lo que Jesús, su Sumo Sacerdote, había hecho por su vida, empezó a declarar: «Soy inocente. Soy inocente, y saldré de este lugar. Las personas inocentes no deben estar en prisión».

Todos a su alrededor se burlaban de él, diciéndole: «¿Te das cuenta que tendrían que cambiar las leyes del estado, para ser candidato a optar por tu libertad condicional en menos de tres años? Aún cuando seas un candidato para obtenerla, después de lo que has hecho, no te dejarán salir. ¡Vas a estar en esta cárcel por tres años más!».

En lugar de creer lo que decían y molestarse, sólo se sentaba con Jesús y confiaba en el ministerio del Sumo Sacerdote. Continuaba declarando: «Soy inocente. No pertenezco a este lugar».

Algunos de los otros presos se enojaban tanto que deseaban matarlo. Los agentes se burlaban de él. Pero no le importó. Sólo se aferró a la PALABRA, y declaró: «Imploro mi libertad por la sangre. Soy un hombre inocente».

Poco tiempo después, publicaron un artículo en el periódico. El poder legislativo del estado, durante una sesión especial, había cambiado la ley, convirtiéndolo en candidato para obtener su libertad condicional, y en menos de un año, ya era un hombre libre.

Un versículo bíblico que revela la inocencia completa de los hijos de Dios ante Él es Isaías 43:25: «Yo, yo soy el que borro tus rebeliones por amor de mí mismo, y no me acordaré de tus pecados». En una ocasión, mientras meditaba en ese pasaje comencé a preguntarme por qué estaba redactado de esa manera: «SEÑOR, creía que Tú borraste nuestras rebeliones por amor a nosotros. Entonces ¿por qué está escrito que lo hiciste por amor a Ti mismo? ¿A qué te refieres con eso?».

De inmediato, me respondió: *¿Quieres recordar las cosas malas de tu infancia?*

—No —le contesté.

—*Yo tampoco.*

Después de aclarármelo, leí el siguiente versículo: «Hazme recordar, entremos en juicio juntamente; habla tú para justificarte».[217]

—SEÑOR , ¿qué debemos recordar? —le pregunté.

Kenneth, he borrado tus rebeliones de mi mente. Ya no las recuerdo. Te ofrezco una página en blanco en Mi memoria. Ahora, llénala con lo que desees que recuerde de ti.

No me tomó mucho tiempo responderle. Entonces grité tan fuerte como pude: *¡Soy BENDECIDO! ¡Soy BENDECIDO! SEÑOR, ¡gracias por no olvidarlo!*

Usted también debería decirle lo mismo. No creo que quiera acercarse al trono de gracia, sentarse con Jesús y comenzar a recordarle las veces que le falló durante todos estos años, ni tampoco que desee

---

217 Isaías 43:26

expresarle: "¡Dios! Lo siento, sólo soy un fracasado bueno para nada. He intentado hacer lo mejor, sin embargo, he fracasado muchas veces. Te debes sentir avergonzado de mí. Lo siento…".

¿Por qué desearía usted que Él recordara ese tipo de expresiones?

"Sí, pero he pecado y aún no me he arrepentido".

Entonces arrepiéntase en este momento, y continúe confiando en que Jesús es fiel y justo.

Para Jesús sería injusto no borrar sus rebeliones de Su memoria. No olvidarlas sería no mostrar misericordia. Tendría que infringir las Escrituras y romper Su promesa con el Padre. Él nunca haría eso, y usted lo sabe. Entonces confíe en Su PALABRA y deseche esa antigua mentalidad religiosa, pecaminosa e indigna. Deshágase de las viejas vestiduras de indignidad, y vístase con vestiduras de justicia. Usted ya no es un viejo pecador, pues fue salvo por gracia. Ahora es un rey y un sacerdote con un lugar al lado de la Realeza misma.

Puede ingresar sin temor al lugar secreto del reposo de Dios, pues en la Biblia se afirma que Él no se avergüenza de llamarnos Sus hermanos.[218] Puede sentarse a Su lado como si perteneciera a ese lugar. Usted puede confiar en que Él le dará la bienvenida con una sonrisa en Su rostro, y le dirá: *Adelante. He hecho que tus enemigos huyan. Siéntate aquí junto a Mí, y los pondré por estrado de tus pies.*

¡Acepte esa invitación! Siéntese y entre al reposo de Dios. Permita que LA BENDICIÓN obre en, sobre, alrededor y a través de usted. Cada vez que salga de casa, continúe la tarea que Dios le encomendó, lleve LA BENDICIÓN y las condiciones del Edén a dondequiera que vaya.

Yo lo hago. Aunque sólo vaya a la tienda, voy con la expectativa de llevar LA BENDICIÓN. En lo que a mí respecta, esa expectativa convierte ese paseo en una gran aventura.

Se sorprenderá de las cosas que le sucederán cuando comience a vivir de esa manera. Un día, Gloria y yo estábamos caminando hacia una tienda de descuento parar comprar, cuando un automóvil se detuvo a nuestro lado. Una dama salió del asiento delantero y gritó: «¡Hermano

---

218 Hebreos 2:11

Copeland! El SEÑOR me dijo que usted estaría aquí. Soy maestra de una escuela. Unos hombres de negocios están intentado quitarme mi casa. Estoy confiando en que Dios se encargará de la situación, y esta mañana mientras oraba, el Espíritu Santo me dijo que usted estaría aquí y que yo debía pedirle que orara por mí».

A Gloria y a mí nos alegró poder orar por esa dama, pero antes de hacerlo, le pedí que me contara un poco más acerca de la situación. Ella me dijo: «Yo sólo debo US$9,000 de mi casa, pero de alguna manera me involucraron en un problema legal, y ahora me la están embargando. A ellos no les debo nada, pero aún así están enfocados en quitarme mi casa».

Entonces le respondí: *Eso no me parece correcto.* Y creo que al SEÑOR tampoco, pues cuando comenzamos a contarle de la situación, me indicó: *Hazte cargo del asunto.*

Cuando llegué a casa, llamé al ministerio y hablé con algunas personas de nuestro departamento legal. Les di el nombre de la dama y les dije: *Paguen la deuda de US$9000, de la dama, y que esas personas ya no la molesten.*

A eso le llamo un divertido viaje de compras: ir a una tienda de descuento y terminar cancelando la deuda de una apreciable creyente. ¡Así obra LA BENDICIÓN en acción!

Si usted está comenzando a vivir conforme a LA BENDICIÓN, quizá no se encuentre en la posición financiera de realizar algo así, pero comience donde se encuentra AHORA. Bendiga a las personas con su actitud amorosa. Bendígalos con su sonrisa. Pague el almuerzo de alguien más.

Mientras tanto, siga depositando su fe en LA BENDICIÓN. Manténgase a la expectativa de que ésta lo prospere. Medite en LA BENDICIÓN y actúe conforme a ella, hasta que la realidad de LA BENDICIÓN revolucione su forma de pensar; alimente su fe y lo envíe hacia la voluntad de Dios para su vida. Permanezca firme en la BENDICIÓN hasta que, como la simiente de Abraham que es en Cristo Jesús, ¡usted se vuelva una BENDICIÓN para todas las familias de la Tierra!

Oración para recibir salvación y el bautismo del Espíritu Santo

Padre celestial, hoy me acerco a Ti en el nombre de Jesús. Tu Palabra dice: «Y todo el que invoque el nombre del Señor será salvo» (Hechos 2:21). Estoy invocándote. Oro y te pido, Jesús, que vengas a mi corazón y seas el Señor de mi vida de acuerdo con Romanos 10:9-10: «Si confiesas con tu boca que Jesús es el Señor, y crees en tu corazón que Dios lo levantó de los muertos, serás salvo. Porque con el corazón se cree para alcanzar la justicia, pero con la boca se confiesa para alcanzar la salvación». Yo confieso ahora que Jesús es el Señor, y creo en mi corazón que Dios le resucitó de entre los muertos. Me arrepiento del pecado. Renuncio al pecado. Renuncio al diablo y a todo lo que él representa. Jesús es mi SEÑOR.

¡Ahora he nacido de nuevo! ¡Soy cristiano, hijo del Dios todopoderoso! ¡Soy salvo! Señor, también dices en Tu Palabra: «Pues si ustedes, que son malos, saben dar cosas buenas a sus hijos, ¿cuánto más el Padre celestial dará el Espíritu Santo a quienes se lo pidan?» (Lucas 11:13). Entonces, te pido que me llenes con Tu Espíritu. Santo Espíritu, crece dentro de mí a medida que alabo a Dios. Me mantengo a la expectativa de hablar en otras lenguas, según Tú me concedas expresar (Hechos 2:4). En el nombre de Jesús, ¡Amén!

Comienza a alabar a Dios en este instante por llenarte con el Espíritu Santo. Pronuncia esas palabras y sílabas que recibes; no hables en tu idioma, sino en el lenguaje que el Espíritu Santo te esté dando. Debes usar tu propia voz, ya que Dios no te forzará a hablar. No te preocupes por cómo suena, pues ¡son lenguas celestiales!

Continúa con la bendición que Dios te ha dado, y ora en el espíritu cada día.

Ahora que eres un creyente renacido y lleno del Espíritu Santo, ¡nunca más serás el mismo!

Busca una iglesia donde se predique la Palabra de Dios con valentía y en obediencia. Busca conectarte con una iglesia que te ame y te cuide, y haz lo mismo por ellos.

Necesitamos estar conectados entre creyentes; al hacerlo aumentamos nuestra fuerza en Dios. Es el plan de Dios para la iglesia.

No dejes de sintonizar nuestro programa *La Voz de Victoria del Creyente*, disponible en varias estaciones de TV y en la internet. Vuélvete un hacedor de la Palabra. Serás bendecido al ponerla en práctica (lee Santiago 1:22–25).

Acerca del autor

Kenneth Copeland es cofundador y presidente de los Ministerios Kenneth Copeland en Fort Worth, Texas, y es autor de varios libros los cuales incluyen: *LA BENDICIÓN del Señor enriquece y no añade tristeza con ella*, y *Honor: viviendo en honestidad, verdad e integridad.*

Desde 1967, Kenneth ha ministrado el evangelio de Cristo y ensenãdo la Palabra de Dios como maestro. Adicionalmente, ha grabado discos como cantante y recibido premios por sus álbumes: *Only the Redeemed (también nominado al premio Grammy)*, *In His Presence, He Is Jehovah, Just a Closer Walk, Big Band Gospel.* También es coprotagonista, interpretando el papel de *Wichita Slim*, de los videos infantiles: *The Gunslinger, Covenant Rider*, y de la película: *The Treasure of Eagle Mountain.* Asimismo, personificó el papel de *Daniel Lyon* en los videos *Commander Kellie and the Superkids:™ Armor of Light*, y *Judgment: The Trial of Commander Kellie.* También es ccoprotagonista en las películas *The Rally* (estrenada en el 2009) y *The Rally 2: Rompiendo la Maldición* (estrenada en el 2016), en su papel de padrino hispano.

Con la ayuda de oficinas y personal en los Estados Unidos, Canadá, Inglaterra, Australia, Sudáfrica, Ucrania y Latinoamérica, Kenneth está cumpliendo su visión de predicar con valentía la Palabra de Dios no adulterada desde la cima más alta hasta el valle más profundo, y en todos los confines de la Tierra. Su ministerio llega a millones de personas en el mundo a través de programas de televisión semanales, revistas, mensajes en audio y videos de enseñanza, convenciones y campañas, y a través de la red mundial internet.

Adquiera más información acerca de los Ministerios Kenneth Copeland visitando nuestra página web **es.kcm.org**

¡Estamos aquí para usted!®

Llevamos en nuestro corazón el deseo de que crezcas en la PALABRA de Dios y experimentes la victoria en Jesús. Queremos ayudarte a enfrentar los desafíos que atraviesas conforme el equipamiento que Dios nos ha confiado para que alcances ese **nivel de victoria** que Él ha planeado para tu vida.

La misión de los Ministerios Kenneth Copeland es que crezcamos y avancemos juntos como equipo. Oramos para que recibas el beneficio completo de todo aquello que el SEÑOR nos ha entregado para compartirte.

Dondequiera que te encuentres, puedes mirar el programa *La Voz de Victoria del Creyente* por televisión (revisa tu programación local) y por la Internet visitando **es.kcm.org/television**.

Nuestro sitio web en español: **es.kcm.org** contiene material para tu crecimiento espiritual. También encontrarás información de contacto para nuestras oficinas internacionales en África, Australia, Canadá, Europa, Ucrania, Latinoamérica y nuestras oficinas principales en los Estados Unidos. Visita **es.kcm.org/contacto**.

Cada oficina cuenta con personal especializado para servirte, siempre listo para orar por tus necesidades. Puedes comunicarte con la oficina más cercana, llamarnos para pedir oración a nuestro número en los Estados Unidos al **+1-817-852-6000**, o visitar **es.kcm.org/oracion**.

Te animamos a que te comuniques con nosotros a menudo y ¡compartas con nosotros tu recorrido de fe!

¡Jesús es el SEÑOR!

Kenneth y Gloria Copeland